"책 표지 한번 별나네?"

책의 얼굴이라는 표지에 책에 대한 정보가 없으니 당황스러우셨죠?

우리 함께 공부하는 별님들의 꿈은 무엇인가요?
꿈은 명사가 아닌 동사여야 합니다.
제가 동사의 꿈을 여러분과 함께 꾸고자 합니다.

많은 사람들이 쓰는 책의 얼굴에 선한 메시지가 담겨진다면 얼마나 아름다울까?

이 작은 움직임이 큰 몸짓으로 바뀌어 나간다면 우리는 얼마나 더 따스해질까?

그래서 과감하게 책의 얼굴을 바꿔 보기로 했습니다.
누군가에게 도움을 주는 삶.
저도 사실은 익숙하진 않습니다.

우리 함께 해봐요.
삶 속에서, 그냥 평범한 일상 속에서
나도 누군가에게 도움을 '지금' 주고 있다는 느낌을 가져 보죠.

별똥별을 보고 소원을 빌면 이루어진다고 하죠?

큰별쌤과 함께 한국사를 공부한 별님들의 따뜻한 마음,
그 마음이 모여 간절한 바람이 있는 곳에 별똥별이 되어 날아갑니다.

이 책을 통해 나오는 수익금의 일부가
누군가에게 희망의 빛으로 다가가길 소망합니다.
이 책을 통해 우리는 서로를 기대고 있는 '사람(人)'이라는 사실을
공유하길 소망합니다.

이 책을 통해 당신은 '지금' 누군가의 별똥별이 되어줄 수 있습니다.
이미 누군가의 꿈을 '지금' 응원하고 있는 겁니다.

우리 별님들은 그런 사람입니다.

집필 및 검토

최태성

모두의 별★별 한국사 연구소장

EBS 한국사 대표 강사, ETOOS 한국사 강사

성균관대학교 사학과 졸업

중·고등학교 한국사 교과서 및 역사부도 집필

EBS 평가원 연계 교재 집필 및 검토

2013년 국사편찬위원회 자문위원

2011~2012년 EBS 역사 자문위원

MBC 〈무한도전〉 '문화재 특강' 진행

KBS 1 TV 〈역사저널 그날〉 패널 출연

KBS 라디오 FM 대행진 〈별별 히스토리〉 코너 진행

EBS1 〈미래교육 플러스〉 진행

tvN STORY 〈벌거벗은 한국사〉 진행

모두의 별★별 한국사 연구소 곽승연 이상선 김혜진 권혜성

Staff

발행인 정선욱

퍼블리싱 총괄 남형주

개발 김태원 김경대 김인겸 정명희 조정연

기획·디자인·마케팅 조비호 김정인 차혜린 강윤정

유통·제작 서준성 신성철

큰별쌤 최태성의 별★별 한국사 7일의 기적 한국사능력검정시험 | 심화(1·2·3급) 202404 제5판 1쇄 202410 제5판 2쇄

펴낸곳 이투스에듀(주) 서울시 서초구 남부순환로 2547

고객센터 1599-3225 **등록번호** 제2007-000035호 **ISBN** 979-11-389-2440-5 [13910]

큰별쌤의 결론은?

1 초등부터 성인까지 한국사 필수 시대!
한국사를 손 놓을 수는 없죠!

2 한국사는 계속된다! 쭈~욱!
공무원 시험, 교원임용 시험, 승진 시험 등

3 한국사능력검정시험은
선발 시험이 아닌 인증 시험!
80점 이상이면 1급
70~79점이면 2급
60~69점이면 3급

4 도전해 볼 만한 수준!
한 달 정도만 투자해서
필수 개념만 익히면 합격할 수 있어요.

전체적인 흐름을 파악하고,
개념을 꼼꼼히 확인하세요.

사진, 자료 등은 시대와 꼭 연결하여
익숙하게 만들어 두세요.

시험 합격도 중요하지만
한국사 공부를 통해
역사 속의 사람들을 만나 소통해 보고
한 번의 인생 어떻게 살아갈 것인가를
생각해 보는 계기가 되기를 바랄게요.

로 핵심 개념 정리하기

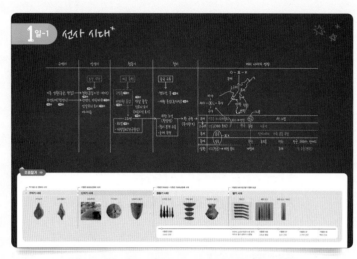

핵심 개념 한눈에 보기

시험에 자주 나오는 개념을 한눈에 파악할 수 있도록 정리하였어요. 학습에 앞서 미리 중요한 개념을 익히고, 학습 후 핵심 개념을 잘 파악하고 있는지 확인해 보세요.

한눈에 사로잡는 판서와 흐름 잡기

한국사를 딱 10개의 판서로 정리하였어요. 한 판에 담긴 판서를 통해 중요한 개념을 정리하고, 연표를 통해 흐름을 잡아 보세요.

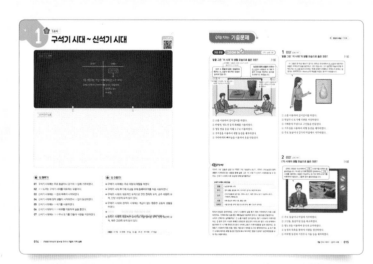

흐름을 잡는 판서

판서를 주제별로 나누어 정리하였어요. '별 채우기'는 자주 나오는 기출 선택지이니 꼭 눈여겨 봐 두세요. 추가로 알아 두어야 할 내용은 '별 더하기'에 정리하였습니다.

실력을 키우는 기출문제

실력을 키우는 기출문제를 통해 출제 유형을 익히고 공부한 내용을 확인해 보세요.

큰별쌤 최태성의 별★별 한국사 7일의 기적 한국사능력검정시험 심화(1·2·3급)는 단기간에 합격할 수 있도록 시험에 꼭 나오는 핵심 내용만을 압축해 놓았습니다. 시험 전 중요한 개념들을 정리하고 관련된 문제를 풀면서 합격을 노려보세요!

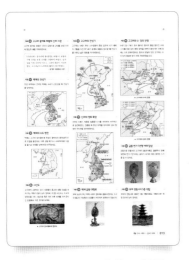

자주 나오는 **기출 자료**

시험에 자주 나오는 자료를 선별하였어요. 판서의 개념과 연결하여 눈에 익혀 주세요.

주제 특강

시험에 종종 출제되는 세시 풍속, 유네스코와 유산, 지역사, 문화재, 근·현대 인물 등을 기출문제와 함께 정리하였어요.

최종 점검 기출 모의고사

실전 감각을 익힐 수 있는 기출 모의고사입니다. 빈출 주제를 선별해 2회분으로 구성하였어요. 자신의 실력도 확인해 보고 최종 점검용으로 풀어 보세요.

정답과 해설

자세하고 친절한 해설로 문제를 풀어가는 방법을 익히고 핵심 개념도 다시 정리해 보세요.

이 책의 차례

MEMO

1일

선사 시대 ~
삼국 시대

여러 나라의 성장

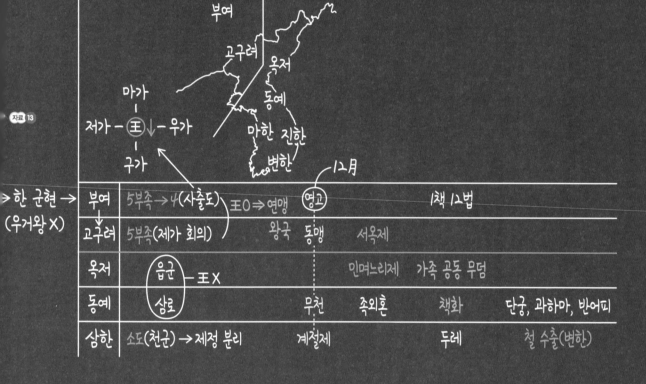

O - 王 - X

부여

고구려
옥저
동예
마한 진한
변한

마가
저가 - 王↓ - 우가
구가

자료 13

→ 한 군현 →
(우거왕 X)

				12月			
부여	5부족 → 4 (사출도)	王O ⇒ 연맹		영고	1책 12법		
고구려	5부족 (제가 회의)	왕국	동맹		서옥제		
옥저	읍군 一王X				민며느리제	가족 공동 무덤	
동예	삼로		무천		족외혼	책화	단궁, 과하마, 반어피
삼한	소도(천군) → 제정 분리		계절제			두레	철 수출(변한)

년경에 시작

기원전 5세기경 철기 문화 보급

철기 시대

반달 돌칼	미송리식 토기	명도전	세형 동검	세형 동검 거푸집

위만의 고조선 집권 이후 본격
적으로 철기 문화가 수용됨

기원전 108
고조선 멸망

기원전 57
신라 건국

기원전 37
고구려 건국

기원전 18
백제 건국

1일-1 선사 시대*

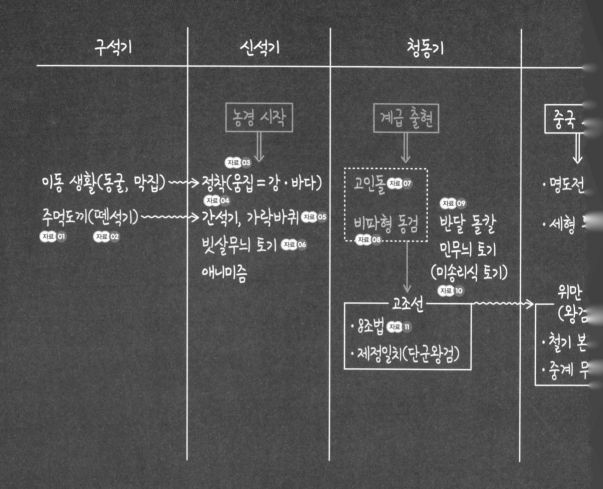

	구석기	신석기	청동기	중국

농경 시작

계급 출현

이동 생활(동굴, 막집) ～～➜ 정착(움집＝강·바다) 자료 04
주먹도끼(뗀석기) ～～➜ 간석기, 가락바퀴 자료 05
자료 01   자료 02   빗살무늬 토기 자료 06
애니미즘

자료 03

고인돌 자료 07
비파형 동검 자료 08

반달 돌칼 자료 09
민무늬 토기
(미송리식 토기) 자료 10

─ 고조선 ─
• 8조법 자료 11
• 제정일치(단군왕검)

• 명도전
• 세형 동검

위만
(왕검
• 철기 본
• 중계 무

흐름잡기 ≫

약 70만 년 전부터 시작

구석기 시대

주먹도끼   슴베찌르개

기원전 8000년경에 시작

신석기 시대

움집(복원)   가락바퀴   빗살무늬 토기

기원전 2000년~

청동기 시대

비파형 동

기원전 233
고조선 건국

1 교시 구석기 시대 ~ 신석기 시대

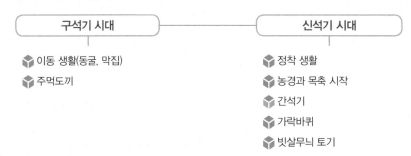

구석기 시대	신석기 시대
🧊 이동 생활(동굴, 막집)	🧊 정착 생활
🧊 주먹도끼	🧊 농경과 목축 시작
	🧊 간석기
	🧊 가락바퀴
	🧊 빗살무늬 토기

2 교시 청동기 시대 ~ 철기 시대

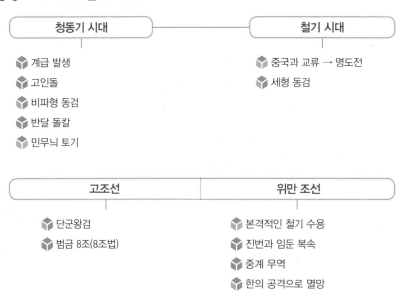

청동기 시대	철기 시대
🧊 계급 발생	🧊 중국과 교류 → 명도전
🧊 고인돌	🧊 세형 동검
🧊 비파형 동검	
🧊 반달 돌칼	
🧊 민무늬 토기	

고조선	위만 조선
🧊 단군왕검	🧊 본격적인 철기 수용
🧊 범금 8조(8조법)	🧊 진번과 임둔 복속
	🧊 중계 무역
	🧊 한의 공격으로 멸망

3 교시 여러 나라의 성장

부여	고구려	옥저	동예	삼한
🧊 사출도	🧊 5부족 연맹	🧊 읍군, 삼로	🧊 읍군, 삼로	🧊 천군, 소도
🧊 영고	🧊 동맹	🧊 민며느리제	🧊 무천	🧊 계절제
🧊 1책 12법	🧊 서옥제	🧊 가족 공동 무덤	🧊 책화	🧊 낙랑과 왜에 철 수출
			🧊 단궁, 과하마, 반어피	(변한)

4 교시 고구려

2~3세기	4세기	5세기	7세기
◆ 고국천왕 : 진대법, 행정적 성격의 5부 정비	◆ 미천왕 : 낙랑 축출 ◆ 소수림왕 : 불교 수용, 태학 설립, 율령 반포	◆ 광개토 태왕 : '영락' 연호 사용, 신라에 침입한 왜 격퇴(→ 호우명 그릇) ◆ 장수왕 : 평양 천도, 남진 정책 추진, 백제의 한성 함락	◆ 살수 대첩(수) ◆ 천리장성 축조 ◆ 연개소문의 정변 ◆ 안시성 전투(당)

5 교시 백제

2~3세기	4세기	5세기	6세기	7세기
◆ 고이왕 : 관복·관등제 정비	◆ 근초고왕 : 마한 정복, 평양성 공격, "서기" 편찬(고흥) ◆ 침류왕 : 불교 수용	◆ 개로왕 : 장수왕의 공격으로 전사(한성 함락 → 아들 문주왕이 웅진 천도)	◆ 무령왕 : 22담로에 왕족 파견, 중국 남조와 교류(→ 벽돌무덤) ◆ 성왕 : 사비 천도, 국호 '남부여'로 개칭, 관산성 전투(→ 전사)	◆ 무왕 : 익산에 미륵사 건립 ◆ 의자왕 : 신라의 대야성 함락(윤충), 멸망(계백, 황산벌 전투 → 사비성 함락)

6 교시 신라, 가야

2~3세기	4세기	5세기	6세기	7세기
◆ 박, 석, 김 3성이 돌아가며 왕위 세습	◆ 내물 마립간 : 왜의 침입(→ 광개토 태왕에게 지원 요청), 김씨의 왕위 세습 확립		◆ 지증왕 : 국호 '신라' 확정, '왕' 칭호 사용, 동시전 설치, 우산국 정복(이사부) ◆ 법흥왕 : 병부 설치, 율령 반포, 불교 공인(이차돈), '건원' 연호 사용 ◆ 진흥왕 : "국사" 편찬(거칠부), 화랑도 개편, 한강 유역 차지, 대가야 정복, 순수비 건립	◆ 나·당 연합(김춘추) ◆ 백제 부흥 운동(흑치상지, 도침, 복신) ◆ 백강 전투 ◆ 고구려 부흥 운동(검모잠, 고연무, 안승) ◆ 나·당 전쟁(매소성, 기벌포 전투)
◆ 수로왕의 건국 신화 ◆ 금관가야(김해) : 전기 가야 연맹 주도		◆ 대가야(고령) : 후기 가야 연맹 주도		

7 교시 삼국의 문화

고구려	백제	신라	가야
◆ 금동 연가 7년명 여래 입상 ◆ 고분 벽화(사신도-도교)	◆ 석촌동 고분 ◆ 산수무늬 벽돌 ◆ 백제 금동 대향로 ◆ 서산 용현리 마애 여래 삼존상 ◆ 부여 정림사지 5층 석탑 ◆ 익산 미륵사지 석탑	◆ 임신서기석 ◆ 경주 분황사 모전 석탑 ◆ 첨성대 ◆ 황룡사 9층 목탑(자장 건의)	◆ 철제 갑옷 ◆ 덩이쇠 ◆ 토기 → 일본 스에키

6C	7C	문화재

	· 수 → 살수 대첩(을지문덕) [자료 16]
	 · 당 ← 천리장성(연개소문)
	     → 안시성 전투
		· 금동 연가 7년명 여래 입상 [자료 20]
		 · 돌무지무덤(장군총) → 굴식 돌방무덤
		     (사신도 – 도교) [자료 21]

로(왕족 파견), 령(중국 남조 영향) 사비, 남부여 [자료 18]	· 무왕 : 익산 미륵사지(서동 & 선화 공주) · 의자왕 X : 황산벌 전투(계백)	· 석촌동 고분 · 사택지적비, 산수무늬 벽돌 – 도교 – 금동 대향로 [자료 22] · 서산 용현리 마애 여래 삼존상 –'백제의 미소' · 부여 정림사지 5층 석탑(= 평제탑) [자료 23]

왕, 우산국(이사부), 동시전
 불교(이차돈)
 비, 화랑도↑
 성(한강), 〈국사〉
	· 나 · 당 연합 : ┌ 백제X – 흑치상지, 도침, 복신
	               ⇒ 백강 전투
	         └ 고구려X – 검모잠, 고연무, 안승
	 · 나 · 당 전쟁 : 매소성, 기벌포
	 · 삼국 통일(문무왕)
		· 임신서기석
		 · 선덕 여왕 ⇒ 경주 분황사 모전 석탑, 첨성대,
		             황룡사 9층 목탑(자장)
		            └→ 진흥왕

		철제 갑옷, 덩이쇠, 토기(→ 일본 스에키)

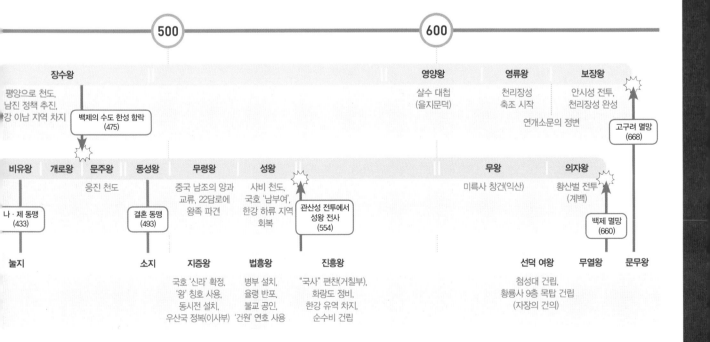

		2~3C	4C	5C
고대 국가 왕↑ 율령 불교	고구려(5C) by 주몽	고국천왕: 행정 5부, 진대법(을파소)	• 미천왕: 낙랑X • 고국원왕X(평양성) • 소수림왕: 율령, 불교, 태학	• 광개토 태왕(영락): (비), 호우명 그릇 자료 • 장수왕: 국내성 → 평양(남하) 충주 고구려비 자료 15
	백제(4C) by 온조	고이왕 한강	• 근초고왕 자료 17 ┬ 요서, 규슈, 마한 　　　　　　 └ 칠지도 　　　　　　 〈서기〉 • 침류왕: 동진 → 불교 수용	개로왕X, 한성X → 웅진(공주) 〈나·제 동맹〉
	신라(6C) by 박혁거세	박 → 석 → (김) ～～→ 내물 마립간 ← 왜 ←		
연맹	가야 by 김수로	연맹 왕국 ⇒ 금관가야 (김해)		→ 대가야 (고령)

흐름잡기 ≫

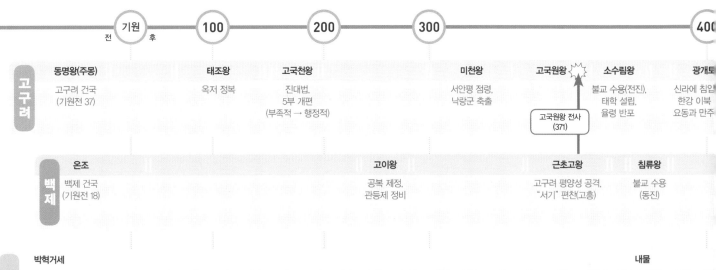

		기원전 / 기원후	100	200	300			400
고구려		동명왕(주몽) 고구려 건국 (기원전 37)	태조왕 옥저 정복	고국천왕 진대법, 5부 개편 (부족적 → 행정적)	미천왕 서안평 점령, 낙랑군 축출	고국원왕 고국원왕 전사 (371)	소수림왕 불교 수용(전진), 태학 설립, 율령 반포	광개토 신라에 침입 한강 이북 요동과 만주
백제		온조 백제 건국 (기원전 18)		고이왕 공복 제정, 관등제 정비		근초고왕 고구려 평양성 공격, "서기" 편찬(고흥)	침류왕 불교 수용 (동진)	
신라		박혁거세 신라 건국 (기원전 57)				내물 김씨의 독점적 왕위 세습 확립, '마립간' 칭호 사용, 광개토 태왕의 도움으로 왜의 침입 격퇴		

자료 01 주먹도끼

구석기 시대의 대표적인 뗀석기입니다. 손에 쥐고 쓸 수 있는 만능 도구였어요.

자료 02 슴베찌르개

구석기 시대 후기에 제작된 뗀석기 중 하나입니다. 주로 슴베 부분을 자루에 박아 사냥 도구로 사용하였어요.

슴베

자료 03 움집(복원)

신석기 시대에 농경과 목축이 시작되면서 정착 생활이 이루어졌어요. 신석기 시대 사람들은 주로 강가나 바닷가에 움집을 짓고 마을을 이루어 살았어요.

자료 04 갈돌과 갈판

신석기 시대에 제작된 대표적인 간석기이며, 곡물의 껍질을 벗기거나 가루로 만드는 데 이용하였어요.

자료 05 가락바퀴

신석기 시대에 실을 뽑는 데 사용한 도구로, 가락바퀴에 막대를 꽂아 돌려 식물 껍질의 섬유질을 꼬아 실로 만들었어요.

자료 06 빗살무늬 토기

신석기 시대의 대표적인 토기로, 식량을 저장하거나 음식을 조리하는 데 사용하였어요.

자료 07 고인돌

청동기 시대에 많은 노동력을 동원할 수 있는 사람, 즉 지배자(군장)의 등장을 짐작할 수 있는 유적이에요.

자료 08 비파형 동검

청동은 재료가 귀하고 다루기가 어려웠기 때문에 주로 의례용 도구나 지배자의 무기, 장신구 등을 만드는 데 쓰였어요. 비파형 동검은 대표적인 청동기 시대의 유물이에요.

자료 09 반달 돌칼

청동기 시대의 대표적인 농기구로, 주로 이삭을 자르는 데 사용하였어요.

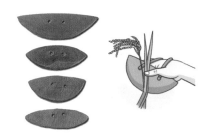

자료 10 미송리식 토기

청동기 시대의 민무늬 토기 가운데 하나로, 발견된 지역의 이름을 따 미송리식 토기라고 합니다. 몸체에 손잡이가 달린 것이 특징이에요.

자료 11 고조선의 8조법

고조선은 8개 조의 법을 만들어 사회 질서를 유지하는 데 이용하였어요. 현재는 8조 가운데 3개 조항이 전해지고 있어요.

- 사람을 죽인 자는 즉시 죽인다.
- 남에게 상처를 입힌 자는 곡식으로 갚는다.
- 도둑질을 한 자는 노비로 삼는데, 용서받고자 하는 자는 50만 전을 내야 한다.
　　　　　　　　　　　　　　　－ "한서" －

자료 12 명도전과 붓

철기 시대에 중국과 교류하였음을 알 수 있는 유물이에요. 명도전은 중국 전국 시대에 사용된 칼 모양의 청동 화폐입니다. 또한, 창원 다호리 유적에서 발견된 붓을 통해 당시에 중국 한자가 전해졌음을 짐작할 수 있어요.

자료 13 세형 동검

철기 시대에도 의례용 도구로 청동기가 제작되었어요. 그중 세형 동검은 청천강 이남 지역에서 주로 발견되는데, 이를 통해 한반도에서 독자적인 청동기 문화가 발전하였음을 알 수 있습니다.

자료 ⑭ 고구려 광개토 태왕의 신라 지원

고구려 광개토 태왕은 신라의 요청으로 군대를 보내 신라에 침입한 왜를 격퇴하였어요.

> 10년(400) 경자년에 왕(광개토 태왕)이 보병과 기병 5만을 보내 신라를 구원하게 하였다. 남거성을 거쳐 신라에 이르니, 그곳에 왜군이 가득하였다. 고구려군이 도착하자 왜적이 퇴각하였다.
> – 광개토 태왕릉비 비문 –

자료 ⑰ 백제의 전성기

한강 유역에서 건국된 백제는 4세기 근초고왕 때 전성기를 맞았어요.

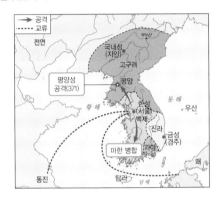

자료 ⑱ 백제의 수도 변천

백제는 고구려 장수왕에게 한성이 함락되자 웅진(공주)으로 도읍을 옮겼어요. 이후 성왕 때 다시 사비(부여)로 도읍을 옮기고 국호를 '남부여'로 바꾸었어요.

자료 ㉑ 사신도

고구려의 고분에는 당시 사람들의 종교와 생활 모습을 보여 주는 벽화가 많이 남아 있어요. 이 중 사신도는 도교의 방위신을 그린 그림으로 죽은 자의 사후 세계를 지켜 준다는 믿음에서 그린 것으로 보여요.

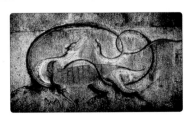

▲ 고구려 강서대묘의 현무도

자료 ⑮ 고구려의 전성기

고구려는 4세기 후반 소수림왕이 중앙 집권적 국가 체제의 기틀을 다진 후 5세기 광개토 태왕과 장수왕 때 전성기를 이루고 넓은 영토를 차지하였어요.

자료 ⑲ 신라의 영토 확장

신라는 6세기 지증왕, 법흥왕 시기를 거치면서 비약적으로 발전하였고, 진흥왕 때 한강 유역을 차지하여 삼국 항쟁의 주도권을 장악하였어요.

자료 ㉒ 백제 금동 대향로

부여 능산리 부근 백제 시대의 절터에서 출토되었어요. 도교와 불교의 이상향과 상징물이 어우러져 표현되어 있습니다.

자료 ⑯ 고구려와 수·당의 전쟁

6세기 말~7세기 초에 들어선 중국의 통일 왕조인 수와 그 뒤를 이은 당이 팽창 정책을 펴면서 동아시아 국제 정세는 크게 변화하였어요. 중국과 맞닿아 있던 고구려는 수와 당의 침입에 맞서 싸워 격퇴하였습니다.

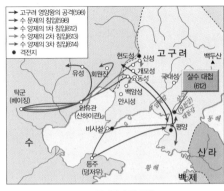

▲ 고구려와 수의 전쟁

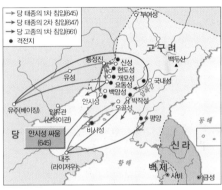

▲ 고구려와 당의 전쟁

자료 ⑳ 금동 연가 7년명 여래 입상

금동으로 만들어진 고구려의 불상이에요. 불꽃무늬 광배 뒷면에 '연가 7년'이라는 글자가 새겨져 있어 제작된 시기를 알 수 있어요.

자료 ㉓ 부여 정림사지 5층 석탑

부여의 정림사에 세워진 5층 석탑이에요. 석탑이지만 목탑 양식이 남아 있어요.

구석기 시대 ~ 신석기 시대

강의 바로 보기

흐름을 잡는 판서

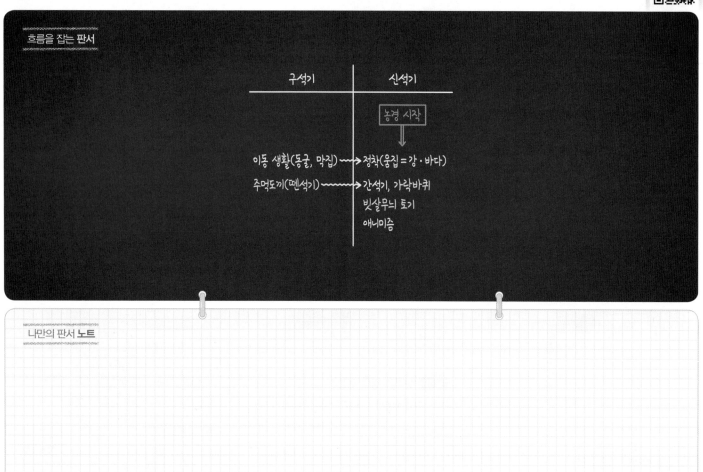

나만의 판서 **노트**

⭐ 별 **채우기**

01 구석기 시대에는 주로 동굴이나 강가의 ⭐집에 거주하였다.

02 ⭐⭐도끼는 구석기 시대를 대표하는 유물이다.

03 신석기 시대에는 ⭐경과 목축이 시작되었다.

04 신석기 시대에 정착 생활이 시작되면서 ⭐집이 등장하였다.

05 신석기 시대에는 ⭐석기를 사용하였다.

06 신석기 시대부터 ⭐⭐바퀴를 이용하여 실을 뽑았다.

07 신석기 시대에는 ⭐⭐무늬 토기를 만들어 식량을 저장하였다.

⭐ 별 **더하기**

✦ 구석기 시대에는 주로 사냥과 채집을 하였다.

✦ 구석기 시대 후기에 사냥을 위해 슴베찌르개를 처음 사용하였다.

✦ 구석기 시대의 대표적인 유적으로 연천 전곡리 유적, 공주 석장리 유적, 단양 수양개 유적 등이 있다.

✦ 구석기 시대와 신석기 시대에는 계급이 없는 평등한 공동체 생활을 하였다.

✦ 신석기 시대에 덧무늬 토기, 이른 민무늬 토기가 제작되었다.

✦ 신석기 시대의 대표적인 유적으로 서울 암사동 유적, 양양 오산리 유적, 제주 고산리 유적 등이 있다.

|정답| 01 막 02 주먹 03 농 04 움 05 간 06 가락 07 빗살

대표 문항 ZOOM IN

심화 64회 1번

밑줄 그은 '이 시대'의 생활 모습으로 옳은 것은? [1점]

키워드 1 갈돌과 갈판은 신석기 시대의 대표적인 간석기입니다.

화면 속 갈돌과 갈판, 빗살무늬 토기는 이 시대의 대표적인 유물로 알려져 있습니다.

농경과 정착 생활이 시작된 이 시대의 사람들은 토기를 만들어 곡식을 저장하고 음식을 조리하기도 하였습니다.

키워드 2 빗살무늬 토기는 신석기 시대의 대표적인 토기입니다.

키워드 3 신석기 시대부터 농경이 시작되고 정착 생활을 하였어요.

① 소를 이용하여 깊이갈이를 하였다.

② 반량전, 명도전 등의 화폐를 사용하였다.

③ 청동 방울 등을 의례 도구로 이용하였다.

④ 거푸집을 이용하여 세형 동검을 제작하였다.

⑤ 가락바퀴와 뼈바늘을 이용하여 옷을 만들었다.

꼼꼼 친절 해설

키워드 1의 '갈돌과 갈판'과 키워드 2의 '빗살무늬 토기', 키워드 3의 농경과 정착 생활이 시작되었다는 내용을 통해 밑줄 그은 '이 시대'가 신석기 시대임을 알 수 있어요. 신석기 시대의 사회 모습에 대해 알아볼까요?

신석기 시대의 사회 모습

경제	농경과 목축 시작
주거	정착 생활, 움집에 거주, 주거지가 강가나 해안가에 위치
도구	간석기(갈돌과 갈판 등), 덧무늬 토기, 이른 민무늬 토기, 빗살무늬 토기, 가락바퀴, 뼈바늘 등
사회	씨족 중심의 부족 사회, 평등 사회
유적지	서울 암사동 유적, 양양 오산리 유적, 제주 고산리 유적 등

따라서 정답은 ⑤번이에요. 신석기 시대부터 실을 뽑기 위해 가락바퀴가 처음 사용되었어요. 가락바퀴로 실을 뽑고 뼈바늘을 이용하여 옷이나 그물 등을 만들었지요. 나머지 선택지도 살펴볼까요? ① 소를 이용한 깊이갈이는 철기 시대부터 이루어졌어요. ② 중국 전국 시대의 화폐인 반량전과 명도전이 우리나라 철기 시대 유적에서 발견되어 이 시기에 한반도와 중국 사이에 교류가 이루어졌음을 알게 되었어요. ③ 청동기 시대부터 청동 방울, 청동 거울 등이 의례용 도구로 제작되었어요. ④ 초기 철기 시대에 제작된 세형 동검은 한반도에서 독자적인 청동기 문화가 발전하였음을 보여 주는 유물이에요.

1 심화 63회 1번

밑줄 그은 '이 시대'의 생활 모습으로 옳은 것은? [1점]

이 그림은 한 미군 병사가 경기도 연천군 전곡리에서 이 시대의 대표적인 유물인 주먹도끼 등을 발견하고 그린 것입니다. 그가 발견한 아슐리안형 주먹도끼는 이 시대 동아시아에는 찍개 문화만 존재하고 주먹도끼 문화는 없었다는 모비우스(H. Movius)의 학설을 뒤집는 증거가 되었습니다.

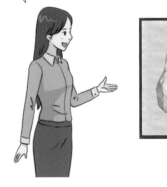

① 소를 이용하여 깊이갈이를 하였다.

② 빗살무늬 토기에 식량을 저장하였다.

③ 지배층의 무덤으로 고인돌을 만들었다.

④ 거푸집을 사용하여 세형 동검을 제작하였다.

⑤ 주로 동굴이나 강가의 막집에서 거주하였다.

2 심화 61회 1번

(가) 시대의 생활 모습으로 옳은 것은? [1점]

강원도 양양군 오산리에서 (가) 시대 마을 유적이 발굴되었습니다. 약 8천 년 전에 형성된 집터에서는 (가) 시대를 대표하는 유물인 빗살무늬 토기와 덧무늬 토기를 비롯하여 이음낚시, 그물추 등이 출토되었습니다.

① 주로 동굴이나 막집에 거주하였다.

② 고인돌, 돌널무덤 등을 축조하였다.

③ 명도전을 이용하여 중국과 교역하였다.

④ 농경과 목축을 통하여 식량을 생산하였다.

⑤ 비파형 동검과 거친무늬 거울 등을 제작하였다.

청동기 시대 ~ 철기 시대

강의 바로 보기

흐름을 잡는 판서

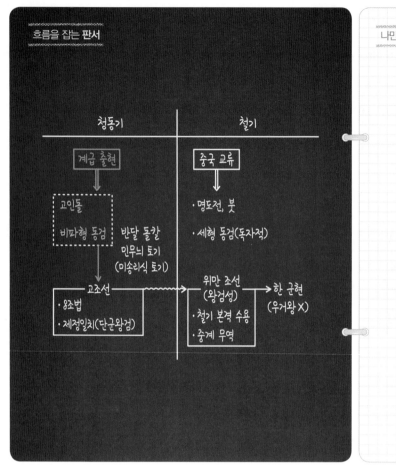

나만의 판서 **노트**

★ 별 채우기

01 청동기 시대에는 지배층의 무덤으로 ★★돌을 축조하였다.

02 청동기 시대에는 거푸집을 이용하여 악기 모양의 ★★형 동검을 제작하였다.

03 청동기 시대에는 ★★ 돌칼을 사용하여 곡물을 수확하였다.

04 청동기 시대에는 무늬가 없는 ★무늬 토기를 사용하였다.

05 ★형 동검을 통해 한반도 안에서 독자적인 청동기 문화가 발전하였음을 알 수 있다.

06 고조선은 사회 질서를 유지하기 위해 범금 ★조를 두었다.

07 기원전 2세기경 ★★이 고조선에 들어와 준왕을 몰아내고 왕이 되었다.

08 위만 집권 이후 고조선은 ★기 문화를 본격적으로 수용하였다.

09 위만 집권 이후 고조선은 중국의 한과 한반도 남부의 진국 사이에서 ★★ 무역을 하였다.

10 고조선을 멸망시킨 한은 고조선의 일부 지역에 ★★을 설치하였다.

★ 별 더하기

+ 청동기 시대에 일부 지역에서 벼농사가 시작되었다.

+ 청동기 시대부터 거푸집을 사용하여 금속 도구를 제작하였다.

+ 청동기 시대에 의례 도구로 청동 거울과 청동 방울 등을 제작하였다.

+ 청동기 시대의 대표적인 유적으로 부여 송국리 유적, 여주 흔암리 유적 등이 있다.

+ 철기 시대 유적에서 발견되는 명도전, 반량전 등의 화폐를 통해 당시 우리나라와 중국이 교류하였음을 알 수 있다.

+ 철기 시대에는 쟁기, 쇠스랑 등의 철제 농기구를 사용하여 농사를 지었다.

+ 고조선은 왕 아래 상, 대부, 장군 등의 관직을 두었다.

+ 고조선은 연의 장수 진개의 공격을 받아 영토를 빼앗겼다.

+ 고조선의 왕위를 차지한 위만은 진번과 임둔을 복속하고 세력을 확장하였다.

+ 고조선은 한 무제가 파견한 군대의 공격으로 멸망하였다.

|정답| 01 고인 02 비파 03 반달 04 민 05 세 06 8 07 위만 08 철
09 중계 10 군현

대표 문항 ZOOM IN

심화 68회 1번

(가) 시대의 생활 모습에 대한 설명으로 옳은 것은? [1점]

사진으로 만나는 고창 고인돌 유적

키워드 1 청동기 시대에 만들어진 고인돌은 많은 인력을 동원할 수 있는 지배자가 등장하였음을 보여 줍니다.

우리 박물관에서는 2000년 유네스코 세계 유산으로 등재된 고창 고인돌 유적을 소개하는 특별전을 마련하였습니다. 고인돌은 계급이 발생한 (가) 시대를 대표하는 무덤입니다. 사진을 통해 다양한 고인돌의 형태를 살펴보시기 바랍니다.

■ 기간 : 2023년 ○○월 ○○일~○○월 ○○일
■ 장소 : ▲▲ 박물관 기획 전시실

키워드 2 청동기 시대에 농경이 발달하면서 사유 재산과 계급이 발생하였어요.

① 반달 돌칼로 벼를 수확하였다.
② 소를 이용하여 깊이갈이를 하였다.
③ 주로 동굴이나 강가의 막집에서 살았다.
④ 오수전, 화천 등의 중국 화폐로 교역하였다.
⑤ 옷을 만들 때 가락바퀴와 뼈바늘을 이용하기 시작하였다.

꼼꼼 친절 해설

키워드 1의 '고인돌'과 키워드 2의 계급이 발생하였다는 내용을 통해 (가) 시대가 청동기 시대임을 알 수 있어요. 청동기 시대의 사회 모습에 대해 알아볼까요?

청동기 시대의 사회 모습

유물	• 청동기 : 비파형 동검, 거친무늬 거울, 청동 방울 등 • 농기구 : 반달 돌칼 등 간석기 사용 • 토기 : 민무늬 토기, 미송리식 토기 등
주거	직사각형의 집터, 움집은 점차 지상 가옥으로 발전
사회	빈부 격차와 사유 재산 발생, 계급 분화, 군장(족장) 출현
무덤	고인돌, 돌널무덤 등
경제	밭농사 중심, 일부 지역에서 벼농사 시작
유적	부여 송국리 유적, 여주 흔암리 유적 등

따라서 정답은 ①번이에요. 반달 돌칼은 청동기 시대의 대표적인 농기구로 벼, 보리 등의 곡식을 수확하는 데 사용되었어요.

나머지 선택지도 살펴볼까요? ② 고려 시대에 들어와 소를 이용한 깊이갈이가 일반화되었어요. ③ 구석기 시대에 사람들은 이동 생활을 하며 주로 동굴이나 강가의 막집에서 살았어요. ④ 우리나라 철기 시대 유적에서 발견되는 오수전, 화천 등의 중국화폐를 통해 한반도와 중국 사이에 교역이 이루어졌음을 알 수 있어요. ⑤ 신석기 시대에 가락바퀴로 실을 뽑고 뼈바늘로 옷이나 그물 등을 만들기 시작하였어요.

---

1 심화 67회 1번

(가) 시대의 생활 모습으로 옳은 것은? [1점]

계급이 출현한 (가) 시대의 생활상을 엿볼 수 있는 환호, 고인돌, 민무늬 토기 등이 울주 검단리 유적에서 발굴되었습니다. 특히 마을의 방어 시설로 보이는 환호는 우리나라의 (가) 시대 유적에서 처음 확인된 것으로, 둘레가 약 300미터에 달합니다.

① 철제 무기로 정복 활동을 벌였다.
② 주로 동굴이나 막집에서 거주하였다.
③ 소를 이용한 깊이갈이가 일반화되었다.
④ 비파형 동검과 청동 거울 등을 제작하였다.
⑤ 빗살무늬 토기에 음식을 저장하기 시작하였다.

---

2 심화 65회 2번

(가) 국가에 대한 설명으로 옳은 것은? [2점]

니계상 참이 사람을 시켜 (가) 의 왕 우거를 죽이고 와서 항복하였다. 그러나 왕검성은 끝내 함락되지 않았기에 우거왕의 대신(大臣) 성기가 한(漢)에 반기를 들고 공격하였다. 좌장군은 우거왕의 아들 장과 항복한 상 노인의 아들 최로 하여금 그 백성을 달래고 성기를 주살하도록 하였다. 드디어 (가) 을/를 평정하고 진번·임둔·낙랑·현도군을 설치하였다. – "한서" –

① 동맹이라는 제천 행사를 열었다.
② 신성 지역인 소도가 존재하였다.
③ 읍락 간의 경계를 중시하는 책화가 있었다.
④ 여러 가(加)들이 별도로 사출도를 다스렸다.
⑤ 사회 질서를 유지하기 위해 범금 8조를 두었다.

여러 나라의 성장

강의 바로 보기

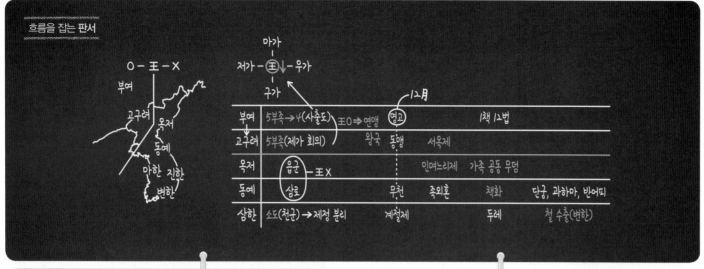

흐름을 잡는 판서

부여	5부족 → 4(사출도) 王O ⇒ 연맹		영고 12月		1책 12법	
고구려	5부족 (제가 회의)	왕국	동맹	서옥제		
옥저	읍군 — 王X			민며느리제	가족 공동 무덤	
동예	삼로		무천	족외혼	책화	단궁, 과하마, 반어피
삼한	소도(천군) → 제정 분리		계절제		두레	철 수출(변한)

마가
저가 — 王↓ — 우가
구가

O — 王 — X
부여
고구려
옥저
동예
마한 진한
변한

나만의 판서 **노트**

⭐ 별 **채우기**

01 부여에서는 여러 가(加)들이 별도로 ⭐⭐도를 주관하였다.

02 부여는 12월에 ⭐⭐라는 제천 행사를 열었다.

03 고구려는 ⭐⭐ 회의에서 국가의 중대사를 결정하였다.

04 고구려는 10월에 ⭐⭐이라는 제천 행사를 열었다.

05 고구려에는 혼인 풍습으로 ⭐⭐제가 있었다.

06 옥저에는 혼인 풍습으로 ⭐⭐⭐⭐제가 있었다.

07 ⭐⭐에는 가족의 유골을 한 목곽에 안치하는 장례 풍습이 있었다.

08 동예와 옥저에는 ⭐군이나 ⭐로라는 지배자가 있었다.

09 동예는 10월에 ⭐⭐이라는 제천 행사를 열었다.

10 동예에는 읍락 간의 경계를 중시하는 ⭐⭐라는 풍습이 있었다.

11 단궁, 과하마, 반어피 등은 ⭐⭐의 대표적인 특산물이었다.

12 삼한에는 제사장인 ⭐⭐과 신성 지역인 ⭐⭐가 존재하였다.

13 삼한 가운데 ⭐한은 철이 많이 생산되어 낙랑과 왜에 수출하였다.

⭐ 별 **더하기**

➕ 부여에서는 남의 물건을 훔쳤을 때 12배로 갚게 하였다.

➕ 부여에는 형이 죽으면 형수를 아내로 삼는 형사취수제라는 풍습이 있었다.

➕ 고구려의 대가들은 사자, 조의, 선인 등의 관리를 거느렸다.

➕ 고구려에는 집집마다 부경이라는 창고가 있었다.

➕ 삼한에는 신지, 읍차 등의 지배자가 있었다.

➕ 삼한은 5월과 10월에 제천 행사를 열었다.

|정답| 01 사출 02 영고 03 제가 04 동맹 05 서옥 06 민며느리 07 옥저 08 읍, 삼 09 무천 10 책화 11 동예 12 천군, 소도 13 변

대표 문항 ZOOM IN 🔍
심화 68회 3번

다음 자료에 해당하는 나라에 대한 설명으로 옳은 것은? [2점]

> ○ 산릉과 넓은 못[澤]이 많아서 동이 지역에서는 가장 넓고 평탄한 곳이다. …… 사람들은 체격이 크고 성품은 굳세고 용감하며, 근엄·후덕하여 다른 나라를 쳐들어가거나 노략질하지 않는다.
>
> ○ 은력(殷曆) 정월에 지내는 제천 행사는 국중 대회로 날마다 마시고 먹고 노래하고 춤추는데, 그 이름을 영고라 했다.
>
> – "삼국지" 위서 동이전 –

> 키워드 1 영고는 부여의 제천 행사로 이때에 사람들은 하늘에 제사를 지내고 노래와 춤을 즐겼어요.

① 신성 지역인 소도가 존재하였다.
② 혼인 풍습으로 민며느리제가 있었다.
③ 여러 가(加)들이 각각 사출도를 주관하였다.
④ 특산물로 단궁, 과하마, 반어피가 유명하였다.
⑤ 왕 아래 상가, 대로, 패자 등의 관직이 있었다.

꼼꼼 친절 해설

키워드 1의 영고라는 제천 행사를 지냈다는 내용을 통해 자료에 해당하는 나라가 부여임을 알 수 있어요. 부여의 사회 모습을 정리해 볼까요?

부여의 사회 모습

위치	쑹화강 유역의 평야 지대에서 성장
정치	5부족 연맹체: 중앙(왕이 통치)+사출도(마가, 우가, 저가, 구가 등 가들이 통치) → 왕권 미약
경제	농경과 목축 발달
법률	엄격한 법률: 살인자는 사형, 도둑질을 하면 12배로 배상(1책 12법) 등
풍속	• 순장, 형사취수제(형이 죽으면 형수를 아내로 삼음) • 우제점법(국가 중대사를 두고 소를 잡아 발굽 모양으로 길흉을 예견하는 점법) • 제천 행사: 영고(12월, 수렵 사회의 전통 계승)

따라서 정답은 ③번이에요. 부여는 5부족 연맹체로 왕이 중앙을 다스렸고, 마가, 우가, 저가, 구가 등의 가(加)들이 각각 사출도를 주관하였어요.
나머지 선택지도 확인해 볼까요? ① 삼한에는 제사장인 천군과 신성 지역인 소도가 있었어요. ② 옥저에는 여자가 어렸을 때 남자 집에서 데려다 키우고 성인이 되면 돌려보낸 뒤 남자가 여자 집에 예물을 주고 정식으로 혼인하는 민며느리제라는 혼인 풍습이 있었어요. ④ 동예는 특산물로 단궁, 과하마, 반어피가 유명하였어요. ⑤ 고구려에는 왕 아래 상가, 대로, 패자 등의 관직이 있었고, 여러 대가들이 각기 사자, 조의, 선인 등의 관리를 거느렸어요.

1
심화 66회 2번

다음 자료에 해당하는 나라에 대한 설명으로 옳은 것은? [2점]

> 호의 수는 5천인데 대군왕은 없으며 읍락에는 각각 대를 잇는 우두머리가 있다. …… 여러 읍락의 거수(渠帥)들은 스스로를 삼로라 일컬었다. …… 장사를 지낼 때에는 큰 나무 곽을 만든다. 길이가 10여 장이나 되며 한쪽을 열어 놓아 문을 만든다. 사람이 죽으면 임시로 매장한다. 겨우 시체가 덮일 만큼 묻었다가 가죽과 살이 다 썩은 다음에 뼈만 추려 곽 속에 넣는다. 온 집 식구를 하나의 곽 속에 넣어 두는데, 죽은 사람의 숫자만큼 나무를 깎아 생전의 모습과 같이 만들었다.
>
> – "삼국지" 동이전 –

① 신성 지역인 소도가 존재하였다.
② 혼인 풍습으로 민며느리제가 있었다.
③ 범금 8조를 통해 사회 질서를 유지하였다.
④ 여러 가(加)들이 각각 사출도를 주관하였다.
⑤ 정사암에 모여 국가의 중대사를 논의하였다.

2
심화 61회 2번

(가) 나라에 대한 설명으로 옳은 것은? [1점]

〈한국사 발표 대회〉
여러 나라의 성장 : (가)

5월과 10월에 제천 행사를 지냈습니다.

신지, 읍차 등으로 불리는 지배자가 있었습니다.

목지국, 사로국, 구야국 등 여러 소국으로 이루어졌습니다.

① 신성 지역인 소도가 존재하였다.
② 연의 장수 진개의 공격을 받았다.
③ 혼인 풍습으로 민며느리제가 있었다.
④ 여러 가(加)들이 별도로 사출도를 주관하였다.
⑤ 특산물로 단궁, 과하마, 반어피가 유명하였다.

고구려

흐름을 잡는 판서

고대 국가: 왕↑, 율령, 불교

	2~3C	4C	5C	7C
주몽 건국	고국천왕: 행정적 성격의 5부, 진대법(을파소)	·미천왕: 낙랑 X →고국원왕 X(평양성) ·소수림왕: 율령, 불교, 태학 └ 백제 근초고왕의 공격	·광개토 태왕(영락): 비, 호우명 그릇 ·장수왕: 국내성 → 평양(남하) 중주 고구려비 한강	·수 → 살수 대첩(을지문덕) ·당 ← 천리장성(연개소문) → 안시성 전투

나만의 판서 노트

★ 별 채우기

01 고◯◯왕은 부족적 성격의 5부를 행정적 성격으로 개편하였다.

02 고국천왕은 빈민을 구제하기 위해 ◯◯법을 실시하였다.

03 ◯◯왕은 낙랑군을 몰아내고 영토를 확장하였다.

04 고◯◯왕은 근초고왕의 공격으로 평양성에서 전사하였다.

05 소수림왕은 ◯학을 설립하고 ◯◯을 반포하였다.

06 고구려는 ◯◯◯왕 때 중국 전진으로부터 불교를 수용하였다.

07 광개토 태왕은 '◯◯'이라는 독자적인 연호를 사용하였다.

08 장수왕은 국내성에서 ◯◯으로 천도하였다.

09 을지문덕은 수의 군대를 ◯◯에서 크게 물리쳤다.

10 고구려는 당의 침입에 대비하여 국경 지역에 ◯◯◯성을 축조하였다.

11 천리장성 축조 과정에서 세력을 키운 ◯◯◯◯은 정변을 일으켜 권력을 장악하였다.

12 고구려는 ◯의 군대를 안시성 전투에서 물리쳤다.

★ 별 더하기

+ 태조왕은 옥저를 정복하고 동해안으로 진출하였다.

+ 동천왕 때 관구검이 이끄는 위의 군대가 고구려를 공격하였다.

+ 미천왕은 서안평을 공격하여 영토를 확장하였다.

+ 미천왕은 대방군을 축출하고 영토를 확장하였다.

+ 광개토 태왕은 백제를 공격하여 한강 이북 지역을 차지하였다.

+ 광개토 태왕은 군대를 파견하여 신라에 침입한 왜를 격퇴하였다.

+ 광개토 태왕은 거란과 후연을 공격하여 만주와 요동 일대를 장악하였다.

+ 영양왕은 온달을 보내 아단성을 공격하였다.

+ 645년에 안시성의 군사와 백성들이 당군을 물리쳤다.

|정답| 01 국천 02 진대 03 미천 04 국원 05 태, 율령 06 소수림 07 영락
08 평양 09 살수 10 천리장 11 연개소문 12 당

대표 문항 **ZOOM IN** 심화 66회 4번

밑줄 그은 '왕'에 대한 설명으로 옳은 것은? [2점]

> **키워드 1** 신라 내물 마립간은 왜의 침입으로 어려움에 빠지자 고구려 광개토 태왕에게 군사 지원을 요청하였어요.
>
> ○ 기해년에 백제가 맹세를 어기고 왜와 화통하였다. 왕이 순행하여 평양으로 내려갔는데, 신라에서 사신을 보내어 아뢰기를, "왜인이 국경에 가득 차 성지(城池)를 파괴하고 있습니다. …… 귀부하여 명을 받고자 합니다."라고 하였다.
>
> ○ 경자년에 왕이 보병과 기병 5만 명을 보내서 신라를 구원하게 하였다. 군대가 남거성을 거쳐 신라성에 이르니 왜적이 많았다. 군대가 도착하자 왜적이 퇴각하였다.
>
> **키워드 2** 광개토 태왕은 군사를 보내 신라에 침입한 왜를 격퇴하고 한반도 남부 지역까지 영향력을 행사하였어요.

① 대가야를 병합하였다.
② 평양으로 도읍을 옮겼다.
③ 22담로에 왕족을 파견하였다.
④ 영락이라는 연호를 사용하였다.
⑤ 낙랑군을 몰아내고 영토를 확장하였다.

꼼꼼 친절 해설

키워드 1의 왜의 침입으로 위기에 빠진 신라가 도움을 요청하였다는 내용과 키워드 2의 군대를 보내 신라를 구원하게 하였다는 내용을 통해 밑줄 그은 '왕'이 고구려 광개토 태왕임을 알 수 있어요. 고구려는 4세기 백제 근초고왕의 공격으로 위기를 맞았어요. 그러나 소수림왕 때 국가 체제를 정비하고 이를 바탕으로 4세기 말~5세기 광개토 태왕과 장수왕 때 전성기를 맞이하였어요. 고구려 발전에 큰 역할을 한 왕들에 대해 알아볼까요?

고구려의 발전

소수림왕	전진에서 온 순도를 통해 불교 수용(왕권을 사상적으로 뒷받침함), 태학 설립(유학 교육, 인재 양성), 율령 반포(중앙 집권 체제 강화)
광개토 태왕	• 백제 공격(한강 이북 지역 차지), 신라의 요청에 따라 군대를 보내 신라에 침입한 왜 격퇴, 거란과 후연을 공격하여 만주와 요동 일대 장악 • '영락'이라는 독자적 연호 사용
장수왕	• 균형 외교 → 중국의 남북조와 동시에 교류 • 남진 정책 추진 - 평양 천도(427) → 백제와 신라가 동맹 결성(나·제 동맹) - 백제 공격(475) : 백제의 한성 함락, 개로왕 전사 → 백제가 웅진(공주)으로 천도 - 한반도 중부 지역까지 영토 확장

따라서 정답은 ④번이에요. 광개토 태왕은 '영락'이라는 독자적인 연호를 사용하였어요.

나머지 선택지도 살펴봅시다. ① 신라 진흥왕은 고령의 대가야를 병합하여 영토를 확장하였어요. ② 고구려 장수왕은 국내성에서 평양으로 도읍을 옮기고 본격적으로 남진 정책을 추진하였어요. ③ 백제 무령왕은 지방 통제를 강화하기 위해 22담로에 왕족을 파견하였어요. ⑤ 고구려 미천왕은 낙랑군과 대방군을 몰아내고 영토를 확장하였어요.

---

1 심화 62회 4번

밑줄 그은 '왕'에 대한 설명으로 옳은 것은? [2점]

> 〈다큐멘터리 기획안〉
>
> **위기에 빠진 고구려를 구하라!**
>
> ◆ 기획 의도
> 평양성 전투에서 전사한 고국원왕의 뒤를 이어 즉위한 왕의 위기 극복 노력을 살펴본다.
>
> ◆ 구성
> 1부 전진으로부터 불교를 수용하다.
> 2부 태학을 설립하여 인재를 양성하다.

① 평양으로 수도를 옮겼다.
② 병부와 상대등을 설치하였다.
③ 22담로에 왕족을 파견하였다.
④ 고흥에게 서기를 편찬하게 하였다.
⑤ 율령을 반포하여 통치 체제를 정비하였다.

---

2 심화 50회 5번

(가), (나) 사이의 시기에 있었던 사실로 옳은 것은? [3점]

> (가) 고구려 왕 거련(巨璉)이 군사 3만 명을 이끌고 와서 왕도인 한성을 포위하였다. 왕이 성문을 닫고서 나가 싸우지 못하였다. 고구려 군사가 네 길로 나누어 협공하고, 바람을 타고 불을 놓아 성문을 불태웠다. 사람들이 매우 두려워하여 나가서 항복하려는 자들도 있었다. 왕이 어찌할 바를 몰라 수십 명의 기병을 거느리고 성문을 나가 서쪽으로 달아나니, 고구려 군사가 추격하여 왕을 해쳤다.
>
> (나) 여러 장수가 안시성을 공격하였다. …… 60일 동안 50만 명의 인력을 동원하여 밤낮으로 쉬지 않고 토산을 쌓았다. 토산의 정상은 성에서 몇 길 떨어져 있고 성 안을 내려다 볼 수 있었다. 도중에 토산이 허물어지면서 성을 덮치는 바람에 성벽의 일부가 무너졌다. …… 황제가 여러 장수에게 명하여 안시성을 공격하였으나, 3일이 지나도록 이길 수 없었다.

① 미천왕이 서안평을 점령하였다.
② 을지문덕이 살수에서 수의 군대를 물리쳤다.
③ 고국원왕이 백제의 평양성 공격으로 전사하였다.
④ 관구검이 이끄는 위의 군대가 고구려를 침략하였다.
⑤ 광개토 대왕이 군대를 보내 신라에 침입한 왜를 격퇴하였다.

1 일 **5교시**

백제

강의 바로 보기

흐름을 잡는 판서

	2~3C	4C	5C	6C	7C
온조 건국	고이왕 : 관직, 관등제 마련 한강	· 근초고왕 ┌ 요서, 규슈, 마한 └ 칠지도 └ 〈서기〉 · 침류왕 : 동진 → 불교 수용	개로왕X, 한성X → 웅진(공주) ↑ 고구려 장수왕의 공격	· 무령왕 : 22담로(왕족 파견), 벽돌무덤(중국 남조 영향) · 성왕 : 웅진 → 사비, 남부여	· 무왕 : 익산 미륵사지 (서동 & 선화 공주) · 의자왕X : 황산벌 전투(계백) ↑ 나 · 당 연합군 공격

〈나 · 제 동맹〉

나만의 판서 노트

⭐ 별 채우기

01 ⭐⭐⭐왕은 마한의 잔여 세력을 복속시키고 영토를 확장하였다.

02 근초고왕은 고흥에게 "⭐⭐"를 편찬하도록 하였다.

03 침류왕은 동진으로부터 ⭐⭐를 수용하였다.

04 백제는 고구려 장수왕의 공격으로 한성이 함락되고 개로왕이 전사하자 ⭐⭐으로 천도하였다.

05 무령왕은 지방의 22⭐⭐에 왕족을 파견하였다.

06 ⭐⭐⭐릉은 중국 남조의 영향을 받은 벽돌무덤으로, 지석이 발견되어 무덤의 주인을 알 수 있다.

07 성왕은 ⭐⭐로 천도하고 국호를 '⭐⭐⭐'로 고쳤다.

08 무왕은 익산에 ⭐⭐사를 건립하였다.

09 의자왕 때 ⭐⭐이 이끄는 결사대가 황산벌에서 신라군에 맞서 싸웠으나 패배하였다.

⭐ 별 더하기

+ **고이왕**은 좌평과 관등제의 기본 골격을 마련하였다.

+ **근초고왕**은 고구려의 평양성을 공격하고 **고국원왕**을 전사시켰다.

+ **개로왕**은 고구려를 견제하고자 북위에 국서를 보냈다.

+ **성왕**은 중앙 관청을 22부로 확대하였다.

+ **성왕**은 신라 진흥왕과 연합하여 **한강 하류** 지역을 일시적으로 수복하였다.

+ **성왕**은 **관산성 전투**에서 전사하였다.

+ **의자왕**은 신라를 공격하여 **대야성**을 함락하였다.

|정답| 01 근초고 02 서기 03 불교 04 웅진 05 담로 06 무령왕 07 사비, 남부여
08 미륵 09 계백

대표 문항 ZOOM IN

심화 57회 5번

(가) 왕의 업적으로 옳은 것은? [2점]

이 동상은 여러 번 고구려를 격파하여 다시 강국이 되었다는 내용의 국서를 양나라에 보내는 (가) 의 모습을 형상화한 것입니다. 또한, 동상 앞 석상은 **중국 남조의 영향을 받아 벽돌로 축조한** (가) 의 무덤에서 출토된 진묘수 모형입니다.

키워드 1 공주의 무령왕릉은 중국 남조의 영향을 받아 축조된 벽돌무덤이에요.

① 익산에 미륵사를 창건하였다.
② 사비로 천도하고 국호를 남부여로 고쳤다.
③ 지방에 22담로를 두어 왕족을 파견하였다.
④ 평양성을 공격하여 고국원왕을 전사시켰다.
⑤ 동진에서 온 마라난타를 통해 불교를 수용하였다.

꼼꼼 친절해설

키워드 1의 중국 남조의 영향을 받아 벽돌로 축조된 무덤의 주인이라는 내용을 통해 (가) 왕이 백제 무령왕임을 알 수 있어요. 무령왕은 웅진으로 천도한 이후, 즉 웅진 시기에 즉위하여 백제 중흥의 발판을 마련하였어요. 백제가 웅진으로 천도한 이후의 사실을 정리해 볼까요?

백제의 수도 변화와 주요 사실

웅진 시기	• 문주왕 : 웅진(공주)으로 천도(475) • 동성왕 : 신라와 결혼 동맹 → 나·제 동맹 강화 • 무령왕 : 지방의 22담로에 왕족 파견, 중국 남조와 활발하게 교류
사비 시기	• 성왕 : 사비(부여)로 천도(538), 국호를 '남부여'로 고침, 중앙 관청을 22부로 확대, 신라 진흥왕과 연합하여 한강 하류 지역을 회복(→ 신라에 빼앗김) → 신라와의 관산성 전투에서 전사(554) • 무왕 : 금마저(익산)에 미륵사 창건 • 의자왕 : 윤충을 보내 신라의 대야성 함락(642), 신라를 공격하여 40여 성 함락, 나·당 연합군의 공격으로 백제 멸망(660)

따라서 정답은 ③번이에요. 무령왕은 지방 통제를 강화하기 위해 22담로에 왕족을 파견하였어요.
나머지 선택지도 확인해 볼까요? ① 무왕은 익산(금마저)에 미륵사를 창건하였어요. ② 성왕은 웅진에서 사비로 천도하고 국호를 '남부여'로 바꾸었어요. ④ 근초고왕은 고구려의 평양성을 공격하여 고국원왕을 전사시켰어요. ⑤ 침류왕은 중국 동진에서 온 마라난타를 통해 불교를 수용하여 사상적 통합을 꾀하였어요.

---

1 심화 61회 6번

다음 상황이 나타난 배경으로 옳은 것은? [3점]

> 연흥 2년에 여경[개로왕]이 처음으로 사신을 보내 표를 올렸다. "신의 나라는 고구려와 함께 부여에서 나왔으므로 우호가 돈독하였는데, 고구려의 선조인 쇠[고국원왕]가 우호를 가벼이 깨트리고 직접 군사를 지휘하여 우리의 국경을 짓밟았습니다. 신의 선조인 수[근구수왕]는 군대를 정비하고 공격하여 쇠의 머리를 베어 높이 매다니, 이후 감히 남쪽을 엿보지 못하였습니다. 그런데 고구려가 점점 강성해져 침략하고 위협하니 원한이 쌓였고 전쟁의 참화가 30여 년 이어졌습니다. …… 속히 장수를 보내 구원하여 주십시오." – "위서" –

① 을지문덕이 살수에서 승리하였다.
② 동성왕이 나·제 동맹을 강화하였다.
③ 성왕이 관산성 전투에서 전사하였다.
④ 계백의 결사대가 황산벌에서 패배하였다.
⑤ 장수왕이 평양으로 천도하고 남진을 추진하였다.

---

2 심화 64회 6번

밑줄 그은 '이 왕'에 대한 설명으로 옳은 것은? [2점]

무령왕의 뒤를 이어 즉위한 이 왕은 국호를 고치고 중앙 관청을 22부로 정비하였어.

신라와 연합하여 한강 유역을 되찾았지만, 신라에 다시 빼앗겼지.

결국 신라와 전쟁을 벌이다가 관산성 전투에서 전사하였어.

① 금마저에 미륵사를 창건하였다.
② 수도를 웅진에서 사비로 옮겼다.
③ 윤충을 보내 대야성을 함락하였다.
④ 고흥으로 하여금 서기를 편찬하게 하였다.
⑤ 북위에 사신을 보내 고구려 공격을 요청하였다.

신라, 가야

강의 바로 보기

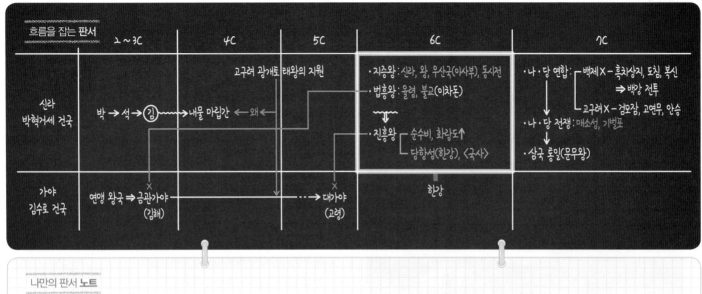

흐름을 잡는 판서

	2~3C	4C	5C	6C	7C
신라 박혁거세 건국	박 → 석 → 김 ∼∼ 내물 마립간 ← 왜	고구려 광개토 태왕의 지원		·지증왕: 신라, 왕, 우산국(이사부), 동시전 ·법흥왕: 율령, 불교(이차돈) ∼∼ ·진흥왕 ┌ 순수비, 화랑도↑ └ 당항성(한강), 〈국사〉	·나·당 연합: ┌ 백제X - 흑치상지, 도침, 복신 ⇒ 백강 전투 └ 고구려X - 검모잠, 고연무, 안승 ·나·당 전쟁: 매소성, 기벌포 ·삼국 통일(문무왕)
가야 김수로 건국	연맹 왕국 ⇒ 금관가야 (김해)		┄→ ×대가야 (고령)	한강	

나만의 판서 노트

⭐ 별 채우기

01 ⭐⭐왕은 국호를 '신라'로 확정하고 '왕'이라는 칭호를 사용하기 시작하였다.

02 지증왕은 시장을 감독하는 관청인 ⭐⭐전을 설치하였다.

03 ⭐⭐왕은 이사부를 보내 우산국을 복속시켰다.

04 ⭐⭐왕은 율령을 반포하고 이차돈의 순교를 계기로 불교를 공인하였다.

05 법흥왕은 ⭐⭐가야를 병합하였다.

06 진흥왕은 북한산, 마운령, 황초령 등에 ⭐⭐비를 세웠다.

07 진흥왕은 ⭐⭐도를 국가적인 조직으로 개편하였다.

08 ⭐⭐왕은 대가야를 정복하여 영토를 확장하였다.

09 진흥왕은 거칠부 등에게 "⭐⭐"를 편찬하게 하였다.

10 ⭐치상지, ⭐침, ⭐신은 백제 부흥 운동을 전개하였다.

11 백제 부흥군은 ⭐⭐에서 왜의 지원군과 함께 신라와 당의 연합군에 맞서 싸웠다.

12 검모⭐, 고⭐무, 안⭐ 등은 고구려 부흥 운동을 전개하였다.

13 신라는 ⭐소성 전투, ⭐벌포 전투에서 당군을 물리치고 삼국 통일을 완성하였다.

14 고구려의 공격으로 금관가야의 국력이 쇠퇴한 이후 ⭐가야가 후기 가야 연맹을 주도하였다.

⭐ 별 더하기

✚ 지증왕은 순장을 금지하고 우경을 장려하였다.

✚ 법흥왕은 병부와 상대등을 설치하였다.

✚ 법흥왕은 '건원'이라는 독자적인 연호를 제정하였다.

✚ 신라는 648년에 당과 군사 동맹을 체결하였다.

✚ 문무왕은 안승을 보덕국의 왕으로 임명하였다.

✚ 금관가야의 시조 김수로왕의 설화가 "삼국유사"에 전해진다.

✚ 금관가야는 낙랑과 왜를 연결하는 중계 무역으로 번성하였다.

|정답| **01** 지증 **02** 동시 **03** 지증 **04** 법흥 **05** 금관 **06** 순수 **07** 화랑 **08** 진흥 **09** 국사 **10** 흑, 도, 복 **11** 백강 **12** 잠, 연, 승 **13** 매, 기 **14** 대

대표 문항 ZOOM IN 🔍 심화 63회 7번

밑줄 그은 '왕'의 업적으로 옳은 것은? [2점]

> 키워드 1 진흥왕은 불교 진흥에 힘써 불교 교단을 정비하였으며, 황룡사를 지었어요.
>
> ○ 담당 관청에 명하여 월성의 동쪽에 새 궁궐을 짓게 하였는데, 그곳에서 황룡이 나타났다. 왕이 이것을 기이하게 여기고는 [계획을] 바꾸어 사찰을 짓고, '황룡'이라는 이름을 내려 주었다.
>
> ○ [거칠부가] 왕의 명령을 받들어 여러 문사(文士)를 모아 국사를 편찬하였다. ● 키워드 2 진흥왕은 거칠부에게 역사서인 "국사"를 편찬하게 하였어요. – "삼국사기" –

① 이사부를 보내 우산국을 복속시켰다.
② 예성강 이북에 패강진을 설치하였다.
③ 관료전을 지급하고 녹읍을 폐지하였다.
④ 국가적인 조직으로 화랑도를 개편하였다.
⑤ 이차돈의 순교를 계기로 불교를 공인하였다.

꼼꼼 친절 해설

키워드 1의 황룡사를 지었다는 내용과 키워드 2의 거칠부에게 "국사"를 편찬하게 하였다는 내용을 통해 밑줄 그은 '왕'이 신라 진흥왕임을 알 수 있어요. 신라는 6세기에 국가 체제를 정비하고 영토를 확장하였어요. 6세기 신라의 성장을 이끈 왕들에 대해 알아볼까요?

6세기 신라의 성장

지증왕	국호 '신라' 확정, 왕호 '왕' 사용, 이사부가 우산국(울릉도) 정복, 우경 장려, 순장 금지(노동력 확보 목적), 동시·동시전 설치
법흥왕	율령 반포, 골품제 정비, '건원' 연호 사용, 공복 제정, 상대등과 병부 설치, 불교 공인(이차돈 순교), 금관가야 병합(532)
진흥왕	• 화랑도를 국가적인 조직으로 개편, 황룡사 건립, "국사" 편찬(거칠부) • 백제 성왕과 연합하여 고구려와 싸워 한강 상류 지역 점령 → 백제에게서 한강 하류 지역을 빼앗음 → 백제와의 관산성 전투에서 승리(백제 성왕 전사) • 대가야 정복(562), 북으로 동해안을 따라 함흥평야까지 진출 • 단양 신라 적성비와 4개의 순수비 건립(북한산 순수비, 창녕 척경비, 황초령 순수비, 마운령 순수비) → 영토 확장을 보여 줌

따라서 정답은 ④번이에요. 진흥왕은 화랑도를 국가적인 조직으로 개편하여 인재를 양성하였어요.

나머지 선택지도 살펴볼까요? ① 지증왕은 이사부를 보내 지금의 울릉도 일대인 우산국을 복속시켰어요. ② 선덕왕은 발해의 침략에 대비하는 한편 북방 개척을 위해 예성강 이북(지금의 황해도 평산) 지역에 패강진을 설치하였어요. ③ 신문왕은 관료전을 지급하고 녹읍을 폐지하여 귀족의 경제적 기반을 약화하였어요. ⑤ 법흥왕은 이차돈의 순교를 계기로 귀족 세력의 반대를 물리치고 불교를 공인하였어요.

1 심화 65회 6번

(가), (나) 사이의 시기에 있었던 사실로 옳은 것은? [2점]

> (가) 당의 손인사, 유인원과 신라 왕 김법민은 육군을 거느려 나아가고, 유인궤 등은 수군과 군량을 실은 배를 거느리고 백강으로 가서 육군과 합세하여 주류성으로 갔다. 백강 어귀에서 왜의 군사를 만나 …… 그들의 배 4백 척을 불살랐다.
>
> (나) 이근행이 군사 20만 명을 이끌고 매소성에 머물렀다. 신라군이 공격하여 달아나게 하고 말 3만여 필을 얻었는데, 노획한 병장기의 수도 그 정도 되었다.

① 장문휴가 당의 등주를 공격하였다.
② 원광이 왕명으로 걸사표를 작성하였다.
③ 을지문덕이 살수에서 대승을 거두었다.
④ 김춘추가 당과의 군사 동맹을 성사시켰다.
⑤ 검모잠이 안승을 왕으로 세워 부흥 운동을 벌였다.

2 심화 68회 7번

(가) 나라에 대한 설명으로 옳은 것은? [2점]

> (가) 의 대표적 생활 유적인 봉황대가 회현리 패총과 합쳐져 김해 봉황동 유적으로 확대 지정되었습니다. 이 유적은 김수로왕에 의해 건국되었다고 전해진 (가) 의 초기 모습을 추정해 볼 수 있는 귀중한 문화유산입니다.

김해 봉황동 유적, 사적으로 확대 지정

① 집사부를 비롯한 14부를 두었다.
② 집집마다 부경이라는 창고가 있었다.
③ 대가들이 사자, 조의, 선인을 거렸다.
④ 철이 많이 생산되어 낙랑, 왜 등에 수출하였다.
⑤ 왕족인 부여씨와 8성의 귀족이 지배층을 이루었다.

삼국의 문화

강의 바로 보기

흐름을 잡는 판서

나라	문화재
고구려	• 금동 연가 7년명 여래 입상 • 돌무지무덤(장군총) → 굴식 돌방무덤 　　　　　　　　　　　　(사신도 - 도교)
백제	• 석촌동 고분 • 사택지적비, 산수무늬 벽돌 - 도교 - 백제 금동 대향로 • 서산 용현리 마애 여래 삼존상 - '백제의 미소' • 부여 정림사지 5층 석탑(= 평제탑)
신라	• 임신서기석 • 선덕 여왕 ⇒ 경주 분황사 모전 석탑, 첨성대, 　　　　　　　　황룡사 9층 목탑(자장) 　　　　　　　　└→ 진흥왕
가야	철제 갑옷 덩이쇠, 토기(→ 일본 스에키)

나만의 판서 노트

★ 별 채우기

01 고구려의 금동 ★★ 7년명 여래 입상은 광배 뒷면에 새겨진 내용을 통해 제작 시기를 알 수 있다.

02 고구려 사신도는 ★★ 사상과 밀접한 관련이 있다.

03 백제 금동 대향로에는 ★교와 ★교 사상이 반영되어 있다.

04 서산 용현리 마애 여래 삼존상은 '★★의 미소'로 널리 알려져 있다.

05 목탑 양식이 반영된 백제의 부여 ★★지 5층 석탑은 '평제탑'이라고 불리기도 하였다.

06 임신서기석을 통해 ★★에서 유학 교육이 이루어졌음을 알 수 있다.

07 경주 ★★★ 모전 석탑은 현존하는 신라의 석탑 가운데 가장 오래된 탑이다.

08 진흥왕은 경주에 ★★사를 건립하였다.

09 선덕 여왕 때 승려 ★★은 황룡사 9층 목탑의 건립을 건의하였다.

10 신라는 선덕 여왕 때 천문 관측을 위해 ★★대를 세웠다.

11 가야의 토기 제작 기술이 일본에 전해져 ★★키 제작에 영향을 끼쳤다.

★ 별 더하기

＋ 백제의 산수무늬 벽돌에는 도교 사상이 반영되었다.

＋ 백제 무령왕릉에서는 무덤의 주인을 알 수 있는 지석이 출토되었다.

＋ 공주의 무령왕릉은 중국 남조의 영향을 받아 벽돌로 축조된 백제의 무덤이다.

＋ 백제 무왕 때 건립된 익산 미륵사지 석탑은 목탑에서 석탑으로 넘어가는 과도기적 모습을 보여 준다.

＋ 익산 미륵사지 석탑은 현존하는 석탑 중 가장 규모가 크다.

＋ 익산 미륵사지 석탑에서 발견된 사리장엄구의 금제 사리봉영기를 통해 이 탑의 건립 연대를 알 수 있다.

|정답| 01 연가　02 도교　03 도, 불　04 백제　05 정림사　06 신라　07 분황사
　　　08 황룡　09 자장　10 첨성　11 스에

실력을 키우는 **기출문제**

대표 문항 ZOOM IN 🔍
심화 53회 9번

(가)에 해당하는 문화유산으로 옳은 것은? [2점]

> 국보로 지정된 이 마애불은 둥근 얼굴 윤곽에 자비로운 인상을 지녀 '백제의 미소'라고 불립니다. 6세기 말에서 7세기 초, 중국을 오가던 사람들의 안녕을 기원하고자 교통로에 만들어진 것으로 보입니다.

➡ **키워드 1** 서산 용현리 마애 여래 삼존상은 그 특유의 미소 때문에 '백제의 미소'라고 불립니다.

한국의 마애불

(가)

 ①

 ②

 ③

 ④

 ⑤

꼼꼼 친절 해설

키워드 1의 '백제의 미소'를 통해 (가)에 해당하는 문화유산이 백제의 대표적 불상인 서산 용현리 마애 여래 삼존상임을 알 수 있어요. 삼국의 대표적 불상을 정리해 볼까요?

삼국의 대표적 불상

고구려	금동 연가 7년명 여래 입상 : 광배 뒷면에 '연가 7년'이라는 글자가 새겨져 있어 제작된 시기를 알 수 있음
백제	서산 용현리 마애 여래 삼존상 : 절벽에 새겨져 있음, '백제의 미소'로 널리 알려짐
신라	경주 배동 석조 여래 삼존 입상 : 온화하고 자비로운 불성을 표현

따라서 정답은 ④번이에요.
나머지 불상도 확인해 볼까요? ① 고려의 안동 이천동 마애 여래 입상이에요. ② 신라의 경주 남산 칠불암 마애불상군이에요. ③ 고려의 영암 월출산 마애 여래 좌상이에요. ⑤ 고려의 파주 용미리 마애 이불 입상이에요.

1 심화 64회 4번

(가)에 해당하는 문화유산으로 옳은 것은? [1점]

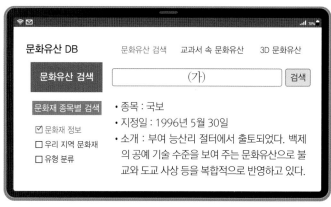

문화유산 DB	문화유산 검색　교과서 속 문화유산　3D 문화유산

문화유산 검색 [　　(가)　　] 검색

문화재 종목별 검색
☑ 문화재 정보
☐ 우리 지역 문화재
☐ 유형 분류

• 종목 : 국보
• 지정일 : 1996년 5월 30일
• 소개 : 부여 능산리 절터에서 출토되었다. 백제의 공예 기술 수준을 보여 주는 문화유산으로 불교와 도교 사상 등을 복합적으로 반영하고 있다.

 ①

 ②

 ③

 ④

 ⑤

2 심화 67회 4번

(가)에 해당하는 문화유산으로 옳은 것은? [3점]

> 국보로 지정된 (가) 은 현존하는 신라 탑 중에 가장 오래된 것으로 평가받습니다. 이 탑은 돌을 벽돌 모양으로 다듬어 쌓았다는 특징이 있으며, 선덕 여왕 3년에 건립된 것으로 추정됩니다.

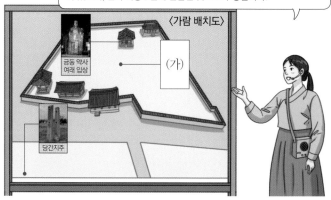

〈가람 배치도〉

금동 약사 여래 입상

(가)

당간지주

 ①

 ②

 ③

 ④

 ⑤

2일

남북국 시대 ~
고려 시대

1 교시 통일 신라(정치)

중대	하대	후삼국 시대

- 중대
  - 외사정 파견(문무왕), 상수리 제도
  - 신문왕 : 김흠돌의 난 진압 → 연루된 많은 진골 귀족 세력 숙청
  - 관료전 지급, 녹읍 폐지
  - 9주 5소경 체제 완비
  - 9서당 10정 정비
  - 국학 설립

- 하대
  - 녹읍 부활(경덕왕)
  - 독서삼품과 마련(원성왕)
  - 김헌창의 난(헌덕왕)
  - 원종과 애노의 난(진성 여왕)
  - 호족 세력 성장 → 선종 후원, 풍수지리설 수용

- 후삼국 시대
  - 견훤, 후백제 건국(완산주)
  - 궁예, 후고구려 건국(송악 → 철원)
  - 공산 전투(후백제 승리)
  - 고창 전투(고려 승리)
  - 일리천 전투(고려 승리)

2 교시 통일 신라(경제, 사회, 문화)

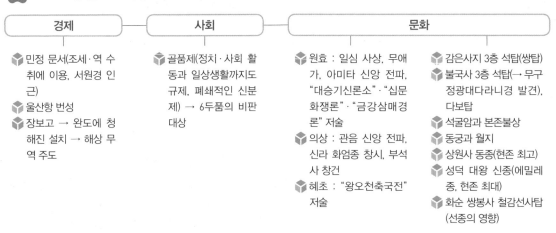

경제	사회	문화

- 경제
  - 민정 문서(조세·역 수취에 이용, 서원경 인근)
  - 울산항 번성
  - 장보고 → 완도에 청해진 설치 → 해상 무역 주도

- 사회
  - 골품제(정치·사회 활동과 일상생활까지도 규제, 폐쇄적인 신분제) → 6두품의 비판 대상

- 문화
  - 원효 : 일심 사상, 무애가, 아미타 신앙 전파, "대승기신론소"·"십문화쟁론"·"금강삼매경론" 저술
  - 의상 : 관음 신앙 전파, 신라 화엄종 창시, 부석사 창건
  - 혜초 : "왕오천축국전" 저술
  - 감은사지 3층 석탑(쌍탑)
  - 불국사 3층 석탑(→ 무구정광대다라니경 발견), 다보탑
  - 석굴암과 본존불상
  - 동궁과 월지
  - 상원사 동종(현존 최고)
  - 성덕 대왕 신종(에밀레종, 현존 최대)
  - 화순 쌍봉사 철감선사탑(선종의 영향)

3 교시 발해(정치)

대조영	→	무왕	→	문왕	→	선왕

- 대조영
  - 동모산에서 발해 건국

- 무왕
  - '인안' 연호 사용
  - 산둥반도의 등주 공격(장문휴)

- 문왕
  - '대흥' 연호 사용
  - 3성 6부 정비
  - 신라와 교류

- 선왕
  - '건흥' 연호 사용
  - 5경 15부 62주 정비
  - 전성기 형성(→ '해동성국')

4 교시 발해(경제, 사회, 문화)

경제	고구려 계승	당 영향

- 경제
  - 솔빈부의 말 유명
  - 산둥반도의 발해관 이용

- 고구려 계승
  - 일본과의 국서에 '고려 왕' 기록
  - 이불병좌상, 석등, 돌사자상
  - 온돌 장치

- 당 영향
  - 3성 6부 정비
  - 상경성에 주작대로 건설
  - 주자감(유학 교육) 설치
  - 영광탑

⑤ 교시 고려(전기 정치)

태조	→	광종	→	성종	→	문벌 사회의 분열

- 🔷 호족 통합(혼인 정책, 왕씨 성 하사), 호족 견제(사심관 제도, 기인 제도)
- 🔷 흑창 설치, 서경 중시 (→ 북진 정책)
- 🔷 훈요 10조

- 🔷 노비안검법 실시
- 🔷 과거제 도입(쌍기)
- 🔷 연호 사용(광덕, 준풍)

- 🔷 최승로의 시무 28조
- 🔷 12목 설치, 지방관 파견
- 🔷 향리제 정비

- 🔷 이자겸의 난
- 🔷 묘청의 서경 천도 운동

중앙 통치 조직	→	지방 행정 조직

- 🔷 2성 6부
- 🔷 도병마사, 식목도감
- 🔷 대간 : 서경권 행사

- 🔷 5도(일반 행정 구역) + 양계(군사 행정 구역)
- 🔷 향·부곡·소

⑥ 교시 고려(후기 정치)

무신 집권기	→	공민왕

- 🔷 교정도감 : 최충헌(봉사 10조)이 설치, 최고 권력 기구
- 🔷 정방 : 최우가 설치, 인사 행정 기구
- 🔷 삼별초 : 최씨 무신 정권의 군사 기반

- 🔷 기철 등 친원파 숙청, 몽골풍 금지
- 🔷 정방 폐지, 정동행성 이문소 폐지
- 🔷 쌍성총관부 공격, 전민변정도감 설치(신돈 주도)

⑦ 교시 고려(외교)

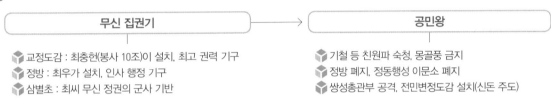

거란(요)	—	여진(금)	—	몽골(원)

- 🔷 서희의 담판(강동 6주 확보)
- 🔷 강감찬의 귀주 대첩
- 🔷 천리장성, 개경에 나성 축조
- 🔷 초조대장경 조판

- 🔷 윤관(별무반 편성) → 동북 9성 개척

- 🔷 강화 천도(최우), 처인성 전투(김윤후)
- 🔷 초조대장경과 황룡사 9층 목탑 소실
- 🔷 팔만대장경 조판
- 🔷 삼별초의 항쟁(강화도 → 진도 → 제주도)

⑧ 교시 고려(경제, 사회)

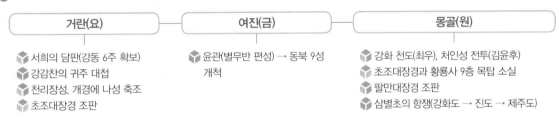

경제	—	사회

- 🔷 역분전 : 건국 공신에게 지급, 논공행상 성격(태조)
- 🔷 전시과 : 관리에게 관직에 따라 전지와 시지 지급
- 🔷 건원중보(최초의 화폐, 철전)·활구(은병) 발행
- 🔷 경시서 설치, 관영 상점 운영(서적점, 다점 등)
- 🔷 벽란도가 국제 무역항으로 번성

- 🔷 동·서 대비원, 제위보, 구제도감, 구급도감, 의창
- 🔷 양인 중 피지배층의 대부분은 백정(일반 농민)
- 🔷 여성의 지위 : 가정 내 지위가 비교적 높음, 균분 상속, 윤행봉사

⑨ 교시 고려(문화)

전기	—	후기

- 🔷 국자감(→ 7재·양현고 설치), 9재 학당(최충 설립)
- 🔷 의천 : 해동 천태종 개창, 교관겸수 주장, 교장도감
- 🔷 하남 하사창동 철조 석가여래 좌상
- 🔷 논산 관촉사 석조 미륵보살 입상
- 🔷 영주 부석사 소조 여래 좌상, 초조대장경, 순청자
- 🔷 평창 월정사 8각 9층 석탑

- 🔷 지눌 : 조계종 정립, 정혜쌍수·돈오점수 주장, 수선사 결사 제창
- 🔷 성리학 도입(안향), 이제현("역옹패설", "사략" 저술)
- 🔷 영주 부석사 무량수전(주심포 양식)
- 🔷 개성 경천사지 10층 석탑
- 🔷 "직지심체요절"(청주 흥덕사, 현존 최고의 금속 활자본)
- 🔷 팔만대장경, 상감 청자, 화통도감(최무선, 화포와 화약 개발)

자료 01 9주 5소경

통일 후 신라는 전국을 9주로 나누고 수도가 한쪽에 치우친 점을 보완하기 위해 5소경을 설치하였어요.

자료 02 신라 말의 사회 동요

신라 말 정치 혼란으로 민생이 더욱 피폐해져 전국 곳곳에서 농민 봉기가 일어났어요. 원종·애노의 난을 시작으로 각지에서 봉기가 일어나면서 혼란은 가중되었고, 이를 틈타 호족 세력이 성장하였어요.

자료 03 후삼국의 성립

완산주(전주)를 도읍으로 견훤이 후백제를, 송악(개성)을 도읍으로 궁예가 후고구려를 건국하면서 후삼국이 성립되었어요.

자료 04 남북국 시대의 교류

남북국을 형성한 신라와 발해는 당, 일본 등 주변국과 활발하게 교류하였어요. 또 신라도를 통해 양국이 교류하였어요.

자료 05 신라의 골품제

신라의 골품제는 정치·사회 활동뿐만 아니라 일상생활까지 규제하는 폐쇄적인 신분 제도였어요.

등급	관등명	진골	6두품	5두품	4두품	공복
1	이벌찬					자색
2	이 찬					자색
3	잡 찬					자색
4	파진찬					자색
5	대아찬					자색
6	아 찬					비색
7	일길찬					비색
8	사 찬					비색
9	급벌찬					비색
10	대나마					청색
11	나 마					청색
12	대 사					황색
13	사 지					황색
14	길 사					황색
15	대 오					황색
16	소 오					황색
17	조 위					황색
		골품				공복

▲ 신라의 골품과 관등표

자료 06 경주 불국사 3층 석탑과 다보탑

자료 07 무구정광대다라니경

자료 08 경주 석굴암 본존불

자료 09 성덕 대왕 신종

자료 10 발해 이불병좌상

자료 11 발해 석등과 영광탑

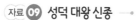

고려는 성종 때 당과 송의 제도를 참고하여 2성 6부의 중앙 정치 체제를 정비하였으며, 도병마사와 식목도감 같은 고려만의 독자적 회의 기구도 운영하였어요.

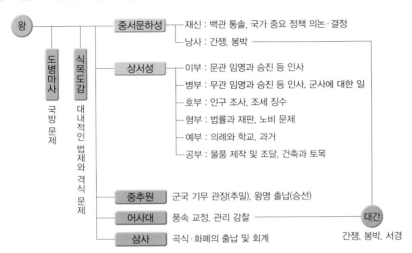

고려의 지방 행정 조직은 5도 양계와 경기 지역으로 정비되었어요. 5도는 일반 행정 구역이고 양계는 군사 행정 구역이며, 경기 지역은 수도 개경과 그 주변에 해당합니다.

무신 집권기에도 지배층의 수탈이 계속되어 견디다 못한 하층민이 전국 곳곳에서 봉기하였어요.

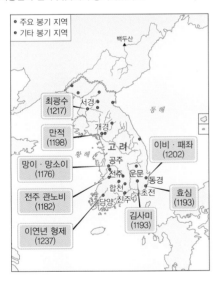

고려 시대에 국제 무역이 활발하게 이루어졌어요. 개경 근처에 있는 예성강 하구의 벽란도는 국제 무역항으로 번성하였어요.

고려 시대에 건원중보, 은병(활구), 해동통보 등의 화폐가 유통되었어요.

▲ 건원중보 ▲ 은병

▲ 순청자
(청자 참외 모양 병)

▲ 상감 청자
(청자 상감 운학무늬 매병)

통일 신라(정치)

흐름을 잡는 판서

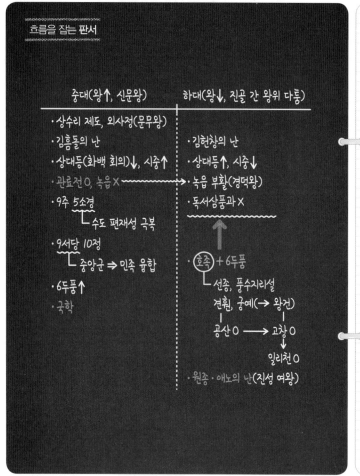

나만의 판서 **노트**

⭐ 별 채우기

01 신라는 상⭐⭐ 제도를 실시하여 지방 세력을 견제하였다.

02 신라는 지방관 감찰을 위해 외⭐⭐을 파견하였다.

03 신문왕은 김⭐⭐의 반란을 진압하고 진골 귀족 세력을 숙청하여 왕권을 강화하였다.

04 신문왕은 관리에게 ⭐⭐전을 지급하고 ⭐읍을 폐지하였다.

05 신문왕은 지방 행정 제도를 ⭐주 ⭐소경으로 정비하였다.

06 신라는 9⭐⭐ 10⭐의 군사 조직을 운영하였다.

07 신문왕은 유학 교육을 위해 ⭐학을 설립하였다.

08 원성왕은 유교 경전의 이해 수준을 시험하여 관리 선발에 활용하는 독서⭐⭐과를 실시하였다.

09 신라 말 지방에서 ⭐⭐들이 반독립적인 세력으로 성장하였다.

10 신라 말 일부 ⭐⭐품 세력은 골품제를 비판하며 새로운 사회 건설을 추구하였다.

11 신라 말에 호족의 후원을 받아 ⭐종이 유행하였다.

12 신라 말에 ⭐⭐과 애노의 난 등 농민 봉기가 일어났다.

⭐ 별 더하기

+ 신라는 관리 감찰을 위해 **사정부**를 두었다.

+ 헌덕왕 때 웅천주 도독 **김헌창**이 반란을 일으켰다.

+ **최치원**은 진성 여왕에게 **시무책 10여 조**를 건의하였다.

+ 견훤은 완산주를 도읍으로 후백제를 건국하였다.

+ 견훤은 **후당, 오월**에 사신을 파견하였다.

+ 견훤은 신라의 금성을 습격하여 **경애왕**을 죽게 하였다.

+ 궁예는 송악을 도읍으로 정하고 **후고구려**를 건국하였다.

+ 궁예는 국호를 '마진'으로 바꾸고 철원으로 천도하였다.

+ 궁예는 광평성 등 정치 기구를 마련하였다.

+ 후백제군은 **공산** 전투에서 고려군에 대승을 거두었다.

+ **고려군**은 **고창** 전투에서 후백제군과 싸워 승리하였다.

+ 신검의 후백제군은 **일리천** 전투에서 고려군에 패배하였다.

|정답| 01 수리 02 사정 03 흠돌 04 관료, 녹 05 9, 5 06 서당, 정 07 국 08 삼품 09 호족 10 6두 11 선 12 원종

대표 문항 ZOOM IN 심화 62회 8번

(가)에 들어갈 내용으로 옳은 것은? [2점]

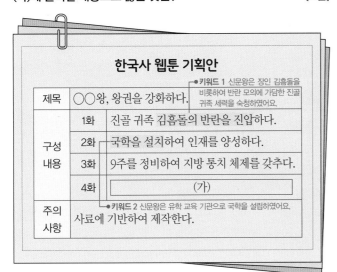

한국사 웹툰 기획안

키워드 1 신문왕은 장인 김흠돌을 비롯하여 반란 모의에 가담한 진골 귀족 세력을 숙청하였어요.

제목	○○왕, 왕권을 강화하다.	
구성 내용	1화	진골 귀족 김흠돌의 반란을 진압하다.
	2화	국학을 설치하여 인재를 양성하다.
	3화	9주를 정비하여 지방 통치 체제를 갖추다.
	4화	(가)
주의 사항	사료에 기반하여 제작한다.	

키워드 2 신문왕은 유학 교육 기관으로 국학을 설립하였어요.

① 관료전을 지급하고 녹읍을 폐지하다.
② 마립간이라는 칭호를 처음 사용하다.
③ 이사부를 보내 우산국을 복속시키다.
④ 화랑도를 국가적 조직으로 개편하다.
⑤ 이차돈의 순교를 계기로 불교를 공인하다.

꼼꼼 친절 해설

키워드 1의 김흠돌의 반란을 진압하였다는 내용과 키워드 2의 국학을 설치하였다는 내용을 통해 웹툰 기획안이 신라 신문왕 시기에 관한 것임을 알 수 있어요. 삼국을 통일한 문무왕에 이어 즉위한 신문왕은 왕권 강화를 위해 노력하였으며, 국가 체제 정비에도 힘을 기울였어요. 신문왕이 추진한 정책에 대해 알아볼까요?

신문왕의 왕권 강화와 체제 정비

왕권 강화	• 김흠돌의 난 진압 → 진골 귀족 숙청 • 관료전 지급, 녹읍 폐지 → 귀족의 경제적 기반 약화
체제 정비	• 중앙 정치 기구 정비(집사부, 병부, 위화부 등 14개 중앙 부서 정비), 지방 행정 조직 정비(9주 5소경 설치), 군사 제도 정비(9서당 10정) • 국학 설치(유학 교육 → 왕권을 보좌할 실무 관료 양성)

따라서 정답은 ①번이에요. 신문왕은 조세 수취만 가능한 관료전을 지급하고 노동력까지 징발할 수 있는 녹읍을 폐지하여 귀족의 세력 기반을 약화하였어요.
나머지 선택지도 살펴볼까요? ② 내물 마립간 때 최고 지배자의 칭호를 마립간으로 정하였어요. ③ 지증왕은 이사부를 보내 지금의 울릉도 일대인 우산국을 복속시켰어요. ④ 진흥왕은 화랑도를 국가적 조직으로 개편하여 인재를 양성하였어요. ⑤ 법흥왕은 이차돈의 순교를 계기로 불교를 공인하였어요.

1 심화 66회 7번

(가), (나) 사이의 시기에 볼 수 있는 모습으로 가장 적절한 것은? [3점]

(가) 선덕왕이 죽었는데 아들이 없자, 여러 신하들이 회의를 한 후에 왕의 조카인 김주원을 옹립하고자 하였다. 주원의 집은 왕경에서 북쪽으로 20리 떨어진 곳에 있었는데, 마침 큰비가 와서 알천의 물이 넘쳐 주원이 건너 오지 못하였다. …… 여러 사람들의 뜻이 모아져 김경신이 왕위를 계승하도록 하였다. – "삼국사기" –

(나) 나라 안의 모든 주군에서 공물과 부세를 보내지 않아, 창고가 텅텅 비어 나라 재정이 궁핍해졌다. 왕이 사신을 보내 독촉하니 곳곳에서 도적이 벌 떼처럼 일어났다. 이때 원종과 애노 등이 사벌주에 근거하여 반란을 일으켰다. – "삼국사기" –

① 계백료서를 읽는 관리
② 녹읍 폐지를 명하는 국왕
③ 성균관에서 공부하는 학생
④ 초조대장경을 조판하는 장인
⑤ 김헌창의 난을 진압하는 군인

2 심화 66회 9번

밑줄 그은 '인물'에 대한 설명으로 옳은 것은? [2점]

대한민국 방방곡곡 – 김제 금산사

史 한국사 채널 조회 수 230,213

금산사는 삼국 시대에 창건된 유서 깊은 사찰입니다. 완산주를 도읍으로 국가를 세운 인물이 아들 신검 등에 의해 유폐되었다가 탈출한 곳으로 잘 알려져 있습니다. 이 사찰은 국보인 미륵전을 비롯하여 여러 점의 국가 지정 문화재를 보유하고 있습니다.

① 독서삼품과를 실시하였다.
② 동진으로부터 불교를 수용하였다.
③ 후당과 오월에 사신을 파견하였다.
④ 광평성 등의 정치 기구를 마련하였다.
⑤ 화랑도를 국가적인 조직으로 개편하였다.

통일 신라(경제, 사회, 문화)

강의 바로 보기

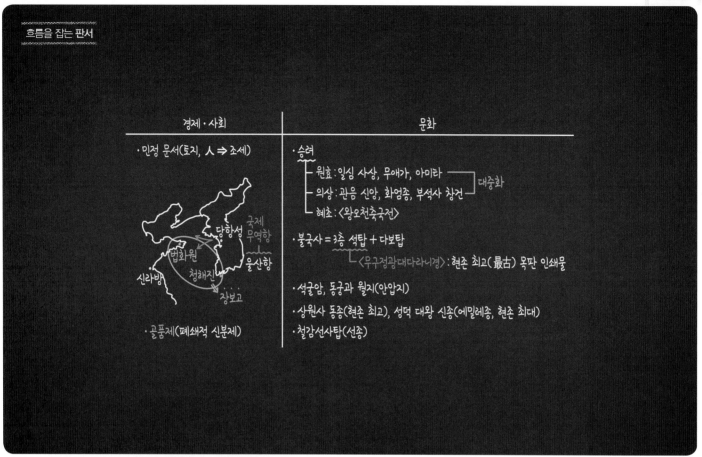

흐름을 잡는 판서

경제 · 사회

· 민정 문서(토지, 人 ⇒ 조세)

국제 무역항
당항성
법화원
청해진
울산항
신라방
장보고

· 골품제(폐쇄적 신분제)

문화

· 승려
  ┌ 원효 : 일심 사상, 무애가, 아미타 ┐
  ├ 의상 : 관음 신앙, 화엄종, 부석사 창건 ┤ 대중화
  └ 혜초 : 〈왕오천축국전〉

· 불국사 = 3층 석탑 + 다보탑
  └〈무구정광대다라니경〉: 현존 최고(最古) 목판 인쇄물

· 석굴암, 동궁과 월지(안압지)

· 상원사 동종(현존 최고), 성덕 대왕 신종(에밀레종, 현존 최대)

· 철감선사탑(선종)

★ 별 채우기

01 통일 신라는 세금 수취의 근거 자료로 신라 촌락 문서(★★ 문서)를 작성하였다.

02 신라★, 신라촌은 당의 동해안 지역에 형성된 신라인 집단 거주지이다.

03 장보고는 완도에 ★★진을 설치하여 해상 무역을 전개하였다.

04 장보고는 당의 산둥반도에 신라 사찰인 ★★원을 세웠다.

05 통일 신라 시기에 수도 금성 근처의 ★★항이 국제 무역항으로 번성하였다.

06 신라의 ★★제는 개인의 정치 활동과 사회 활동의 범위뿐만 아니라 일상생활까지 제한한 폐쇄적인 신분제였다.

07 원효는 ★★가를 지어 부르며 불교 대중화에 노력하였다.

08 의상은 현세의 고난에서 구제받고자 하는 ★★ 신앙을 강조하였다.

09 ★★는 지금의 인도와 중앙아시아를 여행하고 "왕오천축국전"을 저술하였다.

10 경주 ★★사 3층 석탑을 보수하는 과정에서 무구정광대다라니경이 발견되었다.

11 ★★★★대다라니경은 현존하는 세계에서 가장 오래된 목판 인쇄물이다.

★ 별 더하기

＋통일 신라 시대에 당항성과 영암이 국제 무역항으로 번성하였다.

＋원효는 "대승기신론소", "십문화쟁론", "금강삼매경론"을 저술하였다.

＋원효는 일심 사상과 화쟁 사상을 주장하였다.

＋의상은 현세의 고난에서 구제받고자 하는 관음 신앙을 강조하였다.

＋의상은 '화엄일승법계도'를 지어 화엄 사상을 정리하였다.

＋신라 말에 선종의 영향으로 승탑이 많이 제작되었다.

＋신라 말에 선종이 널리 확산되면서 9산 선문이 성립하였다.

|정답| 01 민정 02 방 03 청해 04 법화 05 울산 06 골품 07 무애 08 관음
09 혜초 10 불국 11 무구정광

대표 문항 ZOOM IN 🔍

심화 67회 6번

밑줄 그은 '이 승려'에 대한 설명으로 옳은 것은? [2점]

POST CARD

●키워드 1 의상은 당에서 유학하고 돌아와 영주 부석사, 양양 낙산사 등 여러 사찰을 건립하였어요.

○○에게

나는 지금 영주 부석사에 와 있어. 이 곳은 당에 가서 화엄학을 공부한 **이 승려** 가 세운 절이야. 선묘각과 부석을 통해 그 가 선묘 낭자의 도움을 받아 사찰을 건립 했다는 설화를 떠올릴 수 있었어. 그리고 무량수전 배흘림기둥에 기대어 멀리 풍 경을 보니, 너와 함께 다시 와보고 싶다는 생각이 들었어. 그럼 이만 줄일게. 안녕.

△△가

우표

보내는 사람

받는 사람

●키워드 2 의상은 당에서 화엄종을 공부하고 돌아와 '모든 존재는 서로 의존하여 조화를 이룬다.'는 화엄 사상을 설파하고 신라 화엄종을 개창하였어요.

① 황룡사 구층 목탑의 건립을 건의하였다.
② 무애가를 지어 불교 대중화에 노력하였다.
③ 유식의 교의를 담은 해심밀경소를 저술하였다.
④ 승려들의 전기를 정리한 해동고승전을 편찬하였다.
⑤ 현세의 고난에서 구제받고자 하는 관음 신앙을 강조하였다.

꼼꼼 친절 해설

키워드 1의 영주 부석사를 창건하였다는 내용과 키워드 2의 당에서 화엄학을 공부 하였다는 내용을 통해 밑줄 그은 '이 승려'가 의상임을 알 수 있어요. 통일 신라 시대 에 활동한 대표적 승려인 원효와 의상에 대해 알아볼까요?

원효와 의상의 활동

원효	• 불교 대중화에 기여 : 아미타 신앙 전파('나무아미타불'만 외우면 누구 나 극락에 갈 수 있다고 주장), 무애가를 지어 불러 불교 교리를 쉽게 알 아들을 수 있도록 함 • 일심 사상과 화쟁 사상을 통해 종파 간 사상적 대립 완화와 조화 추구 • "대승기신론소", "십문화쟁론", "금강삼매경론" 저술
의상	• 관음 신앙 전파(관세음보살을 믿어 현세의 고난 구제) • 화엄종 개창, 화엄 사상 정립, '화엄일승법계도' 저술 • 부석사, 낙산사를 비롯한 많은 사찰 건립

따라서 정답은 ⑤번이에요. 의상은 관세음보살에 의지하여 현세의 고난에서 구제받고 자 하는 관음 신앙을 강조하였어요.

나머지 선택지도 확인해 봅시다. ① 자장은 선덕 여왕에게 황룡사 9층 목탑의 건립 을 건의하였어요. ② 원효는 백성들이 쉽게 불교를 받아들일 수 있도록 무애가를 지 어 부르며 불교 대중화에 노력하였어요. ③ 원측은 유식의 교의를 담은 "해심밀경" 을 풀이한 주석서인 "해심밀경소"를 저술하였어요. ④ 고려의 승려 각훈은 고승들 의 전기를 정리한 "해동고승전"을 편찬하였어요.

1 심화 66회 6번

교사의 질문에 대한 학생의 답변으로 가장 적절한 것은? [2점]

지도는 이 국가의 교역로를 표시한 것입니다. 청해진을 설치하여 해상 교 역을 활발하게 전개하였던 이 국가의 경제 상황에 대해 말해 볼까요?

① 삼한통보와 해동통보를 발행하였어요.
② 특산품으로 솔빈부의 말이 유명하였어요.
③ 고구마, 감자 등의 구황 작물을 재배하였어요.
④ 특수 행정 구역인 소에서 여러 물품을 생산하였어요.
⑤ 조세 수취를 위해 3년마다 촌락 문서를 작성하였어요.

2 심화 63회 10번

밑줄 그은 '이 탑'으로 옳은 것은? [2점]

유물로 보는 한국사

[해설]

경주 불국사에 있는 이 탑의 해체 보수 과정에서 발견된 금 동제 사리 외함이다. 2층 탑신 부에 봉안되어 있던 이 유물 안 에는 은제 사리 내·외함과 무 구정광대다라니경 등이 함께 놓여 있었다. 이를 통해 당시의 뛰어난 공예 기술 및 사리장엄 방식과 특징을 알 수 있다.

①  ② ③

④  ⑤

발해(정치)

강의 바로 보기

흐름을 잡는 판서

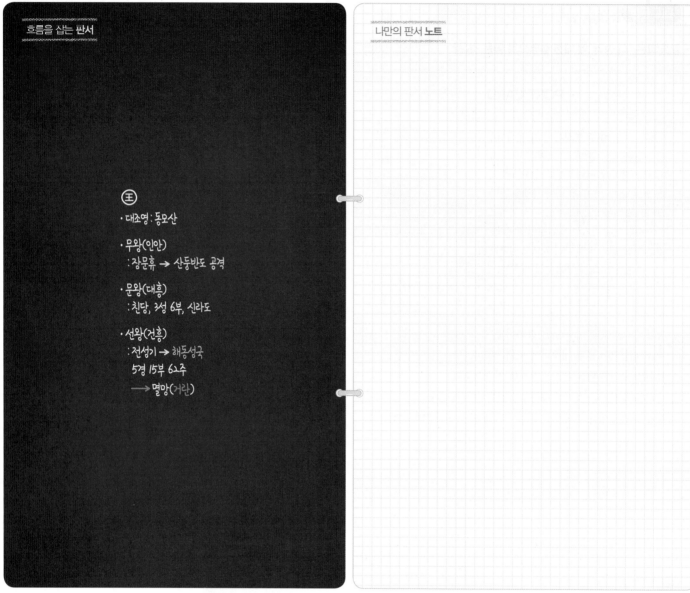

王
- 대조영 : 동모산
- 무왕(인안)
  : 장문휴 → 산둥반도 공격
- 문왕(대흥)
  : 친당, 3성 6부, 신라도
- 선왕(건흥)
  : 전성기 → 해동성국
  5경 15부 62주
  ──→ 멸망(거란)

나만의 판서 노트

⭐ 별 채우기

01 ⭐⭐⭐은 고구려 유민을 이끌고 동모산에서 발해를 건국하였다.

02 무왕은 '⭐⭐'이라는 독자적인 연호를 사용하였다.

03 ⭐왕은 장문휴를 보내 당의 등주를 공격하였다.

04 문왕은 '⭐⭐'이라는 독자적인 연호를 사용하였다.

05 문왕은 ⭐성 ⭐부의 중앙 관제를 정비하였다.

06 발해는 ⭐⭐라는 교통로를 설치하여 신라와 교역하였다.

07 선왕은 '⭐⭐'이라는 독자적인 연호를 사용하였다.

08 발해는 선왕 때 전성기를 이루어 중국으로부터 ⭐⭐⭐⭐이라고 불렸다.

09 발해는 ⭐경 ⭐⭐부 ⭐⭐주의 지방 행정 제도를 갖추었다.

10 발해는 ⭐⭐의 침략을 받아 멸망하였다.

⭐ 별 더하기

+ 무왕은 대문예로 하여금 흑수 말갈을 정벌하게 하였다.

+ 무왕은 일본에 사신과 국서를 보내 교류를 시작하였다.

+ 문왕은 중경 현덕부에서 상경 용천부로 천도하였다.

+ 발해에서는 정당성의 대내상이 국정을 총괄하였다.

+ 발해는 중정대를 두어 관리를 감찰하였다.

|정답| **01** 대조영 **02** 인안 **03** 무 **04** 대흥 **05** 3, 6 **06** 신라도 **07** 건흥 **08** 해동성국 **09** 5, 15, 62 **10** 거란

대표 문항 ZOOM IN 🔍   심화 65회 7번

밑줄 그은 '이 나라'에 대한 설명으로 옳은 것은?   [1점]

> ○ 조영이 죽으니, 이 나라에서는 고왕이라 하였다. 아들 무예가 왕위에 올라 영토를 크게 개척하니, 동북의 모든 오랑캐들이 겁을 먹고 그를 섬겼다.   **키워드 1** '바다 동쪽의 융성한 나라'라는 뜻으로, 중국인들이 발해를 높이 평가하여 이름 붙였어요.
>
> ○ 처음에 이 나라의 왕이 자주 학생들을 경사의 태학에 보내어 고금의 제도를 배우고 익혀 가더니, 드디어 **해동성국**이 되었다. 그 땅에는 **5경 15부 62주**가 있다.   – "신당서" –
>   **키워드 2** 발해는 주요 지역에 5경을 설치하였으며, 지방을 15부로 나누고 그 아래 62주를 두었어요.

① 정사암 회의를 개최하였다.

② 9서당 10정의 군사 조직을 갖추었다.

③ 욕살, 처려근지 등의 지방관을 두었다.

④ 인안, 대흥 등 독자적인 연호를 사용하였다.

⑤ 광평성을 비롯한 각종 정치 기구를 마련하였다.

꼼꼼 친절 해설

키워드 1의 '해동성국'과 키워드 2의 '5경 15부 62주'를 통해 밑줄 그은 '이 나라'가 발해임을 알 수 있어요. 발해는 고구려 출신인 대조영이 고구려 유민과 말갈인을 이끌고 동모산에서 세운 나라입니다. 발해의 성장을 이끈 왕들에 대해 알아볼까요?

발해의 발전

무왕	• 장문휴를 보내 당의 산둥반도 등주 공격, 일본에 사신과 국서를 보내 교류 시작, 돌궐과 교류, 흑수 말갈 복속(대문예 파견) • '인안' 연호 사용
문왕	• 당과 친선 관계 형성, 당의 제도와 문물 수용 → 중앙 정치 조직을 3성 6부로 정비, 상경성 건설(당 장안성의 주작대로 모방) • 신라와 상설 교통로(신라도)를 통해 교역, 상경으로 천도 • '대흥' 연호 사용
선왕	• 요동 진출, 지방 행정 체제 확립(5경 15부 62주) • 9세기 초 전성기를 누림, 옛 고구려의 영토를 대부분 차지 → 이 무렵 중국으로부터 해동성국이라고 불리기도 함 • '건흥' 연호 사용

따라서 정답은 ④번이에요. 발해는 무왕 때 '인안', 문왕 때 '대흥' 등 독자적인 연호를 사용하였어요.

나머지 선택지도 살펴볼까요? ① 백제는 귀족 회의체인 정사암 회의에서 재상을 선출하거나 국가의 중대사를 결정하였어요. ② 신라는 통일 이후 신문왕 때 군사 조직으로 9서당의 중앙군과 10정의 지방군을 갖추었어요. ③ 고구려는 지방관으로 욕살, 처려근지 등을 두었어요. ⑤ 후고구려를 세운 궁예는 국호를 '마진'으로 바꾸고 광평성을 비롯한 각종 정치 기구를 설치하여 중앙 정치 조직을 정비하였어요.

---

1   심화 63회 8번

(가) 왕에 대한 설명으로 옳은 것은?   [3점]

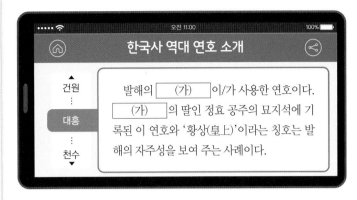

① 북연의 왕을 신하로 봉하였다.

② 지린성 동모산에서 나라를 세웠다.

③ 신라에 군대를 파견하여 왜를 격퇴하였다.

④ 수도를 상경 용천부로 옮겨 체제를 정비하였다.

⑤ 5경 15부 62주의 지방 행정 조직을 확립하였다.

2   심화 60회 6번

(가) 국가에 대한 설명으로 옳은 것은?   [1점]

① 중정대를 두어 관리를 감찰하였다.

② 군사 조직으로 9서당 10정을 편성하였다.

③ 내신 좌평 등 6좌평의 관제를 정비하였다.

④ 상수리 제도를 시행하여 지방 세력을 견제하였다.

⑤ 왕족인 부여씨와 8성의 귀족이 지배층을 이루었다.

발해(경제, 사회, 문화)

강의 바로 보기

흐름을 잡는 판서

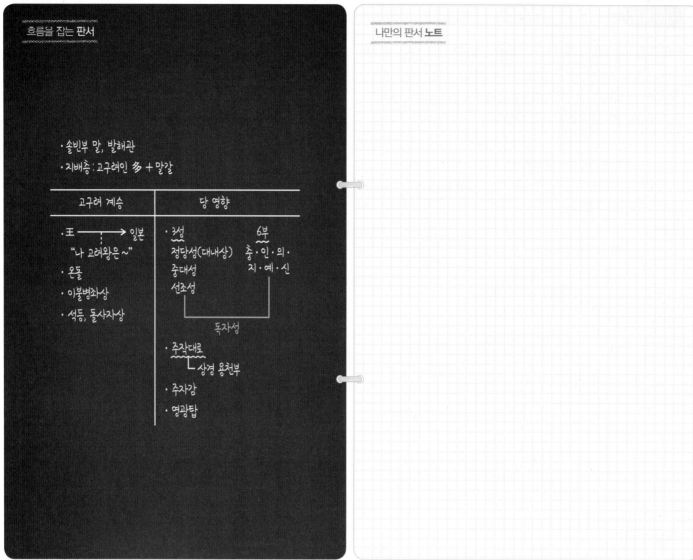

나만의 판서 노트

★ **별 채우기**

01 발해는 솔빈부의 ★이 특산물로 유명하였다.

02 당은 산둥반도의 등주에 발해 사신이 머무는 ★★관을 설치하였다.

03 발해는 일본에 보낸 국서에 ★★ 국왕이라는 명칭을 사용하였다.

04 발해의 상경 용천부 궁전 터에서 고구려의 것과 비슷한 ★돌 장치가 발견되었다.

05 이불병좌상, 석등, 돌사자상 등은 ★★★의 문화를 계승한 발해의 유물이다.

06 발해의 중앙 관제는 당의 ★성 ★부를 모방하였으나 명칭과 운영 방식에서는 독자성을 보였다.

07 발해의 3성 가운데 ★★성의 장관인 대내상이 국정을 총괄하였다.

08 발해의 수도 상경 용천부에는 남북으로 뻗은 ★★대로가 있었다.

09 발해는 최고 교육 기관으로 ★★★을 두어 유학 교육을 실시하였다.

★ **별 더하기**

+ 발해는 중앙 6부의 명칭을 유교식으로 정하였다.

+ 발해는 신라도, 거란도, 영주도 등을 통해 주변 국가와 교류하였다.

|정답| 01 말 02 발해 03 고려 04 온 05 고구려 06 3, 6 07 정당
08 주작 09 주자감

대표 문항 **ZOOM IN** 🔍 심화 64회 8번

(가) 국가의 경제 상황으로 옳은 것은? [2점]

키워드 2 발해에서는 목축이 발달하였고, 15부 중 하나인 솔빈부의 말은 특산물로 수출되었어요.

> 이 지도는 (가) 의 전성기 영역을 나타낸 것입니다. 이 국가에서는 각지에서 말이 사육되었는데, 그중에서도 솔빈부의 말은 당에 수출될 정도로 유명하였습니다. 특히 고구려 유민 출신으로 산둥반도 지역을 장악하였던 이정기 세력에게 많은 말을 수출하였습니다.

키워드 1 발해는 상경 용천부, 동경 용원부, 중경 현덕부, 서경 압록부, 남경 남해부의 5경을 설치하였어요.

① 벽란도를 통해 아라비아 상인과 무역하였다.
② 구황 작물로 감자, 고구마를 널리 재배하였다.
③ 해동통보를 발행하여 화폐 유통을 추진하였다.
④ 시장을 관리하는 관청인 동시전을 설치하였다.
⑤ 거란도, 영주도 등을 통해 주변국과 교역하였다.

꼼꼼 친절 해설

키워드 1의 '5경(상경, 동경, 중경, 서경, 남경)'과 키워드 2의 '솔빈부의 말'을 통해 (가) 국가가 발해임을 알 수 있어요. 발해의 경제에 대해 알아볼까요?

발해의 경제

농목업	• 농업 : 밭농사 중심, 일부 지역에서 벼농사 실시 • 목축 : 솔빈부의 말, 막힐부의 돼지가 특산물로 유명 • 수렵을 통해 얻은 모피, 녹용, 사향 등 수출
상공업	• 수공업 : 금속 공예, 직물, 도자기 생산 • 상업 : 수도인 상경과 교통 중심지에서 발달
대외 무역	• 당 : 문왕 때 교류 시작, 산둥반도의 발해관 이용 • 일본 : 한 번에 수백 명이 오갈 정도로 활발하게 교류 • 교통로 : 영주도(당), 신라도, 거란도, 일본도 등 교통로를 통해 주변 국가와 교류

따라서 정답은 ⑤번이에요. 발해는 거란도, 영주도, 일본도, 신라도 등의 교통로를 통해 주변국과 교역하였어요.

나머지 선택지도 확인해 볼까요? ① 고려 시대에 예성강 하구의 벽란도가 국제 무역항으로 번성하여 멀리 아라비아 상인도 왕래하였어요. ② 조선 후기에 감자, 고구마가 전래되어 구황 작물로 널리 재배되었어요. ③ 고려의 숙종은 의천의 건의에 따라 주전도감을 설치하고 은병(활구), 해동통보 등의 여러 화폐를 발행하였어요. ④ 신라의 지증왕은 수도 금성에 시장인 동시를 설치하고 이를 관리하기 위한 관청으로 동시전을 설치하였어요.

---

1 심화 62회 7번

(가) 국가에 대한 설명으로 옳은 것은? [1점]

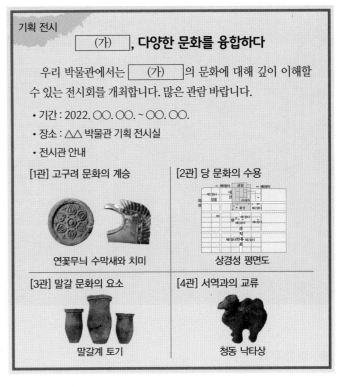

기획 전시

(가) , 다양한 문화를 융합하다

우리 박물관에서는 (가) 의 문화에 대해 깊이 이해할 수 있는 전시회를 개최합니다. 많은 관람 바랍니다.

• 기간 : 2022. ○○. ○○. ~ ○○. ○○.
• 장소 : △△ 박물관 기획 전시실
• 전시관 안내

[1관] 고구려 문화의 계승 — 연꽃무늬 수막새와 치미
[2관] 당 문화의 수용 — 상경성 평면도
[3관] 말갈 문화의 요소 — 말갈계 토기
[4관] 서역과의 교류 — 청동 낙타상

① 후당과 오월에 사신을 파견하였다.
② 주자감을 설치하여 인재를 양성하였다.
③ 9서당과 10정의 군사 조직을 운영하였다.
④ 화백 회의에서 국가의 중대사를 논의하였다.
⑤ 내신 좌평, 위사 좌평 등 6좌평의 관제를 마련하였다.

---

2 심화 68회 10번

(가) 국가의 문화유산으로 옳은 것은? [2점]

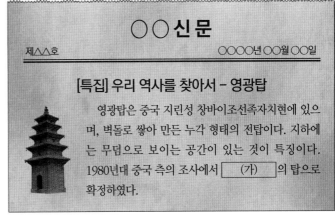

○○신문

제△△호 ○○○○년 ○○월 ○○일

[특집] 우리 역사를 찾아서 - 영광탑

영광탑은 중국 지린성 창바이조선족자치현에 있으며, 벽돌로 쌓아 만든 누각 형태의 전탑이다. 지하에는 무덤으로 보이는 공간이 있는 것이 특징이다. 1980년대 중국 측의 조사에서 (가) 의 탑으로 확정하였다.

① ② ③ ④ ⑤

고려(전기 정치)

강의 바로 보기

- 태조(왕↓) : 결혼, 사성, 역분전 / 사심관, 기인 / 흑창 / 서경↑ → 훈요 10조
- 광종 : 왕↑ = 노비안검법, 과거제(쌍기), 공복
  → 재정↑, 왕↑
- 성종 : 유교↑(최승로) ⇝ 지방관 파견(12목), 향리제 마련

> 중앙 : 2성 6부 + 도병마사, 식목도감
> 대간(낭 + 어), 삼사(회계)
> 지방 : 5도(행정), 양계(군사), 속군·향·부곡·소

↑ 이자겸의 난, 묘청의 서경 천도 운동 ← 여진(금)
　　　'조선역사 일천년래 제일 대사건'(신채호)

1170

⭐ 별 채우기

01 태조는 효율적인 지방 통치와 호족 견제를 위해 ⭐⭐관 제도와 ⭐인 제도를 실시하였다.

02 태조는 신라 경순왕 김부를 경주의 ⭐⭐관으로 삼았다.

03 태조는 민생 안정을 위해 ⭐⭐을 처음 설치하였다.

04 태조는 ⭐⭐을 북진 정책의 전진 기지로 삼았다.

05 ⭐⭐은 노비안검법을 실시하여 호족 세력을 견제하였다.

06 광종은 쌍기의 건의를 받아들여 ⭐⭐제를 시행하였다.

07 성종은 ⭐⭐⭐의 시무 28조를 받아들여 통치 체제를 정비하였다.

08 ⭐⭐은 전국에 12목을 설치하고 지방관을 파견하였다.

09 고려는 ⭐성 ⭐부의 중앙 정치 조직을 두었다.

10 고려의 회의 기구인 ⭐⭐마사는 국방과 군사 문제를 다루었다.

11 중서문하성의 낭사와 어사대의 관원은 ⭐⭐이라 불리며 관리의 임명과 법령 제정에 동의하는 서경권을 가졌다.

12 고려의 ⭐⭐는 화폐, 곡식의 출납과 회계를 맡았다.

13 고려는 ⭐도 ⭐계로 지방 행정 구역을 정비하였다.

14 고려에는 특수 행정 구역으로 향·부⭐·⭐가 있었다.

15 고려 인종 때 왕실의 외척인 이⭐⭐이 난을 일으켰다.

16 고려 인종 때 묘청이 수도를 ⭐⭐으로 옮길 것을 주장하였다.

⭐ 별 더하기

✛ 태조는 '천수'라는 독자적인 연호를 사용하였다.

✛ 태조는 "정계"와 "계백료서"를 지어 관리의 규범을 제시하였다.

✛ 광종은 '광덕', '준풍' 등의 독자적인 연호를 사용하였다.

✛ 광종은 관리의 공복을 제정하였다.

✛ 성종은 12목에 경학박사와 의학박사를 1명씩 파견하였다.

✛ 성종은 물가 조절 기구로 상평창을 설치하였다.

✛ 성종은 지방 세력을 통제하기 위해 향리제를 정비하였다.

✛ 고려의 중서문하성은 국정을 총괄하는 최고 중앙 관서로 수장은 문하시중이었다.

✛ 고려의 중앙군은 2군 6위로 구성되었다.

✛ 고려의 중앙 정치 기구 중 하나인 중추원은 군사 기밀과 왕명 출납을 담당하였다.

✛ 고려는 5도에 안찰사를, 국경 지대인 양계에 병마사를 파견하였다.

✛ 묘청을 비롯한 서경 세력은 칭제건원과 금국 정벌을 주장하였다.

✛ 묘청의 서경 천도 운동은 김부식이 이끄는 관군에 의해 진압되었다.

✛ 신채호는 묘청의 서경 천도 운동을 '조선 역사상 일천년래 제일 대사건'으로 평가하였다.

|정답| 01 사심, 기　02 사심　03 흑창　04 서경　05 광종　06 과거　07 최승로
08 성종　09 2, 6　10 도병　11 대간　12 삼사　13 5, 양　14 곡, 소
15 자겸　16 서경

대표 문항 **ZOOM IN** 🔍 심화 67회 11번

(가) 왕이 추진한 정책으로 옳은 것은? [1점]

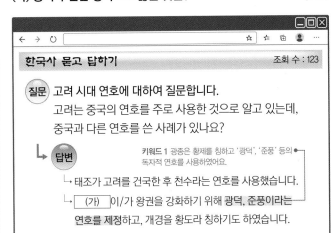

한국사 묻고 답하기   조회 수 : 123

질문 고려 시대 연호에 대하여 질문합니다.
고려는 중국의 연호를 주로 사용한 것으로 알고 있는데,
중국과 다른 연호를 쓴 사례가 있나요?

↳ 답변   **키워드 1** 광종은 황제를 칭하고 '광덕', '준풍' 등의
독자적 연호를 사용하였어요.

   ↳ 태조가 고려를 건국한 후 천수라는 연호를 사용했습니다.

     ↳ (가) 이/가 왕권을 강화하기 위해 광덕, 준풍이라는
연호를 제정하고, 개경을 황도라 칭하기도 하였습니다.

① 과거제를 도입하였다.
② 흑창을 처음 설치하였다.
③ 전시과 제도를 시행하였다.
④ 삼국사기 편찬을 명령하였다.
⑤ 12목에 지방관을 파견하였다.

꼼꼼친절 해설

키워드 1의 '광덕', '준풍'이라는 연호를 제정하였다는 내용을 통해 (가) 왕이 고려
광종임을 알 수 있어요. 고려 초기의 왕들에 대해 정리해 볼까요?

고려 초기의 정치 발전

태조	• 민생 안정 : 세금 감면(세율을 1/10로 낮춤), 흑창 설치 • 호족 통합·견제 : 혼인 정책, 왕씨 성 하사, 사심관 제도, 기인 제도 • 북진 정책 : 서경 중시, 청천강~영흥만에 이르는 국경선 확보 • 기타 : "정계"·"계백료서" 저술, 훈요 10조를 남김, 발해 유민 수용
혜종	왕권 불안정 → 왕규의 난 발생
정종	거란의 침입에 대비하여 광군 설치
광종	• 왕권 강화 : 노비안검법 실시, 과거제 실시, 공복 제정, 공신과 호족 숙청 • 칭제건원 : 황제를 칭하고 '광덕'·'준풍' 등의 독자적인 연호 사용
경종	전시과 제도를 마련함
성종	• 통치 체제 정비 : 유교 정치 이념 채택, 2성 6부의 중앙 관제 마련, 12목 설치와 지방관 파견 • 국자감 설치, 지방에 경학박사·의학박사 파견, 연등회 축소, 팔관회 폐지

따라서 정답은 ①번이에요. 광종은 후주에서 귀화한 쌍기의 건의를 받아들여 과거제
를 도입하였어요.
나머지 선택지도 살펴봅시다. ② 태조 왕건은 빈민을 구제하기 위한 기구로 흑창을
처음 설치하였어요. 흑창은 성종 때 의창으로 개칭되었으며 조선 시대까지 이어졌어
요. ③ 경종은 관리에게 관직 복무에 대한 대가로 전지와 시지를 지급하는 전시과 제
도를 처음 시행하였어요. ④ 인종은 김부식 등에게 명하여 역사서인 "삼국사기"를
편찬하게 하였어요. ⑤ 성종은 최승로의 시무 28조를 수용하여 전국의 주요 지역에
12목을 설치하고 지방관을 파견하였어요.

---

1 심화 67회 18번

⊙~㉣ 기구에 대한 설명으로 옳은 것을 〈보기〉에서 고른 것은? [2점]

🔍 역사 돋보기   **왕실과의 혼인을 통한 이자겸의 출세**

음서로 관직에 진출한 이자겸은 1108년 둘째 딸이 예종의 비
가 되면서 빠른 속도로 출세하였다.
1109년 ⊙ 추밀원(중추원) 부사, 1111년 ㉡ 어사대의 대부가
된다. 1113년에는 ㉢ 상서성의 좌복야에 임명되었고, 1118년 재
신으로서 판이부사를 맡았으며, 1122년 ㉣ 중서문하성 중서령에
오른다.

━━ 보기 ━━

ㄱ. ⊙ - 군사 기밀과 왕명 출납을 담당하였다.
ㄴ. ㉡ - 소속 관원이 낭사와 함께 서경권을 행사하였다.
ㄷ. ㉢ - 화폐·곡식의 출납과 회계를 담당하였다.
ㄹ. ㉣ - 원 간섭기에 도평의사사로 개편되었다.

① ㄱ, ㄴ   ② ㄱ, ㄷ   ③ ㄴ, ㄷ
④ ㄴ, ㄹ   ⑤ ㄷ, ㄹ

---

2 심화 65회 14번

(가)~(다)를 일어난 순서대로 옳게 나열한 것은? [3점]

(가) 왕이 보현원 문에 들어서자 …… 이고 등이 왕을 모시던 문관 및
대소 신료, 환관들을 모두 살해하였다. …… 정중부 등이 왕을 모
시고 환궁하였다.

(나) 이자겸과 척준경이 왕을 위협하여 남궁(南宮)으로 거처를 옮기
게 하고 안보린, 최탁 등 17인을 죽였다. 이 외에도 죽인 군사가
헤아릴 수 없을 정도였다.

(다) 묘청이 서경을 근거지로 삼고 반란을 일으켰다. …… 국호를 대
위, 연호를 천개, 그 군대를 천견충의군이라 불렀다.

① (가) - (나) - (다)   ② (가) - (다) - (나)
③ (나) - (가) - (다)   ④ (나) - (다) - (가)
⑤ (다) - (가) - (나)

고려(후기 정치)

강의 바로 보기

흐름을 잡는 판서

1170 ━━━━━━━━━━━

- 무신: 교정도감(최충헌), 정방(최우), 도방·삼별초
  ↳ 망이·망소이의 난(공주 명학소),
    만적의 난(개경), 김사미와 효심의 난
- 공민왕: X - (쌍성총관부, 기철, 정동행성, 정방, 몽골풍),
  전민변정도감 ━━━➔ 재정↑, 왕↑

나만의 판서 노트

⭐ 별 채우기

01 최충헌이 설치한 ⭐⭐도감은 무신 집권기에 국정을 총괄하는 최고 권력 기구의 역할을 하였다.

02 최우는 ⭐방을 설치하여 인사권을 행사하였다.

03 무신 집권기에 경대승이 신변 보호를 위해 ⭐방이라는 사병 조직을 설치하였다.

04 좌·우별초와 신의군으로 구성된 ⭐⭐⭐는 최씨 무신 정권의 군사적 기반이었다.

05 무신 집권기에 공주 명학⭐에서 ⭐이·⭐소이가 봉기하였다.

06 무신 집권기에 개경에서 ⭐⭐을 비롯한 노비들이 신분 해방을 추구한 봉기를 계획하였으나 실패하였다.

07 공민왕은 ⭐⭐총관부를 공격하여 철령 이북의 땅을 수복하였다.

08 공민왕은 고려의 내정을 간섭하던 ⭐⭐행성 이문소를 폐지하였다.

09 공민왕은 인사 행정을 장악하고 있던 ⭐방을 혁파하였다.

10 공민왕은 권문세족을 견제하고 재정을 확충하기 위해 ⭐⭐⭐⭐도감을 설치하였다.

⭐ 별 더하기

+ 최충헌은 국왕에게 봉사 10조를 올려 시정 개혁을 제안하였다.

+ 최충헌은 교정별감이 되어 국정 전반을 장악하였다.

+ 무신 집권기에 김사미와 효심이 경상도 지역에서 난을 일으켰다.

+ 원 간섭기에 변발과 호복이 지배층을 중심으로 유행하였다.

+ 공민왕은 원의 공주인 노국 대장 공주를 왕비로 맞았다.

+ 공민왕은 대표적 친원 세력인 기철을 숙청하였다.

+ 공민왕은 원 간섭기에 격하된 관제를 회복하여 중서문하성과 상서성을 복구하였다.

+ 공민왕 때 신돈은 전민변정도감의 책임자로서 개혁을 이끌었다.

|정답| 01 교정 02 정 03 도 04 삼별초 05 소, 망, 망 06 만적 07 쌍성
08 정동 09 정 10 전민변정

대표 문항 **ZOOM IN** 🔍 심화 66회 15번

밑줄 그은 '왕'의 재위 기간에 볼 수 있는 모습으로 가장 적절한 것은?

[1점]

> 키워드 1 기철은 원 황제의 부인이 된 누이동생 기황후와 원의 세력을 믿고 권세를 부리다 공민왕 때 역모 혐의로 숙청되었어요.
>
> 이자춘이 쌍성 등지의 천호들을 거느리고 내조하니 왕이 맞이하며 말하기를, "어리석은 민(民)을 보살펴 편안하게 하느라 얼마나 노고가 많았는가?"라고 하였다. 그때 어떤 사람이 '기철이 쌍성의 반민(叛民)들과 몰래 내통하여 한패로 삼아 역모를 도모하려 한다.'고 밀고하였다. 왕이 이자춘에게 이르기를, "경은 마땅히 돌아가서 우리 민을 진정시키고, 만일 변란이 일어나면 마땅히 내 명령대로 하라."라고 하였다. …… 이자춘이 명령을 듣고 곧 행군하여 유인우와 합세한 후 쌍성총관부를 공격하여 격파하였다.

> 키워드 2 공민왕 때 유인우, 이자춘 등이 쌍성총관부를 공격하여 원에 빼앗겼던 철령 이북의 영토를 되찾았어요.

① 초량 왜관에서 교역하는 상인
② 내의원에서 동의보감을 읽는 의원
③ 주자감에서 유학을 공부하는 학생
④ 전민변정도감에 억울함을 호소하는 농민
⑤ 황룡사 구층 목탑의 건립에 참여하는 장인

꼼꼼 친절 해설

키워드 1의 기철이 역모를 도모하려 하였다는 내용과 키워드 2의 이자춘과 유인우가 쌍성총관부를 공격하여 격파하였다는 내용을 통해 밑줄 그은 '왕'이 고려 공민왕임을 알 수 있어요. 공민왕은 원·명 교체가 일어나고 있던 당시 중국의 정세 변화를 틈타 반원 자주 정책을 추진하였어요. 공민왕이 추진한 정책에 대해 알아볼까요?

공민왕의 개혁 정치

반원 자주 정책	기철 등 친원 세력 숙청, 중서문하성과 상서성 등 고려의 관제 복구, 몽골풍 금지, 정동행성 이문소 폐지, 유인우·이자춘 등을 보내 쌍성총관부 공격(철령 이북의 땅 수복)
왕권 강화 정책	• 전민변정도감 설치(신돈 등용) → 권문세족 억압, 재정 기반 확대 추구 • 정방 폐지(국왕이 인사권 장악), 신진 사대부 등용

따라서 정답은 ④번이에요. 공민왕은 권문세족이 불법적으로 차지한 토지와 노비 문제를 해결하기 위해 전민변정도감을 설치하여 개혁을 추진하였어요.
나머지 선택지도 확인해 볼까요? ① 조선 후기에 부산의 초량 왜관에서 일본과 교역하였어요. ② 조선 광해군 때 허준이 우리의 전통 한의학을 체계적으로 정리한 "동의보감"을 완성하였어요. ③ 발해는 최고 교육 기관으로 주자감을 설치하여 유학을 교육하였어요. ⑤ 신라 선덕 여왕은 승려 자장의 건의를 받아들여 황룡사 9층 목탑을 건립하였어요.

1 심화 63회 9번

다음 상황 이후에 있었던 사실로 옳은 것은?

[2점]

> 청교역(靑郊驛) 서리 3인이 최충헌 부자를 죽일 것을 모의하면서, 거짓 공첩(公牒)을 만들어 여러 사원의 승려들을 불러 모았다. 공첩을 받은 귀법사 승려들은 그 공첩을 가져온 사람을 잡아서 최충헌에게 고해바쳤다. [최충헌은] 즉시 영은관에 교정별감을 둔 후 성문을 폐쇄하고 대대적으로 그 무리를 색출하였다.

① 김부식이 묘청의 난을 진압하였다.
② 원종과 애노가 사벌주에서 봉기하였다.
③ 이자겸이 금의 사대 요구를 수용하였다.
④ 정중부 등이 정변을 일으켜 권력을 차지하였다.
⑤ 최우가 인사 행정 담당 기구로 정방을 설치하였다.

2 심화 64회 15번

다음 대화 이후에 전개된 사실로 옳은 것은?

[2점]

원의 공주와 혼인한 태자께서 돌아와 왕이 되신 건 알고 있는가? 이전에 변발과 호복 차림으로 돌아오신 걸 보고 눈물을 흘렸다네.

나도 그랬다네. 그나저나 며칠 앞으로 다가온 일본 원정이 더 큰 걱정이군.

① 빈민 구제를 위한 흑창이 처음 설치되었다.
② 망이·망소이가 공주 명학소에서 봉기하였다.
③ 김부식 등이 왕명으로 삼국사기를 편찬하였다.
④ 김보당이 의종 복위를 주장하며 난을 일으켰다.
⑤ 유인우, 이자춘 등이 쌍성총관부를 수복하였다.

고려(외교)

강의 바로 보기

흐름을 잡는 판서

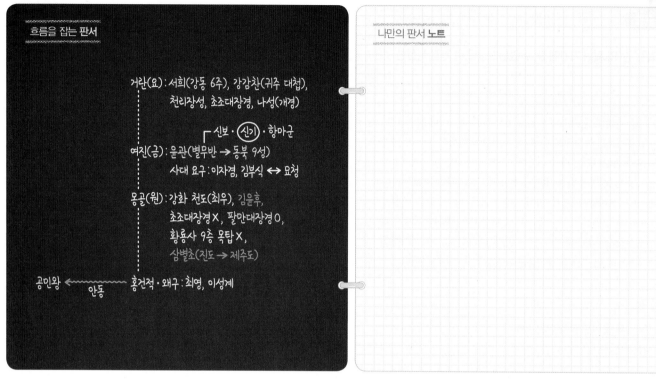

거란(요): 서희(강동 6주), 강감찬(귀주 대첩),
천리장성, 초조대장경, 나성(개경)

┌ 신보 · 신기 · 항마군
여진(금): 윤관(별무반 → 동북 9성)
사대 요구: 이자겸, 김부식 ↔ 묘청

몽골(원): 강화 천도(최우), 김윤후,
초조대장경X, 팔만대장경O,
황룡사 9층 목탑X,
삼별초(진도 → 제주도)

공민왕 ← 안동 ← 홍건적 · 왜구: 최영, 이성계

나만의 판서 노트

⭐ 별 채우기

01 거란의 1차 침입 때 서희가 외교 담판을 벌여 ⭐⭐ ⭐⭐를 획득하였다.

02 강감찬은 강동 6주의 반환을 요구하며 침입한 거란을 ⭐⭐에서 크게 물리쳤다.

03 고려는 거란의 침입을 격퇴하고 국경에 ⭐⭐장성을 축조하는 등 국방을 강화하였다.

04 고려는 거란의 침입을 극복하고자 ⭐⭐대장경을 간행하였다.

05 고려는 거란의 침입 이후 개경에 ⭐⭐을 쌓았다.

06 윤관은 별무반을 편성하여 ⭐⭐ ⭐⭐을 개척하였다.

07 이자겸은 ⭐의 사대 요구를 수용하자고 주장하였다.

08 최우는 ⭐⭐⭐로 도읍을 옮겨 몽골의 침략에 대비하였다.

09 김⭐⭐는 처인성에서 몽골 장수 살리타를 사살하였다.

10 몽골의 침입으로 초조대장경과 ⭐⭐⭐ 9층 목탑이 소실되었다.

11 고려는 부처의 힘을 빌려 몽골의 침입을 격퇴하고자 하는 염원을 담아 ⭐⭐대장경을 간행하였다.

12 삼⭐⭐는 개경 환도 결정에 반발하여 강화도에서 봉기하였다.

13 삼별초는 강화도에서 ⭐⭐, ⭐⭐⭐로 근거지를 옮기며 대몽 항쟁을 이어 갔다.

14 공민왕은 고려에 침입한 홍건적을 피해 ⭐⭐으로 피란하였다.

15 고려 말에 침입한 홍건적과 왜구를 격퇴하는 과정에서 최⭐, 이⭐⭐ 등 신흥 무인 세력이 성장하였다.

⭐ 별 더하기

➕ 고려 정종 때 광군을 창설하여 거란의 침입에 대비하였다.

➕ 광종은 후주와 사신을 교환하여 대외 관계의 안정을 꾀하였다.

➕ 목종 때 강조가 정변을 일으켜 김치양을 제거하고 목종을 폐위하였다.

➕ 고려 현종 때 거란의 침략을 피해 왕이 나주로 피란하였다.

➕ 13세기 몽골은 사신 저고여의 피살을 빌미로 고려를 침략하였다.

➕ 삼별초는 최씨 무신 정권의 군사적 기반이었다.

➕ 고려 말 최영은 홍산에서 왜구를 크게 물리쳤다.

➕ 고려 말 최무선의 건의로 화통도감이 설치되었다.

➕ 최무선은 화포를 이용하여 진포에서 왜구를 크게 물리쳤다.

➕ 이성계는 내륙까지 쳐들어온 왜구를 황산에서 무찔렀다.

|정답| **01** 강동 6주 **02** 귀주 **03** 천리 **04** 초조 **05** 나성 **06** 동북 9성 **07** 금 **08** 강화도 **09** 윤후 **10** 황룡사 **11** 팔만(재조) **12** 별초 **13** 진도, 제주도 **14** 안동 **15** 영, 성계

심화 66회 11번

대표 문항 ZOOM IN 🔍

(가)~(다) 학생이 발표한 내용을 일어난 순서대로 옳게 나열한 것은? [2점]

> 키워드 2 고려 현종 때 일어난 거란의 3차 침입 당시 강감찬이 귀주에서 거란군을 크게 격퇴하였어요(귀주 대첩, 1019).

[한국사 주제 발표]

주제 : 거란에 대한 고려의 대응

 광군을 창설하여 거란의 침입에 대비하였습니다.

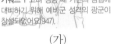 강감찬이 귀주에서 거란군을 크게 물리쳤습니다.

 서희가 소손녕과 외교 담판을 벌여 강동 6주 지역을 확보하였습니다.

(가)　　　　(나)　　　　(다)

> 키워드 1 고려 정종 때 거란의 침입에 대비하기 위해 예비군 성격의 광군이 창설되었어요(947).

① (가) - (나) - (다)
② (가) - (다) - (나)
③ (나) - (가) - (다)
④ (나) - (다) - (가)
⑤ (다) - (나) - (가)

> 키워드 3 고려 성종 때 일어난 거란의 1차 침입 당시 서희가 거란 장수 소손녕과 외교 담판을 벌여 송과의 관계를 끊기로 약속하고 그 대가로 강동 6주 지역을 확보하였어요(993).

꼼꼼 친절 해설

제시된 자료는 '거란에 대한 고려의 대응'을 주제로 학생들이 발표한 내용이에요. 고려와 거란의 관계를 정리해 볼까요?

거란의 침입과 격퇴

고려의 대비	정종 때 광군과 광군사 설치
1차 침입	성종 때 소손녕이 이끄는 거란군의 침입(993) → 서희의 외교 담판, 강동 6주 확보
2차 침입	현종 때 강조의 정변을 구실로 거란군 침입(1010) → 개경 함락, 현종이 나주까지 피란, 흥화진에서 양규의 활약
3차 침입	현종 때 강동 6주의 반환을 요구하며 소배압이 이끄는 거란군이 침입(1018) → 강감찬의 귀주 대첩(1019)
영향	초조대장경 제작, 개경에 나성 축조, 천리장성 축조(압록강 유역에서 도련포에 이르는 국경 지대에 축조)

따라서 정답은 ②번이에요. (가) 정종 때 광군 창설(947) → (다) 성종 때 서희의 외교 담판으로 강동 6주 확보(993) → (나) 현종 때 강감찬이 귀주에서 거란군 격퇴(귀주 대첩, 1019)의 순서로 일어났어요.

1 심화 54회 12번

(가) 부대에 대한 설명으로 옳은 것은? [2점]

> 이곳은 오연총 장군을 모신 덕산사입니다. 원래 함경도 경성에 있던 사당을 지금의 전라남도 곡성으로 옮겨 왔습니다. 그는 신기군, 신보군, 항마군으로 편성된 (가) 의 부원수로 활약하였습니다.

① 4군 6진을 개척하여 영토를 확장하였다.
② 원의 요청으로 일본 원정에 참여하였다.
③ 여진을 정벌하여 동북 9성을 축조하였다.
④ 처인성에서 몽골 장수 살리타를 사살하였다.
⑤ 최씨 무신 정권의 군사적 기반 역할을 하였다.

2 심화 61회 17번

(가)에 대한 고려의 대응으로 옳은 것은? [2점]

> 김윤후가 충주산성 방호별감이 되었는데 　(가)　의 군대가 쳐들어 와 충주성을 70여 일간 포위하였다. 군량이 거의 바닥나자 김윤후가 군사들에게 "만약 힘내 싸운다면 귀천을 가리지 않고 모두 관작을 내리겠다."라고 하였다. 마침내 관노비의 문서를 불태우고 노획한 소와 말을 나누어 주었다. 사람들이 모두 죽음을 무릅쓰고 싸우니 적의 기세가 꺾여 남쪽으로 침략하는 것을 막을 수 있었다.

① 윤관을 보내 동북 9성을 축조하였다.
② 박위로 하여금 쓰시마섬을 정벌하게 하였다.
③ 서희가 외교 담판을 통해 강동 6주를 획득하였다.
④ 최우가 강화도로 수도를 옮겨 장기 항전에 대비하였다.
⑤ 최영이 철령위 설치에 반발하여 요동 정벌을 추진하였다.

고려(경제, 사회)

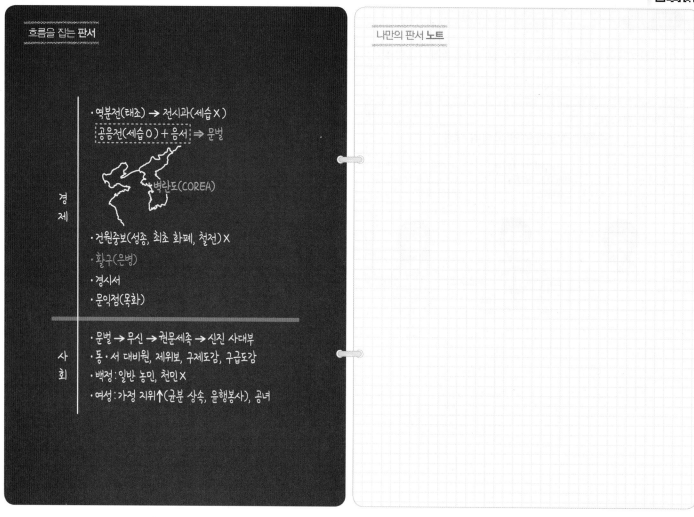

흐름을 잡는 판서

경제
- 역분전(태조) → 전시과(세습 X)
- 공음전(세습 O) + 음서 ⇒ 문벌
- 벽란도(COREA)
- 건원중보(성종, 최초 화폐, 철전) X
- 활구(은병)
- 경시서
- 문익점(목화)

사회
- 문벌 → 무신 → 권문세족 → 신진 사대부
- 동·서 대비원, 제위보, 구제도감, 구급도감
- 백정 : 일반 농민, 천민 X
- 여성 : 가정 지위↑(균분 상속, 윤행봉사), 공녀

나만의 판서 노트

★ 별 채우기

01 고려 태조는 공신들에게 공로와 인품에 따라 ★★전을 차등 지급하였다.

02 고려 시대에는 관리에게 직역의 대가로 전지와 시지를 지급하는 ★★과를 실시하였다.

03 고려 시대에는 5품 이상의 관료에게 세습이 가능한 ★★전을 지급하였다.

04 고려 시대에 예성강 하구의 ★★도가 국제 무역항으로 번성하였다.

05 고려 시대에 우리나라 최초의 화폐로 철전인 ★★중보가 발행되어 금속 화폐의 통용이 추진되었다.

06 고려 시대에 은 1근으로 우리나라 지형을 본떠 만든 은병(★★)이 유통되었다.

07 고려 시대에 ★★★가 수도의 시전을 감독하였다.

08 고려 후기에 문★★이 원으로부터 목화씨를 들여와 재배하기 시작하였다.

09 고려는 환자 치료와 빈민 구제를 위해 개경에 동·서 ★★★을 두었다.

10 고려는 기금을 모아 그 이자로 빈민을 구제하는 ★★★를 운영하였다.

11 고려 시대에는 자녀에게 재산을 ★★ 상속하는 일이 많았다.

12 원 간섭기에 결혼도감을 통해 ★녀가 징발되었다.

★ 별 더하기

+ 고려 숙종은 주전도감을 설치하여 해동통보를 발행하였다.

+ 고려 시대에는 서적점, 다점 등의 관영 상점이 운영되었다.

+ 고려는 물가 조절을 위해 상평창을 설치하였다.

+ 고려 시대에는 병자에게 의약품을 제공하는 혜민국이 있었다.

|정답| 01 역분　02 전시　03 공음　04 벽란　05 건원　06 활구　07 경시서　08 익점　09 대비원　10 제위보　11 균분　12 공

대표 문항 ZOOM IN

심화 66회 10번

다음 제도를 시행한 국가의 경제 상황으로 옳지 <u>않은</u> 것은? [2점]

●키워드 1 고려 경종 때 관리의 등급에 따라 전지와 시지를 지급하는 전시과 제도가 마련되었어요.

문종 3년 5월 양반 공음전시법을 정하였다. 1품은 문하시랑평 장사 이상으로 전지 25결, 시지 15결이다. 2품은 참정 이상으로 전지 22결, 시지 12결이다. 3품은 전지 20결, 시지 10결이다. 4품 은 전지 17결, 시지 8결이다. 5품은 전지 15결, 시지 5결이다. 이 를 모두 자손에게 전하여 주게 한다. …… 공음전을 받은 자의 자 손이 사직을 위태롭게 할 것을 꾀하거나 모반이나 대역에 연좌되 거나, 여러 공죄나 사죄를 범하여 제명된 것 이외에는 비록 그 아 들에게 죄가 있더라도 그 손자에게 죄가 없다면 공음전시의 3분 의 1을 지급한다.

키워드 2 공음전은 고려 시대에 5품 이상의 고위 관료에게 지급한 토 지로 자손에게 물려줄 수 있어 문벌 성장의 경제적 기반이 되었어요.

① 활구라고 불리는 은병이 유통되었다.

② 벽란도가 국제 무역항으로 번성하였다.

③ 서적점, 다점 등의 관영 상점이 운영되었다.

④ 경시서의 관리들이 수도의 시전을 감독하였다.

⑤ 설점수세제의 시행으로 민간의 광산 개발이 허용되었다.

꼼꼼 친절 해설

키워드 1에서 관리에게 전지와 시지를 지급하고 있고, 키워드 2에서 자손에게 물려 줄 수 있는 공음전을 지급하는 것으로 보아 자료의 제도를 시행한 국가가 고려임을 알 수 있어요. 고려 시대의 경제 활동을 정리해 볼까요?

고려의 경제

농업	• 논 : 남부 지방 일부에서 이앙법(모내기법) 실시 • 밭 : 윤작법 실시(조·보리·콩의 2년 3작), 문익점이 원에서 목화씨를 들여와 목화 재배 시작 • 소를 이용한 깊이갈이 일반화, 이암이 원에서 농서 "농상집요"를 들여옴
무역	벽란도가 국제 무역항으로 번성 → 아라비아 상인에 의해 고려가 '코리아 (COREA)'라는 이름으로 서역에 알려짐
상업	• 화폐 : 건원중보(성종, 우리나라 최초의 금속 화폐), 은병과 해동통보(숙종) → 널리 유통되지는 못함 • 관청 : 경시서(시전의 상행위 감독), 주전도감(숙종, 화폐 주조) • 관영 상점 : 서적점, 다점 등을 운영

따라서 정답은 ⑤번이에요. 조선 후기에 민간의 광산 개발을 허용하고 대신 세금을 내게 하는 설점수세제가 시행되어 민간의 광산 개발이 활기를 띠었어요.

나머지 선택지도 확인해 봅시다. ① 고려 시대에는 고액 화폐인 은병이 주조되어 유 통되었어요. 은병은 주둥이 부분이 넓어서 활구라고도 불렸어요. ② 고려 시대에는 예성강 하구의 벽란도가 국제 무역항으로 번성하였어요. 벽란도에는 송과 일본 상인 뿐만 아니라 멀리 아라비아 상인까지도 왕래하였어요. ③ 고려 시대에는 대도시에 서적점, 다점 등 관영 상점이 개설되어 운영되었어요. ④ 고려 시대에는 수도의 시전 을 감독하는 관청으로 경시서가 설치되었어요.

---

1 심화 61회 16번

(가) 국가의 경제 상황으로 옳은 것은? [1점]

이 작품은 이규보가 예성강 하구 의 정경을 묘사한 시입니다. 이곳 에 있던 벽란도는 (가) 의 국제 무역항으로 송과 아라비아 상인들 이 왕래할 정도로 번성했습니다.

조수가 들고나니
오고 가는 배의 꼬리가 이어졌구나
아침에 이 누각 밑을 떠나면
한낮이 되지 않아
돛대는 남만(南蠻)에 이르도다
사람들은 배를 보고
물 위의 역마라고 하지만
바람처럼 달리는 준마도
이보다 빠르지는 못하리

① 송상이 전국 각지에 송방을 두었다.

② 활구라고 불리는 은병을 주조하였다.

③ 동시전을 설치하여 시장을 감독하였다.

④ 담배, 면화, 생강 등 상품 작물을 널리 재배하였다.

⑤ 일본과 교역을 위해 부산포, 염포, 제포를 개항하였다.

---

2 심화 58회 12번

다음 상황이 나타난 시기의 사회 시책으로 옳은 것은? [2점]

○ 왕이 명하였다. "도성 안의 백성들이 역질에 걸렸으니 구제도감 을 설치하여 치료하고, 시신과 유골은 거두어 비바람에 드러나지 않게 매장하라."

○ 중서성에서 아뢰었다. "지난해 관내 서도의 주현에 흉년이 들어 백성이 굶주리고 있습니다. 사창과 공해(公廨)의 곡식을 내어 경 작을 원조하고, 가난하여 스스로 살아갈 수 없는 자는 의창을 열 어 진휼하십시오."

① 유랑민을 구휼하는 활인서를 두었다.

② 백성들에게 곡식을 빌려주는 진대법을 실시하였다.

③ 국산 약재와 치료법을 소개한 향약집성방을 편찬하였다.

④ 기근에 대비하기 위해 구황촬요를 간행하여 보급하였다.

⑤ 기금을 모아 그 이자로 빈민을 구제하는 제위보를 운영하였다.

고려(문화)

강의 바로 보기

흐름을 잡는 판서

유학		국자감 + 향교 〈최충의 9재 학당 └ 전문 7재	• 성리학(by 안향) → 신진 사대부 • 이제현(〈역옹패설〉, 〈사략〉)
역사		〈삼국사기〉: 김부식, 기전체, 현존 우리나라 최고(最古) 역사서	〈삼국유사〉: 일연, 단군
불교			의천
	승려	• 천태종 • 교＋선＝교관겸수	지눌 • 조계종 • 선＋교＝정혜쌍수, 돈오점수 • 결사(수선사)
	불상	• 하남 하사창동 철조 석가여래 좌상 • 논산 관촉사 석조 미륵보살 입상 • 영주 (부석사)(의상) 소조 여래 좌상	→ 무량수전(주심포)
	탑	평창 월정사 8각 9층 석탑	개성 경천사지 10층 석탑 └ 원 영향
인쇄		초조대장경(거란 X)	→ 팔만대장경(몽골) 〈직지심체요절〉(청주 흥덕사)
공예		청자(순청자 → 상감 청자)	
무기			화통도감(최무선 → 진포 대첩)

1170

★별 채우기

01 고려는 개경에 ★★감을 설립하여 유학 교육 진흥에 힘썼다.

02 최충은 ★★ 학당을 세워 유학 교육을 실시하였다.

03 ★★은 고려에 성리학을 최초로 소개하였다.

04 김부식 등이 왕명으로 편찬한 "★★★★"는 우리나라에서 현존하는 가장 오래된 역사서이다.

05 "삼국사기"는 ★★체 서술 형식의 역사서이다.

06 일연은 불교사를 중심으로 고대의 민간 설화 등을 수록한 "★★★"를 집필하였다.

07 "삼국유사"에는 ★★의 건국 이야기가 실려 있다.

08 ★★은 불교 교단 통합을 위해 국청사를 중심으로 해동 천태종을 개창하였다.

09 의천은 이론의 연마와 실천을 함께 강조하는 ★★겸수를 제창하였다.

10 ★★은 돈오점수를 주장하며 정혜쌍수를 내세웠다.

11 지눌은 ★★사 결사를 제창하여 불교계를 개혁하고자 하였다.

12 현존 최고(最古)의 금속 활자본인 "★★심체요절"은 유네스코 세계 기록 유산으로 등재되었다.

13 "직지심체요절"은 청주 ★★사에서 인쇄되었다.

14 논산 ★★사 석조 미륵보살 입상은 고려 시대에 만들어진 우리나라 최대 규모의 불상이며 '은진 미륵'이라고도 불린다.

15 평창 ★★사 8각 9층 석탑은 고려 전기의 다각 다층 석탑이다.

16 개성 ★★사지 10층 석탑은 원의 영향을 받았으며 대리석으로 만들어졌다.

★별 더하기

＋고려 예종은 관학 진흥을 위해 국자감에 전문 강좌인 7재를 개설하고 장학 재단인 양현고를 설치하였다.

＋충선왕은 원의 연경에 독서당인 만권당을 설립하였다.

＋이규보는 고구려 건국 시조의 일대기를 서사시로 표현한 '동명왕편'을 지었다.

＋이승휴가 지은 "제왕운기"는 단군의 고조선부터 충렬왕 때까지의 역사를 시로 정리한 역사서이다.

＋이제현은 만권당에서 원의 유학자들과 교유하였다.

＋의천은 교장도감을 설치하고 불교 경전 주석서를 모아 "교장"을 편찬하였다.

＋요세는 법화 신앙에 중점을 둔 백련 결사를 주도하였다.

＋혜심은 유불 일치설을 주장하며 심성의 도야를 강조하였다.

＋안동 봉정사 극락전은 우리나라에 남아 있는 가장 오래된 목조 건축물이다.

|정답| 01 국자 02 9재 03 안향 04 삼국사기 05 기전 06 삼국유사 07 단군 08 의천 09 교관 10 지눌 11 수선 12 직지 13 흥덕 14 관촉 15 월정 16 경천

심화 63회 13번

대표 문항 ZOOM IN

(가)에 들어갈 내용으로 옳은 것은?　　　　[1점]

● **키워드 1** 고려 시대에 고관 출신의 문인들이 사적으로 사학을 세워 후학을 양성하였는데, 사학 출신이 과거에 많이 합격하면서 관학이 상대적으로 위축되었어요.

① 독서삼품과를 통해 인재를 등용하였어요.
② 사액 서원에 서적과 노비를 지급하였어요.
③ 중등 교육 기관으로 4부 학당을 설립하였어요.
④ 양현고를 설치하여 장학 기금을 마련하였어요.
⑤ 초계문신제를 시행하여 문신을 재교육하였어요.

꼼꼼 진절 해설

키워드 1의 최충의 9재 학당을 비롯한 사학이 융성하였던 시기에 위축된 관학을 진흥하기 위해 정책을 추진하였다는 내용을 통해 (가)에 고려 정부가 추진한 관학 진흥책이 들어가야 함을 알 수 있어요. 고려의 교육 기관과 관학 진흥책에 대해 알아볼까요?

고려의 교육 기관과 관학 진흥책

관학	• 중앙 : 국자감(유학부, 기술학부로 구성) • 지방 : 향교(지방 관리와 서민의 자제 교육)
사학	고려 중기에 사학에서 공부한 사람들이 과거 시험에서 좋은 성적을 거둠 → 최충의 9재 학당(문헌공도)을 비롯한 사학 12도 융성
관학 진흥책	• 사학의 융성으로 위축된 관학을 진흥하기 위해 노력함 • 숙종 때 국자감에 서적포를 두어 출판을 담당하게 함 • 예종 때 국자감에 7재(전문 강좌)와 양현고(장학 재단) 설치, 청연각·보문각 설치(학문 연구 장려) • 인종 때 경사 6학을 중심으로 정비

따라서 정답은 ④번이에요. 고려 예종 때 관학을 진흥하기 위해 장학 재단인 양현고를 설치하였어요.
나머지 선택지도 살펴볼까요? ① 통일 신라 원성왕은 유교적 소양을 갖춘 관리를 선발하기 위해 독서삼품과를 시행하였어요. ② 조선은 국왕으로부터 현판을 하사받은 사액 서원에 서적과 노비를 지급하였어요. ③ 조선은 수도 한양에 중등 교육 기관으로 4부 학당을 설립하고 유교 경전을 교육하였어요. ⑤ 조선 정조는 인재를 양성하기 위해 재능 있는 젊은 문신을 선발하여 재교육하는 초계문신제를 시행하였어요.

---

1 심화 65회 13번

(가)에 들어갈 내용으로 옳은 것은?　　　　[2점]

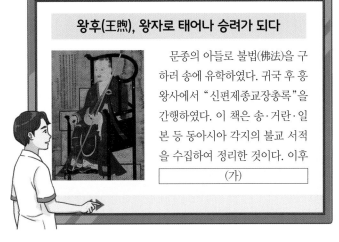

왕후(王煦), 왕자로 태어나 승려가 되다

문종의 아들로 불법(佛法)을 구하러 송에 유학하였다. 귀국 후 흥왕사에서 "신편제종교장총록"을 간행하였다. 이 책은 송·거란·일본 등 동아시아 각지의 불교 서적을 수집하여 정리한 것이다. 이후 (가)

① 국청사의 주지가 되어 해동 천태종을 개창하였다.
② 불교 개혁을 주장하며 수선사 결사를 조직하였다.
③ 선문염송집을 편찬하고 유불 일치설을 주장하였다.
④ 불교 관련 자료를 중심으로 삼국유사를 집필하였다.
⑤ 인도와 중앙아시아를 순례하고 왕오천축국전을 남겼다.

---

2 심화 62회 13번

(가) 국가의 문화유산으로 옳은 것을 〈보기〉에서 고른 것은?　　　　[2점]

미(美)·색(色)
벨기에 소장 우리 문화유산 특별전

■ 기간 : 2022. ○○. ○○.~○○. ○○.
■ 장소 : △△ 박물관 기획 전시실

초대의 글

우리 박물관에서는 국내에 들여와 보존 처리를 마친 벨기에 왕립 예술역사박물관 소장 (가) 의 공예품 8점을 공개하는 특별전을 개최합니다.
이번 전시에서는 (가) 의 대표적 문화유산인 상감 청자 6점을 비롯하여 청동 정병, 금동 침통 등을 자세히 감상할 수 있도록 전시 공간을 연출하였으니 많은 관심 바랍니다.

● 보기 ●

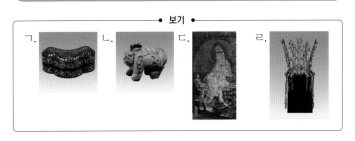

ㄱ. 　　ㄴ. 　　ㄷ. 　　ㄹ.

① ㄱ, ㄴ　　　② ㄱ, ㄷ　　　③ ㄴ, ㄷ
④ ㄴ, ㄹ　　　⑤ ㄷ, ㄹ

조선 전기

중요도 ▶ 🎁 매우 중요 🎁 중요 🎁 보통

1 교시 조선 전기(정치)

건국 과정	→	태종	→	세종	→	세조

- 🎁 위화도 회군
  ↓
- 🎁 과전법 제정
  ↓
- 🎁 조선 건국

- 🎁 문하부 낭사 → 사간원
- 🎁 6조 직계제 실시
- 🎁 사병 혁파
- 🎁 호패법 실시

- 🎁 의정부 서사제 실시
- 🎁 집현전 설치
- 🎁 4군 6진 개척(최윤덕, 김종서)

- 🎁 계유정난
- 🎁 6조 직계제 실시
- 🎁 집현전과 경연 폐지
- 🎁 "경국대전" 편찬 시작

→	성종	→	연산군	→	중종	→	명종

- 🎁 홍문관 설치(집현전 계승)
- 🎁 "경국대전" 완성·반포

- 🎁 김종직 '조의제문' → 무오사화
- 🎁 폐비 윤씨 사사 사건 → 갑자사화

- 🎁 조광조의 개혁 정책(소격서 폐지, 현량과 실시, 반정 공신의 위훈 삭제)
- 🎁 기묘사화

- 🎁 외척 세력의 권력 다툼(윤원형 ↔ 윤임) → 을사사화
- 🎁 임꺽정의 난

2 교시 조선 전기(외교)

- 🎁 일본과 기유약조 체결(광해군)
- 🎁 중립 외교(광해군)
  ↓

왜란		호란	
임진왜란	→ 정유재란	정묘호란(후금)	→ 병자호란(청)

- 🎁 한산도 대첩(이순신)
- 🎁 진주 대첩(김시민)
- 🎁 행주 대첩(권율)
- 🎁 의병 활약(곽재우, 조헌 등)

- 🎁 훈련도감 설치 : 삼수병(포수, 사수, 살수), 상비군(직업 군인)
- 🎁 속오군 편성

- 🎁 명량 대첩
- 🎁 노량 해전

- 🎁 인조, 강화도 피란
- 🎁 용골산성 항전(정봉수, 이립)
- 🎁 강화('형제의 맹약')

- 🎁 인조, 남한산성에서 항전
- 🎁 광교산 항전(김준룡)
- 🎁 삼전도에서 인조의 항복 의식(삼전도비 건립)

3 교시 조선 전기(경제, 사회, 문화)

토지 제도	→	세금		15세기 문화	→	16세기 문화

- 🎁 과전법 : 전·현직 관리에게 토지의 수조권 지급, 원칙적으로 세습 불가(수신전, 휼양전 예외), 경기 지역의 토지로 한정
- 🎁 직전법(세조) : 현직 관리에게만 수조권 지급, 수신전과 휼양전 폐지
- 🎁 관수관급제(성종) : 관청에서 세금을 거두어 관리에게 지급

- 🎁 공법(세종) : 전분6등법(비옥도로 구분), 연분9등법(풍흉에 따라 구분)
- 🎁 방납의 폐단
- 🎁 대립, 방군수포의 폐단

- 🎁 세종 : 훈민정음, "농사직설", "향약집성방", "칠정산" → 자주적 민족 문화 발전
- 🎁 측우기, 앙부일구, 자격루
- 🎁 혼일강리역대국도지도(태종)
- 🎁 고사관수도(강희안), 몽유도원도(안견)
- 🎁 "국조오례의", "악학궤범"(성종)
- 🎁 분청사기
- 🎁 원각사지 10층 석탑
- 🎁 인쇄 : 주자소 설치(태종) → 계미자(태종), 갑인자(세종) 주조

- 🎁 이황("성학십도"), 이이("성학집요")
- 🎁 사군자, 초충도
- 🎁 백자
- 🎁 서원(교육+제사) : 주세붕이 세운 백운동 서원이 시초 → 소수 서원

자료 01 6조 직계제와 의정부 서사제

6조 직계제는 6조가 왕에게 직접 업무를 보고하고 왕의 결재를 받아 정책을 시행하는 제도입니다. 왕권 강화를 목적으로 태종과 세조 때 실시되었어요. 의정부 서사제는 의정부가 6조의 업무를 먼저 심의한 후 왕에게 보고를 올려 재가를 얻어 업무를 시행하는 제도입니다.

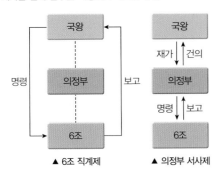

▲ 6조 직계제　　▲ 의정부 서사제

자료 02 조선의 중앙 정치 조직

조선의 중앙 정치 조직은 국정을 총괄하는 의정부와 그 아래에서 왕의 명령을 집행하는 6조를 중심으로 편성되었으며, 승정원, 의금부, 3사 등 기능과 역할이 다른 여러 기구들이 설치되었어요.

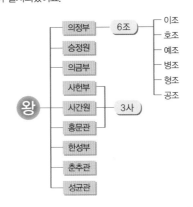

자료 03 4군 6진

세종은 최윤덕과 김종서를 북방으로 파견하여 여진을 몰아내고 4군과 6진을 개척하였어요.

자료 06 임진왜란

임진왜란 초기에 선조가 의주로 피란하는 등 조선은 열세에 몰렸으나, 이순신이 이끄는 수군과 각지에서 일어난 의병의 활약, 명의 지원군 파견으로 전세가 역전되었어요.

▲ 임진왜란 당시 관군과 의병의 활동

자료 04 무오사화

연산군 때 훈구 세력은 김종직이 쓴 '조의제문'을 문제 삼아 사림을 탄압하여 몰아냈어요.

〈조의제문〉
정축년 10월 어느 날 나는 밀성에서 경산으로 가다가 답계역에서 자는데, 꿈에 신인이 헌걸찬 모습으로 나타나 말하길 "나는 초나라 회왕의 손자 심(의제)인데, 서초 패왕(항우)에게 살해되어 빈 강에 던져졌다." 하고는 갑자기 사라졌다. 꿈에서 깨어나 놀라 생각하기를 …… '역사를 상고해 보아도 강에 던져졌다는 말은 없는데, 정녕 항우가 사람을 시켜서 심을 몰래 죽이고 그 시체를 물에 던진 것인가? 이는 알 수 없는 일이다.' 하고, 마침내 글을 지어 조문하였다.

자료 05 기묘사화

중종 때 조광조의 개혁 정치에 반발한 공신 등 훈구 세력이 조광조를 비롯한 많은 사림을 제거하였어요.

〈조광조의 위훈 삭제 주장〉
대사헌 조광조 등이 아뢰기를, "…… 반정 때에 공이 있었다면 기록되어야 하겠으나, 이들은 또 그다지 공도 없습니다. 무릇 이들을 공신으로 중히 여기면 공(功)과 이(利)를 탐내게 되니 임금을 죽이고 나라를 빼앗는 일이 다 이것에서 비롯됩니다. 임금이 나라를 잘 다스리고자 한다면 먼저 이(利)의 근원을 막아야 합니다. ……"라고 하였다.

자료 07 정묘호란과 병자호란

인조반정 이후 서인 정권이 친명배금 정책을 펼치자 후금(청)이 조선을 침공하였는데, 이 전쟁이 정묘호란과 병자호란이에요.

자료 08 고사관수도

조선 전기에 강희안이 그린 그림이에요.

자료 09 몽유도원도

도화서 화원 출신의 안견이 안평 대군의 꿈 이야기를 듣고 꿈속에서 본 모습을 그린 그림이에요.

자료 10 분청사기

회색 계통의 태토 위에 백토로 분을 발라 다시 구워 낸 자기로, 조선 전기에 유행하였어요.

▲ 분청사기 음각어문 편병

자료 11 백자

순백색의 바탕흙 위에 유약을 발라 구워 만든 자기로, 청결과 검소함을 중시한 사대부의 사랑을 받았어요.

▲ 백자 항아리

조선 전기(정치)

강의 바로 보기

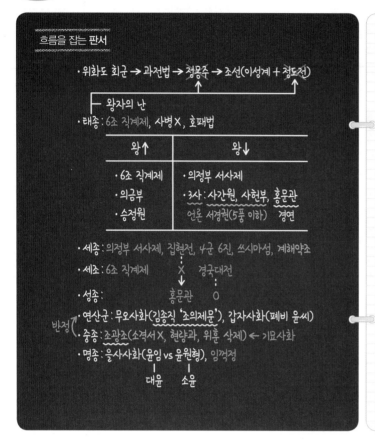

흐름을 잡는 판서

- 위화도 회군 → 과전법 → 정몽주 → 조선(이성계 + 정도전)
  - 왕자의 난
- 태종 : 6조 직계제, 사병X, 호패법

왕↑	왕↓
• 6조 직계제	• 의정부 서사제
• 의금부	• 3사 : 사간원, 사헌부, 홍문관
• 승정원	언론 서경권(5품 이하) 경연

- 세종 : 의정부 서사제, 집현전, 4군 6진, 쓰시마섬, 계해약조
- 세조 : 6조 직계제   X   경국대전
- 성종 :   홍문관   O
- 연산군 : 무오사화(김종직 '조의제문'), 갑자사화(폐비 윤씨)
- 반정 ↗ 중종 : 조광조(소격서X, 현량과, 위훈 삭제) → 기묘사화
- 명종 : 을사사화(윤임 vs 윤원형), 임꺽정
           대윤   소윤

나만의 판서 노트

⭐ 별 채우기

01 위화도 회군 이후 조준 등의 건의로 토지 제도의 개혁을 위해 ⭐⭐법이 제정되었다.

02 태종은 의정부의 권한을 약화하고 ⭐⭐ 직계제를 실시하였다.

03 태종은 호구의 정확한 파악을 위해 ⭐⭐법을 실시하였다.

04 조선 시대 ⭐⭐원은 왕의 비서 기관으로 왕명 출납을 담당하였다.

05 사헌부, 사간원, 홍문관을 합쳐 ⭐⭐라고 하였다.

06 홍⭐⭐은 왕에게 경서와 사서를 강론하는 경연을 주관하였다.

07 세종은 학문 연구 기관으로 ⭐⭐전을 설치하였다.

08 세종은 ⭐군 ⭐진을 설치하여 북방 영토를 개척하였다.

09 세조는 ⭐⭐정난을 통해 정권을 장악한 후 단종을 몰아내고 즉위하였다.

10 ⭐종은 "경국대전"을 반포하여 국가의 통치 규범을 마련하였다.

11 성종은 집현전을 계승한 ⭐⭐관을 설치하였다.

12 김종직이 쓴 '조의제문'은 ⭐⭐사화가 일어나는 빌미가 되었다.

13 폐비 윤씨 사사 사건이 빌미가 되어 ⭐⭐사화가 발생하였다.

14 조광조는 도교 행사를 주관한 ⭐⭐서의 폐지를 주장하였다.

15 조광조는 새로운 인사의 등용을 위해 ⭐⭐과 실시를 주장하였다.

16 조광조는 반정 공신의 ⭐⭐ 삭제를 주장하였다.

17 조광조는 ⭐⭐사화로 인해 사사되었다.

18 명종 때 외척 세력인 대윤과 소윤의 대립으로 ⭐⭐사화가 일어났다.

⭐ 별 더하기

✚ 정도전은 "조선경국전"을 저술하여 통치 제도 정비에 기여하였다.

✚ 정도전은 "불씨잡변"을 지어 불교를 비판하였다.

✚ 이방원(태종)은 두 차례 왕자의 난을 통해 반대파를 제거하였다.

✚ 태종은 문하부 낭사를 사간원으로 독립시켰다.

✚ 세조는 함길도 토착 세력이 일으킨 이시애의 난을 진압하였다.

✚ 승정원은 은대, 후원이라고도 불렸다.

✚ 사간원과 사헌부의 관리는 대간이라고 불리며 5품 이하 관리의 임명 과정에서 서경권을 행사하였다.

✚ 조선은 각 도에 관찰사를 보내 관할 고을의 수령을 감독하게 하였다.

✚ 수령은 지방의 행정, 사법, 군사권을 행사하였다.

✚ 조광조는 "소학"의 보급과 공납의 개선을 주장하였다.

|정답| 01 과전 02 6조 03 호패 04 승정 05 3사 06 문관 07 집현 08 4, 6
09 계유 10 성 11 홍문 12 무오 13 갑자 14 소격 15 현량 16 위훈
17 기묘 18 을사

대표 문항 ZOOM IN

심화 59회 19번

밑줄 그은 '임금'의 재위 시기에 있었던 사실로 옳은 것은? [2점]

얼마 전에 임금께서 원통하고 억울한 일을 당한 백성들을 위해 **신문고를 설치**하라고 명하셨다더군.

• **키워드 1** 조선 태종 때 신문고가 처음 설치되었어요.

뿐만 아니라 문하부를 없애고 의정부를 설치하면서 **문하부 낭사를 사간원으로 독립시키셨다네.**

• **키워드 2** 태종은 문하부를 폐지하고 문하부 낭사를 분리하여 사간원으로 독립시켜 대신들을 견제하게 하였어요.

① 명의 신종을 제사하는 대보단이 설치되었다.
② 백과사전류 의서인 의방유취가 편찬되었다.
③ 왕권 강화를 위해 6조 직계제가 실시되었다.
④ 조선의 기본 법전인 경국대전이 반포되었다.
⑤ 역대 문물제도를 정리한 동국문헌비고가 간행되었다.

꼼꼼 친절 해설

키워드 1의 신문고를 설치하였다는 내용과 키워드 2의 문하부 낭사를 사간원으로 독립시켰다는 내용을 통해 밑줄 그은 '임금'이 조선 태종임을 알 수 있어요. 태종은 국왕 중심의 국정 운영을 위해 노력하였어요. 조선 초에 국가 체제가 정비되는 과정을 국왕별로 정리해 볼까요?

조선 초기 체제 정비

태조	정도전의 문물제도 정비 : 한양 도성 설계, 재상 중심의 정치 주장, 민본주의적 통치 규범 확립
태종	• 두 차례 왕자의 난을 거쳐 즉위 → 국왕 중심의 정치 추구 • 통치 체제 정비 : 문하부 낭사(간쟁 담당)를 분리하여 사간원으로 독립시킴, 6조 직계제 실시(의정부의 역할 약화) • 양전 사업·호패법 실시(→ 경제 기반 확충), 신문고 설치
세종	• 의정부 서사제 실시 → 왕권과 신권의 조화 추구 • 집현전 설치, 경연(왕과 신하의 정책 토론) 활성화 • 4군 6진 개척(최윤덕, 김종서), 대마도(쓰시마섬) 정벌(이종무) • 훈민정음 창제·반포, "농사직설"·"향약집성방"·"삼강행실도"·"칠정산"·"의방유취" 등 편찬
세조	계유정난을 통해 왕위 찬탈, 6조 직계제 부활, 집현전과 경연 폐지, 이시애의 난 진압, 유향소 폐지, "경국대전" 편찬 시작, 직전법 실시
성종	집현전을 계승한 홍문관 설치, 경연 확대 실시, "경국대전" 완성·반포(통치 체제 확립), "국조오례의" 편찬(국가의 기본 예식인 오례 정리)

따라서 정답은 ③번이에요. 태종 때 왕권 강화를 위해 6조가 의정부를 거치지 않고 국왕에게 업무를 직접 보고하는 6조 직계제가 실시되었어요.

나머지 선택지도 살펴볼까요? ① 숙종 때 임진왜란 당시에 원군을 파견한 명의 황제 신종을 제사 지내는 대보단이 설치되었어요. ② 세종 때 중국과 우리나라의 여러 의서를 모아 이론을 수집·정리한 의학 백과사전인 "의방유취"가 편찬되었어요. ④ 성종 때 조선의 기본 법전인 "경국대전"이 반포되어 유교적 법치 국가의 토대가 마련되었어요. ⑤ 영조 때 역대 문물제도를 정리한 백과사전 형태의 "동국문헌비고"가 간행되었어요.

---

1 심화 68회 25번

(가) 관서에 대한 설명으로 옳은 것은? [2점]

> ### 체험 활동 소감문
>
> 2023년 12월 2일 ○○○
>
>
>
> 지난 토요일에 '승경도' 놀이를 체험했다. 승경도는 조선 시대 관직 이름을 적은 놀이판이다. 윷을 던져 말을 옮기는데, 승진을 할 수도 있지만 자칫하면 파직이 되거나 사약까지 받을 수 있어 흥미진진했다.
>
> 놀이 규칙에 은대법이 있는데, (가) 을/를 총괄하는 도승지 자리에 도착한 사람은 당하관 자리에 있는 사람들이 던진 윷의 결괏값을 이용할 수 있는 규칙이다. 은대가 무엇인지 몰랐는데, (가) 을/를 뜻함을 알게 되었다.

① 수도의 행정과 치안을 맡아보았다.
② 재상들이 합의하여 국정을 총괄하였다.
③ 반역죄, 강상죄를 범한 중죄인을 다스렸다.
④ 왕의 비서 기관으로 왕명의 출납을 담당하였다.
⑤ 외적의 침입에 대비하기 위한 임시 기구로 설치되었다.

---

2 심화 66회 20번

(가), (나) 사이의 시기에 있었던 사실로 옳은 것은? [2점]

> (가) 정문형, 한치례 등이 아뢰기를, "지금 김종직의 조의제문을 보니, 입으로만 읽지 못할 뿐 아니라 차마 눈으로도 볼 수 없습니다. …… 마땅히 대역의 죄로 논단하고 부관참시해서 그 죄를 분명히 밝혀 신하와 백성의 분을 씻는 것이 사리에 맞는 일입니다."라고 하였다. …… 왕이 정문형 등의 의견을 따랐다.
>
> (나) 의금부에서 전지하기를, "조광조, 김정 등은 서로 사귀어 무리를 이루고 자기편은 천거하고 자기편이 아닌 자는 배척하면서, 위세를 높여 서로 의지하며 권세가 있는 요직을 차지하였다. …… 이 모든 일들을 조사하여 밝히라."라고 하였다.

① 정여립 모반 사건으로 기축옥사가 일어났다.
② 외척 간의 권력 다툼으로 윤임이 제거되었다.
③ 자의 대비의 복상 문제로 예송이 전개되었다.
④ 희빈 장씨 소생의 원자 책봉 문제로 환국이 발생하였다.
⑤ 폐비 윤씨 사사 사건을 빌미로 김굉필 등이 처형되었다.

조선 전기(외교)

강의 바로 보기

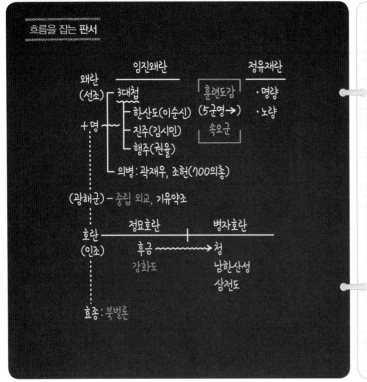

흐름을 잡는 판서

나만의 판서 노트

⭐ 별 채우기

01 임진왜란 3대 대첩은 이순신의 ⭐⭐⭐ 대첩, 김시민의 ⭐⭐ 대첩, 권율의 ⭐⭐ 대첩이다.

02 삼수병으로 구성된 ⭐⭐도감은 급료를 받는 상비군이 주축을 이루었다.

03 정유재란이 일어났을 때 ⭐⭐⭐이 명량에서 왜의 수군을 대파하였다.

04 ⭐⭐군은 명과 후금 사이에서 중립 외교를 추진하였다.

05 광해군 때 ⭐⭐약조를 체결하여 일본과 무역을 재개하였다.

06 후금은 광해군의 원수를 갚는다는 명분을 내세워 ⭐⭐호란을 일으켰다.

07 정묘호란이 일어나자 조선 왕실은 ⭐⭐⭐로 피란하였다.

08 후금은 국호를 '⭐'으로 바꾸고 조선에 군신 관계를 요구하며 ⭐⭐호란을 일으켰다.

09 병자호란 때 인조는 ⭐⭐산성으로 피신하였다.

10 인조가 ⭐⭐도에서 청 태종에게 항복하면서 병자호란이 끝났다.

11 효종 때 청에 당한 치욕을 갚자는 ⭐⭐론이 제기되었다.

⭐ 별 더하기

➕ 조선 초에 **정도전**을 중심으로 요동 정벌을 추진하여 **명**과의 관계가 악화되었다.

➕ 조선은 여진에 대한 회유책으로 경성과 경원에 **무역소**를 설치하였다.

➕ 조선은 한성에 **북평관**을 개설하여 **여진**의 조공 무역을 허용하였다.

➕ 조선은 한성에 **일본** 사신이 머무는 숙소인 동평관을 설치하여 무역을 허용하였다.

➕ 세종은 **3포**를 열어 일본과의 무역을 허용하고 **계해약조**를 체결하였다.

➕ 세종 때 **이종무**가 왜구의 근거지인 **쓰시마섬**을 정벌하였다.

➕ 임진왜란 당시 **신립**이 충주 탄금대에서 배수의 진을 치고 왜군에 항전하였다.

➕ 임진왜란 당시 조·명 연합군이 평양성을 탈환하였다.

➕ **인조**와 서인 정권은 **친명배금** 정책을 펼쳤다.

➕ 정묘호란 당시 용골산성에서 **정봉수, 이립** 등이 의병을 이끌고 항전하였다.

➕ 병자호란 당시 **임경업**이 백마산성에서 적의 침입에 대비하였다.

➕ 병자호란 당시 **김준룡**이 광교산에서 항전하였다.

➕ 병자호란 당시 **김상용**이 강화도에서 순절하였다.

|정답| 01 한산도, 진주, 행주 02 훈련 03 이순신 04 광해 05 기유 06 정묘
07 강화도 08 청, 병자 09 남한 10 삼전 11 북벌

대표 문항 ZOOM IN

심화 66회 22번

(가) 전쟁 중에 있었던 사실로 옳은 것은? [2점]

생생 한국사 교실

수행 과제 : ____(가)____ 와/과 관련된 문화유산을 조사하여 사진과 설명을 올려 주세요.

동래부순절도	금산 칠백의총	징비록
동래 부사 송상현과 관민의 항전을 묘사한 그림입니다.	금산 전투에서 전사한 의병 7백여 명의 유해를 모신 곳입니다. ♥1	당시 영의정을 지냈던 유성룡이 전쟁의 상황 등을 기록한 것입니다. ♥2

키워드 2 임진왜란 때 조헌이 이끄는 7백여 명의 의병이 금산에서 일본군과 맞서 싸우다 모두 전사하였어요.

키워드 1 임진왜란이 일어나 일본군이 부산에 침입하자 동래 부사 송상현이 동래성에서 항전하였으나 패배하였어요.

키워드 3 유성룡은 임진왜란에서 드러난 문제점을 반성하고 훗날을 대비하기 위해 "징비록"을 저술하였어요.

① 김상용이 강화도에서 순절하였다.

② 이괄이 이끈 반란군이 도성을 장악하였다.

③ 정봉수와 이립이 용골산성에서 항전하였다.

④ 김시민이 진주성에서 적군을 크게 물리쳤다.

⑤ 이종무가 적의 근거지인 쓰시마섬을 정벌하였다.

꼼꼼 친절 해설

키워드 1의 동래 부사 송상현과 관민이 항전하였다는 내용과 키워드 2의 '금산 칠백의총', 키워드 3의 '징비록'을 통해 (가) 전쟁이 임진왜란임을 알 수 있어요. 임진왜란의 전개 과정을 살펴볼까요?

임진왜란의 전개 과정

발발	왜군의 침략(1592) → 부산진, 동래성 함락 → 신립이 충주 탄금대 전투에서 패배 → 선조 피란, 한성 함락
반격	• 수군의 활약 : 이순신이 이끄는 수군이 남해의 제해권 장악(한산도 대첩) → 왜군의 수륙 병진 작전 차단 • 의병의 활약 : 곽재우·조헌·고경명·정문부 등이 향토 지리를 활용한 전술로 왜군에게 타격을 입힘
전세 역전	명군 참전, 관군 재정비 → 진주 대첩(김시민), 조·명 연합군의 평양성 탈환, 행주 대첩(권율) → 명과 일본이 휴전 협상 시작
극복	조선의 전열 정비(훈련도감 설치, 속오군 편성) → 휴전 회담 결렬, 정유재란(1597) → 이순신의 명량 해전 승리 → 도요토미 히데요시 사망, 왜군 철수 시작 → 이순신의 노량 해전 승리, 전쟁 종결

따라서 정답은 ④번이에요. 임진왜란 때 김시민이 이끄는 관군이 의병의 지원을 받아 진주성에서 일본군을 크게 물리쳤어요.

나머지 선택지도 확인해 봅시다. ① 병자호란 때 김상용이 왕실 가족을 이끌고 강화도로 피란하였다가 강화성이 함락되자 순절하였어요. ② 인조 때 이괄이 인조반정의 공신으로서 자신의 공로가 낮게 평가된 것에 불만을 품고 반란을 일으켜 한때 도성을 장악하였어요. ③ 정묘호란 때 정봉수와 이립이 용골산성에서 후금군에 항전하였어요. ⑤ 세종 때 이종무가 왜구의 근거지인 쓰시마섬(대마도)을 정벌하였어요.

1 심화 58회 21번

밑줄 그은 '이 부대'에 대한 설명으로 옳은 것은? [2점]

전시된 그림은 이 부대의 분영인 북일영과 활터의 풍경을 묘사한 김홍도의 작품입니다. 임진왜란 중 류성룡의 건의로 편성된 이 부대는 직업 군인의 성격을 띤 상비군이었습니다.

북일영도

① 용호군과 함께 2군으로 불렸다.

② 진도에서 용장성을 쌓고 항전하였다.

③ 국경 지역인 북계와 동계에 배치되었다.

④ 포수, 살수, 사수의 삼수병으로 편제되었다.

⑤ 국왕의 친위 부대로 수원 화성에 외영을 두었다.

2 심화 61회 24번

밑줄 그은 '전란' 중에 있었던 사실로 옳은 것은? [2점]

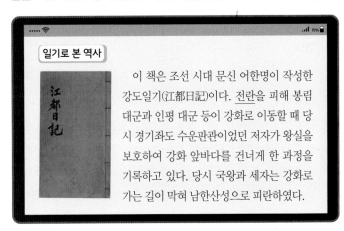

일기로 본 역사

이 책은 조선 시대 문신 어한명이 작성한 강도일기(江都日記)이다. 전란을 피해 봉림 대군과 인평 대군 등이 강화로 이동할 때 당시 경기좌도 수운판관이었던 저자가 왕실을 보호하여 강화 앞바다를 건너게 한 과정을 기록하고 있다. 당시 국왕과 세자는 강화로 가는 길이 막혀 남한산성으로 피란하였다.

① 정문부가 길주에서 의병을 이끌었다.

② 강홍립이 사르후 전투에 참전하였다.

③ 김시민이 진주성에서 적군을 크게 물리쳤다.

④ 임경업이 백마산성에서 적의 침입에 대비하였다.

⑤ 최윤덕이 올라산성에서 이만주 부대를 정벌하였다.

조선 전기(경제, 사회, 문화)

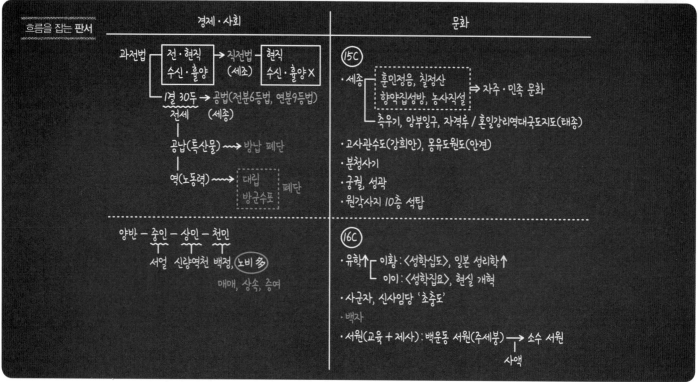

⭐ 별 채우기

01 세조 때 현직 관리에게만 과전을 지급하는 ⭐⭐법을 시행하고 수신전, 휼양전을 폐지하였다.

02 세종 때 공법을 시행하여 ⭐분6등법과 ⭐분9등법을 실시하였다.

03 조선 시대에 신분은 양인이지만 천역을 담당하는 ⭐량⭐천이 존재하였다.

04 조선 시대 천민의 대부분은 ⭐⭐로 매매, 증여, 상속의 대상이 되었다.

05 세종 때 한양을 기준으로 천체 운동을 계산한 "⭐⭐산"이 편찬되었다.

06 세종 때 우리 풍토에 맞는 농법을 소개한 "농사⭐⭐"이 간행되었다.

07 태종 때 세계 지도인 ⭐⭐⭐⭐역대국도지도가 제작되었다.

08 강희안의 ⭐⭐⭐⭐도는 물을 바라보고 있는 선비의 모습을 그린 조선 전기의 대표적인 그림이다.

09 ⭐⭐⭐⭐도는 안견이 안평 대군의 꿈 이야기를 듣고 그린 그림이다.

10 ⭐⭐은 군주의 도를 도식으로 설명한 "성학십도"를 저술하였다.

11 ⭐⭐는 "성학집요"를 저술하여 군주가 수양해야 할 덕목을 제시하였다.

12 주세붕은 최초의 서원인 ⭐⭐⭐ 서원을 건립하였다.

⭐ 별 더하기

✦ 성종 때 관청에서 전세를 거둔 후 관리에게 지급하는 관수관급제를 실시하였다.

✦ 조선 시대 노비는 장례원을 통해 국가의 관리를 받았다.

✦ 조선 시대 백정은 도축업에 종사하는 천민 신분이었다.

✦ 향약은 향촌의 자치 규약이자 풍속 교화와 향촌 질서 유지의 역할을 담당한 자치 조직이었다.

✦ 유향소는 좌수와 별감을 중심으로 운영되었다.

✦ 조선 정부는 경재소를 설치하여 유향소를 통제하였다.

✦ 태종 때 주자소가 설치되고 계미자가 주조되었다.

✦ 세종 때 개량된 금속 활자인 갑인자가 주조되었다.

✦ "조선왕조실록"은 사초, 시정기 등을 바탕으로 실록청에서 편찬되었다.

✦ 성종 때 서거정 등이 고조선부터 고려까지의 역사를 정리한 "동국통감"을 편찬하였다.

✦ 성종 때 음악 이론 등을 집대성한 "악학궤범"이 간행되었다.

✦ 성종 때 국가의 의례를 정비한 "국조오례의"가 완성되었다.

✦ 세조 때 개성 경천사지 10층 석탑의 영향을 받은 서울 원각사지 10층 석탑이 축조되었다.

|정답| 01 직전 02 전, 연 03 신, 역 04 노비 05 칠정 06 직설 07 혼일강리 08 고사관수 09 몽유도원 10 이황 11 이이 12 백운동

대표 문항 **ZOOM IN** 🔍   심화 68회 22번

밑줄 그은 '왕'의 재위 기간에 있었던 사실로 옳은 것은? [2점]

〈역사 다큐멘터리 제작 기획안〉

조선, 전국적인 규모의 여론 조사를 실시하다!

■ 기획 의도

여론 조사를 통해 정책을 추진하려는 왕의 모습에서 '민본'의 의미를 생각해 본다. 키워드 1 세종은 토지의 비옥도에 따라 6등급으로 나누고(전분6등법), 풍흉에 따라 9등급으로 나누어(연분9등법) 조세를 부과하는 공법을 시행하였어요.

■ 장면별 주요 내용

#1. 왕은 관리와 백성을 대상으로 공법 시행에 대한 전국적인 찬반 조사를 명하다.

#2. 호조에서 찬성 98,657명, 반대 74,149명이라는 결과를 보고하다.

#3. 여러 차례 보완을 거쳐 토지의 비옥도와 풍흉에 따라 조세를 차등 징수하는 내용의 공법을 확정하다.

① 세계 지도인 혼일강리역대국도지도가 제작되었다.

② 각지의 농법을 작물별로 정리한 농사직설이 간행되었다.

③ 유능한 인재를 양성하기 위해 초계문신제가 시행되었다.

④ 우리나라와 중국의 의서를 망라한 동의보감이 완성되었다.

⑤ 전국의 지리, 풍속 등이 수록된 동국여지승람이 편찬되었다.

꼼꼼 친절 해설

키워드 1의 토지의 비옥도와 풍흉에 따라 조세를 차등 징수하는 내용의 공법을 확정하였다는 내용을 통해 밑줄 그은 '왕'이 조선 세종임을 알 수 있어요. 세종 재위 시기에 있었던 사실을 정리해 볼까요?

세종 재위 시기의 사실

공법 실시	• 전분6등법 : 토지를 비옥도에 따라 6등급으로 나누어 평가 • 연분9등법 : 풍흉에 따라 9등급으로 나누어 조세 액수를 토지 1결당 최고 20두에서 최하 4두 부과
과학 기구 제작	측우기(강우량 측정), 앙부일구(해시계), 자격루(물시계), 혼천의·간의(천체 현상 관측) 등
역법서 편찬	"칠정산"(우리 역사상 최초로 한양을 기준으로 천체 운동 계산)
의학·의의서 편찬	"향약집성방"(국산 약재와 이를 이용한 치료법 정리), "의방유취"(한방 의서를 종류별로 모아 집대성한 의학 백과사전)
농서 편찬	"농사직설"(우리나라 풍토에 맞는 씨앗의 저장법, 토질의 개량법, 모내기법 등 소개)

따라서 정답은 ②번이에요. 세종 때 각지 농민의 경험을 바탕으로 우리 풍토에 맞는 농법을 정리한 "농사직설"이 간행되었어요.

나머지 선택지도 살펴볼까요? ① 태종 때 세계 지도인 혼일강리역대국도지도가 제작되었어요. 혼일강리역대국도지도는 현존하는 동양에서 가장 오래된 세계 지도입니다. ③ 정조 때 인재 양성을 위해 재능 있는 젊은 문신을 뽑아 재교육하는 초계문신제가 시행되었어요. ④ 광해군 때 우리나라와 중국의 의서를 망라하여 전통 한의학을 집대성한 "동의보감"이 완성되었어요. ⑤ 성종 때 각 지역의 역사와 산물, 풍속 등을 기록한 "동국여지승람"이 편찬되었어요.

1 심화 53회 19번

밑줄 그은 '이 제도'에 대한 설명으로 옳은 것은? [2점]

#3. 궁궐 안

성종이 경연에서 신하들과 토지 제도 개혁을 논의하고 있다.

성종 : 그대들의 의견을 말해 보도록 하라.

김유 : 우리나라의 수신전, 휼양전 등은 진실로 아름다운 것이지만 오히려 일이 없는 자가 앉아서 그 이익을 누린다고 하여 세조께서 과전을 없애고 이 제도를 만드셨습니다.

① 전지와 시지를 등급에 따라 지급하였다.

② 풍흉에 관계없이 전세 부담액을 고정하였다.

③ 현직 관리에게만 토지의 수조권을 지급하였다.

④ 관리에게 녹봉을 지급하고 수조권을 폐지하였다.

⑤ 개국 공신에게 인성, 공로를 기준으로 토지를 지급하였다.

2 심화 56회 25번

(가) 교육 기관에 대한 설명으로 옳은 것은? [1점]

조사 보고서

1. 주제 : 조선의 교육 기관 ___(가)___ 을/를 찾아서

2. 개관

중종 38년(1543) 풍기 군수 주세붕이 처음 건립하였다. 국왕으로부터 현판과 토지, 노비 등을 받기도 하였다. 흥선 대원군에 의해 정리되어 47곳이 남았는데, 이 중 대표적인 9곳이 유네스코 세계유산으로 등재되었다.

3. 주요 건물 배치도

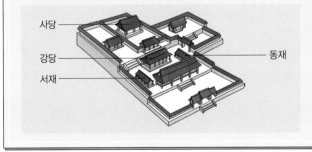

① 전국의 모든 군현에 하나씩 설치되었다.

② 선현의 제사와 유학 교육을 담당하였다.

③ 전문 강좌인 7재가 설치되어 운영되었다.

④ 중앙에서 교수나 훈도를 교관으로 파견하였다.

⑤ 소과에 합격한 생원, 진사에게 입학 자격이 부여되었다.

조선 후기

핵심 개념 한눈에 보기

중요도 ● 매우 중요 ● 중요 ● 보통

1 교시 조선 후기(정치)

광해군 →	인조 →	효종 →	현종
● 중립 외교 ● 대동법 실시(경기도) ● 영창 대군 살해, 인목 대비 폐위 → 인조반정	● 서인의 친명배금 정책 → 정묘호란, 병자호란 ● 영정법 실시	● 북벌론 대두(송시열 등) ● 나선 정벌(조총 부대 파견)	● 예송 : 자의 대비의 상 복 입는 기간을 두고 서인과 남인 대립

→ 숙종 →	영조 →	정조 →	세도 정치 시기
● 잦은 환국 → 일당 전제화 ● 백두산정계비 건립 ● 안용복의 활약(독도)	● 탕평책 실시 → 탕평 비 건립 ● 서원 정리 ● "속대전" 편찬 ● 균역법 실시	● 탕평책 실시 ● 규장각 육성, 초계문신제 실시 ● 서얼 등용(규장각 검서관) ● 장용영 설치 ● 수원 화성 건설	● 세도 정치 가문이 비변 사 장악 ● 매관매직 성행 ● 삼정의 문란 극심

2 교시 조선 후기(경제, 사회)

경제			사회	
농업	상업	수공업, 광업	신분 질서 동요	농민 봉기
● 모내기법 확산 ● 광작 성행, 임노 동자 증가 ● 지대 변화 : 도 조법 등장	● 송상, 만상, 경강상인, 내상 등 사상 성장 ● 장시 발달 : 보부상이 전국의 장시 연결 ● 포구 상업 발달 : 객 주, 여각의 성장 ● 상평통보 유통	● 선대제 수공업 ● 민영 광산, 덕대 (전문적인 광산 경영인)	● 양반 수 증가 (공명첩, 납속 등 이용) ● 천주교 : 서학으 로 수용 → 신 앙화 ● 동학 : 최제우 창시, 인내천 사상	● 홍경래의 난 : 평안도 지역 차별에 반발, 홍 경래 주도 ● 임술 농민 봉기 : 삼 정의 문란 → 삼정이 정청 설치

3 교시 조선 후기(문화)

서민 문화의 성장	성리학의 대안 등장		서양 학문의 유입	기타
	양명학	실학		
● 한글 소설("홍길동 전", "춘향전" 등) ● 판소리 ● 풍속화 (김홍도, 신윤복) ● 민화	● 지행합일 강조 ● 정제두, 강화학파 형성	● 자영농 육성 : 유 형원(균전론), 이 익(한전론), 정약 용(여전론) ● 생산력 증대 : 박 지원, 박제가(소 비 강조), 홍대용	● 곤여만국전도 ● 시헌력 ● "기기도설"을 참 고하여 거중기 제 작(정약용)	● 진경 산수화(정선) ● 청화 백자 ● 김정희 : 추사체, "금석과안록" ● 보은 법주사 팔상 전

자료 01 탕평비

붕당 간 대립이 극심한 가운데 즉위한 영조는 성균관에 탕평비를 건립하여 탕평 의지를 널리 알렸어요.

신의가 있고 아첨하지 않는 것은 군자의 마음이요, 아첨하고 신의가 없는 것은 소인의 사사로운 마음이다.
(周而弗比 乃君子之公心 比而弗周 寔小人之私意)

자료 02 규장각

규장각은 역대 임금의 글이나 글씨 등을 보관하는 관청이었으나 정조가 그 기능을 확대하여 학술 및 정책 연구 기관으로 육성하였으며, 창덕궁 후원의 주합루에 설치하였어요. 정조는 박제가, 유득공, 이덕무 등 서얼 출신의 학자들을 규장각 검서관으로 기용하기도 하였어요.

▲ 창덕궁 주합루

자료 03 수원 화성

정조는 아버지 사도 세자(장헌 세자)의 묘를 수원으로 옮기고, 자신의 정치적 개혁 의지를 실현하고자 신도시 화성을 건설하여 정치·군사·상업 기능을 부여하였어요.

▲ 수원 화성 장안문

자료 04 조선 후기 사상의 성장

정조 때 육의전을 제외한 시전 상인의 금난전권이 폐지되어 상업 활동이 활발해지고 사상이 성장하였어요.

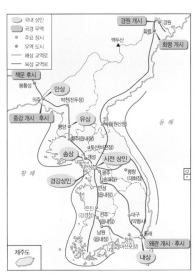

▲ 조선 후기 상업과 무역 활동

자료 05 19세기의 농민 봉기

19세기에 삼정의 문란과 지배층의 수탈로 민생이 피폐해져 전국 각지에서 농민 봉기가 일어났어요.

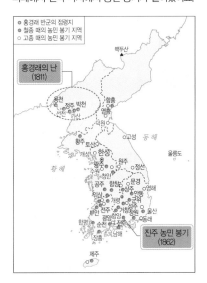

자료 06 풍속화

김홍도와 신윤복은 조선 후기의 대표적인 풍속화가입니다. 김홍도는 서민의 일상생활 모습을 소탈하고 익살스럽게 표현하였고, 신윤복은 주로 양반의 풍류, 남녀 간의 애정 등을 감각적·해학적으로 묘사하였어요.

▲ 무동(김홍도)

▲ 월하정인(신윤복)

자료 09 진경 산수화

'실제 경치를 소재로 한 산수화'라는 뜻으로, 우리나라의 자연을 소재로 그린 그림입니다. 대표적인 작품으로 겸재 정선의 인왕제색도, 금강전도가 있어요.

▲ 인왕제색도

▲ 금강전도

자료 07 정약용의 여전론

정약용은 마을 단위로 공동 소유한 토지를 공동 경작하고, 생산물은 노동량에 따라 분배하자는 여전론을 주장하였어요.

농사를 짓는 사람에게는 토지를 갖게 하고 농사를 짓지 않는 사람에게는 토지를 갖지 못하게 하려면 여전제를 실시해야 한다. …… 1여(閭)에는 여장을 두며, 무릇 1여의 토지는 여민이 공동으로 경작하도록 하고, 내 땅 네 땅의 구별을 없게 하며, 오직 여장의 명령에만 따른다. 여민들이 농경하는 경우 여장은 매일 개개인의 노동량을 장부에 기록해 두었다가 가을이 되면 오곡의 수확물을 모두 여장의 집에 가져온 다음 분배한다.
– "여유당전서" 전론 –

자료 08 홍대용의 사상

홍대용은 "의산문답"에서 지전설과 무한 우주론을 주장하였는데, 이는 중국 중심의 세계관을 비판하는 근거가 되었어요.

중국은 서양에 대해서 경도의 차이가 1백 80도에 이르는데, 중국 사람은 중국을 정계(正界)로 삼고 서양을 도계(倒界)로 삼으며, 서양 사람은 서양을 정계로 삼고 중국을 도계로 삼는다. 그러나 실제에 있어서는 하늘을 이고 땅을 밟는 사람은 지역에 따라 모두 그러하니, 횡(橫)이나 도(倒)할 것 없이 다 정계다.
– "의산문답" –

자료 10 보은 법주사 팔상전

조선 후기에 만들어졌으며, 현존하는 우리나라 유일의 목탑으로 내부에 부처님의 일생을 그린 팔상도가 모셔져 있어요.

4 일 1교시

조선 후기(정치)

강의 바로 보기

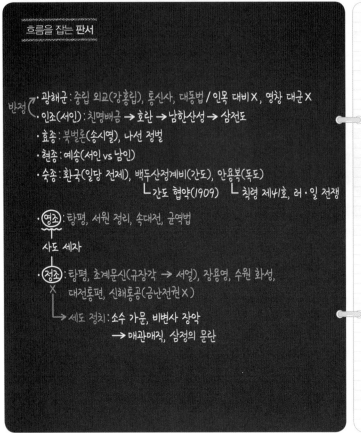

흐름을 잡는 **판서**

반정
- **광해군** : 중립 외교(강홍립), 통신사, 대동법 / 인목 대비X, 영창 대군X
- **인조(서인)** : 친명배금 → 호란 → 남한산성 → 삼전도
- **효종** : 북벌론(송시열), 나선 정벌
- **현종** : 예송(서인 vs 남인)
- **숙종** : 환국(일당 전제), 백두산정계비(간도), 안용복(독도)
  └ 간도 협약(1909)   └ 칙령 제41호, 러·일 전쟁

- **영조** : 탕평, 서원 정리, 속대전, 균역법

사도 세자

- **정조** : 탕평, 초계문신(규장각 → 서얼), 장용영, 수원 화성,
  X   대전통편, 신해통공(금난전권X)

  └→ 세도 정치 : 소수 가문, 비변사 장악
              → 매관매직, 삼정의 문란

나만의 판서 **노트**

★ 별 채우기

01 광해군은 명과 후금 사이에서 ★★ 외교를 추진하였다.

02 ★★군은 명의 지원 요청에 따라 후금과의 전투에 강홍립의 부대를 파견하였다.

03 서인은 ★★반정을 일으켜 광해군과 북인을 몰아내고 정권을 장악하였다.

04 효종은 청의 요청으로 ★★ 정벌을 위한 조총 부대를 파견하였다.

05 현종 때 자의 대비의 복상 기간을 두고 ★★이 전개되었다.

06 숙종 즉위 후 집권 붕당을 급격하게 교체하는 ★★이 여러 차례 일어났다.

07 숙종 때 청과의 경계를 정한 ★★★정계비가 건립되었다.

08 숙종 때 안★★이 일본으로 건너가 독도가 우리 영토임을 확인받고 돌아왔다.

09 대한 제국은 칙령 제41호를 통해 ★★가 관할 영토임을 밝혔다.

10 영조는 붕당의 폐해를 경계하기 위해 ★★비를 건립하였다.

11 영조는 "★★★"을 편찬하여 통치 체제를 정비하였다.

12 정조는 ★★문신제를 실시하여 문신들을 재교육하였다.

13 정조는 국왕 친위 부대인 ★★★을 설치하였다.

14 정조 때 왕조의 통치 규범을 재정비한 "★★★★"이 편찬되었다.

15 정조는 육의전 이외 시전 상인의 금난전권을 폐지하는 ★★★★을 실시하였다.

16 정조 사후 ★★ 정치로 매관매직 등 부정부패가 심화되었다.

17 ★★사는 세도 정치 시기에 외척 세력의 권력 기반이 되었다.

★ 별 더하기

➕ 정여립 모반 사건을 계기로 **기축옥사**가 발생하였다.

➕ **기축옥사**로 이발 등 **동인** 세력이 제거되었다.

➕ 숙종 때 희빈 장씨 소생의 원자 책봉 문제로 **기사환국**이 발생하였다.

➕ **기사환국**으로 인현 왕후가 폐위되고 **남인**이 권력을 장악하였다.

➕ 영조 때 **이인좌**를 중심으로 소론 세력 등이 난을 일으켰다.

➕ **영조**는 준천사를 신설하고 **청계천**을 준설하였다.

➕ **영조** 때 역대 문물을 정리한 "**동국문헌비고**"가 편찬되었다.

➕ **정조**는 박제가 등 서얼 출신을 **규장각 검서관**에 등용하였다.

➕ **정조** 때 대외 관계를 정리한 "**동문휘고**"가 간행되었다.

|정답| 01 중립 02 광해 03 인조 04 나선 05 예송 06 환국 07 백두산 08 용복 09 독도 10 탕평 11 속대전 12 초계 13 장용영 14 대전통편 15 신해통공 16 세도 17 비변

대표 문항 ZOOM IN

심화 64회 26번

밑줄 그은 '왕'의 재위 시기에 있었던 사실로 옳은 것은? [2점]

● **키워드 1** 정조는 통치 체제를 정비하기 위해 "경국대전"과 "속대전" 및 그 뒤의 법령을 통합하여 "대전통편"을 편찬하였어요.

대전통편이 완성되었는데, 나라의 제도 및 법식에 관한 책이다. …… 왕이 말하기를, "속전(續典)은 갑자년에 이루어졌는데, 선왕의 명령으로서 갑자년 이후에 이루어진 것도 많으니 어찌 감히 지금과 가까운 것만을 내세우고 먼 것은 소홀히 할 수 있겠는가?"라고 하였다. 이에 김치인 등에게 명하여 원전(原典)과 속전 및 지금까지의 왕명을 모아 한 책으로 편찬한 것이었다.

① 인재 양성을 위해 초계문신제를 시행하였다.

② 홍경래 등이 봉기하여 정주성을 점령하였다.

③ 자의 대비의 복상 문제로 예송이 전개되었다.

④ 이인좌를 중심으로 소론 세력 등이 난을 일으켰다.

⑤ 신류가 조총 부대를 이끌고 흑룡강에서 전투를 벌였다.

꼼꼼 친절 해설

키워드 1의 "대전통편"이 완성되었다는 내용을 통해 밑줄 그은 '왕'이 조선 정조임을 알 수 있어요. 정조가 추진한 개혁 정책에 대해 알아볼까요?

정조의 개혁 정치

정치	• 규장각 설치·육성, 초계문신제 실시 : 국왕의 권력과 정책을 뒷받침할 인재 육성 • 장용영 설치 : 국왕의 군사적 기반 강화 • 수원 화성 건설 : 정조의 정치적 이상을 실현하는 상징적 도시로 육성
경제	신해통공(육의전을 제외한 시전 상인의 금난전권 폐지)
사회	• 수령권 강화 : 수령이 군현 단위의 향약을 직접 주관 → 지방 사족의 향촌 지배력 억제, 백성에 대한 국가의 통치력 강화 • 서얼과 노비에 대한 차별 완화 → 박제가, 유득공 등 서얼 출신을 규장각 검서관으로 등용하기도 함
문물 정비	"대전통편", "동문휘고", "탁지지", "무예도보통지" 등 편찬

따라서 정답은 ①번이에요. 정조는 인재 양성을 위해 재능 있는 젊은 문신을 선발하여 재교육하는 초계문신제를 시행하였어요.

나머지 선택지도 살펴볼까요? ② 순조 때 홍경래 등이 서북인에 대한 차별과 지배층의 수탈에 반발하여 봉기하였어요. 봉기 세력은 한때 선천, 정주 등 청천강 이북의 여러 고을을 점령하였으나 결국 관군에 의해 진압되었어요. ③ 현종 때 효종과 효종 비가 죽은 후 자의 대비의 복상 문제를 두고 서인과 남인이 대립한 예송이 일어났어요. ④ 영조 즉위 초에 이인좌를 중심으로 한 소론 세력이 영조와 노론 세력을 제거할 목적으로 난을 일으켰어요. ⑤ 효종 때 청의 요청에 따라 나선 정벌을 위한 조총 부대가 두 차례 파견되었는데, 두 번째 파견된 신류가 흑룡강에서 러시아군과 전투를 벌였어요.

---

1 심화 61회 23번

(가)~(다)를 일어난 순서대로 옳게 나열한 것은? [3점]

(가) 임금이 궐내에 있던 기름 먹인 장막을 허적이 벌써 가져갔음을 듣고 노하여 이르기를, "궐내에서 쓰는 것을 마음대로 가져가는 것은 한명회도 못하던 짓이다."라고 하였다. …… 임금이 허적의 당파가 많아 기세가 당당하다는 말을 듣고 그들을 제거하고자 결심하였다.

(나) 비망기를 내려, "국운이 안정되어 왕비가 복위하였으니, 백성에게 두 임금이 없는 것은 고금을 통한 의리이다. 장씨의 왕후 지위를 거두고 옛 작호인 희빈을 내려 주되, 세자가 조석으로 문안하는 예는 폐하지 않도록 하라."라고 하였다.

(다) 임금이 말하기를, "송시열은 산림의 영수로서 나라의 형세가 험난한 때에 감히 원자(元子)의 명호를 정한 것이 너무 이르다고 하였으니, 삭탈관작하고 성문 밖으로 내쳐라. 반드시 송시열을 구하려는 자가 있겠지만, 그런 자는 비록 대신이라 하더라도 용서하지 않을 것이다."라고 하였다.

① (가) - (나) - (다)
② (가) - (다) - (나)
③ (나) - (가) - (다)
④ (나) - (다) - (가)
⑤ (다) - (나) - (가)

---

2 심화 68회 24번

다음 왕에 대한 설명으로 옳은 것은? [2점]

초상과 어진으로 만나는 조선의 왕

왼편은 연잉군 시절인 20대의 초상이며 오른편은 50대의 어진이다. 그는 즉위 후 탕평 교서를 반포하고 탕평비를 건립하였다. 준천사를 신설하여 홍수에 대비하였으며, 신문고를 다시 설치하여 백성들의 억울함을 듣고자 하였다.

① 통치 체제를 정비하기 위해 대전회통을 편찬하였다.

② 왕권 강화를 위해 친위 부대인 장용영을 설치하였다.

③ 각 궁방과 중앙 관서의 공노비 6만여 명을 해방하였다.

④ 어영청을 중심으로 국방력을 강화하고 북벌을 추진하였다.

⑤ 균역법을 시행하여 백성들의 군역 부담을 줄여 주고자 하였다.

조선 후기(경제, 사회)

강의 바로 보기

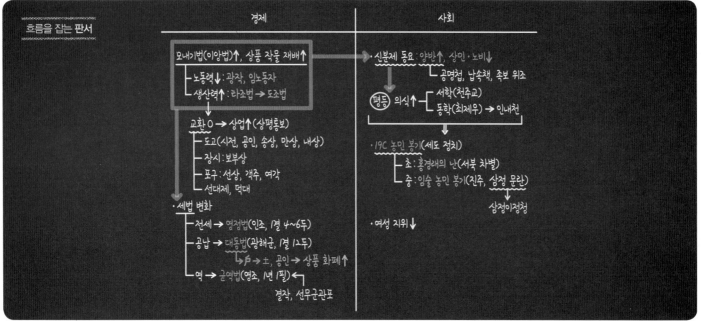

흐름을 잡는 판서

경제

모내기법(이앙법)↑, 상품 작물 재배↑
┌ 노동력↓: 광작, 임노동자
└ 생산력↑: 타조법 → 도조법

교환O → 상업↑ (상평통보)
┌ 도고(시전, 공인, 송상, 만상, 내상)
├ 장시: 보부상
├ 포구: 선상, 객주, 여각
└ 선대제, 덕대

· 세법 변화
┌ 전세 → 영정법(인조, 1결 4~6두)
├ 공납 → 대동법(광해군, 1결 12두)
│   └ 용F → 土, 공인 → 상품 화폐↑
└ 역 → 균역법(영조, 1년 1필)
      결작, 선무군관포

사회

· 신분제 동요: 양반↑, 상민·노비↓
      공명첩, 납속책, 족보 위조

평등 의식↑ ┌ 서학(천주교)
        └ 동학(최제우) → 인내천

· 19C 농민 봉기(세도 정치)
┌ 초: 홍경래의 난(서북 차별)
└ 중: 임술 농민 봉기(진주, 삼정 문란)
            삼정이정청

· 여성 지위↓

★ 별 채우기

01 조선 후기에 ★★★법의 확대로 벼·보리의 이모작이 이루어졌다.

02 조선 후기에 독점적 도매상인인 ★★가 활동하였다.

03 조선 후기에 ★★상이 장시를 돌아다니며 활동하였다.

04 조선 후기에 광산을 전문적으로 경영하는 ★★가 활동하였다.

05 인조 때 ★★법이 시행되어 풍흉에 관계없이 토지 1결당 쌀 4~6두를 거두었다.

06 광해군 때 공납을 소유한 토지를 기준으로 부과하여 쌀, 면포, 동전 등으로 내게 하는 ★★법이 경기도에서 처음 시행되었다.

07 대동법은 관청에 필요한 물품을 조달하는 ★★이 등장하는 배경이 되었다.

08 균역법 시행으로 부족해진 재정 문제를 해결하기 위해 지주에게 토지 1결당 쌀 2두의 ★★을 부과하였다.

09 ★★법 시행으로 부족해진 재정을 보충하기 위해 선무군관포를 징수하였다.

10 청에 다녀온 사신들에 의해 ★★교가 서학으로 소개되었다.

11 서학에 대항하여 최제우가 ★★을 창시하였다.

12 순조 때 서북인에 대한 차별에 반발하여 ★★★가 난을 일으켜 정주성 등을 장악하였다.

13 철종 때 유계춘이 백낙신의 수탈에 맞서 ★★에서 농민 봉기를 일으켰다.

14 철종 때 삼정의 문란을 바로잡기 위해 삼정★★★이 설치되었다.

★ 별 더하기

+ 조선 후기에 **담배와 면화** 등이 **상품 작물**로 재배되었다.

+ 조선 후기에 **감자, 고구마** 등의 **구황 작물**이 널리 재배되었다.

+ 조선 후기에 여러 **장시**가 하나의 유통망으로 연계되었다.

+ 조선 후기에 **송상, 만상**이 **대청 무역**으로 부를 축적하였다.

+ **송상**은 전국 각지에 **송방**이라는 지점을 설치하였다.

+ 조선 후기에 공무역인 **개시 무역**과 사무역인 **후시 무역**이 이루어졌다.

+ 조선 후기에 **초량 왜관**을 통해 일본과 교역하였다.

+ 조선 후기에 **설점수세제**의 시행으로 민간의 광산 개발이 허용되었다.

+ **균역법** 시행 이후 **어염세, 선박세**를 국가 재정으로 귀속시켰다.

+ **순조** 때 일어난 **신유박해**로 다수의 **천주교도**가 처형되었다.

+ **동학**은 마음속에 한울님을 모시는 **시천주**를 강조하였다.

+ 조선 후기에 **서얼**은 수차례 **통청 운동**을 전개하였다.

+ 조선 후기에 기술직 중인은 관직 진출 제한을 없애 달라는 **소청 운동**을 전개하였다.

+ 조선 후기에 **중인**도 **시사**를 결성하여 시를 짓고 즐기는 등 문학 활동을 하였다.

+ **홍경래의 난** 당시 반란군은 선천, 정주 등 **청천강 이북**의 여러 고을을 점령하였다.

+ 조선 정부는 진주 농민 봉기를 수습하기 위해 **박규수**를 안핵사로 파견하였다.

|정답| 01 모내기 02 도고 03 보부 04 덕대 05 영정 06 대동 07 공인
08 결작 09 균역 10 천주 11 동학 12 홍경래 13 진주 14 이정청

대표 문항 **ZOOM IN** 🔍 심화 65회 25번

(가) 제도에 대한 설명으로 옳은 것은? [2점]

●**키워드 1** 방납의 폐단을 해결하기 위해 시행된 대동법은 공물을 현물로 거두지 않고 토지 결수를 기준으로 쌀, 면포, 삼베, 동전 등으로 징수하는 제도였어요.

광해군 때 이원익이 방납의 폐단을 혁파하고자 선혜청을 두고 <u>(가)</u> 을/를 실시할 것을 청하였다. …… 맨 먼저 경기도 내에 시범적으로 실시하니 백성들은 대부분 편리하게 여겼다. 다만 권세가와 부호들은 방납의 이익을 잃기 때문에 온갖 방법으로 반대하였다.   - "국조보감" -

키워드 2 광해군 때 경기도에서 처음 시행된 대동법은 숙종 대에 이르러 전국으로 확대되었어요.

① 양반에게도 군포를 부과하였다.

② 수신전과 휼양전을 폐지하였다.

③ 양전 사업을 실시하여 지계를 발급하였다.

④ 전세를 풍흉에 따라 9등급으로 차등 과세하였다.

⑤ 관청에 물품을 조달하는 공인이 등장하는 배경이 되었다.

꼼꼼 친절 해설

키워드 1의 광해군 때 이원익이 방납의 폐단을 혁파하기 위해 실시할 것을 청하였다는 내용과 키워드 2의 맨 먼저 경기도 내에서 시범적으로 실시하였다는 내용을 통해 (가) 제도가 대동법임을 알 수 있어요. 광해군 때 시행된 대동법에 대해 알아볼까요?

대동법

배경	공납의 폐단으로 농민의 부담이 큼
내용	각 호(戶)에 부과하던 토산물을 토지 결수에 따라 1결당 쌀 12두로 대체(공납의 전세화), 지역에 따라 삼베·면포·동전 등으로도 징수
실시	광해군 때 이원익의 건의로 경기도에서 처음 실시, 선혜청 설치 → 인조 때 조익의 건의로 강원도에서 실시됨 → 효종 때 김육의 건의로 충청도에서 실시됨 → 숙종 때 평안도와 함경도 등을 제외한 전국에 확대 실시됨(양반 지주들의 반대로 전국적 실시에 100여 년 소요)
결과	토지가 적거나 없는 농민의 부담이 감소, 국가에 필요한 물품을 조달하는 공인 등장 → 상품 화폐 경제의 발달 촉진

따라서 정답은 ⑤번이에요. 대동법이 실시되면서 관청에서 필요로 하는 물품을 조달하는 공인이 등장하였어요. 공인의 활동은 상업의 발달을 촉진시켰어요.
나머지 선택지도 살펴볼까요? ① 고종 때 흥선 대원군은 군포를 호(戶) 단위로 부과하는 호포제를 실시하여 양반에게도 군포를 부과하였어요. ② 세조 때 새 관리에게 지급할 수조지가 부족해지자 수신전과 휼양전을 폐지하고 현직 관리에게만 수조지를 지급하는 직전법이 실시되었어요. ③ 대한 제국 시기에 광무개혁을 추진하는 과정에서 양전 사업을 실시하여 토지 소유 증명서인 지계를 발급하였어요. ④ 세종 때 전세를 풍흉에 따라 9등급으로 나누어 차등 과세하는 연분9등법이 실시되었어요.

1 심화 66회 26번

다음 일기가 작성된 시기의 경제 상황으로 적절하지 <u>않은</u> 것은? [1점]

5월 ○○일, 앞 밭에 담배를 파종했다.
5월 ○○일, 비록 비가 여러 날 내렸으나 큰비는 끝내 내리지 않았다. 가물어서 고답(高畓)은 모두 이앙을 하지 못하였다.
6월 ○○일, 목화 밭에 풀이 무성해서 노비 5명에게 김매기를 하도록 시켰다.

① 상평통보가 화폐로 사용되었다.

② 시장을 관리하기 위한 동시전이 설치되었다.

③ 관청에 물품을 조달하는 공인이 활동하였다.

④ 보부상이 장시를 돌아다니며 상품을 판매하였다.

⑤ 국경 지대에서 개시 무역과 후시 무역이 이루어졌다.

2 심화 61회 27번

다음 자료에 나타난 사건에 대한 설명으로 옳은 것은? [2점]

진주 안핵사 박규수에게 하교하기를, "얼마 전에 있었던 진주의 일은 전에 없던 변괴였다. 관원은 백성을 달래지 못하였고, 백성은 패악한 습관을 버리지 못하였다. 누가 그 허물을 책임져야 하겠는가. 신중을 기하여 혹시 한 사람이라도 억울하게 처벌 받는 일이 없게 하라. 그리고 포리(逋吏)*를 법에 따라 처벌할 경우 죄인을 심리하여 처단할 방법을 상세히 구별하라."라고 하였다.

* 포리(逋吏) : 관아의 물건을 사사로이 써버린 아전

① 홍경래, 우군칙 등이 주도하였다.

② 남접과 북접이 연합하여 전개되었다.

③ 삼정이정청이 설치되는 계기가 되었다.

④ 우정총국 개국 축하연을 이용하여 일어났다.

⑤ 윤원형 일파가 정국을 주도한 시기에 발생하였다.

조선 후기(문화)

강의 바로 보기

흐름을 잡는 판서

서민 문화의 성장 ─ 한글 소설, 판소리, 풍속화(김홍도, 신윤복)
　　　　　　　　└ 민화

· 성리학 대안
　├ 양명학 : 실천, 지행합일 → 정제두(강화 학파)
　└ 실학 ─ 중농(자영농↑) : 유형원(균전론), 이익(한전론),
　　　　　　　　　　　　　 정약용(여전론, 〈경세유표〉)
　　　　 └ 중상(생산력↑) : 박지원, 박제가(소비론), 홍대용

· 서양 학문 영향 : 곤여만국전도, 시헌력
　　　　　　　└ 중국 X → 진경 산수화(정선)
　　　　　　　　　　　　 : 인왕제색도, 금강전도
· 청화 백자, 추사 김정희(〈금석과안록〉→ 진흥왕 순수비)
· 보은 법주사 팔상전

나만의 판서 노트

★별 채우기

01 조선 후기에 "홍길동전", "춘향전" 등의 ★★ 소설이 등장하였다.

02 조선 후기에 노래와 사설로 줄거리를 풀어 가는 ★★★가 유행하였다.

03 조선 후기의 김홍도, 신윤복 등은 서민의 일상적인 생활 모습을 담은 ★★화를 많이 그렸다.

04 정제두는 ★★학을 연구하여 강화학파를 형성하였다.

05 유형원은 신분에 따라 토지를 차등 분배하는 ★★론을 주장하였다.

06 이익은 "곽우록"에서 토지 매매를 제한하는 ★★론을 제시하였다.

07 정★★은 여전론을 통해 토지의 공동 소유와 공동 경작을 주장하였다.

08 정약용은 "★★유표"를 저술하여 국가 제도의 개혁 방향을 제시하였다.

09 박★★는 "북학의"에서 절약보다 적절한 소비를 권장하였다.

10 조선 후기에 중국에서 선교사 마테오 리치가 제작한 세계 지도인 ★★★★전도가 전해졌다.

11 김육의 건의에 따라 청에서 사용되고 있던 서양 역법인 ★★력이 도입되었다.

12 정선은 우리의 산천을 소재로 삼아 사실적으로 그리는 ★★ 산수화라는 화풍을 개척하였다.

13 김★★는 "금석과안록"에서 북한산비가 진흥왕 순수비임을 고증하였다.

★별 더하기

✚ 조선 후기에 자유로운 형식의 **사설시조**가 유행하였다.

✚ 이익은 "성호사설"에서 한전론의 실시를 주장하였다.

✚ 정약용은 "기기도설"을 참고하여 **거중기**를 설계하였다.

✚ 유수원은 "우서"에서 사농공상의 직업적 평등과 전문화를 주장하였다.

✚ 홍대용은 "의산문답"에서 **지전설**과 **무한 우주론**을 주장하여 중국 중심의 세계관을 비판하였다.

✚ 박지원은 "양반전"에서 양반의 위선과 무능을 풍자하였다.

✚ 박지원은 연행사를 따라 청에 다녀온 후 "**열하일기**"를 집필하였다.

✚ 이종휘는 고대사 연구의 시야를 만주로 확대한 "**동사**"를 편찬하였다.

✚ 정상기는 최초로 **100리 척**을 활용한 **동국지도**를 제작하였다.

✚ 김정호는 산맥, 하천, 도로망 등을 표시한 **대동여지도**를 제작하였다.

✚ 이제마는 "동의수세보원"을 저술하여 **사상 의학**을 확립하였다.

✚ 정약용은 "마과회통"에서 홍역에 관한 의학 지식을 정리하였다.

✚ 김정희는 역대 명필을 연구하여 **추사체**를 창안하였다.

✚ 김정희는 제주도 유배 생활 중에 **세한도**를 그렸다.

|정답| 01 한글　02 판소리　03 풍속　04 양명　05 균전　06 한전　07 약용　08 경세　09 제가　10 곤여만국　11 시헌　12 진경　13 정희

대표 문항 ZOOM IN

심화 67회 25번

(가), (나) 인물에 대한 설명으로 옳은 것은? [2점]

키워드 1 박제가는 청에 다녀와 그곳에서 보고 들은 내용을 담은 "북학의"를 저술하였어요.

북학의를 저술한 저는 청의 문물 도입과 소비 촉진을 통한 생산력 증대를 주장하였습니다.

오늘은 실학자 두 분을 모시고 어떤 활동을 하셨는지 들어 보겠습니다.

저는 경세유표를 저술하여 국가 제도의 개혁 방향을 제시하였습니다.

홀로그램으로 만나는 역사 인물

키워드 2 박제가는 우물의 물을 쓰면 다시 차고, 안 쓰면 말라 버리듯 재물을 적극적으로 소비해야 생산력이 증대된다고 주장하였어요.

키워드 3 정약용은 "경세유표", "목민심서", "흠흠신서" 등을 저술하였어요.

(가)   (나)

① (가) - 100리 척을 사용하여 동국지도를 제작하였다.

② (가) - 곽우록에서 토지 매매를 제한하는 한전론을 제시하였다.

③ (나) - 의산문답에서 중국 중심의 세계관을 비판하였다.

④ (나) - 여전론을 통해 마을 단위의 공동 경작을 주장하였다.

⑤ (가), (나) - 양명학을 연구하여 강화학파를 형성하였다.

꼼꼼 친절 해설

키워드 1의 "북학의"를 저술하고 키워드 2의 소비 촉진을 통한 생산력 증대를 주장한 (가) 인물은 박제가이며, 키워드 3의 "경세유표"를 저술한 (나) 인물은 정약용이에요. 조선 후기에 활동한 주요 실학자들에 대해 알아볼까요?

조선 후기 실학자

유형원	"반계수록" 저술, 균전론 주장
이익	• "성호사설", "곽우록" 저술 • 한전론 주장, 사회 폐단을 여섯 가지 좀으로 규정
정약용	• "경세유표", "목민심서", "흠흠신서" 저술 • '전론'에서 여전론 제안 → 후에 현실성을 고려한 정전제 주장
유수원	"우서" 저술, 사농공상의 직업적 평등과 전문화 주장
홍대용	• "의산문답", "담헌서", "을병연행록" 저술 • 지전설, 무한 우주론 → 중국 중심의 세계관 탈피 주장
박지원	• "열하일기" 저술, "양반전"·"허생전"·"호질" 등 한문 소설을 지음 • 수레와 선박 이용 강조, 화폐 유통의 필요성 주장
박제가	"북학의" 저술(재물을 우물물에 비유, 생산력 증대를 위해 절약보다 소비 권장), 수레와 선박 이용 등 주장

따라서 정답은 ④번이에요. 정약용은 토지의 공동 소유 및 공동 경작과 노동량에 따른 분배를 주장한 여전론을 제안하였으며 후에 현실성을 고려하여 정전제를 주장하였어요.

나머지 선택지도 확인해 볼까요? ① 정상기는 최초로 100리 척을 사용하여 동국지도를 제작하였어요. ② 이익은 "곽우록"에서 한 가구당 생계에 필요한 최소한의 토지인 영업전을 지급하고, 이 토지의 매매를 제한할 것을 주장한 한전론을 제시하였어요. ③ 홍대용은 "의산문답"에서 무한 우주론과 지전설을 주장하며 중국 중심의 세계관을 비판하였어요. ⑤ 정제두는 양명학을 체계적으로 연구하였으며, 강화도에서 후진 양성에 힘을 기울여 강화학파를 형성하였어요.

1 심화 63회 27번

(가) 인물에 대한 설명으로 옳은 것은? [2점]

이 작품은 (가) 의 세한도로, 완당이라는 그의 호가 도인(圖印)으로 찍혀 있습니다. 그는 제주도에서 유배 생활을 할 때 청에서 귀한 책을 구해다 준 제자 이상적에게 고마움의 표시로 이 그림을 그려 주었습니다.

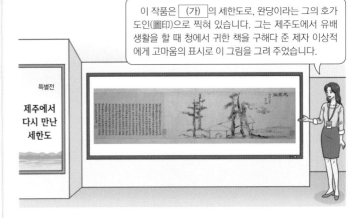

특별전

제주에서 다시 만난 세한도

① 남북국이라는 용어를 처음 사용하였다.

② 기기도설을 참고하여 거중기를 설계하였다.

③ 북한산비가 진흥왕 순수비임을 고증하였다.

④ 양명학을 연구하여 강화학파를 형성하였다.

⑤ 안평 대군의 꿈을 소재로 몽유도원도를 그렸다.

2 심화 64회 25번

밑줄 그은 '시기'의 문화에 대한 설명으로 옳지 <u>않은</u> 것은? [1점]

이 그림은 조영석과 김홍도의 풍속화입니다. 인부들이 말발굽에 징을 박는 모습과 기와를 이어가는 모습을 묘사하고 있습니다. 이를 통해 이 그림이 그려진 시기 서민들의 일상생활을 생생하게 살펴볼 수 있습니다.

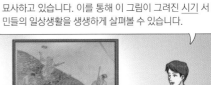

① 금강전도 등 진경 산수화가 그려졌다.

② 새로운 역법으로 수시력이 도입되었다.

③ 양반 사회를 풍자한 탈춤이 성행하였다.

④ 춘향가, 흥보가 등의 판소리가 유행하였다.

⑤ 홍길동전, 박씨전 등의 한글 소설이 널리 읽혔다.

개항기

1 교시 흥선 대원군

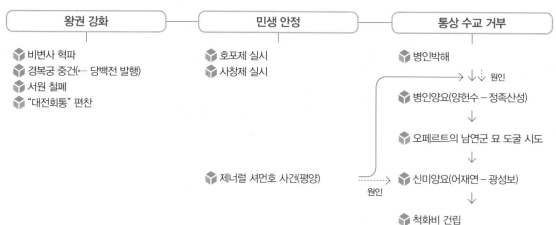

왕권 강화	민생 안정	통상 수교 거부

왕권 강화
- 비변사 혁파
- 경복궁 중건(← 당백전 발행)
- 서원 철폐
- "대전회통" 편찬

민생 안정
- 호포제 실시
- 사창제 실시

제너럴 셔먼호 사건(평양)

통상 수교 거부
- 병인박해
  - ↓↓ 원인
- 병인양요(양헌수 – 정족산성)
  ↓
- 오페르트의 남연군 묘 도굴 시도
  ↓
- 신미양요(어재연 – 광성보) ···→ 원인
  ↓
- 척화비 건립

2 교시 개항 ~ 갑신정변

강화도 조약(1876)	개화 정책 추진	임오군란(1882)	갑신정변(1884)

강화도 조약(1876)
- 최초의 근대적 조약, 불평등 조약
- 일본에게 해안 측량권, 영사 재판권(치외 법권) 허용
- 부산, 원산, 인천의 개항

개화 정책 추진
- 통리기무아문 설치
- 별기군 창설
- 수신사(일본), 조사 시찰단(일본), 영선사(청) 파견

임오군란(1882)
- 구식 군인의 봉기
- 청군에 의해 진압(→ 청의 내정 간섭 심화)
- 조·청 상민 수륙 무역 장정 체결(→ 청 상인의 조선 내지 무역 가능)
- 제물포 조약 체결(→ 일본군의 한성 주둔 인정)

갑신정변(1884)
- 급진 개화파 주도(김옥균, 박영효, 서재필 등)
- 우정총국 개국 축하연
- 개혁 정강(문벌 폐지, 호조로 재정 일원화 주장)
- 청군에 의해 진압(삼일천하)
- 한성 조약 체결(일본에 배상금 지불)
- 청과 일본이 톈진 조약 체결

3 교시 동학 농민 운동 ~ 갑오개혁

갑신정변 이후 국제 정세	동학 농민 운동	제1차 갑오개혁	제2차 갑오개혁	을미개혁

갑신정변 이후 국제 정세
- 청의 내정 간섭 심화
- 거문도 사건(영국)
- 조선 중립화론 대두(부들러, 유길준)

동학 농민 운동
- 고부 농민 봉기
- 백산 봉기, 황토현 전투, 황룡촌 전투
- 전주성 점령, 전주 화약 체결 → 집강소 설치(폐정 개혁안 실천)
  ↓
- 일본의 경복궁 점령, 청·일 전쟁 → 재봉기, 우금치 전투

제1차 갑오개혁
- 군국기무처 설치
- 신분제와 노비제 혁파
- 청 연호 폐지, 개국 기년 사용
- 6조를 8아문으로 개편, 탁지아문으로 재정 일원화, 은 본위제 실시

제2차 갑오개혁
- 홍범 14조 반포
- 교육 입국 조서 반포
- 내각 7부로 정치 제도 개편
- 재판소 설치
- 을미사변

을미개혁
- '건양' 연호 사용
- 태양력 사용
- 단발령 시행
  ↓
- 아관 파천 – 개혁 중단
- 을미의병

4 교시 독립 협회 ~ 대한 제국

독립 협회	대한 제국

독립 협회
- 만민 공동회 개최 → 러시아의 절영도 조차 요구 저지, 한·러 은행 폐쇄
- 관민 공동회 개최 → 헌의 6조 결의 ──── 의회 설립 추진 (중추원 개편)

대한 제국
광무개혁 추진
- 원수부 설치
- 양전 사업 실시 → 지계 발급
- 관립 교육 기관 설립(상공 학교)

5 교시 일제의 국권 침탈

◆ 헤이그 특사 파견 → 고종 강제 퇴위

| 한·일 의정서 → | 제1차 한·일 협약 → | 제2차 한·일 협약 (을사늑약) | → 한·일 신협약 | → 기유각서 |

한·일 의정서
- ◆ 러·일 전쟁 중 체결
- ◆ 일본에 한국 내 군 용지 사용 허용

제1차 한·일 협약
- ◆ 일본이 추천한 외국인 고문 임명 → 스티븐스(외교), 메가타(재정)

제2차 한·일 협약 (을사늑약)
- ◆ 외교권 박탈
- ◆ 통감부 설치, 통감 부임

한·일 신협약
- ◆ 일본인 관리(차관) 임명
- ◆ 군대 해산

기유각서
- ◆ 사법권, 감옥 사무 박탈

6 교시 경제적 구국 운동과 애국 계몽 운동

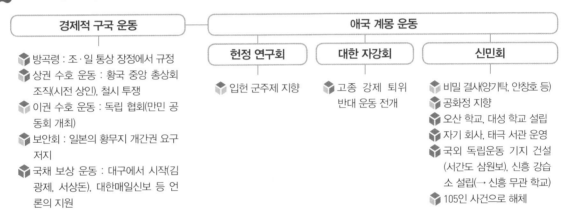

| 경제적 구국 운동 | 애국 계몽 운동 |

경제적 구국 운동
- ◆ 방곡령 : 조·일 통상 장정에서 규정
- ◆ 상권 수호 운동 : 황국 중앙 총상회 조직(시전 상인), 철시 투쟁
- ◆ 이권 수호 운동 : 독립 협회(만민 공동회 개최)
- ◆ 보안회 : 일본의 황무지 개간권 요구 저지
- ◆ 국채 보상 운동 : 대구에서 시작(김광제, 서상돈), 대한매일신보 등 언론의 지원

애국 계몽 운동

헌정 연구회
- ◆ 입헌 군주제 지향

대한 자강회
- ◆ 고종 강제 퇴위 반대 운동 전개

신민회
- ◆ 비밀 결사(양기탁, 안창호 등)
- ◆ 공화정 지향
- ◆ 오산 학교, 대성 학교 설립
- ◆ 자기 회사, 태극 서관 운영
- ◆ 국외 독립운동 기지 건설 (서간도 삼원보), 신흥 강습소 설립(→ 신흥 무관 학교)
- ◆ 105인 사건으로 해체

7 교시 항일 의병 운동

| 위정척사 운동 → | 을미의병 → | 을사의병 → | 정미의병 |

위정척사 운동
- ◆ 영남 만인소 : "조선책략" 유포에 반발, 개화 정책 반대

을미의병
- ◆ 배경 : 단발령, 을미사변
- ◆ 양반 유생 중심
- ◆ 고종의 권고로 자진 해산

을사의병
- ◆ 배경 : 을사늑약
- ◆ 최익현 등 양반층 활약, 평민 의병장 등장(신돌석)

정미의병
- ◆ 배경 : 고종 강제 퇴위, 군대 해산
- ◆ 해산 군인의 합류, 다양한 계층 참여 → 의병 전쟁으로 발전
- ◆ 의병을 국제법상 교전 단체로 인정해 줄 것을 각국 영사관에 요청
- ◆ 13도 창의군 결성(총대장 이인영, 군사장 허위) → 서울 진공 작전 전개

의거 활동
- ◆ 장인환·전명운 의거(스티븐스 저격)
- ◆ 안중근 의거(이토 히로부미 저격)

자료 01 병인양요

프랑스군은 병인박해를 구실로 강화도를 침략하여 병인양요를 일으켰어요. 이때 한성근 부대가 문수산성에서, 양헌수 부대가 정족산성에서 프랑스군을 물리쳤어요.

▲ 병인양요의 전개

자료 02 신미양요

미국은 제너럴 셔먼호 사건을 구실로 강화도를 침략하여 신미양요를 일으켰어요. 어재연이 이끄는 수비대가 광성보에서 항전하였으나 패하였지요. 조선군의 항전은 계속되었고 미군은 결국 철수하였어요.

▲ 신미양요의 전개

자료 03 척화비

흥선 대원군은 신미양요 후 전국 각지에 척화비를 세워 서양과의 통상 수교 거부의 의지를 널리 알렸어요.

> 洋夷侵犯 非戰則和 主和賣國
> 서양 오랑캐가 침범하는데 싸우지 않으면 화친하는 것이요, 화친을 주장함은 나라를 팔아먹는 짓이다.

자료 05 조선책략

청의 외교관 황준헌이 자국의 입장에서 러시아의 침략 가능성을 부각하여 조선이 외교적으로 나아가야 할 방향을 제시한 책이에요. 조선이 러시아의 남하를 막기 위해서는 청, 일본, 미국과 연대해야 한다는 내용이 담겨 있었어요.

> 오늘날 조선이 세워야 할 책략은 러시아를 막는 일보다 더 급한 것이 없을 것이다. 러시아를 막을 수 있는 책략은 무엇인가? 중국과 친하고(親中國), 일본과 맺고(結日本), 미국과 이어짐(聯美國)으로써 자강을 도모하는 길뿐이다.

자료 04 강화도 조약

운요호 사건을 계기로 조선은 일본과 강화도 조약을 체결하였어요. 강화도 조약은 일본에 조선의 연해 측량권과 영사 재판권(치외 법권)을 허용한 불평등 조약이었어요.

> 〈강화도 조약(조·일 수호 조규)〉
> 제5관 경기, 충청, 전라, 경상, 함경 5도의 연해 중에서 통상하기 편리한 항구 두 곳을 골라 개항한다.
> 제7관 일본국 항해자들이 수시로 조선국 해안을 측량하여 도면을 만들어서 양국의 배와 사람들이 위험한 곳을 피하고 안전히 항해할 수 있도록 한다.
> 제10관 일본인이 조선국이 지정한 각 항구에서 머무르는 동안 죄를 범한 것이 조선국 인민과 관계되는 사건일 때에는 모두 일본 관원이 심판한다.
>
> 〈조·일 수호 조규 부록〉
> 제7관 일본인은 본국에서 통용되는 화폐로 조선국 인민이 보유하고 있는 물자와 교환할 수 있다.
>
> 〈조·일 무역 규칙〉
> 제6칙 조선국 항구에 머무르는 일본인은 쌀과 잡곡을 수출, 수입할 수 있다.
> 제7칙 일본국 정부에 소속된 모든 선박은 항세를 납부하지 않는다.

자료 06 갑신정변 당시 개혁 정강

갑신정변 당시 개화당 정부는 청과의 사대 관계 청산, 인민 평등권 제정, 지조법 개혁, 호조로 재정 일원화 등의 내용을 담은 개혁 정강을 발표하였어요.

> 제1조 청에 잡혀간 흥선 대원군을 조속히 귀국하게 하고 청에 대한 조공의 허례를 폐지한다.
> 제2조 문벌을 폐지하여 백성의 평등권을 제정하고 재능에 따라 인재를 등용한다.
> 제12조 모든 국가 재정은 호조에서 관할하고 그 밖의 재정 관청은 금지한다.

자료 07 동학 농민 운동

동학 농민 운동은 정부의 무능과 수탈, 일본의 침탈 등에 대항하여 일어난 반봉건·반침략적 성격의 민족 운동이었으나 일본의 무력 개입으로 실패하였어요.

▲ 제1차 봉기 　　　▲ 제2차 봉기

자료 08 제1차 갑오개혁

제1차 갑오개혁은 군국기무처의 주도로 이루어졌으며, 갑신정변에서 제기된 개혁 정강이나 동학 농민군의 요구가 일부 반영되었어요.

> • 문벌과 양반, 상민 등의 계급을 타파하고 인재는 귀천에 구애 없이 등용한다.
> • 연좌법을 폐지하여 죄인 자신 이외에는 처벌하지 않는다.
> • 남자 20세, 여자 16세 이하의 조혼을 금지한다.
> • 과부의 재혼은 귀천을 따지지 않고 자유에 맡긴다.
> • 공사 노비법을 혁파하고 인신매매를 금지한다.

자료 09 헌의 6조

관민 공동회에서 독립 협회와 정부 대신들이 결의한 시국 개혁안이에요. 고종은 이 개혁안을 받아들이고 중추원을 의회식으로 개편하는 새로운 중추원 관제를 반포하였어요.

1. 외국인에게 의지하지 않고 관민이 합심하여 전제 황권을 견고하게 할 것
3. 국가 재정은 모두 탁지부에서 관리하고, 예산·결산을 인민에게 공포할 것
4. 중대한 범죄는 공개 재판하되, 피고에게 철저히 설명하여 죄를 스스로 인정한 이후에 시행할 것
5. 칙임관(최고위 관료층)을 임명할 때에는 황제가 정부에 그 뜻을 물어서 과반수의 의견에 따를 것

자료 10 광무개혁

대한 제국은 구본신참의 원칙 아래 점진적 개혁을 추진하면서 대한국 국제를 반포하여 황제가 군 통수권, 입법권, 행정권, 사법권 등 모든 권한을 갖는다고 규정하였어요.

〈대한국 국제〉
제1조 대한국은 세계 만국이 공인한 자주독립 제국이다.
제2조 대한국의 정치는 만세 불변의 전제 정치이다.
제3조 대한국 대황제는 무한한 군권을 누린다.
제5조 대한국 대황제는 육해군을 통솔하고 군대의 편제를 정하며 계엄을 명한다.
제6조 대한국 대황제는 법률을 제정하여 그 반포와 집행을 명하고, 대사·특사·감형·복권 등을 명한다.

자료 11 제1차 한·일 협약 (고문 용빙에 대한 협정서)

러·일 전쟁에서 승기를 잡은 일본의 강요로 체결되었어요. 이에 따라 재정 고문으로 일본인 메가타, 외교 고문으로 미국인 스티븐스가 파견되었어요.

제1조 한국 정부는 일본 정부가 추천하는 일본인 1명을 재정 고문으로 하여 한국 정부에 초빙하고, 재무에 관한 사항은 일체 그 의견을 물어 시행할 것
제2조 한국 정부는 일본 정부가 추천하는 외국인 1명을 외교 고문으로 하여 외부(外部)에 초빙하고 외교에 관한 중요한 업무는 일체 그 의견을 물어 시행할 것

자료 12 제2차 한·일 협약(을사늑약)

일본은 을사늑약을 강요하여 대한 제국의 외교권을 빼앗았어요. 이듬해 통감부를 설치하고, 초대 통감으로 이토 히로부미를 파견하였어요.

제2조 일본국 정부는 한국과 타국 간에 현존하는 조약의 실행을 완수하며, 한국 정부는 금후에 일본국 정부의 중개 없이는 타국과 국제적 성질을 가진 어떠한 조약이나 약속을 맺어서는 안 된다.
제3조 일본국 정부는 한국 황제 아래에 통감을 두고, 통감은 외교에 관한 사항을 관리하기 위해 경성에 주재하여 한국 황제를 친히 알현할 수 있도록 한다.

자료 13 한·일 신협약(정미7조약)

고종 황제의 강제 퇴위 후에 체결된 조약으로, 일본은 이를 통해 통감의 내정 간섭 권한을 강화하고 부속 각서에 따라 대한 제국의 군대를 해산하였어요.

제1조 한국 정부는 시정 개선에 관하여 통감의 지도를 받을 것
제5조 한국 정부는 통감이 추천한 일본인을 한국 관리로 임명할 것

〈부속 각서〉
제3조 다음 방법에 의하여 군비를 정리함
    1. 육군 1대대를 두어 황궁 수비를 맡기고 기타 부대를 해산할 것
제5조 중앙 정부 및 지방청에 일본인을 임명함

자료 14 조미 수호 통상 조약

조선은 수신사 김홍집이 가져온 "조선책략"의 영향을 받아 서양 국가 중 최초로 미국과 통상 조약을 체결하였어요. 이 조약에는 거중 조정, 관세 설정, 최혜국 대우 조항이 처음으로 포함되었어요.

제1조 두 나라 중 어느 한 나라가 다른 강대국의 불공평하거나 압제적인 대우를 받을 경우 다른 한 나라는 그런 사실을 통지받는 즉시 사건이 원만히 해결될 수 있도록 양국의 우호 관계를 보여 주어야 한다.
제5조 무역을 목적으로 조선국에 오는 미국 상인 및 상선은 모든 수출입 상품에 대해 관세를 지불해야 한다.
제14조 이후에 조선국이 어느 때든지 어느 국가나 어느 나라 상인 또는 국민에 대해 본 조약에 의하여 부여되지 않은 어떤 권리 또는 특혜를 허가할 때에는 이와 같은 권리, 특권 및 특혜는 미국에도 무조건 똑같이 주어진다.

자료 15 열강의 이권 침탈

아관 파천을 계기로 열강의 이권 침탈이 심해졌어요. 각국은 최혜국 대우 조항을 내세워 우리나라에서 광산, 삼림, 철도 등에 관한 수많은 이권을 빼앗아 갔습니다.

자료 16 화폐 정리 사업

제1차 한·일 협약에 따라 일본이 파견한 재정 고문 메가타에 의해 대한 제국의 화폐를 일본 제일 은행권으로 교체하는 화폐 정리 사업이 추진되었어요.

▲ 백동화

▲ 제일 은행권

자료 17 헤이그 특사

고종은 을사늑약의 부당성을 국제 사회에 알리기 위해 헤이그 만국 평화 회의에 이상설, 이준, 이위종을 특사로 파견하였어요.

▲ 왼쪽부터 이준, 이상설, 이위종

자료 18 정미의병

정미의병 때 해산 군인의 일부가 합류하여 의병 부대의 전투력이 강화되었어요. 이 시기에 의병 운동은 참여 계층이 다양해지고 전국적으로 확산되는 가운데 항일 의병 전쟁으로 발전하였어요.

▲ 의병 부대의 활동

흥선 대원군

강의 바로 보기

흐름을 잡는 판서

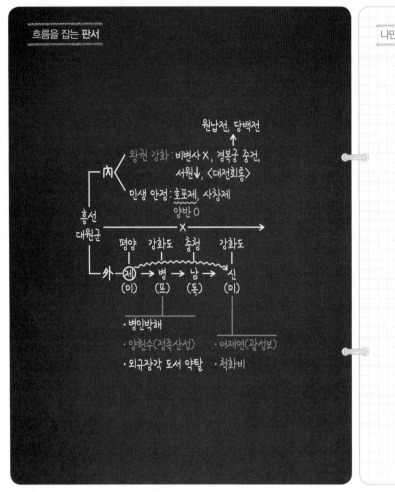

나만의 판서 노트

⭐ 별 채우기

01 흥선 대원군은 의정부의 기능을 회복하고 ⭐⭐사를 혁파하였다.

02 흥선 대원군은 왕실의 권위를 세우고자 ⭐⭐⭐을 중건하였다.

03 흥선 대원군은 경복궁 중건을 위해 ⭐⭐전을 강제로 징수하였다.

04 흥선 대원군은 경복궁 중건 비용을 마련하기 위해 ⭐⭐전을 주조하였다.

05 흥선 대원군은 전국의 ⭐⭐을 47개소만 남기고 철폐하였다.

06 흥선 대원군은 "⭐⭐⭐⭐"을 편찬하여 통치 체제를 정비하였다.

07 흥선 대원군은 양반에게도 군포를 부과하는 ⭐⭐제를 실시하였다.

08 흥선 대원군은 환곡의 폐단을 바로잡고자 ⭐⭐제를 실시하였다.

09 1866년에 박규수와 평양 관민이 대동강으로 침입한 미국 상선 ⭐⭐⭐ ⭐⭐호를 불태워 침몰시켰다.

10 조선 정부의 프랑스인 선교사 처형이 원인이 되어 ⭐⭐양요가 일어났다.

11 병인양요 당시 양헌수 부대가 ⭐⭐산성에서 프랑스군을 격퇴하였다.

12 병인양요 당시 프랑스군이 강화도의 ⭐⭐⭐⭐ 도서를 약탈해 갔다.

13 제너럴 셔먼호 사건을 구실로 미군이 강화도를 침략하여 ⭐⭐양요가 일어났다.

14 신미양요 당시 ⭐⭐⭐ 부대가 광성보에서 항전하였다.

15 신미양요 이후 종로와 전국 각지에 ⭐⭐비가 건립되었다.

⭐ 별 더하기

✦ 흥선 대원군은 삼군부의 기능을 부활하여 군국 기무를 전담하게 하였다.

✦ 병인양요 당시 한성근 부대가 문수산성에서 항전하였다.

✦ 독일 상인 오페르트가 충청도 덕산(예산)에 있는 남연군 묘를 도굴하려고 하였다.

✦ 최익현은 고종의 친정을 요구하는 상소를 올려 흥선 대원군의 퇴진을 이끌어 냈다.

| 정답 | 01 비변   02 경복궁   03 원납   04 당백   05 서원   06 대전회통   07 호포
08 사창   09 제너럴 셔먼   10 병인   11 정족   12 외규장각   13 신미
14 어재연   15 척화

밑줄 그은 '중건' 시기에 있었던 사실로 옳은 것을 <보기>에서 고른 것은? [2점]

> 키워드 1 흥선 대원군은 왕실의 권위를 세우기 위해 임진왜란 때 소실된 경복궁을 중건하였어요.

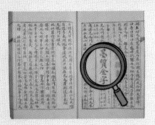

경복궁 영건일기는 한성부 주부 원세철이 경복궁 중건의 시작부터 끝날 때까지의 상황을 매일 기록한 것이다. 이 일기에 광화문 현판이 검은색 바탕에 금색 글자였음을 알려 주는 '묵질금자(墨質金字)'가 적혀 있어 광화문 현판의 옛 모습을 고증하는 근거가 되었다.

━━━━━━ ● 보기 ● ━━━━━━
ㄱ. 비변사가 설치되었다.
ㄴ. 사창제가 실시되었다.
ㄷ. 원납전이 징수되었다.
ㄹ. 대전통편이 편찬되었다.

① ㄱ, ㄴ　　　② ㄱ, ㄷ　　　③ ㄴ, ㄷ
④ ㄴ, ㄹ　　　⑤ ㄷ, ㄹ

꼼꼼 친절 해설

키워드 1의 '경복궁 중건'을 통해 밑줄 그은 '중건' 시기가 흥선 대원군 집권 시기임을 알 수 있어요. 흥선 대원군은 왕권 강화와 민생 안정을 위한 개혁 정책을 추진하였어요. 흥선 대원군의 개혁 정책을 정리해 볼까요?

흥선 대원군의 개혁 정책

정치 기구 개혁	왕권을 제약하던 비변사의 기능 축소·폐지(혁파) → 의정부와 삼군부의 기능을 부활시킴(정치와 군사를 나누어 맡게 함)
법령 정비	"대전회통", "육전조례" 등 편찬 → 통치 체제 재정비
경복궁 중건	• 목적 : 왕실의 권위와 위엄 회복 • 과정 : 공사비 충당을 위해 원납전 강제 징수·고액 화폐인 당백전 발행, 양반 소유의 묘지림을 베어 경복궁의 목재로 사용, 백성의 노동력 동원 • 결과 : 당백전 남발로 물가 폭등, 양반과 백성의 불만 고조
서원 철폐	• 목적 : 왕권 강화, 국가 재정 확충, 민생 안정 • 과정 : 만동묘 철폐, 전국 600여 개의 서원 중 47개소만 남기고 나머지는 모두 철폐, 서원에 지급되었던 토지와 노비 몰수 • 결과 : 보수적 유생층의 반발 → 흥선 대원군 퇴진의 배경으로 작용
민생 안정	삼정의 문란 시정 - 전정 : 양전 사업 실시(은결 색출) - 군정 : 호포제 실시(양반에게도 군포 부과) → 양반층의 반발 - 환곡 : 사창제 실시(마을에 사창을 두어 자치적으로 운영)

따라서 정답은 ③번이에요. 흥선 대원군은 환곡의 폐단을 바로잡기 위해 ㄴ. 사창제를 실시하였어요. 또한, 경복궁 중건에 필요한 비용을 마련하기 위해 ㄷ. 원납전을 강제로 징수하고 당백전을 발행하였어요.
나머지 선택지도 살펴봅시다. ㄱ. 중종 때 외적의 침입에 대비하여 임시 기구로 비변사가 처음 설치되었어요. ㄹ. 정조 때 "경국대전"과 "속대전"을 통합·보완한 "대전통편"이 편찬되었어요.

---

1 심화 60회 31번

밑줄 그은 '이 사건'에 대한 설명으로 옳은 것은? [1점]

> **사료로 보는 한국사**
>
> 매우 가난하게 보이는 강화도에서 각하에게 보내드릴 만한 것은 아무것도 없습니다. 그러나 조선 임금이 소유하고 있지만 거처하지 않는 저택의 도서관에는 매우 중요한 서적이 많이 소장되어 있습니다. 세심하게 공들여 꾸며진 340권을 수집하였으며 기회가 되는 대로 프랑스로 보내겠습니다.
>
> – G. 로즈 –
>
> [해설] 로즈 제독이 해군성 장관에게 보낸 서신의 일부이다. 프랑스군이 강화도를 침략한 이 사건 당시 외규장각 도서 등이 약탈되는 상황이 기록되어 있다.

① 청군의 개입으로 종결되었다.
② 제물포 조약의 체결로 이어졌다.
③ 오페르트 도굴 사건이 계기가 되었다.
④ 양헌수 부대가 정족산성에서 적군을 물리쳤다.
⑤ 영국 함대가 거문도를 점령하는 배경이 되었다.

---

2 심화 66회 28번

다음 장면에 나타난 사건이 끼친 영향으로 가장 적절한 것은? [2점]

> 평양부 방수성 앞 물가에 큰 이양선 한 척이 머무르다가 끝내 물러가지 않으며 상선을 약탈하고 총을 쏴 백성들을 살상하였습니다. 이에 평안 감사 박규수가 관민을 이끌고 공격하여 불태웠다고 합니다.

① 이용태가 안핵사로 파견되었다.
② 이원익이 대동법 시행을 건의하였다.
③ 정약종 등이 희생된 신유박해가 일어났다.
④ 로저스 제독이 이끄는 미군이 강화도에 침입하였다.
⑤ 황사영이 외국 군대의 출병을 요청하는 백서를 작성하였다.

개항 ~ 갑신정변

2교시

강의 바로 보기

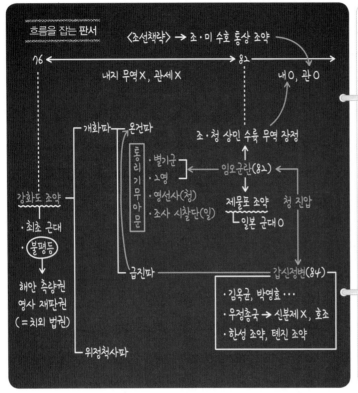

나만의 판서 **노트**

⭐ 별 채우기

01 ⭐⭐⭐ 조약은 우리나라 최초의 근대적 조약이었다.

02 개항 이후 조선 정부는 개화 정책을 총괄하는 통리⭐⭐⭐⭐을 설치하였다.

03 조선 정부는 5군영을 2영으로 축소하고 신식 군대인 ⭐⭐⭐을 창설하였다.

04 조선 정부는 근대식 무기 제조 기술을 도입하기 위해 청에 ⭐⭐⭐를 파견하였다.

05 개항 이후 조선 정부는 일본에 암행어사 파견의 형식으로 비밀리에 ⭐⭐ ⭐⭐⭐을 파견하였다.

06 구식 군인에 대한 차별 대우가 발단이 되어 ⭐⭐⭐⭐이 일어났다.

07 임오군란 후 체결된 ⭐ · ⭐⭐ ⭐⭐ 수륙 무역 장정에 따라 조선에서 허가받은 청 상인의 내지 통상이 가능해졌다.

08 임오군란 후 일본 공사관 경비를 위한 일본군의 한성 주둔을 인정하는 ⭐⭐⭐ 조약이 체결되었다.

09 김옥균, 박영효 등 급진 개화파가 우정총국 개국 축하연을 계기로 ⭐⭐⭐⭐을 일으켰다.

10 갑신정변 당시 급진 개화파는 국가 재정을 ⭐⭐로 일원화하는 등의 개혁 정강을 발표하였다.

11 갑신정변은 조선과 일본이 ⭐⭐ 조약을 체결하는 계기가 되었다.

12 갑신정변 이후 청과 일본은 ⭐⭐ 조약을 체결하고 조선에서 군대를 철수하였다.

⭐ 별 더하기

+ 강화도 조약은 부산, 원산, 인천에 개항장이 설치되는 결과를 가져왔다.

+ 조·일 수호 조규 부록에 따라 개항장에서 일본 화폐의 사용이 가능하였다.

+ 통리기무아문은 소속 부서로 교린사, 군무사, 통상사 등의 12사를 두었다.

+ 강화도 조약 체결 후 김기수가 제1차 수신사로 일본에 파견되었다.

+ 조선은 청에 영선사 김윤식을 파견하면서 학생과 기술자들을 함께 보내 선진 과학 기술을 습득하게 하였다.

+ 영선사 일행은 귀국 후 근대 무기 제조 시설인 기기창의 설립을 주도하였다.

+ 갑신정변을 일으킨 급진 개화파는 개화당 정부를 수립하고 개혁 정강을 발표하였다.

+ 갑신정변은 3일 만에 실패로 끝나고 주동자들은 해외로 망명하였다.

|정답| 01 강화도   02 기무아문   03 별기군   04 영선사   05 조사 시찰단
06 임오군란   07 조, 청 상민   08 제물포   09 갑신정변   10 호조   11 한성
12 톈진

대표 문항 ZOOM IN

심화 66회 29번

다음 사건 이후에 전개된 사실로 옳은 것은? [2점]

키워드 1 1884년에 설치된 우정총국의 책임자로 홍영식이 임명되었어요.

홍영식이 우정국에서 개업식을 명목으로 연회를 열어 세인들이 독립당이라고 칭하는 사람들과 각국 사관(使官) 등을 초대하였다. 연회가 끝날 무렵에 우정국 옆에서 불이 일어났다. …… 마침내 어젯밤의 사변에 따라 독립당이 정권을 획득하였다. 조보(朝報)에서는 새롭게 관리를 임명하겠다는 취지를 포고하였다. 박영효, 김옥균, 서광범은 승지가 되었고, 김옥균은 혜상공국 당상을 겸하였다. – "조난기사" –

키워드 2, 키워드 3 박영효, 김옥균, 서광범, 홍영식 등 급진 개화파는 우정총국 개국 축하연을 기회로 삼아 갑신정변을 일으켜 개화당 정부를 구성하였어요.

① 한성 조약이 체결되었다.

② 신식 군대인 별기군이 창설되었다.

③ 김윤식이 청에 영선사로 파견되었다.

④ 일본 군함 운요호가 영종도를 공격하였다.

⑤ 개화 정책을 총괄하는 통리기무아문이 설치되었다.

꼼꼼 친절 해설

키워드 1의 홍영식이 우정국에서 개업식을 명목으로 연회를 열었다는 내용과 키워드 2, 키워드 3의 독립당이 정권을 획득하고 박영효, 김옥균, 서광범이 관직을 받았다는 내용을 통해 제시된 사건이 갑신정변임을 알 수 있어요. 갑신정변에 대해 정리해 볼까요?

갑신정변(1884)

배경	• 개화파의 분화 : 온건파(김홍집, 김윤식, 어윤중 등), 급진파(김옥균, 박영효, 서광범, 홍영식 등)로 분화 • 김옥균이 일본의 차관 도입 실패(→ 급진 개화파의 입지 약화) • 청·프 전쟁을 계기로 청군의 일부 철수 • 일본이 급진 개화파에 군사적·재정적 지원 약속
전개	급진 개화파가 우정총국 개국 축하연을 이용하여 정변을 일으킴(1884) → 개화당 정부 수립, 개혁 정강 발표 → 청군 개입, 일본군 철수 → 3일 만에 실패로 끝남(삼일천하), 김옥균·박영효 등 주동자들이 일본으로 망명
개혁 정강	정치(흥선 대원군 송환 요구, 청과의 사대 관계 청산), 경제(호조로 재정 일원화, 지조법 개혁, 혜상공국 혁파), 사회(문벌 폐지, 인민 평등권 확립, 능력에 따른 인재 등용)
결과	• 한성 조약(조선-일본) : 조선이 일본 공사관 이전과 신축 및 증축 공사비 부담, 배상금 지불 등을 약속 • 톈진 조약(청-일본) : 청·일 양국 군대의 공동 철수, 향후 조선 파병 시 상호 통보 규정

따라서 정답은 ①번이에요. 갑신정변 이후 조선과 일본 사이에 조선의 일본 공사관 공사 비용 부담과 배상금 지불 등을 규정한 한성 조약이 체결되었어요.

나머지 선택지도 확인해 볼까요? ② 신식 군대인 별기군은 조선 정부의 개화 정책에 따라 1881년에 창설되었어요. ③ 영선사 일행은 1881년에 청에 파견되어 근대식 무기 제조 기술과 군사 훈련법 등을 습득하고 돌아왔어요. ④ 1875년에 허가 없이 강화도에 접근하는 일본 군함 운요호에 강화도의 조선 수비대가 경고 포격을 가하자 이를 구실로 운요호가 초지진에 포격하고 이어 영종도를 공격하였어요. ⑤ 통리기무아문은 1880년에 개화 정책을 총괄하기 위해 설치되었어요.

1 심화 61회 32번

(가), (나) 조약 체결 사이의 시기에 있었던 사실로 옳은 것은? [3점]

(가) 제1관 조선국은 자주 국가로서 일본국과 평등한 권리를 보유한다. ……

제10관 일본국 인민이 조선국 지정의 각 항구에 머무르는 동안 죄를 범한 것이 조선국 인민에게 관계되는 사건은 모두 일본국 관원이 심리하여 판결한다. ……

(나) 제1관 앞으로 대조선국 군주와 대미국 대통령 및 그 인민은 각각 모두 영원히 화평하고 우애 있게 지낸다. ……

제5관 …… 미국 상인과 상선이 조선에 와서 무역을 할 때 입출항하는 화물은 모두 세금을 바쳐야 하며, 세금을 거두는 권한은 조선이 자주적으로 행사한다. ……

① 공사 노비법이 혁파되었다.

② 통리기무아문이 설치되었다.

③ 한성 전기 회사가 설립되었다.

④ 건양이라는 독자적인 연호가 채택되었다.

⑤ 지방 행정 구역이 8도에서 23부로 개편되었다.

2 심화 65회 30번

(가)에 대한 설명으로 옳은 것은? [2점]

동대문 일대 재개발 당시 발견된 하도감 터 사진이군요. 이곳은 어떤 용도로 사용된 장소인가요?

여기는 훈련도감에 속한 하도감이 있었던 장소로 군사를 훈련시키고 무기를 제작했던 곳입니다. 1881년부터 이듬해 구식 군인들에 대한 차별 대우로 발생한 (가) 때까지 교련병대의 훈련 장소로 사용되었습니다.

TV 교양 한국사

하도감 터

① 입헌 군주제 수립을 목표로 하였다.

② 조선 총독부의 방해와 탄압으로 실패하였다.

③ 우정총국 개국 축하연을 이용하여 일어났다.

④ 홍범 14조를 기본 개혁 방향으로 제시하였다.

⑤ 일본 공사관에 경비병이 주둔하는 계기가 되었다.

동학 농민 운동 ~ 갑오개혁

강의 바로 보기

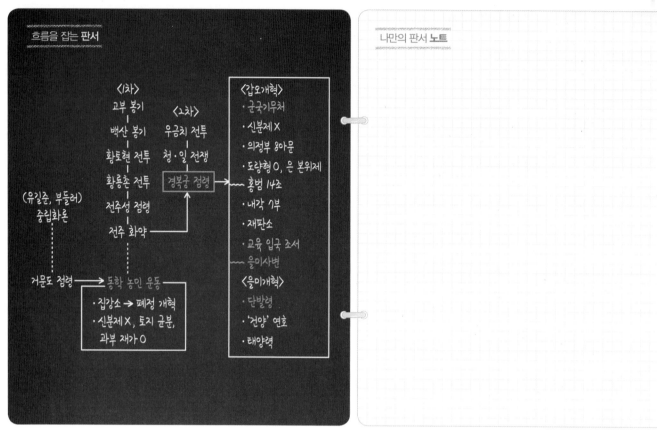

흐름을 잡는 **판서**

나만의 판서 **노트**

⭐ 별 채우기

01 1885년에 영국은 러시아 견제를 명분으로 내세워 ⭐⭐⭐를 불법 점령하였다.

02 동학 농민군은 ⭐⭐현 전투, ⭐⭐촌 전투에서 승리하였다.

03 동학 농민군은 전주성 점령 이후 정부군과 전주 ⭐⭐을 체결하였다.

04 전주 화약 체결 후 동학 농민군은 ⭐⭐소를 중심으로 폐정 개혁안을 실천해 나갔다.

05 동학 농민군은 일본군이 무력으로 ⭐⭐⭐을 점령하자 이에 반발하여 2차 봉기하였다.

06 동학 농민군은 공주 ⭐⭐⭐ 전투에서 관군과 일본군에 패배하였다.

07 제1차 갑오개혁은 군국⭐⭐⭐의 주도로 추진되었다.

08 제1차 갑오개혁 때 공사 ⭐⭐법을 혁파하고 과거제를 폐지하였다.

09 제1차 갑오개혁 때 ⭐ 본위 화폐 제도를 채택하였다.

10 제2차 갑오개혁 때 고종은 개혁의 기본 방향을 제시한 ⭐⭐ ⭐⭐ 조를 반포하였다.

11 제2차 갑오개혁 때 ⭐⭐소를 설치하여 사법권을 독립시켰다.

12 제2차 갑오개혁 때 교육의 기본 방향을 제시한 ⭐⭐ ⭐⭐ 조서가 반포되었다.

13 일본은 조선 정부가 친러 정책을 추진하며 일본을 견제하자 명성 황후를 시해한 ⭐⭐⭐을 일으켰다.

14 ⭐⭐개혁 때 단발령이 시행되었다.

15 을미개혁 때 ⭐⭐력을 채택하고 '⭐⭐'이라는 연호를 제정하였다.

⭐ 별 더하기

➕ 유길준은 조선 중립화론을 주장하였다.

➕ 유길준은 "서유견문"을 집필하여 서양 근대 문물을 소개하였다.

➕ 동학 농민군은 보국안민, 제폭구민을 기치로 내걸었다.

➕ 전주 화약 체결 이후 조선 정부는 개혁 추진 기구로 **교정청**을 설치하였다.

➕ 동학 농민군의 2차 봉기는 남접과 북접이 연합하여 조직적으로 전개되었다.

➕ 제1차 갑오개혁 때 청의 연호를 폐지하고 **개국** 기년을 사용하였다.

➕ 제2차 갑오개혁 때 지방 행정 구역을 8도에서 **23부**로 개편하였다.

➕ 교육 입국 조서 반포 후 한성 **사범** 학교 관제가 마련되었다.

|정답| 01 거문도 02 황토, 황룡 03 화약 04 집강 05 경복궁 06 우금치
07 기무처 08 노비 09 은 10 홍범 14 11 재판 12 교육 입국
13 을미사변 14 을미 15 태양, 건양

대표 문항 ZOOM IN

심화 67회 32번

다음 가상 뉴스에서 보도하는 사건 이후에 전개된 사실로 옳은 것은?
[1점]

지난달 전주성을 점령한 동학 농민군이 마침내 정부와 화약을 체결하였습니다. 농민군은 곧 집강소를 중심으로 폐정 개혁에 착수할 것으로 예상됩니다.

●키워드 1 전주 화약 체결 이후 조선 정부는 청과 일본에 군대의 철수를 요구하였으나 일본은 조선의 철병 요구를 무시하고 경복궁을 무력으로 침범하여 조선의 내정에 개입하는 한편 청·일 전쟁을 도발하였어요.

속보 **전주 화약 체결**

① 남접과 북접이 논산에서 연합하였다.
② 농민군이 황룡촌 전투에서 관군에 승리하였다.
③ 교조 신원을 요구하는 보은 집회가 개최되었다.
④ 사태 수습을 위해 안핵사 이용태가 파견되었다.
⑤ 전봉준이 농민을 이끌고 고부 관아를 습격하였다.

꼼꼼 친절 해설

동학 농민 운동 당시 전주 화약 체결 이후의 사실을 찾는 문제입니다. 동학 농민 운동의 전개 과정을 정리해 볼까요?

동학 농민 운동의 전개

고부 농민 봉기	고부 군수 조병갑의 탐학과 수탈(만석보를 강제로 사용하게 하고 세금 징수) → 전봉준 주도로 사발통문을 돌려 봉기 호소, 농민들이 고부 관아 점령 → 정부의 중재로 농민들이 자진 해산
1차 봉기	• 안핵사 이용태가 고부 농민 봉기 참여자를 동학교도로 몰아 탄압 → 무장에서 봉기한 후 보국안민(반외세)과 제폭구민(반봉건)을 내걸고 백산에서 봉기 → 황토현 전투, 황룡촌 전투 승리 → 전주성 점령 • 정부가 청에 파병 요청 → 청군의 조선 상륙, 거류민 보호를 구실로 일본군도 조선 상륙 → 정부와 농민군이 전주 화약 체결 → 동학 농민군의 자진 해산, 집강소 설치(폐정 개혁안 실천), 정부는 교정청을 설치하여 개혁 착수, 청·일 양국에 철병 요구
2차 봉기	일본군의 경복궁 무력 점령과 내정 간섭, 청·일 전쟁 발발 → 동학 농민군이 일본군 타도를 외치며 재봉기 → 동학의 남접(전봉준 중심)과 북접(손병희 중심)이 연합, 서울을 향해 북상 → 공주 우금치 전투에서 일본군과 관군에 패배 → 전봉준 등 동학 농민군 지도자 체포

따라서 정답은 ①번이에요. 전주 화약 체결 이후 일본군이 경복궁을 점령하자 동학 농민군은 다시 봉기하였어요. 전봉준 중심의 남접과 손병희 중심의 북접이 논산에서 연합하여 서울로 진격하였으나 우금치 전투에서 일본군과 관군에 크게 패하였어요. 나머지 선택지도 살펴봅시다. ② 황룡촌 전투는 전주 화약 체결 이전에 있었어요. 동학 농민군은 황토현 전투와 황룡촌 전투 승리 이후 전주성을 점령하였어요. ③ 보은 집회는 동학 농민군이 봉기하기 이전인 1893년에 개최되었어요. ④ 고부 농민 봉기 이후 사태 수습을 위해 이용태가 안핵사로 파견되었어요. 전주 화약 체결 이전의 사실이에요. ⑤ 고부 군수 조병갑의 횡포에 맞서 전봉준이 농민을 이끌고 고부 관아를 습격한 고부 농민 봉기를 일으켰어요. 전주 화약 체결 이전의 사실이에요.

---

1 심화 64회 31번

밑줄 그은 '개혁안'의 내용으로 옳은 것을 〈보기〉에서 고른 것은? [2점]

파리의 외무부 장관 아노토 각하께

전임 일본 공사는 국왕에게서 사실상 거의 모든 권력을 빼앗고, 개혁 위원회[군국기무처]가 내린 결정을 확인하는 권한만 남겨 놓았습니다. …… 이후 개혁 위원회[군국기무처]는 매우 혁신적인 개혁안을 발표했습니다. 그런데 일부 위원들이 몇몇 조치에 대해 시의적절하지 않다고 판단하더니 이에 대해 동의하기를 거부했습니다. …… 게다가 조선인들은 이 기구가 왕권을 빼앗고 일본에 매수되었다고 비난하면서, … … 어떤 지방에서는 왕권 수호를 위해 봉기했다고 합니다.

주 조선 공사 르페브르 올림

---- 보기 ----

ㄱ. 건양이라는 연호를 제정하였다.
ㄴ. 탁지아문으로 재정을 일원화하였다.
ㄷ. 양전 사업을 실시하여 지계를 발급하였다.
ㄹ. 조혼을 금지하고 과부의 재가를 허용하였다.

① ㄱ, ㄴ ② ㄱ, ㄷ ③ ㄴ, ㄷ
④ ㄴ, ㄹ ⑤ ㄷ, ㄹ

2 심화 58회 32번

밑줄 그은 '이 개혁'의 내용으로 옳은 것은? [2점]

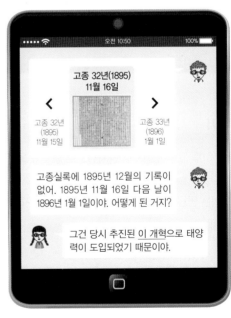

고종 32년(1895) 11월 16일

고종 32년 (1895) 11월 15일 ＜ ＞ 고종 33년 (1896) 1월 1일

고종실록에 1895년 12월의 기록이 없어. 1895년 11월 16일 다음 날이 1896년 1월 1일이야. 어떻게 된 거지?

그건 당시 추진된 이 개혁으로 태양력이 도입되었기 때문이야.

① 지계아문을 설립하였다.
② 대한국 국제를 반포하였다.
③ 건양이라는 연호를 제정하였다.
④ 개혁 추진 기구로 교정청을 설치하였다.
⑤ 군제를 개편하여 5군영을 2영으로 통합하였다.

독립 협회 ~ 대한 제국

강의 바로 보기

흐름을 잡는 **판서**

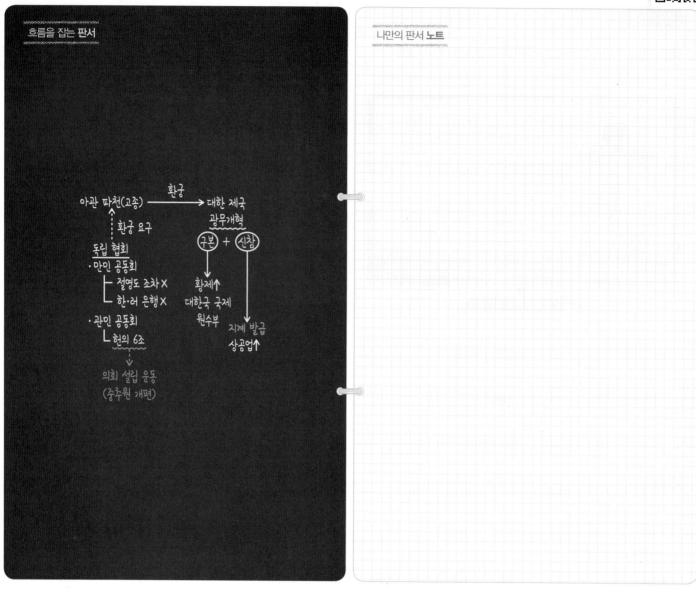

나만의 판서 **노트**

⭐ 별 **채우기**

01 을미사변 이후 고종이 러시아 공사관으로 거처를 옮긴 ⭐⭐ ⭐⭐ 이 일어났다.

02 ⭐⭐ 협회는 만민 공동회를 열어 민권 신장을 추구하였다.

03 독립 협회는 만민 공동회를 통해 러시아의 ⭐⭐도 조차 요구를 저지하였다.

04 독립 협회는 관민 공동회를 개최하여 ⭐⭐ 6조를 결의하였다.

05 독립 협회는 ⭐⭐⭐ 개편을 통한 의회 설립을 추진하였다.

06 대한 제국은 구본신참의 원칙에 따라 ⭐⭐개혁을 추진하였다.

07 광무개혁 때 황제의 군 통수권 장악을 위해 ⭐⭐부를 설치하였다.

08 고종은 대한국 ⭐⭐를 반포하여 전제적 황제권을 규정하였다.

09 광무개혁 때 양전 사업을 실시하고 일부 지역에서 ⭐⭐를 발급하였다.

⭐ 별 **더하기**

╋ **독립 협회**는 영은문이 헐린 자리 부근에 **독립문**을 건립하였다.

╋ 고종은 환구단에서 황제 즉위식을 거행하고 **대한 제국**의 수립을 선포하였다.

╋ **광무개혁**으로 **관립** 실업 학교인 상공 학교, 광무 학교가 설립되었다.

╋ **광무개혁**으로 **관립** 의학교와 광제원이 설립되었다.

╋ 대한 제국 시기에 고종은 **이범윤**을 간도 관리사로 임명하였다.

╋ 대한 제국 시기인 1903년에 **러시아**가 용암포를 점령하고 조차를 요구하였다.

|정답| **01** 아관 파천 **02** 독립 **03** 절영 **04** 헌의 **05** 중추원 **06** 광무 **07** 원수 **08** 국제 **09** 지계

대표 문항 **ZOOM IN** 🔍 심화 68회 37번

밑줄 그은 '개혁'에 해당하는 내용으로 옳은 것을 〈보기〉에서 고른 것은? [2점]

[건축으로 보는 한국사] 석조전

　고종은 황제로서의 권위와 근대 국가를 향한 의지를 보여 주기 위해 서양의 신고전주의 양식으로 설계된 석조전 착공을 명하였다. 그러나 황제권 강화를 표방하며 <u>개혁</u>을 추진하던 고종은 석조전이 완공되기 전에 강제로 퇴위당하였다.

키워드 1 대한 제국은 황제권 강화를 통해 나라의 국권을 수호하고 자강을 이루고자 광무개혁을 추진하였어요.

──── 보기 ────
ㄱ. 박문국을 설치하여 한성순보를 발행하였다.
ㄴ. 통리기무아문을 설치하여 개화 정책을 추진하였다.
ㄷ. 관립 상공 학교를 설립하여 실업 교육을 실시하였다.
ㄹ. 지계아문을 설치하여 토지 소유자에게 지계를 발급하였다.

① ㄱ, ㄴ　　　　② ㄱ, ㄷ　　　　③ ㄴ, ㄷ
④ ㄴ, ㄹ　　　　⑤ ㄷ, ㄹ

꼼꼼 친절 해설

키워드 1의 고종이 황제권 강화를 표방하며 개혁을 추진하였다는 내용을 통해 밑줄 그은 '개혁'이 대한 제국 시기에 추진된 광무개혁임을 알 수 있어요. 대한 제국의 수립과 대한 제국 시기에 추진된 광무개혁에 대해 정리해 볼까요?

대한 제국의 수립과 광무개혁

대한 제국의 수립	아관 파천 이후 열강의 침탈 심화, 고종의 환궁을 요구하는 여론 고조 → 고종의 경운궁(덕수궁) 환궁 → 연호를 '광무'로 바꾸고 환구단에서 황제 즉위식 거행, 대한 제국 선포(1897)
광무개혁	• 정치 : 대한국 국제 제정(1899) → 황제권의 절대화 추구 • 군사 : 원수부 설치(황제가 군 통수권 장악), 무관 학교 설립, 친위대와 진위대의 군사 수 증강 • 경제 : 양지아문·지계아문 설치(→ 양전 사업 실시, 지계 발급), 상공업 진흥 정책 추진(→ 근대적 공장과 회사 설립) • 사회 : 관립 실업 학교(상공 학교)와 기술 교육 기관 설립, 근대 시설 확충(전화 가설, 전차·경인선 개통 등), 관립 의학교와 광제원(← 내부 직할의 병원) 설립

따라서 정답은 ⑤번이에요. ㄷ. 대한 제국은 광무개혁의 일환으로 관립 상공 학교와 각종 기술 교육 기관을 설립하였어요. ㄹ. 대한 제국은 광무개혁을 추진하는 과정에서 양전 사업을 실시하여 근대적 토지 소유 증명 문서인 지계를 발급하였어요. 나머지 선택지도 살펴봅시다. ㄱ. 조선 정부는 1883년에 박문국을 설치하여 우리나라 최초의 근대 신문인 한성순보를 발행하였어요. ㄴ. 조선 정부는 1880년에 개화 정책을 총괄하는 기구로 통리기무아문을 설치하였어요.

1 심화 65회 36번

(가) 단체에 대한 설명으로 옳은 것은? [2점]

(가) 의 주요 간부인 이상재, 정교 등이 러시아의 요구에 대해 정부가 어떻게 대처할 건지를 밝히라는 글이군.

듣기에 절영도에 러시아 사람이 석탄고를 건축하려고 땅을 청구한다고 하니 …… 러시아 사람의 요청대로 빌려줄 건지, 잠깐만 빌려줄 건지, 영영 줄 건지, 빌려줄 때에는 정부 회의를 거치는지, 홀로 결정하여 도장을 찍는지 ……

① 정우회 선언의 영향으로 결성되었다.
② 만세보를 발행하여 민족의식을 고취하였다.
③ 중추원 개편을 통해 의회 설립을 추진하였다.
④ 어린이날을 제정하고 소년 운동을 전개하였다.
⑤ 태극 서관을 운영하여 계몽 서적 등을 보급하였다.

2 심화 65회 34번

다음 상소가 작성된 이후의 사실로 옳은 것은? [1점]

러시아 공사관으로 거처를 옮기시고 해가 바뀌었습니다. 그곳 유리창과 분칠한 담장은 화려하지만 그을음 나는 석탄을 때는 전돌(甎埃)은 옥체를 보호하기에 적합하지 않은 듯합니다. …… 온 나라 신하들의 심정을 염두에 두시어 간하는 말을 따라 바로 환궁하여 끓어오르는 여론에 부응하시고 영원히 누릴 태평의 터전을 공고히 만드소서.

① 영선사가 파견되었다.
② 군국기무처가 설치되었다.
③ 대한국 국제가 반포되었다.
④ 제너럴 셔먼호 사건이 일어났다.
⑤ 조·청 상민 수륙 무역 장정이 체결되었다.

일제의 국권 침탈

강의 바로 보기

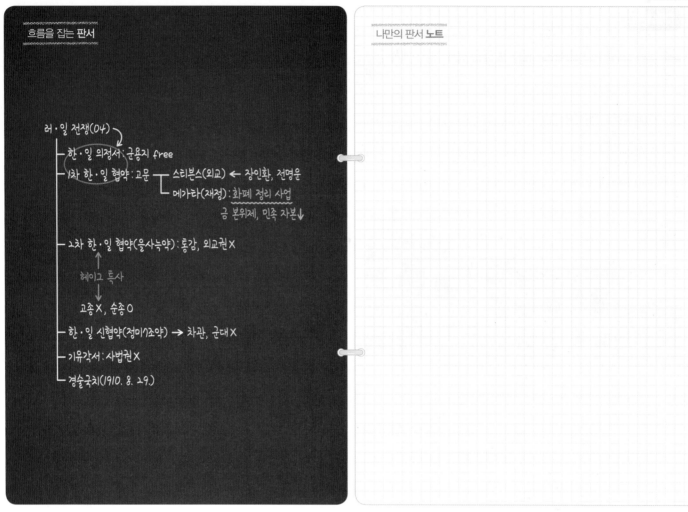

흐름을 잡는 판서

러·일 전쟁(04)
- 한·일 의정서 : 군용지 free
- 1차 한·일 협약 : 고문 ─ 스티븐스(외교) ← 장인환, 전명운
                          └ 메가타(재정) : 화폐 정리 사업
                                금 본위제, 민족 자본↓

- 2차 한·일 협약(을사늑약) : 통감, 외교권X
        ↑
      헤이그 특사
        ↓
      고종X, 순종O
- 한·일 신협약(정미7조약) → 차관, 군대X
- 기유각서 : 사법권X
- 경술국치(1910. 8. 29.)

나만의 판서 노트

★ 별 채우기

01 일본은 러·일 전쟁 도발 직후 한국에 군사적 요충지를 제공할 것을 강요하여 한·일 ★★★를 체결하였다.

02 제1차 한·일 ★★에 따라 스티븐스와 메가타가 대한 제국의 고문으로 부임하였다.

03 장인환과 전명운은 미국에서 대한 제국의 외교 고문이었던 ★★ ★★를 처단하였다.

04 재정 고문 메가타의 주도로 ★★ ★★ 사업이 실시되었다.

05 일본은 제2차 한·일 협약(★★★★)으로 대한 제국의 외교권을 빼앗아 갔다.

06 고종은 을사늑약 체결의 부당성을 알리기 위해 ★★★에서 열린 만국 평화 회의에 특사를 파견하였다.

07 일본은 헤이그 특사 파견을 구실 삼아 ★★을 강제 퇴위시켰다.

08 일본은 한·일 ★★(정미7조약)을 강제로 체결하여 대한 제국의 행정 부서에 일본인 관리를 임명하게 하였다.

09 한·일 신협약 부속 각서에 따라 대한 제국의 ★★가 강제로 해산되었다.

★ 별 더하기

+ 을사늑약 체결로 대한 제국의 **외교권**이 박탈되고 **통감부**가 설치되었다.

+ 한·일 신협약 체결 후 통감의 내정 간섭 권한이 강화되었다.

+ 대한 제국은 1909년에 **기유각서**를 통해 일제에 **사법권**을 박탈당하였다.

+ 러·일 전쟁 중 일본은 독도를 불법적으로 편입하였다.

|정답| 01 의정서   02 협약   03 스티븐스   04 화폐 정리   05 을사늑약   06 헤이그
07 고종   08 신협약   09 군대

실력을 키우는 기출문제

대표 문항 ZOOM IN

심화 67회 36번

(가), (나) 사이의 시기에 있었던 사실로 옳은 것은? [2점]

(가)	(나)
두 달 전 체결된 협약에 따라 메가타가 탁지부의 재정 고문으로 온다는군.　일본이 우리 정부의 재정권을 침해하려는 의도인 것 같네.	지난달 군대를 해산한다는 조칙이 발표된 이후 군인들의 반발이 계속되고 있다는군.　들었네. 일부는 의병에 합류하여 일본에 저항하는 활동을 전개한다고 하네.

▶ **키워드 1** 1904년에 체결된 제1차 한·일 협약에 따라 재정 고문으로 일본인 메가타, 외교 고문으로 미국인 스티븐스가 파견되었어요.

▶ **키워드 2** 1907년에 체결된 한·일 신협약(정미7조약)의 부속 각서에 따라 대한 제국의 군대가 해산되었어요.

① 데라우치가 초대 총독으로 부임하였다.
② 13도 창의군이 서울 진공 작전을 전개하였다.
③ 기유각서를 통해 일제에 사법권을 박탈당하였다.
④ 상권 수호를 위해 황국 중앙 총상회가 조직되었다.
⑤ 헤이그에서 열린 만국 평화 회의에 특사가 파견되었다.

꼼꼼 친절 해설

(가)는 키워드 1의 메가타가 탁지부의 재정 고문으로 온다는 내용을 통해 1904년 제1차 한·일 협약(한·일 외국인 고문 용빙에 관한 협정서)이 체결된 이후의 상황임을 알 수 있어요. (나)는 키워드 2의 군대를 해산한다는 조칙이 발표되었다는 내용을 통해 1907년 한·일 신협약(정미7조약)이 체결된 이후의 상황임을 알 수 있어요. 일제의 국권 침탈 과정을 정리해 볼까요?

일제의 국권 침탈 과정

한·일 의정서	러·일 전쟁 중 일본이 대한 제국에 강요 → 군사적 요충지 사용권 확보
제1차 한·일 협약	대한 제국의 외교·재정 분야에 일본이 추천하는 외국인 고문 임명 강요(고문 정치) → 외교 고문 스티븐스, 재정 고문 메가타 파견
제2차 한·일 협약 (을사늑약)	• 대한 제국의 외교권 박탈, 통감부 설치(초대 통감 - 이토 히로부미) • 우리 민족의 저항 : 장지연이 황성신문에 논설 '시일야방성대곡' 게재, 민영환 자결, 고종 황제가 헤이그 특사 파견(이상설, 이준, 이위종)
한·일 신협약 (정미7조약)	일본이 헤이그 특사 파견을 구실로 고종 황제를 강제 퇴위시킴, 순종 즉위 후 강제로 조약 체결 → 통감의 내정 간섭 권한 강화, 행정 각 부에 일본인 임명, 부속 각서에 따라 대한 제국의 군대 해산
기유각서	사법권과 감옥 사무 처리권 박탈
경술국치	한국을 강제 병합하는 조약 체결(대한 제국의 국권 강탈)

따라서 정답은 ⑤번이에요. 고종은 을사늑약의 부당성을 국제 사회에 알리기 위해 1907년에 이상설, 이준, 이위종을 만국 평화 회의가 열리는 네덜란드 헤이그에 특사로 파견하였어요.
나머지 선택지도 살펴볼까요? ① 1910년에 병합 조약이 체결되어 대한 제국은 일본에 국권을 빼앗겼고, 이어 조선 총독부가 설치되어 초대 총독으로 데라우치가 부임하였어요. ② 정미의병 당시 각지의 의병 부대가 연합하여 13도 창의군을 결성하고 서울 진공 작전을 전개하였어요(1908). ③ 일제는 1909년에 체결한 기유각서를 통해 대한 제국의 사법권과 감옥 사무 처리권을 박탈하였어요. ④ 1898년에 서울의 시전 상인들이 외국 상인의 상권 침탈에 맞서기 위해 황국 중앙 총상회를 조직하였어요.

1
심화 64회 35번

밑줄 그은 '전쟁' 중에 있었던 사실로 옳지 않은 것은? [3점]

당신은 무슨 이유로 이토 히로부미를 살해했는가?

일본은 전쟁 당시 우리나라의 독립을 보장해 주겠다고 약속했다. 그러나 포츠머스 조약으로 전쟁이 종결되자, 이토는 우리 군신을 위협해 주권을 뺏으려 하였다.

① 일본이 독도를 불법적으로 편입하였다.
② 일본과 미국이 가쓰라·태프트 밀약을 맺었다.
③ 일본인 메가타가 대한 제국의 재정 고문으로 초빙되었다.
④ 대한 제국이 기유각서를 통해 일제에 사법권을 박탈당하였다.
⑤ 군사 전략상 필요한 지역을 일본에 제공하는 한·일 의정서가 강요되었다.

2
심화 60회 34번

다음 가상 뉴스에서 보도하는 사건이 일어난 시기를 연표에서 옳게 고른 것은? [2점]

군대 해산에 대한 반발이 거세지고 있습니다. 오늘 시위대 대대장 박승환이 자결한 데 이어 시위대 부대원들이 해산을 거부하고 무장봉기해 일본군과 남대문 일대에서 치열한 총격전을 벌이고 있습니다.

뉴스 속보　**군대 해산에 맞서 시위대 봉기**

	1882		1894		1896		1904		1905		1910
		(가)		(나)		(다)		(라)		(마)	
	임오군란		갑오개혁		아관파천		러·일 전쟁 발발		을사늑약		국권 피탈

① (가)　　② (나)　　③ (다)　　④ (라)　　⑤ (마)

경제적 구국 운동과 애국 계몽 운동

강의 바로 보기

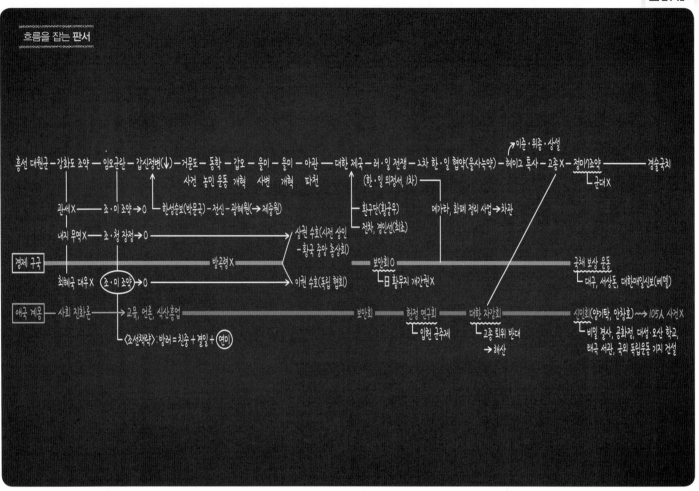

흐름을 잡는 판서

⭐ 별 채우기

01 청의 알선으로 체결된 ⭐·⭐ ⭐⭐ 통상 조약은 조선이 서양 국가와 맺은 최초의 조약이었다.

02 조·미 수호 통상 조약은 외국에 대한 ⭐⭐⭐ 대우를 처음으로 규정하였다.

03 조·일 ⭐⭐ ⭐⭐에 방곡령 시행에 대한 규정이 마련되었다.

04 서울의 시전 상인은 상권 수호를 위해 ⭐⭐ ⭐⭐ 총상회를 조직하였다.

05 ⭐⭐회는 일본의 황무지 개간권 요구를 저지하였다.

06 ⭐⭐ ⭐⭐ 운동은 김광제, 서상돈 등의 발의로 대구에서 시작되었다.

07 국채 보상 운동은 ⭐⭐⭐⭐신보 등 당시 언론의 후원을 받아 전국적으로 확산되었다.

08 황준헌은 "⭐⭐⭐⭐"에서 조선이 러시아의 남하를 막기 위해서는 청, 일본, 미국과 연대해야 한다고 주장하였다.

09 대한 ⭐⭐⭐는 고종의 강제 퇴위 반대 운동을 전개하였다.

10 양기탁, 안창호 등이 중심이 되어 조직한 항일 비밀 결사 단체인 ⭐⭐회는 공화 정체의 국민 국가 수립을 목표로 삼았다.

11 신민회는 ⭐⭐ 학교와 ⭐⭐ 학교를 설립하여 민족 교육을 실시하였다.

12 신민회는 민족 산업 육성을 위해 ⭐⭐ 서관과 ⭐⭐ 회사를 운영하였다.

13 ⭐⭐회는 남만주 삼원보에 독립운동 기지를 건설하였다.

14 신민회는 일제가 조작한 ⭐⭐⭐⭐ 사건으로 조직이 해체되었다.

⭐ 별 더하기

➕ 조·미 수호 통상 조약은 거중 조정 조항을 포함하였다.

➕ 조·미 수호 통상 조약 체결 이후 민영익을 대표로 한 보빙사가 미국에 파견되었다.

➕ 외국 상인의 상권 침탈에 맞서 일부 상인은 상회사인 대동 상회, 장통 회사를 설립하였다.

|정답| 01 조, 미 수호 02 최혜국 03 통상 장정 04 황국 중앙 05 보안 06 국채 보상 07 대한매일 08 조선책략 09 자강회 10 신민 11 오산, 대성 12 태극, 자기 13 신민 14 105인

대표 문항 ZOOM IN

심화 68회 36번

(가) 단체에 대한 설명으로 옳은 것은? [2점]

키워드 1 신민회는 1907년에 안창호, 양기탁 등이 조직한 비밀 결사로 국권 회복과 공화 정체의 근대 국가 수립을 목표로 삼았어요.

이 자료에 대해 말씀해 주시겠습니까?

이 자료는 (가) 의 활동 목적이 잘 드러나 있는 통용 장정의 일부입니다. (가) 은/는 안창호와 양기탁 등이 중심이 된 비밀 결사로 태극 서관을 설립하여 회원들의 연락 장소로 사용하였습니다.

본회의 목적은……
쇠퇴한 교육과 산업을 개량하고
사업을 유신시켜
유신된 국민이 통일 연합해서
유신이 된 자유 문명국을 성립시킨다.

키워드 2 신민회는 계몽 서적의 출판·보급을 위해 태극 서관을 운영하였어요.

① 복벽주의를 표방하였다.
② 13도 창의군을 결성하였다.
③ 일제의 황무지 개간권 요구를 저지하였다.
④ 근대 교육을 위해 배재 학당을 설립하였다.
⑤ 일제가 조작한 105인 사건으로 해체되었다.

꼼꼼 친절 해설

키워드 1의 안창호와 양기탁 등이 중심이 된 비밀 결사라는 내용과 키워드 2의 태극 서관을 설립하였다는 내용을 통해 (가) 단체가 신민회임을 알 수 있어요. 신민회에 대해 알아볼까요?

신민회

결성	안창호, 양기탁 등이 중심이 되어 비밀 결사 형태로 조직(1907)
목표	국권 회복, 공화 정체의 근대 국가 건설
활동	• 대중 계몽 활동 : 강연회 개최, 학회 활동 • 민족 교육 실시 : 오산 학교(정주), 대성 학교(평양) 설립 • 민족 산업 육성 : 자기 회사, 태극 서관 운영 • 국외 독립운동 기지 건설 : 남만주(서간도) 삼원보에 독립운동 기지 건설, 신흥 강습소(→ 신흥 무관 학교) 설립
해체	일제가 조작한 105인 사건으로 조직이 드러나 와해됨(1911)

따라서 정답은 ⑤번이에요. 신민회는 일제가 조작한 105인 사건으로 조직이 드러나 해체되었어요.

나머지 선택지도 확인해 볼까요? ① 독립 의군부는 임병찬이 고종의 밀지를 받아 조직한 독립운동 단체로, 복벽주의를 내걸고 대한 제국의 회복과 고종의 복위를 도모하였어요. ② 정미의병 때 각지의 의병 부대가 연합하여 13도 창의군을 결성하고 서울 진공 작전을 전개하였어요. ③ 보안회는 일본의 황무지 개간권 요구에 반대하는 운동을 전개하여 일본의 요구를 저지하였어요. ④ 개신교 선교사 아펜젤러는 배재 학당을 세워 신학문 보급에 기여하였어요.

1

심화 66회 33번

다음 자료를 활용한 탐구 활동으로 가장 적절한 것은? [2점]

각국 공관에 보내는 호소문

지금 일본 공사가 우리 외부(外部)에 공문을 보내어 산림, 천택(川澤), 들판, 황무지에 대한 권리를 청구하였습니다. 우리나라 사람들은 이를 이용해 2~3년 걸러 윤작을 해야만 먹고살 수 있습니다. 그런데 만일 이를 외국인에게 주어버린다면 전국의 강토를 모두 빼앗기게 되며 수많은 사람이 참혹한 빈곤에 빠져 구제할 수 없게 될 것입니다. 일본인들의 침략을 막고 우리 강토를 보전하도록 힘써 주십시오.

1904년 ○○월 ○○일

① 독립문의 건립 과정을 알아본다.
② 보안회의 활동 내용을 파악한다.
③ 조·일 통상 장정의 조항을 검토한다.
④ 화폐 정리 사업이 끼친 영향을 살펴본다.
⑤ 황국 중앙 총상회가 조직된 목적을 분석한다.

2

심화 61회 35번

다음 자료에 나타난 민족 운동에 대한 설명으로 옳은 것은? [2점]

우리나라가 채무를 지고 우리 백성이 채노(債奴)*가 된 것이 여러 해가 되었습니다. …… 대황제 폐하께서 진 외채가 1,300만 원이지만 채무를 청산할 방법이 없어 밤낮으로 격정하시니, 백성된 자로서 있는 힘을 다하여 보상하려고 해도 겨를이 없습니다. …… 우리 동포는 빨리 단체를 결성하여 열성적으로 의연금을 내어 채무를 상환하고 채노에서 벗어나, 머리는 대한의 하늘을 이고, 발은 대한의 땅을 밟도록 해 주시기를 눈물을 머금고 간절히 요구합니다.

* 채노(債奴) : 빚을 갚지 못해 노비가 된 사람

① 일제가 치안 유지법을 적용하여 탄압하였다.
② 백정에 대한 사회적 차별 철폐를 요구하였다.
③ 독립문 건립을 위한 모금 활동을 전개하였다.
④ 자작회, 토산 애용 부인회 등의 단체가 활동하였다.
⑤ 대한매일신보 등 당시 언론이 적극적으로 참여하였다.

항일 의병 운동

강의 바로 보기

흐름을 잡는 **판서**

흥선 대원군 — 강화도 조약 — 임오군란 — 갑신정변(↓) — 거문도 — 동학 — 갑오 — 을미 — 아관 — 대한 제국 — 러·일 전쟁 — 1차 한·일 협약(을사늑약) — 헤이그 특사 — 고종 X — 정미7조약 ─────── 경술국치
　　　　　　　　　　　　　　　　사건　농민 운동　개혁　사변　개혁　파천　　　　　　(한·일 의정서, 1차)　　　　　　　　　　　　　　　　　　　↗ 이준·위종·상설　　　　　└ 군대 X

의병 활동 ── 위정척사 ── 영남 만인소 ─────────────────── 을미의병 ─────────── 을사의병 ─────────────── 정미의병
흥선 X　　개항 X　　　　개화 X　　　　　　　　　　　　• 을미사변, 단발령 → 양반 유생 중심(유인석)　• 평민 의병장(신돌석), 최익현　　• 의병 전쟁(이인영, 허위)
　　　　　　　　　　　　　　　　　　　　　　　　　• 고종의 해산 권고 → 해산　　　　　　• 황성신문 '시일야방성대곡'　　• 13도 창의군(교전 단체) → 서울 진공 작전
　　　• 장인환·전명운 의거(08)
　　　• 안중근 의거(09)

나만의 판서 **노트**

⭐ 별 채우기

01 "조선책략" 유포에 반발하여 이만손 등이 영남 ⭐⭐⭐를 올렸다.

02 을미사변과 단발령 시행을 계기로 ⭐⭐의병이 일어났다.

03 을미의병은 ⭐⭐의 해산 권고 조직에 따라 해산하였다.

04 제2차 한·일 협약 체결에 반대하여 ⭐⭐의병이 일어났다.

05 을사의병 때 신⭐⭐ 등의 평민 의병장이 처음으로 등장하였다.

06 최⭐⭐은 을사늑약 체결에 반대하여 태인에서 의병을 일으켰다.

07 장지연은 ⭐⭐신문에 '시일야방성대곡'이라는 논설을 실었다.

08 ⭐⭐의병 때 해산 군인의 합류로 의병의 군사력이 강화되었다.

09 정미의병 과정에서 각지의 의병 부대가 연합하여 결성한 13도 ⭐⭐⭐은 서울 진공 작전을 전개하였다.

10 ⭐⭐의병 때 13도 창의군은 각국 영사관에 통문을 보내 의병을 국제법상의 교전 단체로 승인해 줄 것을 요구하였다.

11 ⭐⭐⭐은 하얼빈에서 이토 히로부미를 사살하였다.

⭐ 별 더하기

✚ 을미의병 때 유생 출신 유인석이 이끄는 의병이 충주성을 점령하였다.

✚ 을사늑약 체결에 항거하여 민영환, 조병세 등이 자결하였다.

✚ 을사의병 때 민종식이 이끈 의병 부대가 홍주성을 점령하였다.

✚ 대한 제국 군대가 해산되자 시위대 대대장 박승환이 자결로써 항거하였다.

✚ 나철, 오기호 등은 5적 처단을 위해 자신회를 조직하였다.

✚ 장인환과 전명운은 미국에서 스티븐스를 처단하였다.

✚ 안중근은 감옥에서 "동양 평화론"을 집필하였으나 사형이 집행되어 완성하지 못하였다.

|정답| 01 만인소　02 을미　03 고종　04 을사　05 돌석　06 익현　07 황성
　　　08 정미　09 창의군　10 정미　11 안중근

실력을 키우는 기출문제

정답과 해설 185쪽

대표 문항 ZOOM IN

심화 65회 33번

다음 의병 부대에 대한 설명으로 옳은 것은? [2점]

> ●키워드 1 정미의병 당시 해산된 군인 중 일부가 의병에 합류하였고, 각지의 의병 부대가 연합하여 이인영을 총대장으로 13도 창의군을 결성하였어요.
>
> 이인영을 총대장으로 추대하고, 허위를 군사장으로 삼아 …… 각 도에 격문을 전하니 전국에서 불철주야 달려온 지원자들이 만여 명이더라. 이에 서울로 진군하여 국권을 회복하고자 …… 먼저 이인영은 심복을 보내 각국 영사에게 진군의 이유를 상세히 알리며 도움을 요청하고, 각 도의 의병으로 하여금 일제히 진군하게 하였다.
>
> ●키워드 2 13도 창의군은 일본을 몰아내기 위해 수도 한성, 즉 서울로 진격하는 서울 진공 작전을 전개하였으나, 군사력이 우세한 일본군에 가로막혀 실패하였어요.

① 조선 혁명 선언을 지침으로 삼았다.
② 이만손이 주도하여 영남 만인소를 올렸다.
③ 상덕태상회를 통하여 군자금을 모집하였다.
④ 일본에 국권 반환 요구서를 제출하고자 하였다.
⑤ 고종의 강제 퇴위와 군대 해산에 반발하여 결성되었다.

꼼꼼 친절 해설

키워드 1의 총대장이 이인영이고 군사장이 허위라는 내용과 키워드 2의 국권 회복을 위해 서울로 진군하였다는 내용을 통해 자료의 의병 부대가 정미의병 때 결성된 13도 창의군임을 알 수 있어요. 일제의 침략과 국권 침탈에 저항하여 일어난 항일 의병 활동을 정리해 볼까요?

항일 의병 운동

을미의병 (1895)	• 원인 : 을미사변(명성 황후 시해), 단발령 시행 • 주도 : 유인석, 이소응 등 양반 유생층 • 활동 : 친일 관리 처단, 지방 관청과 일본군 공격 • 해산 : 단발령 철회 조치와 고종의 해산 권고에 따라 스스로 해산
을사의병 (1905)	• 원인 : 을사늑약 체결 • 주도 : 민종식, 최익현 등 양반 유생층 • 특징 : 신돌석 등 평민 의병장 등장, 농민들의 적극적인 참여
정미의병 (1907)	• 원인 : 고종의 강제 퇴위(고종의 헤이그 특사 파견이 구실), 대한 제국의 군대 해산 • 특징 : 일부 해산 군인의 합류로 의병의 조직력과 전투력 강화, 다양한 계층 참여 → 항일 의병 전쟁으로 발전 • 활동 : 13도 창의군 결성(총대장 이인영, 군사장 허위, 서울의 각국 영사관에 의병을 국제법상 교전 단체로 인정할 것을 요구함), 서울 진공 작전 전개(1908)

따라서 정답은 ⑤번이에요. 고종의 강제 퇴위와 군대 해산이 계기가 되어 일어난 정미의병 당시에 13도 창의군이 결성되었어요.
나머지 선택지도 확인해 봅시다. ① 의열단은 신채호가 작성한 '조선 혁명 선언'을 활동 지침으로 삼았어요. ② "조선책략"이 유포되고 미국과의 수교 움직임이 나타나자 이에 반대하여 이만손을 비롯한 영남 유생들이 만인소를 올렸어요. ③ 대한 광복회는 상덕태상회 등을 거점으로 하여 군자금을 모집하였어요. ④ 독립 의군부는 조선 총독에게 국권 반환 요구서를 보내려고 하였으나 사전에 조직이 발각되어 실현하지 못하였어요.

---

1 심화 59회 38번

다음 자료에 나타난 상황 이후의 사실로 옳은 것은? [3점]

> 오늘 신문에 강화(講和) 조약 전문이 공개되었다. 러시아는 일본이 조선에서 갖고 있는 막대한 정치적·군사적·경제적 이익을 인정하고, 일본이 조선의 내정을 지도·보호 및 감리(監理)하는 데 필요하다고 여기는 어떠한 조치도 방해하거나 간섭하지 않을 것을 약속하였다. …… 러시아는 전쟁으로 교훈을 얻었다. 일본은 전쟁으로 영예를 얻었다. 조선은 전쟁으로 최악의 것을 얻었다.
>
> – "윤치호 일기" –

① 메가타가 재정 고문으로 부임하였다.
② 고종이 러시아 공사관으로 거처를 옮겼다.
③ 베델과 양기탁이 대한매일신보를 창간하였다.
④ 관민 공동회가 개최되어 헌의 6조를 결의하였다.
⑤ 민종식이 이끄는 의병 부대가 홍주성을 점령하였다.

---

2 심화 56회 37번

(가) 인물에 대한 설명으로 옳은 것은? [2점]

> 이곳은 최근 다시 개관한 하얼빈의 (가) 기념관입니다. (가) 동상 위의 시계는 9시 30분에 멈춰 있습니다. 이토 히로부미를 저격한 바로 그 시각입니다.

① 동양 평화론을 저술하였다.
② 친일 인사인 스티븐스를 사살하였다.
③ 5적 처단을 위해 자신회를 조직하였다.
④ 명동 성당 앞에서 이완용을 습격하였다.
⑤ 동양 척식 주식회사에 폭탄을 투척하였다.

자료 01 토지 조사 사업

일제는 한국의 국권을 강탈한 후 식민 지배의 경제적 기반을 마련하기 위해 토지 조사 사업을 실시하였어요.

〈토지 조사령〉
제4조 토지 소유자는 조선 총독이 정하는 기간 내에 주소, 씨명 또는 명칭 및 소유지의 소재, 지목, 자번호(字番號), 사표(四標), 등급, 지적, 결수를 임시 토지 조사 국장에게 신고해야 한다. 단, 국유지는 보관 관청이 임시 토지 조사 국장에게 통지해야 한다.
제6조 토지의 조사 및 측량을 할 때, 조사 측량 지역 내 2인 이상의 지주로 총대(전체를 대표하는 사람)를 선정하고 조사 및 측량에 관한 사무에 종사하게 할 수 있다.
– "조선 총독부 관보"(1912) –

자료 02 회사령

일제는 한국에서 민족 자본의 성장을 억압하려는 목적으로 회사를 설립할 때 조선 총독의 허가를 받도록 하는 회사령을 공포하였어요.

제1조 회사의 설립은 조선 총독의 허가를 받아야 한다.
제5조 회사가 본령 혹은 본령에 의거하여 발표되는 명령이나 허가의 조건에 위반하거나 또는 공공의 질서, 선량한 풍속에 반하는 행위를 하였을 때 조선 총독은 사업의 정지·금지, 지점의 폐쇄 또는 회사의 해산을 명할 수 있다.

자료 03 1910년대 국외 독립운동 기지

국내에서 의병 전쟁과 애국 계몽 운동을 벌였던 애국지사들은 국권 피탈 후 일제의 가혹한 무단 통치 아래 독립운동이 어려워지자 만주나 연해주 등지로 이주하여 독립운동 기지를 건설하였어요.

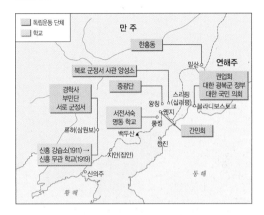

자료 04 치안 유지법

일제는 반정부, 반체제 운동을 단속하기 위해 치안 유지법을 제정하고, 이를 한국에도 그대로 적용하여 사회주의 운동과 독립운동가를 탄압하는 데 적극 이용하였어요.

제1조 국체를 변혁할 목적으로 결사를 조직하는 자 또는 결사의 임원, 그 외 지도자로서 임무에 종사하는 자는 사형, 무기 또는 5년 이상의 징역 또는 금고에 처한다. …… 사유 재산 제도를 부인하는 것을 목적으로 결사를 조직하거나 또는 사정을 알고 이에 가입한 자는 10년 이하의 징역 또는 금고에 처한다.
제7조 이 법은 누구를 막론하고 이 법의 시행 구역 외에서 죄를 범한 자에게도 적용한다.

자료 05 신간회 강령

조선 민흥회 발기와 정우회 선언을 계기로 자치론에 반대하는 비타협적 민족주의 세력과 사회주의 세력이 연대하여 신간회를 창립하였어요.

〈신간회 강령〉
1. 우리는 정치적·경제적 각성을 촉진한다.
2. 우리는 단결을 공고히 한다.
3. 우리는 기회주의를 일체 부인한다.

자료 06 의열단

김원봉을 중심으로 조직된 의열단은 신채호가 작성한 '조선 혁명 선언'을 활동 지침으로 삼았으며, 일제 요인 암살, 식민 통치 기관 파괴 등의 개인 무력 투쟁을 전개하였어요.

〈조선 혁명 선언〉
민중은 우리 혁명의 대본영(大本營)이다. 폭력은 우리 혁명의 유일한 무기이다. 우리는 민중 속으로 가서 민중과 손을 맞잡아 끊임없는 폭력– 암살·파괴·폭동 –으로써 강도 일본의 통치를 타도하고, 우리 생활에 불합리한 일체의 제도를 개조하여, 인류로써 인류를 압박하지 못하며, 사회로써 사회를 박탈하지 못하는 이상적 조선을 건설할지니라.

자료 07 1920년대 국외 항일 무장 투쟁

3·1 운동 이후 만주에서 많은 독립군 단체가 결성되어 활동하였어요. 홍범도의 대한 독립군을 비롯한 연합 부대는 봉오동 전투에서, 김좌진의 북로 군정서와 대한 독립군 등 독립군 부대는 청산리 일대의 전투에서 일본군을 크게 물리쳤어요.

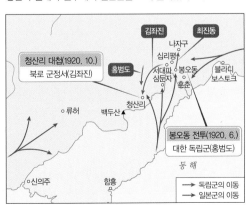

자료 08 국가 총동원법

중·일 전쟁을 일으킨 일제는 1938년에 국가 총동원법을 제정·공포하고 이를 근거로 한국에서 전쟁에 필요한 노동력, 병력, 물자 등을 본격적으로 수탈하였어요.

제1조 국가 총동원이란 전시에 국방 목적을 달성하기 위해 국가의 전력을 가장 유효하게 발휘하도록 인적 및 물적 자원을 운용하는 것이다.
제4조 정부는 전시에 국가 총동원상 필요할 때에는 칙령이 정하는 바에 따라 제국 신민을 징용하여 총동원 업무에 종사하게 할 수 있다.
제8조 정부는 전시에 국가 총동원상 필요할 때에는 칙령이 정하는 바에 따라 물자의 생산·수리·배급·양도 및 기타의 처분, 사용·소비·소지 및 이동에 관하여 필요한 명령을 내릴 수 있다.

자료 09 한·중 연합 작전

일제의 만주 침략으로 중국 내에서 항일 감정이 높아지자 만주의 독립군 부대와 항일 중국군은 연합 작전을 전개하였어요.

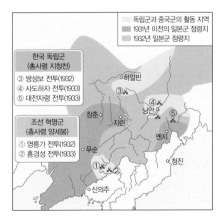

1910년대 식민 통치와 저항

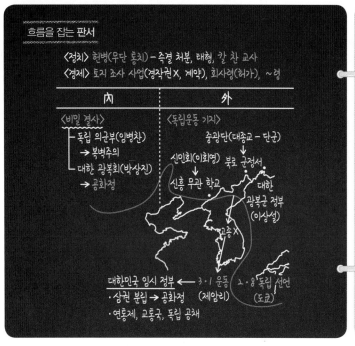

흐름을 잡는 판서

〈정치〉 헌병(무단 통치) – 즉결 처분, 태형, 칼 찬 교사
〈경제〉 토지 조사 사업(경작권X, 계약), 회사령(허가), ~령

内	外
〈비밀 결사〉	〈독립운동 기지〉

- 독립 의군부(임병찬)
  → 복벽주의
- 대한 광복회(박상진)
  → 공화정

중광단(대종교 – 단군)
신민회(이회영) 북로 군정서
신흥 무관 학교
대한 광복군 정부(이상설)
종성

대한민국 임시 정부 ← 3·1 운동   2·8 독립 선언
• 삼권 분립 → 공화정   (제암리)   (도쿄)
• 연통제, 교통국, 독립 공채

나만의 판서 노트

⭐ 별 채우기

01 1910년대 일제는 ⭐⭐ 경찰 제도를 실시하였다.

02 1910년대 일제는 한국인에 한해 적용하는 조선 ⭐⭐⭐을 제정·시행하였다.

03 1910년대 일제는 근대적 토지 소유권 확립을 명분으로 ⭐⭐ ⭐⭐ 사업을 실시하였다.

04 1910년대 일제는 회사 설립 시 총독의 허가를 받도록 하는 ⭐⭐⭐을 제정하였다.

05 임병찬이 고종의 밀지를 받아 조직한 독립 ⭐⭐⭐는 조선 총독부에 국권 반환 요구서를 발송하고자 하였다.

06 박상진 등이 조직한 대한 ⭐⭐⭐는 공화 정체의 국민 국가 수립을 목표로 하였다.

07 대종교는 항일 무장 단체인 ⭐⭐⭐의 결성을 주도하였다.

08 중광단은 3·1 운동 후 ⭐⭐ ⭐⭐⭐로 발전하였다.

09 1914년에 연해주 지역에서 대한 ⭐⭐⭐ 정부가 수립되었다.

10 3·1 운동은 대한민국 ⭐⭐ ⭐⭐가 수립되는 계기가 되었다.

11 대한민국 임시 정부는 국내와의 연락 업무를 위한 비밀 행정 조직으로 ⭐⭐제를 실시하였다.

12 대한민국 임시 정부는 중국 단둥에 있는 이륭양행에 ⭐⭐국을 설치하여 국내와 연락을 취하였다.

13 대한민국 임시 정부는 독립운동 자금 마련을 위해 독립 ⭐⭐를 발행하였다.

⭐ 별 더하기

✚ **신민회** 간부들이 서간도 지역에 한인 자치 기구인 **경학사**를 설립하였다.

✚ 신민회 회원들이 중심이 되어 **서간도** 지역에 **신흥 강습소**를 설립하였다.

✚ **북간도** 지역에서 **서전서숙, 명동 학교**가 설립되어 민족 교육을 실시하였다.

✚ 미주 지역에서 **대한인 국민회**를 중심으로 독립운동이 전개되었다.

✚ 연해주 지역에서 **권업회**가 설립되어 **권업신문**을 발간하였다.

✚ 대한 광복군 정부는 **이상설**과 **이동휘**를 정·부통령으로 선임하였다.

✚ **하와이**에서 **대조선 국민군단**이 조직되어 무장 투쟁을 준비하였다.

✚ **멕시코**에서 독립군 양성을 위한 **숭무 학교**가 설립되었다.

✚ 미국 대통령 윌슨의 민족 자결주의와 도쿄 유학생들의 **2·8 독립 선언**의 영향을 받아 3·1 운동이 전개되었다.

✚ **3·1 운동** 당시 민족 대표 33인 명의의 독립 선언서가 발표되었다.

✚ **3·1 운동** 전개 과정에서 일제에 의해 **제암리 학살** 등이 일어났다.

✚ **대한민국 임시 정부**는 임시 사료 편찬 위원회를 두고 "한·일 관계 사료집"을 간행하였다.

✚ 대한민국 임시 정부는 **구미 위원부**를 설치하여 외교 활동을 전개하였다.

✚ 대한민국 임시 정부는 1923년에 **국민 대표 회의**를 열어 독립운동의 새로운 노선을 논의하였다.

|정답| 01 헌병 02 태형령 03 토지 조사 04 회사령 05 의군부 06 광복회
07 중광단 08 북로 군정서 09 광복군 10 임시 정부 11 연통 12 교통
13 공채

대표 문항 ZOOM IN

심화 61회 44번

(가) 지역에서 있었던 민족 운동으로 옳은 것은? [2점]

해외 독립운동 유적 조사 보고서

■ 주제 : [(가)] 지역에 서린 항일 독립 정신을 찾아서

■ 조사 내용 — ●키워드 1 김약연은 북간도 용정에서 명동 학교를 설립하였어요.

1. 김약연의 명동 학교 설립과 교육 활동
2. 이상설이 세운 민족 교육의 요람, 서전서숙 ●키워드 2 이상설, 이동녕 등이 북간도에서 서전서숙을 설립하여 민족 교육을 실시하였어요.
3. 윤동주와 송몽규의 민족의식이 싹튼 용정촌

■ 유적 사진

명동 학교 　　서전서숙 기념비 　　용정촌 윤동주 생가

① 권업회가 설립되어 권업신문을 발간하였다.
② 이봉창이 일왕의 행렬에 폭탄을 투척하였다.
③ 박용만의 주도로 대조선 국민군단이 창설되었다.
④ 북로 군정서가 조직되어 독립 전쟁을 전개하였다.
⑤ 유학생들이 중심이 되어 2·8 독립 선언서를 발표하였다.

꼼꼼 친절 해설

키워드 1의 '명동 학교'와 키워드 2의 '서전서숙'이 있었던 (가) 지역은 북간도입니다. 1910년대에 일제가 독립운동을 철저하게 탄압하자 많은 애국지사가 일찍부터 우리 동포가 이주하여 기반을 닦은 간도와 연해주 지역으로 이동하여 독립운동을 전개하였어요. 1910년대 만주와 연해주 등지에서 전개된 독립운동을 정리해 볼까요?

1910년대 국외 독립운동

서간도 (남만주)	• 신민회 회원들이 이주 → 삼원보 개척 • 경학사 조직, 신흥 강습소 설립(→ 신흥 무관 학교), 서로 군정서 조직
북간도	• 용정촌, 명동촌 등 한인 집단촌 형성 → 서전서숙(이상설), 명동 학교를 설립하여 민족 교육 실시 • 대종교 중심으로 중광단 조직(→ 북로 군정서로 발전), 간민회 조직
연해주	블라디보스토크에 신한촌 건설, 권업회 조직(권업신문 발간), 대한 광복군 정부 조직(이상설, 이동휘), 대한 국민 의회 결성
상하이	• 신규식 등이 대동단결 선언 발표 • 신한 청년당 조직 → 파리 강화 회의에 김규식 파견
미주 지역	• 미국 본토 : 안창호 등을 중심으로 대한인 국민회 조직, 샌프란시스코에 중앙 총회 설립, 흥사단 조직(안창호) • 하와이 : 박용만의 주도로 대조선 국민군단 창설, 독립군 사관 양성 노력 • 멕시코 : 숭무 학교 설립(독립군 양성, 무장 투쟁 준비)

따라서 정답은 ④번이에요. 북간도 지역에서 대종교 중심의 중광단이 결성되었어요. 중광단은 이후 북로 군정서로 발전하였어요.
나머지 선택지도 알아볼까요? ① 권업회는 연해주에서 조직되었으며 기관지로 권업신문을 발행하였어요. ② 1932년에 이봉창이 일본 도쿄에서 일왕의 행렬에 폭탄을 투척하였어요. ③ 하와이에서 박용만의 주도로 대조선 국민군단이 창설되었어요. ⑤ 일본 도쿄에서 유학생들이 중심이 되어 2·8 독립 선언서를 발표하였어요.

---

1 심화 66회 37번

밑줄 그은 '법령'이 시행된 시기 일제의 정책으로 옳은 것은? [1점]

○○신문

제△△호 　　　　　○○○○년 ○○월 ○○일

어려움에 빠진 한인 회사

회사를 설립할 때 조선 총독의 허가를 받도록 하는 법령이 제정되었다. 이후 한인의 회사는 큰 영향을 받아 손해가 적지 않기에 실업계의 원성이 자자하다. 전국에 있는 회사를 헤아려 보니 한국에 본점을 두고 설립한 회사가 171개인데 자본 총액이 5,021만여 원이요, 외국에 본점을 두고 지점을 한국에 설립한 회사가 52개인데 자본 총액이 1억 1,230만여 원이다. 그중에 일본인의 회사가 3분의 2 이상이고, 몇 개 되지 않는 한인의 회사는 상업 경쟁에 밀리고 회사세납에 몰려 도무지 유지하기가 어렵다고 한다.

① 신문지법을 제정하였다.
② 미쓰야 협정을 체결하였다.
③ 토지 조사 사업을 실시하였다.
④ 경성 제국 대학을 설립하였다.
⑤ 조선 사상범 예방 구금령을 시행하였다.

---

2 심화 68회 35번

다음 자료에 나타난 민족 운동에 대한 설명으로 옳지 않은 것은? [2점]

한국인들이 독립 선언을 하다
- 집회에 참가한 수천 명 체포 -

일본 당국은 고종의 장례식을 계기로 문제가 발생할 것으로 예상하고 많은 헌병을 서울로 집결시켰다. …… 전국의 모든 도시와 마을에서 독립을 위한 행진과 시위가 일어났다. 일본 측은 당황했지만 곧 재정비하여 강력하고 신속한 진압에 나섰다. 그 결과 수천 명의 시위대가 체포되었지만 일본 측 보고서에는 수백 명으로 기록되어 있다.

① 중국의 5·4 운동에 영향을 주었다.
② 대한민국 임시 정부 수립의 계기가 되었다.
③ 신간회에서 진상 조사단을 파견하여 지원하였다.
④ 국외로도 확산되어 필라델피아에서 한인 자유 대회가 열렸다.
⑤ 평화적 만세 운동에서 무력 투쟁 사례가 늘어나기 시작하였다.

1920년대 식민 통치와 저항

강의 바로 보기

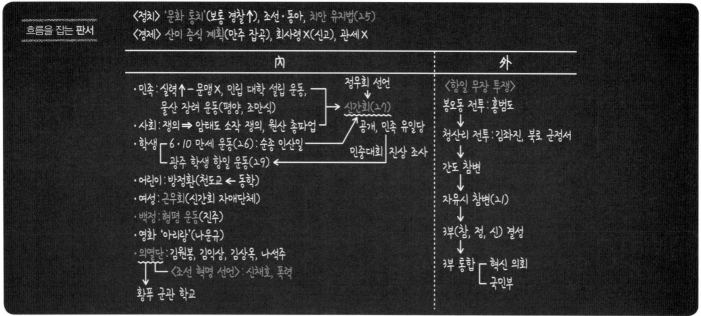

흐름을 잡는 판서

〈정치〉 '문화 통치'(보통 경찰↑), 조선·동아, 치안 유지법(25)
〈경제〉 산미 증식 계획(만주 잡곡), 회사령X(신고), 관세X

內	外
·민족: 실력↑ - 문맹X, 민립 대학 설립 운동, 물산 장려 운동(평양, 조만식)	〈항일 무장 투쟁〉
·사회: 쟁의 ⇒ 암태도 소작 쟁의, 원산 총파업	봉오동 전투: 홍범도
·학생 ┌ 6·10 만세 운동(26): 순종 인산일	청산리 전투: 김좌진, 북로 군정서
└ 광주 학생 항일 운동(29)	간도 참변
·어린이: 방정환(천도교 ← 동학)	자유시 참변(21)
·여성: 근우회(신간회 자매단체)	3부(참, 정, 신) 결성
·백정: 형평 운동(진주)	3부 통합 ┌ 혁신 의회 └ 국민부
·영화 '아리랑'(나운규)	
·의열단: 김원봉, 김익상, 김상옥, 나석주	

정우회 선언 → 신간회(27) / 공개, 민족 유일당 / 민중대회 진상 조사

〈조선 혁명 선언〉: 신채호, 폭력 → 황푸 군관 학교

★ 별 채우기

01 일제는 3·1 운동 이후 이른바 ★★ 통치로 통치 방식을 바꾸었다.

02 일제는 1925년에 ★★ 유지법을 제정하여 사회주의 운동과 독립 운동가를 탄압하는 데 적극 이용하였다.

03 일제는 쌀 수탈을 목적으로 ★★ ★★ 계획을 추진하였다.

04 물산 장려 운동은 조만식 등의 주도로 ★★에서 시작되어 전국으로 확산되었다.

05 1923년에 목포 인근의 ★★도에서 고액 소작료에 반대하여 소작 쟁의가 일어났다.

06 ★★ 총파업 당시 일본, 프랑스 등지의 노동 단체가 격려 전문을 보내왔다.

07 6·10 만세 운동은 ★★의 인산일에 학생들의 주도로 전개되었다.

08 ★·★★ 만세 운동은 국내에서 민족 유일당 운동이 전개되는 계기가 되었다.

09 1926년에 사회주의 계열 단체인 ★★회가 비타협적 민족주의 세력과의 제휴를 주장하는 선언을 발표하였다.

10 1927년에 민족 유일당 운동의 일환으로 비타협적 민족주의계와 사회주의계가 연대한 신★★가 창립되었다.

11 1929년에 한·일 학생 간의 충돌을 계기로 ★★ ★★ ★★ 운동이 일어났다.

12 ★★★는 광주 학생 항일 운동에 진상 조사단을 파견하였다.

13 1927년에 조직된 항일 여성 운동 단체인 ★★★는 잡지 "근우"를 발간하였다.

14 백정에 대한 사회적 차별 철폐를 목적으로 ★★ 운동이 전개되었다.

15 의열단은 신채호의 '★★ ★★ ★★'을 활동 지침으로 삼았다.

16 의열단의 단원 일부가 중국의 ★★ ★★ 학교에 입학하여 군사 훈련을 받았다.

17 홍★★는 대한 독립군을 이끌고 봉오동 전투에서 일본군을 격파하였다.

18 북로 군정서와 대한 독립군 등 독립군 연합 부대가 ★★★ 일대에서 일본군과 싸워 큰 승리를 거두었다.

19 봉오동 전투와 청산리 전투에서 패배한 일본군의 보복으로 ★★ 참변이 발생하였다.

20 간도 참변 이후 만주 지역의 독립군은 조직을 정비하고 러시아령 자★★로 이동하였다.

★ 별 더하기

+ 물산 장려 운동 당시 자작회, 토산 애용 부인회 등의 단체가 활동하였다.

+ 이상재 등의 주도로 민립 대학 설립을 위한 모금 활동이 전개되었다.

+ 일제는 한국인의 자발적인 대학 설립을 무마하기 위해 경성 제국 대학을 설립하였다.

+ 일제는 만주의 중국 군벌과 미쓰야 협정을 체결하여 독립군 탄압을 강화하였다.

+ 청산리 전투에는 북로 군정서를 비롯하여 대한 독립군, 대한 국민군 등이 연합하여 참여하였다.

| 정답 | 01 문화　02 치안　03 산미 증식　04 평양　05 암태　06 원산　07 순종　08 6, 10　09 정우　10 간회　11 광주 학생 항일　12 신간회　13 근우회　14 형평　15 조선 혁명 선언　16 황푸 군관　17 범도　18 청산리　19 간도　20 유시

대표 문항 ZOOM IN 🔍   심화 64회 37번

(가) 단체에 대한 설명으로 옳은 것은?   [2점]

역사신문

제△△호   ○○○○년 ○○월 ○○일

민중 대회 개최 모의로 지도부 대거 체포

허헌, 홍명희 등 [(가)] 의 지도부는 광주 학생 항일 운동을 전국적 시위운동으로 확산시키기 위한 민중 대회 개최를 추진하다가 경찰에 체포되었다. 이 단체는 사건 진상 조사 보고를 위한 유인물 배포 및 연설회 개최를 계획하고, 각 지회에 행동 지침을 내리는 등 시위 확산을 도모하였다.

> **키워드 1** 신간회는 광주 학생 항일 운동의 진상 규명을 위한 진상 조사단을 파견하였으며, 대규모 민중 대회를 계획하였으나 일제의 탄압으로 성사시키지 못하였어요.

① 암태도 소작 쟁의를 지원하였다.

② 민족 협동 전선으로 결성되었다.

③ 부민관 폭파 사건을 주도하였다.

④ 조선 혁명 선언을 활동 지침으로 하였다.

⑤ 어린이날을 제정하고 잡지 어린이를 간행하였다.

꼼꼼 친절 해설

키워드 1의 광주 학생 항일 운동을 전국적 시위운동으로 확산시키기 위한 민중 대회 개최를 추진하였다는 내용을 통해 (가) 단체가 1927년에 결성된 신간회임을 알 수 있어요. 1920년대 후반 국내에서 전개된 민족 운동에 대해 정리해 볼까요?

1920년대 후반 국내에서의 민족 운동

6·10 만세 운동	순종의 인산일에 전개(1926), 민족주의 계열과 사회주의 계열의 연대 모색의 계기
신간회 결성	• 계기 : 사회주의자들이 민족주의 진영과의 연대 모색 → 정우회 선언 발표 • 창립 : 비타협적 민족주의 세력과 사회주의 세력이 연합하여 결성(1927) • 강령 : 정치·경제적 각성 촉구, 민족의 공고한 단결 촉구, 기회주의 배격 • 활동 : 광주 학생 항일 운동 지원(진상 조사단 파견, 민중 대회 계획), 전국 순회강연과 토론회 개최, 농민·노동 운동 등 지원 • 해소 : 일제의 탄압, 새 지도부 온건화 → 사회주의계 이탈로 해소(1931) • 의의 : 일제 강점기 최대 규모의 민족 운동 단체
광주 학생 항일 운동	광주-나주 간 통학 열차를 타는 한·일 학생 간 충돌이 계기 → 광주 지역 학생들이 대규모 시위 전개(1929) → 신간회의 지원 → 전국으로 확산 (3·1 운동 이후 최대 규모의 항일 민족 운동)

따라서 정답은 ②번이에요. 신간회는 자치론에 반대하는 비타협적 민족주의 세력과 사회주의 세력의 민족 협동 전선으로 결성되었어요.
나머지 선택지도 확인해 볼까요? ① 암태도 소작 쟁의는 신간회 창립 이전인 1923년에 일어났어요. 암태도 소작 쟁의를 지원한 단체로 조선 노농 총동맹을 들 수 있어요. ③ 1945년에 대한 애국 청년당 당원들이 부민관 폭파 사건을 주도하였어요. ④ 김원봉이 조직한 의열 투쟁 단체인 의열단은 신채호가 작성한 '조선 혁명 선언'을 활동 지침으로 삼았어요. ⑤ 방정환이 중심이 된 천도교 소년회는 소년 운동을 전개하며 어린이날을 제정하고 잡지 "어린이"를 간행하였어요.

---

1   심화 68회 39번

밑줄 그은 '이 계획'에 대한 설명으로 옳은 것은?   [1점]

> 이 계획 실시로 인하여 수리 조합비 부담이 커졌어. 가뜩이나 지세도 부담되는데 개량 종자 구입비로 돈이 더 들어가네. 이래서 살겠나.

> 우리 마을 박서방은 소작농으로 전락하였다지. 우리 집은 쌀이 없어 만주에서 들여온 잡곡만 먹고 있다네.

① 독립 협회 결성의 계기가 되었다.

② 국채 보상 운동의 배경이 되었다.

③ 재정 고문 메가타의 주도로 시행되었다.

④ 토지 조사 사업이 시행되는 배경이 되었다.

⑤ 일본의 쌀 부족 현상을 해결하기 위해 시행되었다.

---

2   심화 68회 41번

다음 가상 일기의 밑줄 그은 '운동'에 대한 설명으로 옳은 것은?   [1점]

> 1925년 ○○월 ○○일
>
> 우리 백정들은 신분제가 폐지되었음에도 끊임없이 차별받았다. 다 같은 조선 민족인데 왜 우리를 핍박하는 걸까? 우리는 저울처럼 평등한 세상을 만들기 위해 몇 해 전부터 운동을 벌이고 있지만 사람들의 인식을 바꾸기는 쉽지 않은 것 같다. 얼마 전 예천에서는 '백정을 핍박하는 것은 죄가 아니다.'라고 말하는 사람도 있다고 하니 우리는 언제쯤 평등한 대우를 받을 수 있을까?

① 조선 형평사의 주도로 전개되었다.

② 대한매일신보의 지원을 받아 확대되었다.

③ 평양에서 시작하여 전국적으로 확산되었다.

④ 순종의 인산일을 기한 대규모 시위를 계획하였다.

⑤ 라이징 선 석유 회사의 한국인 구타 사건을 계기로 시작되었다.

1930년대 이후 식민 통치와 저항

강의 바로 보기

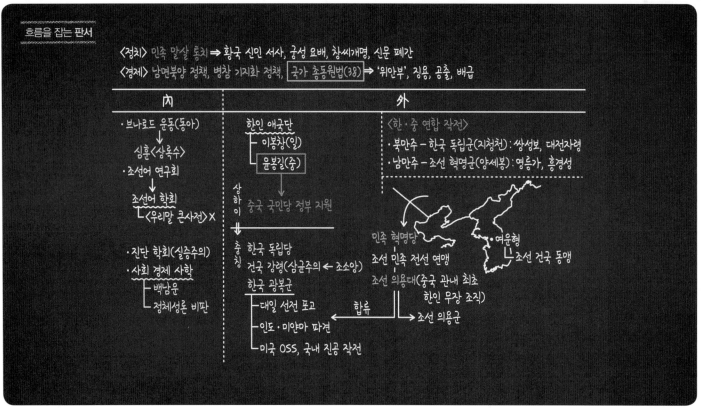

흐름을 잡는 판서

〈정치〉민족 말살 통치 ➡ 황국 신민 서사, 궁성 요배, 창씨개명, 신문 폐간
〈경제〉남면북양 정책, 병참 기지화 정책, 국가 총동원법(38) ➡ '위안부', 징용, 공출, 배급

内
- 브나로드 운동(동아)
  ↓
  심훈〈상록수〉
- 조선어 연구회
  ↓
  조선어 학회
  └〈우리말 큰사전〉X
- 진단 학회(실증주의)
- 사회 경제 사학
  ├ 백남운
  └ 정체성론 비판

한인 애국단
└ 이봉창(일)
  윤봉길(중)
  ↓
  중국 국민당 정부 지원
  ↓
상해이 → 충칭
한국 독립당
건국 강령(삼균주의 ← 조소앙)
한국 광복군
├ 대일 선전 포고
├ 인도 · 미얀마 파견
└ 미국 OSS, 국내 진공 작전

外
〈한 · 중 연합 작전〉
- 북만주 - 한국 독립군(지청천) : 쌍성보, 대전자령
- 남만주 - 조선 혁명군(양세봉) : 영릉가, 흥경성

민족 혁명당
조선 민족 전선 연맹
조선 의용대(중국 관내 최초 한인 무장 조직)
→ 조선 의용군
합류
여운형
조선 건국 동맹

⭐ 별 채우기

01 일제는 민족 말살 정책의 일환으로 ⭐⭐ ⭐⭐ 서사 암송을 강요하였다.

02 일제는 한국인의 성과 이름을 일본식으로 바꾸는 ⭐⭐⭐⭐을 강요하였다.

03 일제는 1938년에 국가 ⭐⭐⭐법을 제정하여 침략 전쟁에 필요한 인력과 물자를 본격적으로 수탈하였다.

04 일제는 중 · 일 전쟁 이후 전쟁 물자를 확보하기 위해 ⭐출, 식량 ⭐⭐제 등을 시행하였다.

05 동아일보는 농촌 계몽을 위해 ⭐⭐⭐⭐ 운동을 전개하였다.

06 ⭐⭐⭐ 학회는 "우리말 큰사전" 편찬을 시도하였다.

07 백남운은 유물 사관을 토대로 식민 사학의 ⭐⭐성론을 반박하였다.

08 김구는 상하이에서 의열 투쟁 단체인 ⭐⭐ ⭐⭐⭐을 조직하였다.

09 한인 애국단원 ⭐⭐⭐은 훙커우 공원에서 폭탄을 던져 일제 요인들을 살상하였다.

10 지청천이 이끈 한국 ⭐⭐⭐은 쌍성보 전투에서 한 · 중 연합 작전을 전개하였다.

11 양세봉이 지휘한 조선 ⭐⭐⭐은 항일 중국군과 함께 영릉가에서 큰 전과를 올렸다.

12 조선 ⭐⭐⭐는 중국 관내에서 결성된 최초의 한인 무장 부대였다.

13 대한민국 임시 정부는 1941년에 삼균주의에 바탕을 둔 ⭐⭐⭐ ⭐⭐을 발표하였다.

14 한국 ⭐⭐⭐은 미국과 연계하여 국내 진공 작전을 계획하였다.

⭐ 별 더하기

+ 일제는 여자 정신 근로령을 공포하여 여성들을 강제로 군수 공장, 전쟁터로 끌고 갔다.

+ 일제는 1936년에 조선 사상범 보호 관찰령을 공포하여 독립운동 탄압을 강화하였다.

+ 일제는 1941년에 조선 사상범 예방 구금령을 제정하였다.

+ 조선어 학회는 한글 맞춤법 통일안과 표준어를 제정하였다.

+ "여유당전서" 간행 사업을 계기로 조선학 운동이 전개되었다.

+ 평양의 노동자 강주룡은 을밀대 지붕에서 임금 삭감 반대, 노동 조건 개선을 주장하며 고공 농성을 전개하였다.

+ 백남운은 "조선사회경제사"에서 식민 사관의 정체성론을 반박하였다.

+ 조선 의용대 대원의 일부는 한국 광복군에 합류하였다.

|정답| 01 황국 신민　02 창씨개명　03 총동원　04 공, 배급　05 브나로드
06 조선어　07 정체　08 한인 애국단　09 윤봉길　10 독립군　11 혁명군
12 의용대　13 건국 강령　14 광복군

대표 문항 ZOOM IN 🔍

심화 66회 43번

교사의 질문에 대한 학생의 답변으로 가장 적절한 것은? [1점]

일제는 조선 민사령을 개정하여 일본식 씨명을 사용하도록 강요하였습니다. 이렇게 개정한 이후에 일제가 추진한 정책에 대해 말해 볼까요?

키워드 1 일제는 1940년대에 한국인의 성과 이름을 일본식으로 바꾸는 창씨개명을 강요하였어요.

> **조선 민사령 중 개정의 건**
> **(제령 제19호)**
>
> 조선인 호주는 본령 시행 후 6개월 이내에 새로 씨(氏)를 정하고 이를 부윤 또는 읍면장에게 신고해야 한다. …… 신고를 하지 않을 때는 본령 시행 당시 호주의 성을 씨로 삼는다.

① 통감부를 설치하였습니다.

② 조선 태형령을 시행하였습니다.

③ 헌병 경찰제를 실시하였습니다.

④ 여자 정신 근로령을 공포하였습니다.

⑤ 동양 척식 주식회사를 설립하였습니다.

꼼꼼 친절 해설

일제가 키워드 1의 일본식 성명을 사용하도록 강요한 시기는 1940년대입니다. 일제는 1937년에 중·일 전쟁을 일으키고 침략 전쟁을 확대하면서 한국인을 전쟁에 쉽게 동원하기 위해 한국인의 민족의식을 말살하는 정책을 본격적으로 추진하였어요. 1939년에는 조선 민사령을 개정하여 한국인에게 일본식 성명 사용을 강제하는 근거를 만들었어요. 1930년대 이후 일제의 식민 정책을 정리해 볼까요?

1930년대 이후 일제의 식민 정책

민족 말살 통치	• 황국 신민화 정책: 궁성 요배, 신사 참배, 황국 신민 서사 암송, 창씨개명 등 강요 • 조선 사상범 보호 관찰령 공포(1936), 조선 사상범 예방 구금령 제정(1941), 소학교의 명칭을 국민학교로 변경(1941)
경제 수탈	• 남면북양 정책: 일본 방직업에 필요한 원료 공급 목적 → 한반도 남부 지방에 면화, 북부 지방에 양 사육 강요 • 병참 기지화 정책: 한반도를 전쟁 물자 보급을 위한 병참 기지로 이용, 북부 지방에 중화학 공업 집중(→ 군수 산업 위주로 개편) • 물자 수탈: 전쟁 물자 확보 목적 → 지하자원 약탈, 금속과 미곡 공출, 식량 배급제 실시 등 • 인력 강제 동원: 지원병제(1938), 국민 징용령(1939), 학도 지원병제(1943), 징병제(1944), 여자 정신 근로령(1944) 시행

따라서 정답은 ④번이에요. 일제는 침략 전쟁 수행을 위해 1944년에 여자 정신 근로령을 공포하여 한국 여성의 노동력까지 강제로 동원하였어요.

나머지 선택지도 확인해 볼까요? ① 일제는 1905년에 체결된 을사늑약에 따라 1906년에 통감부를 설치하였어요. ② 일제는 1910년대에 강압적인 무단 통치를 실시하여 한국인에게만 태형을 적용하는 조선 태형령을 시행하였어요. ③ 일제는 1910년대에 한국인의 저항을 강력하게 누르기 위해 군사 경찰인 헌병이 일반 경찰 업무와 행정 업무까지 관여하는 헌병 경찰제를 실시하였어요. ⑤ 일제는 1908년에 한국의 토지와 자원을 수탈할 목적으로 동양 척식 주식회사를 설립하였어요.

---

1 심화 67회 39번

(가) 부대에 대한 설명으로 옳은 것은? [2점]

> 대전자령은 태평령이라고도 하는데, 일본군이 서남부의 왕칭현 쪽으로 가려면 반드시 지나가야 하는 지점이었다. 대전자령의 양쪽은 험준한 절벽과 울창한 산림 지대로 되어 있어 적을 공격하기에 알맞은 곳이었다. 이 전투에 □(가)□ 의 주력 부대 500여 명, 차이시잉(柴世榮)이 거느리는 중국 의용군인 길림구국군 2,000여 명이 참가하였다. …… 한·중 연합군은 계곡 양편 산기슭에 구축되어 있는 참호 속에 미리 매복·대기하여 일본군 습격 준비를 마쳤다.
>
> — "청천장군의 혁명투쟁사" —

① 영국군의 요청으로 인도·미얀마 전선에 투입되었다.

② 간도 참변 이후 조직을 정비하고 자유시로 이동하였다.

③ 중국 관내(關內)에서 결성된 최초의 한인 무장 부대였다.

④ 홍범도 부대와 연합하여 청산리에서 일본군과 교전하였다.

⑤ 한국 독립당의 군사 조직으로 북만주 지역에서 활약하였다.

---

2 심화 65회 43번

(가)에 대한 설명으로 옳은 것은? [2점]

전자 사료관

◌표시된 인물이 김원봉

자료는 □(가)□ 의 창립 1주년을 기념하며 계림에서 촬영된 사진이다. 중국 국민당 정부의 지원을 받아 김원봉 등을 중심으로 창설된 □(가)□ 은/는 중국 관내(關內)에서 만들어진 최초의 한인 무장 부대이다.

① 자유시 참변으로 시련을 겪었다.

② 대원 일부가 한국 광복군에 합류하였다.

③ 쌍성보 전투에서 한·중 연합 작전을 전개하였다.

④ 독립군 양성 기관인 한인 소년병 학교를 설립하였다.

⑤ 홍범도 부대와 연합하여 청산리에서 일본군과 교전하였다.

7일

현대

핵심 개념 **한눈에 보기**

1 교시   이승만 정부

광복 직후 상황	→	대한민국 정부 수립	→	6·25 전쟁	→	이승만 정부의 장기 집권

광복 직후 상황
- 모스크바 3국 외상 회의 (신탁 통치)
- 이승만의 정읍 발언
- 좌우 합작 운동(여운형, 김규식 주도) → 좌우 합작 7원칙 발표
- 남북 협상(김구, 김규식 주도)
- 제주 4·3 사건

대한민국 정부 수립
- 5·10 총선거 → 제헌 국회 구성 → 제헌 헌법 제정
- 대한민국 정부 수립(대통령 이승만, 부통령 이시영)
- 반민족 행위 처벌법 제정 → 반민특위 구성
- 농지 개혁(유상 매수, 유상 분배 방식)

6·25 전쟁
- 인천 상륙 작전
- 중국군 개입(→ 1·4 후퇴)
- 정전 협정 체결(1953)

이승만 정부의 장기 집권
- 제1차 개헌(발췌 개헌, 1952)
- 제2차 개헌(사사오입 개헌, 1954)
- 진보당 사건(1958) → 조봉암 처형
- 4·19 혁명 : 3·15 부정 선거 반대 시위 → 김주열 시신 발견으로 시위 확산 → 이승만 하야, 허정 과도 정부 수립 → 제3차 개헌(내각 책임제, 1960) / 관련 기록물의 유네스코 세계 기록 유산 등재

2 교시   박정희 정부

박정희 정부	→	유신 체제	→	경제 발전	→	통일 정책

박정희 정부
- 5·16 군사 정변(1961) → 국가 재건 최고 회의 설치
- 제5차 개헌(대통령 직선제)
- 한·일 국교 정상화 추진 → 6·3 시위(1964), 한·일 협정 체결(1965)
- 베트남 파병
- 제6차 개헌(3선 개헌)

유신 체제
- 제7차 개헌(유신 헌법, 1972) → 통일 주체 국민 회의에서 간선제로 대통령 선출, 대통령의 긴급 조치권 및 국회 의원 1/3 추천권
- YH 무역 사건
- 부·마 민주 항쟁(1979)

경제 발전
- 제1, 2차 경제 개발 5개년 계획 추진(경공업 중심)
- 제3, 4차 경제 개발 5개년 계획 추진(중화학 공업 중심)
- 수출액 100억 달러 달성
- 새마을 운동 전개
- 경부 고속 국도 개통
- 전태일 분신 사건

통일 정책
- 7·4 남북 공동 성명(자주, 평화, 민족 대단결)
- 남북 조절 위원회 설치

3 교시   전두환 정부 ~ 김대중 정부

전두환 정부	→	노태우 정부	→	김영삼 정부	→	김대중 정부

전두환 정부
- 5·18 민주화 운동 : 신군부의 무력 진압에 맞서 광주 시민이 시민군 조직, 관련 기록물의 유네스코 세계 기록 유산 등재
- 제8차 개헌(7년 단임, 간선제, 대통령 선거인단)
- 6월 민주 항쟁 : 박종철 고문치사, 4·13 호헌 조치, 6·29 민주화 선언 → 제9차 개헌(5년 단임, 대통령 직선제)
- 최초의 이산가족 상봉

노태우 정부
- 북방 외교(사회주의 국가와 적극 교류)
- 남북한 유엔 동시 가입
- 남북 기본 합의서 채택
- 한반도 비핵화 공동 선언 발표

김영삼 정부
- 역사 바로 세우기
- 금융 실명제 전격 실시
- 지방 자치제 전면 실시
- 우루과이 라운드 타결
- OECD 가입
- 외환 위기 → IMF 긴급 구제 금융 요청

김대중 정부
- IMF 위기 극복
- '햇볕 정책'(정주영 소떼 방북, 금강산 해로 관광)
- 최초의 남북 정상 회담 개최 → 6·15 남북 공동 선언 발표(2000)
- 개성 공단 조성과 경의선 연결 합의
- 이산가족 방문
- 금강산 육로 관광 추진

자료 01 모스크바 3국 외상 회의

1945년 12월, 미국, 영국, 소련의 외무장관이 모스크바에 모여 한반도에 민주적인 임시 정부 수립, 미·소 공동 위원회 설치, 미·영·소·중에 의한 최대 5년간의 신탁 통치 실시 등을 결정하였어요.

〈모스크바 3국 외상 회의의 주요 내용〉
1. 조선의 독립을 인정하며 민주주의 원칙에 따라 임시 조선 민주주의 정부를 수립한다.
2. 조선의 임시 정부 구성을 원조하기 위한 적절한 방안으로 미·소 공동 위원회를 설치한다.
3. 조선 인민의 정치적·경제적·사회적 진보와 민주주의적 자치 발전과 독립 국가의 수립을 위해 미·영·소·중 4국의 신탁 통치를 지원한다.

자료 02 제헌 국회의 활동

5·10 총선거의 결과로 구성된 초대 국회는 국호를 '대한민국'으로 정하고 헌법을 제정·공포하였는데, 이 헌법을 제헌 헌법이라고 해요.

〈제헌 헌법의 주요 내용〉
• 대한민국은 민주 공화국이다.
• 대한민국의 주권은 국민에게 있고 모든 권력은 국민으로부터 나온다.
• 대한민국의 영토는 한반도와 그 부속 도서로 한다.
• 대통령과 부통령은 국회에서 선거하여 재적 의원 3분의 2 이상의 출석과 출석 의원 3분의 2 이상의 찬성 투표로 결정한다.
• 반민족 행위를 처벌하는 특별법을 제정한다.
• 제헌 헌법을 제정한 국회는 국회로서의 권한을 행사하고 국회 의원의 임기는 국회 개최일로부터 2년으로 한다.

자료 03 6·25 전쟁

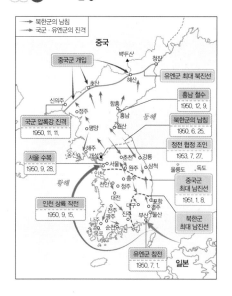

자료 04 7·4 남북 공동 성명

1972년 '자주·평화·민족 대단결'이라는 평화 통일의 3대 원칙에 합의한 7·4 남북 공동 성명이 서울과 평양에서 동시에 발표되었어요.

쌍방은 다음과 같은 조국 통일의 원칙들에 합의를 보았다.
첫째, 통일은 외세에 의존하거나 외세의 간섭을 받지 않고 자주적으로 해결하여야 한다.
둘째, 통일은 서로 상대방을 반대하는 무력 행사에 의거하지 않고, 평화적 방법으로 실현하여야 한다.
셋째, 사상과 이념, 제도의 차이를 초월하여 우선 하나의 민족으로서 민족 대단결을 도모하여야 한다.

자료 05 유신 헌법(7차 개헌)

박정희 정부는 평화적 통일을 위해 정치 체제를 개혁한다고 선언하며 대통령에게 국회 해산권, 법관 인사권, 국회 의원 3분의 1 추천권, 긴급 조치권 등 막강한 권한을 부여하는 개헌을 단행하였어요.

제39조 대통령은 통일 주체 국민 회의에서 토론 없이 무기명 투표로 선거한다.
제40조 통일 주체 국민 회의는 국회 의원 정수의 3분의 1에 해당하는 수의 국회 의원을 선거한다.
제53조 대통령은 …… 신속한 조치를 할 필요가 있다고 판단할 때에는 내정·외교·국방·경제·재정·사법 등 국정 전반에 걸쳐 필요한 긴급 조치를 할 수 있다.
제59조 대통령은 국회를 해산할 수 있다.

자료 06 남북 기본 합의서

노태우 정부 시기에 남북한이 유엔에 동시 가입하였으며, 화해와 불가침 및 교류 협력에 관해 공동 합의한 '남북 기본 합의서'를 채택하였어요.

남과 북은 …… 쌍방 사이의 관계가 나라와 나라 사이의 관계가 아닌 통일을 지향하는 과정에서 잠정적으로 형성되는 특수 관계라는 것을 인정하고 …… 다음과 같이 합의하였다.
제1조 남과 북은 서로 상대방의 체제를 인정하고 존중한다.
제9조 남과 북은 상대방에 대하여 무력을 사용하지 않으며 상대방을 무력으로 침략하지 아니한다.
제15조 남과 북은 …… 자원의 공동 개발, 민족 내부 교류로서의 물자 교류, 합작 투자 등 경제 교류와 협력을 실시한다.

자료 07 6·29 민주화 선언

전두환 정부가 6월 민주 항쟁에 굴복하여 당시 여당의 대통령 후보로 내정된 노태우를 내세워 발표한 특별 선언이에요. 여야 합의에 따라 조속히 대통령 직선제 개헌을 하고 새 헌법에 따라 대통령 선거를 치르겠다는 약속이었어요. 이후 5년 단임의 대통령 직선제 개헌이 이루어졌습니다.

첫째, 여야 합의하에 조속히 대통령 직선제 개헌을 하고 새 헌법에 의한 대통령 선거를 통해 88년 2월 평화적 정부 이양을 실현토록 해야 하겠습니다. …… 오늘의 이 시점에서 저는, 사회적 혼란을 극복하고 국민적 화해를 이룩하기 위하여 대통령 직선제를 택하지 않을 수 없다는 결론에 이르게 되었습니다. 국민은 나라의 주인이며, 국민의 뜻은 모든 것에 우선하는 것입니다.
둘째, 새로운 법에 따라, 선거 운동, 투개표 과정 등에 있어서 최대한의 공명정대한 선거 관리가 이루어져야 합니다.
셋째, 극소수를 제외한 모든 시국 관련 사범들도 석방되어야 합니다.

자료 08 6·15 남북 공동 선언

2000년 6월, 남한의 김대중 대통령과 북한의 김정일 국방위원장이 평양에서 최초로 남북 정상 회담을 개최하고 6·15 남북 공동 선언을 채택하였어요.

1. 남과 북은 나라의 통일 문제를 그 주인인 우리 민족끼리 서로 힘을 합쳐 자주적으로 해결해 나가기로 하였다.
2. 남과 북은 남측의 연합제 안과 북측의 낮은 단계의 연방제 안이 서로 공통성이 있다고 인정하고, 앞으로 이 방향에서 통일을 지향하기로 하였다.
3. 남과 북은 2000년 8월 15일에 즈음하여 흩어진 가족, 친척 방문단을 교환하며 비전향 장기수 문제를 해결하는 등 인도적 문제를 조속히 풀어 나가기로 하였다.
4. 남과 북은 경제 협력을 통하여 민족 경제를 균형적으로 발전시키고, 사회, 문화, 체육, 보건, 환경 등 제반 분야의 협력과 교류를 활성화하여 서로 신뢰를 다져 나가기로 하였다.
5. 남과 북은 위의 네 개 항의 합의 사항을 조속히 실천에 옮기기 위하여 빠른 시일 안에 당국 사이의 대화를 개최하기로 하였다.

이승만 정부

강의 바로 보기

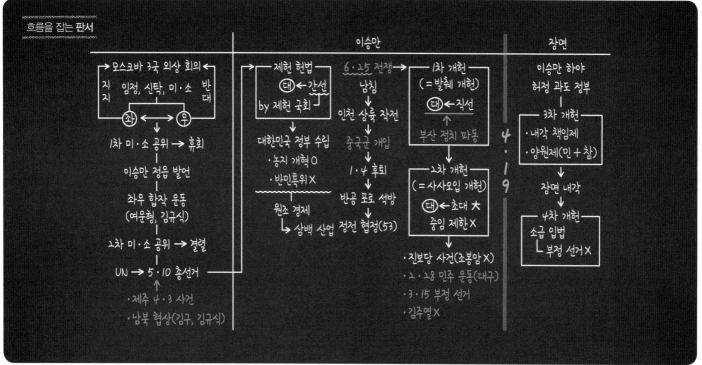

흐름을 잡는 판서

이승만 / 장면

→ 모스크바 3국 외상 회의 ←
지지 / 임정, 신탁, 미·소 / 반대
좌 ↔ 우
1차 미·소 공위 → 휴회
이승만 정읍 발언
좌우 합작 운동
(여운형, 김규식)
2차 미·소 공위 → 결렬
UN → 5·10 총선거
·제주 4·3 사건
·남북 협상(김구, 김규식)

제헌 헌법
대 ← 간선
by 제헌 국회
대한민국 정부 수립
·농지 개혁 O
·반민특위 X
원조 경제
↳ 삼백 산업

6·25 전쟁 →
남침
↓
인천 상륙 작전
↓
중국군 개입
↓
1·4 후퇴
↓
반공 포로 석방
정전 협정(53)

1차 개헌
(= 발췌 개헌)
대 ← 직선
↑
부산 정치 파동
2차 개헌
(= 사사오입 개헌)
대 ← 초대 ★
중임 제한 X
·진보당 사건(조봉암 X)
·2·28 민주 운동(대구)
·3·15 부정 선거
·김주열 X

이승만 하야
허정 과도 정부
│
3차 개헌
·내각 책임제
·양원제(민 + 참)
↓
장면 내각
↓
4차 개헌
소급 입법
↳ 부정 선거 X

4·19

★ 별 채우기

01 모스크바 3국 외상 회의의 결과가 알려지면서 국내에서 ⭐⭐ 통치 반대 운동이 전개되었다.

02 ⭐⭐⭐은 정읍에서 남한만의 단독 정부 수립을 주장하였다.

03 여운형, 김규식 등 중도 세력을 중심으로 ⭐⭐ ⭐⭐ 위원회가 결성되었다.

04 1948년에 유엔 감시 아래 우리나라 최초의 보통 선거인 ⭐·⭐⭐ 총선거가 실시되었다.

05 5·10 총선거에 따라 ⭐⭐ 국회가 구성되었다.

06 1948년에 남한만의 단독 정부 수립에 대한 반발로 제주 ⭐·⭐ 사건이 일어났다.

07 김⭐, 김⭐⭐ 등은 통일 정부 구성을 위한 남북 협상을 추진하였다.

08 제헌 국회에서 유상 매수, 유상 분배 원칙의 ⭐⭐ 개혁법이 제정되었다.

09 제헌 국회에서 친일파 청산을 위한 ⭐⭐⭐ 행위 처벌법이 제정되었다.

10 6·25 전쟁 중 국군과 유엔군은 ⭐⭐ 상륙 작전을 전개하여 서울을 수복하고 38도선을 넘어 압록강까지 진출하였다.

11 국군과 유엔군은 중국군의 참전으로 ⭐·⭐ 후퇴를 겪었다.

12 ⭐⭐⭐ 개헌에 따라 개헌 당시 대통령에 한해 중임 제한이 철폐되었다.

13 이승만 정부는 평화 통일론을 주장하는 진보당의 조⭐⭐을 제거하였다.

14 1960년에 3·15 부정 선거를 규탄하는 시위가 전국으로 확산되어 ⭐·⭐⭐ ⭐⭐이 일어났다.

15 4·19 혁명은 ⭐⭐제 국회와 장면 내각이 출범하는 계기가 되었다.

★ 별 더하기

✚ 광복 이후 **귀속 재산** 처리를 위한 **신한 공사**가 설립되었다.

✚ 제주 4·3 사건 희생자들의 명예 회복을 위한 **특별법**이 제정되었다.

✚ 6·25 전쟁 중 중국군의 공세로 **흥남 철수** 작전이 전개되었다.

✚ 1차 개헌은 1952년 비상계엄이 선포된 가운데 임시 수도 부산에서 **기립 표결**로 통과되었다.

✚ 정전 협정 체결 이후 **한·미 상호 방위 조약**이 체결되었다.

✚ 이승만 정부 시기에 제분·제당·면방직의 **삼백 산업**이 성장하였다.

✚ 이승만 정부 시기에 국가 보안법 개정안을 통과시킨 이른바 **보안법 파동**이 일어났다.

✚ 4·19 혁명 당시 대학 교수단이 대통령 퇴진을 요구하며 **시위행진**을 벌였다.

✚ 4·19 혁명의 결과 허정을 수반으로 하는 **과도 정부**가 수립되었다.

✚ 3차 개헌으로 국회가 민의원과 참의원의 **양원제**로 운영되었다.

|정답| **01** 신탁 **02** 이승만 **03** 좌우 합작 **04** 5, 10 **05** 제헌 **06** 4, 3 **07** 구, 규식 **08** 농지 **09** 반민족 **10** 인천 **11** 1, 4 **12** 사사오입 **13** 봉암 **14** 4, 19 혁명 **15** 양원

대표 문항 ZOOM IN 🔍

심화 68회 44번

(가) 민주화 운동에 대한 설명으로 옳은 것은? [2점]

이것은 1959년 이승만의 84세 생일을 기념하는 '대통령 탄신 경축식' 사진입니다. 이러한 행사는 1949년부터 진행되었습니다. 이승만 대통령의 장기 독재는 3·15 부정 선거에 항거하며 일어난 (가) (으)로 결국 종말을 고했습니다.

키워드 1 이승만과 여당인 자유당 정권이 대통령 유고 시 그 지위를 승계할 수 있는 부통령에 이기붕을 당선시키기 위해 1960년에 3·15 부정 선거를 자행하였어요. 이로 인해 4·19 혁명이 일어났어요.

① 긴급 조치 철폐를 요구하였다.
② 장면 내각이 출범하는 배경이 되었다.
③ 전남 도청에서 시민군이 계엄군에 맞서 싸웠다.
④ 민주화를 위한 개헌 청원 100만 인 서명 운동이 전개되었다.
⑤ 5년 단임의 대통령 직선제 개헌이 이루어지는 계기가 되었다.

꼼꼼 친절 해설

키워드 1의 3·15 부정 선거에 항거하며 일어났다는 내용을 통해 (가) 민주화 운동이 4·19 혁명임을 알 수 있어요. 4·19 혁명에 대해 정리해 볼까요?

4·19 혁명

원인	이승만 정부의 독재와 부정부패, 3·15 부정 선거(자유당의 후보, 특히 부통령 후보 이기붕을 당선시키기 위해 부정 선거 자행)
전개	전국 각지에서 3·15 부정 선거를 규탄하는 시위 전개 → 마산 앞바다에서 시위 참여자 김주열 학생의 시신 발견 → 전국으로 시위 확산 → 경무대로 향하는 시위 중 경찰의 발포로 사상자 발생, 정부의 비상계엄 선포 → 대학교수단이 시국 선언문 발표(정권 퇴진과 재선거 실시 주장)
결과	이승만의 하야 발표(이승만과 자유당 정권 붕괴), 허정 과도 정부 수립 → 내각 책임제, 양원제(민의원, 참의원) 국회 구성으로 개헌 → 총선거에서 민주당 압승 → 장면 내각 출범(대통령 - 윤보선, 국무총리 - 장면)

따라서 정답은 ②번이에요. 4·19 혁명 이후 구성된 허정 과도 정부가 개헌을 추진하였고, 새 헌법에 따라 총선을 거쳐 장면 내각이 출범하였어요.
나머지 선택지도 살펴볼까요? ① 박정희 정부가 1972년에 유신 헌법을 제정한 이후 유신 헌법 및 긴급 조치 철폐를 요구하는 유신 반대 운동이 전개되었어요. ③ 5·18 민주화 운동 과정에서 광주의 학생과 시민들은 계엄군의 무력 진압에 대항하여 자발적으로 시민군을 조직하였어요. ④ 1973년에 장준하, 백기완 등 재야인사들을 중심으로 유신 헌법 개정을 요구하는 개헌 청원 100만 인 서명 운동이 전개되었어요. ⑤ 6월 민주 항쟁의 결과 5년 단임의 대통령 직선제를 주요 내용으로 하는 개헌이 이루어졌어요.

---

1 심화 64회 42번

(가) 시기에 있었던 사실로 옳은 것은? [2점]

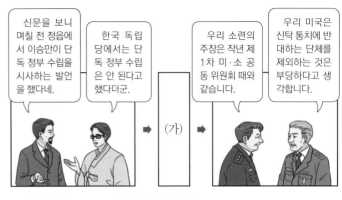

신문을 보니 며칠 전 정읍에서 이승만이 단독 정부 수립을 시사하는 발언을 했다네.

한국 독립당에서는 단독 정부 수립은 안 된다고 했다더군.

우리 소련의 주장은 작년 제1차 미·소 공동 위원회 때와 같습니다.

우리 미국은 신탁 통치에 반대하는 단체를 제외하는 것은 부당하다고 생각합니다.

① 여수·순천 10·19 사건이 발생하였다.
② 유엔 한국 임시 위원단이 서울에 도착하였다.
③ 송진우, 김성수 등이 한국 민주당을 창당하였다.
④ 여운형 등의 주도로 좌우 합작 위원회가 발족되었다.
⑤ 조선 건국 준비 위원회에서 조선 인민 공화국을 선포하였다.

---

2 심화 68회 42번

교사의 질문에 대한 학생의 답변으로 적절하지 않은 것은? [2점]

이 우표는 6·25 전쟁이 발발하고 북한군에 점령당했던 서울을 되찾은 것을 기념해 만들어졌습니다. 9월 28일 서울 수복 이후에 벌어진 상황에 대해 말해 볼까요?

우표로 보는 현대사

① 반공 포로가 석방되었어요.
② 한·미 상호 방위 조약이 체결되었어요.
③ 흥남에서 대규모 철수가 이루어졌어요.
④ 유엔군이 인천 상륙 작전을 전개하였어요.
⑤ 비상계엄이 선포된 가운데 발췌 개헌안이 통과되었어요.

박정희 정부

강의 바로 보기

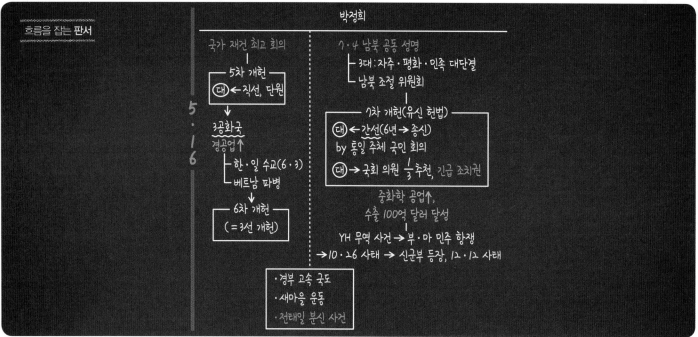

흐름을 잡는 **판서**

박정희

국가 재건 최고 회의

5차 개헌
대 ← 직선, 단원

3공화국
경공업↑
├ 한·일 수교(6·3)
└ 베트남 파병

6차 개헌
(=3선 개헌)

5 · 16

7·4 남북 공동 성명
├ 3대 : 자주·평화·민족 대단결
└ 남북 조절 위원회

7차 개헌(유신 헌법)
대 ← 간선(6년 → 종신)
by 통일 주체 국민 회의
대 → 국회 의원 1/3 추천, 긴급 조치권

중화학 공업↑,
수출 100억 달러 달성
YH 무역 사건 → 부·마 민주 항쟁
→10·26 사태 → 신군부 등장, 12·12 사태

• 경부 고속 국도
• 새마을 운동
• 전태일 분신 사건

⭐ 별 채우기

01 1960년대 ⭐공업 중심의 제1차 경제 개발 5개년 계획이 추진되었다.

02 박정희 정부 시기에 일본과의 국교 정상화에 반대하는 ⭐·⭐ 시위가 전개되었다.

03 박정희 정부는 1969년에 6차 개헌을 통해 대통령의 ⭐선이 가능하도록 하였다.

04 박정희 정부 시기에 서울과 부산을 잇는 ⭐⭐ ⭐⭐ 국도가 개통되었다.

05 박정희 정부 시기에 농촌 근대화를 표방한 ⭐⭐⭐ 운동이 전개되었다.

06 1970년에 평화 시장에서 재단사로 일하던 ⭐⭐⭐이 근로 기준법 준수를 요구하며 분신하였다.

07 박정희 정부 시기에 평화 통일의 3대 원칙을 명시한 ⭐·⭐⭐ ⭐⭐ ⭐⭐이 발표되었다.

08 7·4 남북 공동 성명이 발표된 후 합의 사항을 실천하기 위한 남북 ⭐⭐ 위원회가 구성되었다.

09 유신 헌법에 따라 ⭐⭐ ⭐⭐ 국민 회의에서 간선제로 대통령을 선출하였다.

10 ⭐⭐ 헌법에 따라 대통령에게 긴급 조치권과 국회 해산권 등이 부여되었다.

11 유신 헌법에 따라 ⭐⭐ ⭐⭐ 정수의 3분의 1이 대통령의 추천을 받아 통일 주체 국민 회의에서 선출되었다.

12 1970년대 ⭐⭐⭐ 공업 중심의 제3, 4차 경제 개발 5개년 계획이 추진되었다.

13 박정희 정부는 1977년에 수출액 ⭐⭐⭐억 달러를 달성하였다.

14 1979년에 박정희 정부는 부당한 공장 폐쇄에 맞서 생존권 보장을 요구하는 ⭐⭐ 무역 여성 노동자들의 농성을 강경 진압하였다.

15 1979년에 부산과 마산 일대에서 유신 체제에 저항하는 ⭐·⭐ 민주 항쟁이 일어났다.

16 1979년에 전두환 등의 ⭐⭐⭐ 세력이 12·12 사태를 일으켜 군사권을 장악하였다.

⭐ 별 더하기

+ 박정희 정부 시기에 베트남 파병에 관한 브라운 각서가 체결되었다.

+ 박정희 정부 시기에 교육의 지표를 제시한 국민 교육 헌장이 공포되었다.

+ 박정희 정부는 중학교 입시 제도를 폐지하고 무시험 추첨제를 실시하였다.

+ 박정희 정부 시기에 정부의 도시 정책에 반발하여 광주 대단지 사건이 일어났다.

+ 박정희 정부 시기에 8·3 조치로 사채 동결 등의 특혜가 기업에 제공되었다.

+ 유신 헌법이 제정된 이후 긴급 조치 철폐를 요구하는 3·1 민주 구국 선언이 발표되었다.

|정답| **01** 경 **02** 6, 3 **03** 3 **04** 경부 고속 **05** 새마을 **06** 전태일
07 7, 4 남북 공동 성명 **08** 조절 **09** 통일 주체 **10** 유신 **11** 국회 의원
12 중화학 **13** 100 **14** YH **15** 부, 마 **16** 신군부

대표 문항 ZOOM IN 🔍

심화 64회 47번

다음 조치를 시행한 정부 시기에 있었던 사실로 옳은 것은? [2점]

> 대통령 긴급 조치 제9호
> ●키워드 1 긴급 조치는 유신 헌법에 규정되어 있던 대통령의 특별 조치입니다. 1974년에 발동된 긴급 조치 제1호를 시작으로 총 9차례 공포되었고, 1980년 제8차 개헌으로 폐지되었어요.
>
> ## 국가 안전과 공공질서의 수호를 위한 대통령 긴급 조치
>
> 1. 다음 각 호의 행위를 금한다.
>   가. 유언비어를 날조, 유포하거나 사실을 왜곡하여 전파하는 행위
>   나. 집회·시위 또는 신문·방송·통신 등 공중 전파 수단이나 문서·도서·음반 등 표현물에 의하여 대한민국 헌법을 부정·반대·왜곡 또는 비방하거나 그 개정 또는 폐지를 주장·청원·선동 또는 선전하는 행위
>   ⋮
> 8. 이 조치 또는 이에 의한 주무부 장관의 조치에 위반한 자는 법관의 영장 없이 체포·구금·압수 또는 수색할 수 있다.
>   ⋮
> 13. 이 조치에 의한 주무부 장관의 명령이나 조치는 사법적 심사의 대상이 되지 아니한다.

① 국민 방위군 설치법이 공포되었다.
② 내각 책임제를 골자로 하는 개헌이 이루어졌다.
③ 귀속 재산 처리를 위해 신한 공사가 설립되었다.
④ 평화 통일론을 주장한 진보당의 조봉암이 구속되었다.
⑤ 장기 독재에 저항하는 3·1 민주 구국 선언이 발표되었다.

꼼꼼 친절 해설

키워드 1의 '긴급 조치 제9호'는 1970년대 박정희 정부 당시 유신 헌법이 적용된 시기에 시행되었어요. 5·16 군사 정변 이후 들어선 박정희 정부에 대해 정리해 볼까요?

박정희 정부

성립	군정의 개헌 추진(대통령 직선제, 단원제 국회, 1962) → 민주 공화당 후보로 출마한 박정희가 대통령에 당선(1963)
한·일 국교 정상화 추진	학생·시민의 반발(6·3 시위, 1964) → 계엄령 선포, 시위 탄압 → 한·일 협정 체결(식민 지배 사과와 배상 문제 미해결, 1965)
베트남 파병 (1964~1973)	미국이 파병 요청, 브라운 각서 체결 → 베트남 전쟁 특수로 경제 성장의 토대 마련, 고엽제 등 전쟁 후유증 문제 발생
3선 개헌 (1969)	북한 간첩의 청와대 습격 사건(1·21 사태) 등 북한의 도발 → 대통령 3회 연임을 허용하는 개헌 추진, 국회에서 편법으로 통과
유신 체제	• 성립(1972) : 10월 유신 단행, 유신 헌법 제정 → 박정희의 영구 집권 가능, 독재 체제 구축 • 동요 : 유신 반대 운동(개헌 청원 100만 인 서명 운동, 3·1 민주 구국 선언) ← 긴급 조치권 발동, 민청학련 사건과 인혁당 재건위 사건 조작 등으로 탄압) → YH 무역 사건, 부·마 민주 항쟁 → 대통령 박정희 피살(10·26 사태)로 붕괴(1979)

따라서 정답은 ⑤번이에요. 박정희 정부 시기인 1976년에 유신 체제에 반대하여 긴급 조치 철폐를 요구하는 3·1 민주 구국 선언이 발표되었어요.
나머지 선택지도 확인해 볼까요? ① 1950년 이승만 정부 시기, ② 1960년 4·19 혁명 이후, ③ 1946년 미군정 시기, ④ 1958년 이승만 정부 시기의 사실이에요.

---

1 심화 63회 44번

(가), (나) 헌법이 제정된 시기 사이에 있었던 사실로 옳은 것은? [3점]

(가)	(나)
제1조 ① 대한민국은 민주 공화국이다. ② 대한민국의 주권은 국민에게 있고, 모든 권력은 국민으로부터 나온다. 제64조 ① 대통령은 국민의 보통·평등·직접·비밀 선거에 의하여 선출한다. 제69조 ① 대통령의 임기는 4년으로 한다. ③ 대통령의 계속 재임은 3기에 한한다.	제1조 ① 대한민국은 민주 공화국이다. ② 대한민국의 주권은 국민에게 있고, 국민은 그 대표자나 국민 투표에 의하여 주권을 행사한다. 제39조 ① 대통령은 통일 주체 국민 회의에서 토론 없이 무기명 투표로 선거한다. 제47조 대통령의 임기는 6년으로 한다. 제59조 ① 대통령은 국회를 해산할 수 있다.

① 지방 자치제가 전면 시행되었다.
② 여수·순천 10·19 사건이 일어났다.
③ 일부 군인들이 5·16 군사 정변을 일으켰다.
④ 서울과 평양에서 7·4 남북 공동 성명이 발표되었다.
⑤ 한·일 국교 정상화에 반대하는 6·3 시위가 전개되었다.

2 심화 68회 45번

다음 사건이 있었던 정부 시기의 경제 상황으로 옳은 것은? [3점]

> **사진으로 보는 현대사**
>
> YH 무역 여성 노동자들은 일방적인 폐업에 항의하며 신민당 당사에서 농성 시위를 벌이다 경찰에 의해 강제 해산되었다. 그 과정에서 노동자 김경숙이 사망하였다. 이 사진은 현장에 남아 있던 머리띠와 신발들이다. 머리띠에는 '안 되면 죽음이다'라는 글귀가 쓰여 있다.

① 금융 실명제가 실시되었다.
② 연간 수출액 100억 달러가 달성되었다.
③ 개성 공단에서 의류 생산이 시작되었다.
④ 칠레와 자유 무역 협정(FTA)을 체결하였다.
⑤ 저금리, 저유가, 저달러의 3저 호황이 있었다.

전두환 정부 ~ 김대중 정부

강의 바로 보기

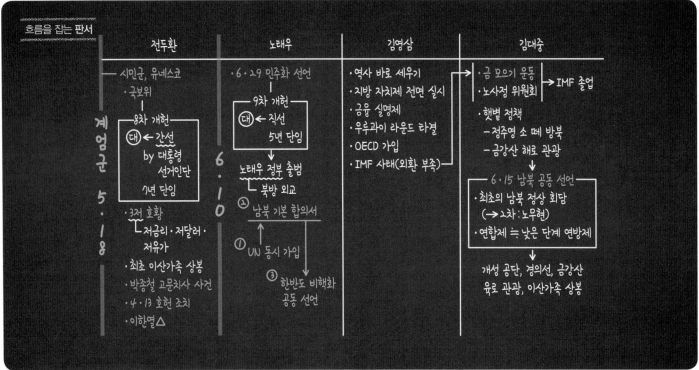

흐름을 잡는 판서

전두환
- 시민군, 유네스코
- 국보위
- 8호 개헌
- ㉐ → 간선
  by 대통령 선거인단
  7년 단임
- 3저 호황
  - 저금리·저달러·저유가
- 최초 이산가족 상봉
- 박종철 고문치사 사건
- 4·13 호헌 조치
- 이한열△

계엄군 5·18

6·10

노태우
- 6·29 민주화 선언
- 9차 개헌
- ㉐ → 직선 5년 단임
- 노태우 정부 출범
  - 북방 외교
- ② 남북 기본 합의서
- ① UN 동시 가입
- ③ 한반도 비핵화 공동 선언

김영삼
- 역사 바로 세우기
- 지방 자치제 전면 실시
- 금융 실명제
- 우루과이 라운드 타결
- OECD 가입
- IMF 사태(외환 부족)

김대중
- 금 모으기 운동
- 노사정 위원회 → IMF 졸업
- 햇볕 정책
  - 정주영 소 떼 방북
  - 금강산 해로 관광
- 6·15 남북 공동 선언
  - 최초의 남북 정상 회담 (→2차 : 노무현)
  - 연합제 ≒ 낮은 단계 연방제
- 개성 공단, 경의선, 금강산 육로 관광, 이산가족 상봉

★ 별 채우기

01 신군부의 비상계엄 확대가 원인이 되어 ☆·☆☆ 민주화 운동이 일어났다.

02 5·18 민주화 운동의 전개 과정에서 계엄군에 저항하여 광주 시민들이 자발적으로 ☆☆군을 조직하였다.

03 전두환 정부 시기에 ☆☆ 호황으로 물가가 안정되고 수출이 증가하였다.

04 전두환 정부는 국민의 직선제 요구를 거부한 ☆·☆☆ ☆☆ 조치를 발표하였다.

05 4·13 호헌 조치에 반발하여 '호헌 철폐', '독재 타도' 등의 구호를 내세운 ☆☆ ☆☆ ☆☆이 일어났다.

06 6월 민주 항쟁은 5년 단임의 대통령 ☆☆제 개헌이 이루어지는 결과를 가져왔다.

07 노태우 정부는 ☆☆ 외교를 추진하여 소련, 중국 등 사회주의 국가들과 수교하였다.

08 노태우 정부 시기에 남북한이 ☆☆에 동시 가입하였다.

09 노태우 정부 시기에 남북한은 정부 간 최초의 공식 합의문인 ☆☆ ☆☆ ☆☆☆를 교환하였다.

10 노태우 정부 시기에 남북한은 한반도 ☆☆ 공동 선언을 채택하였다.

11 김영삼 정부는 금융 거래의 투명성을 확보하기 위해 대통령 긴급명령으로 ☆☆ ☆☆☆를 시행하였다.

12 김영삼 정부는 경제 협력 개발 기구(☆☆☆☆)에 가입하였다.

13 김대중 정부 시기에 외환 위기 극복을 위한 국민의 자발적인 ☆☆ ☆☆ 운동이 전개되었다.

14 김대중 정부는 최초로 남북 정상 회담을 개최하고 ☆·☆☆ ☆☆ ☆☆ 선언을 발표하였다.

15 김대중 정부 시기에 남북한은 ☆☆ 공업 지구 조성에 합의하였다.

★ 별 더하기

✦ 5·18 민주화 운동 관련 기록물이 유네스코 세계 기록 유산으로 등재되었다.

✦ 전두환 정부는 언론 통폐합을 단행하고 언론 기본법을 제정하였다.

✦ 전두환 정부 시기에 프로 야구단이 정식으로 창단되었다.

✦ 전두환 정부 시기에 최저 임금법이 제정되었다.

✦ 전두환 정부 시기에 최초의 이산가족 고향 방문과 예술 공연단 교환 방문이 이루어졌다.

✦ 김대중 정부 시기에 국민 기초 생활 보장법이 실시되었다.

✦ 노무현 정부 시기에 진실·화해를 위한 과거사 정리 위원회가 출범하였다.

✦ 노무현 정부는 제2차 남북 정상 회담을 개최하고 10·4 남북 정상 선언을 채택하였다.

|정답| 01 5, 18 02 시민 03 3저 04 4, 13 호헌 05 6월 민주 항쟁 06 직선
07 북방 08 유엔 09 남북 기본 합의서 10 비핵화 11 금융 실명제
12 OECD 13 금 모으기 14 6, 15 남북 공동 15 개성

대표 문항 ZOOM IN

심화 65회 48번

밑줄 그은 '정부' 시기에 있었던 사실로 옳은 것은? [2점]

키워드 1 보도 지침은 전두환 정부 시기에 언론사 기사 통제를 위해 만든 가이드라인을 말해요. 정부 기관이 '가, 불가, 절대 불가' 등의 구분으로 보도 방향과 내용, 형식까지 구체적으로 결정하여 각 언론사에 시달하였어요.

> 이것은 부천 경찰서에서 자행된 여성 노동자에 대한 성 고문 사건을 축소·은폐하기 위해 내린 정부의 보도 지침 내용입니다. 당시 정부는 언론의 보도 방향을 통제하고, 민주화 운동을 탄압하였습니다. 이후 박종철 고문치사 사건도 단순 쇼크사로 날조하였습니다.

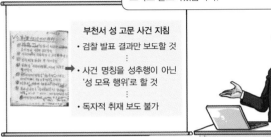

부천서 성 고문 사건 지침
- 검찰 발표 결과만 보도할 것
  ⋮
- 사건 명칭을 성추행이 아닌 '성 모욕 행위'로 할 것
- 독자적 취재 보도 불가

키워드 2 전두환 정부 시기인 1987년 1월에 남영동 치안본부 대공 분실에서 대학생 박종철이 조사를 받던 중 경찰의 고문으로 사망하는 사건이 발생하였어요.

① 야당 총재가 국회 의원직에서 제명되었다.
② 5년 단임의 대통령 직선제 개헌이 이루어졌다.
③ 국가 재건 최고 회의를 기반으로 군정이 실시되었다.
④ 평화 통일론을 내세우던 진보당의 조봉암이 처형되었다.
⑤ 긴급 조치 철폐 등을 포함한 3·1 민주 구국 선언이 발표되었다.

꼼꼼 친절 해설

키워드 1의 부천 성 고문 사건에 대한 보도 지침이 내려졌다는 내용과 키워드 2의 박종철 고문치사 사건을 단순 쇼크사로 날조하였다는 내용을 통해 밑줄 그은 '정부'가 전두환 정부임을 알 수 있어요. 전두환 정부 시기에 있었던 6월 민주 항쟁에 대해 알아볼까요?

6월 민주 항쟁

배경	전두환 정부의 강압 통치, 민주화에 대한 국민의 열망 고조, 국민의 대통령 직선제 개헌 요구
전개	박종철 고문치사 사건(1987. 1.) → 정부의 4·13 호헌 조치 발표 → 박종철 고문치사 사건의 진실 폭로 → 시위 중 이한열의 최루탄 피격(6. 9.) → 6·10 국민 대회(민주화와 개헌 요구) 개최, 전국으로 시위 확산 → 여당의 차기 대통령 후보인 노태우가 6·29 민주화 선언 발표(대통령 직선제 개헌 요구 수용)
결과	5년 단임의 대통령 직선제 개헌 → 1987년 대통령 선거에서 여당 후보인 노태우가 당선됨

따라서 정답은 ②번이에요. 전두환 정부 시기에 6월 민주 항쟁의 결과로 5년 단임의 대통령 직선제 개헌이 이루어졌어요.

나머지 선택지도 확인해 볼까요? ① 박정희 정부 시기에 유신 독재 체제를 거세게 비판하던 야당 총재인 김영삼이 국회 의원직에서 제명되었어요. ③ 5·16 군사 정변 직후에 박정희 등은 입법·행정·사법권을 가진 국가 재건 최고 회의를 설치하고 군정을 실시하였어요. ④ 이승만 정부는 평화 통일을 주장한 진보당의 조봉암에게 간첩 혐의를 씌워 사형에 처하였어요. ⑤ 박정희 정부 시기에 유신 체제에 반대하고 긴급 조치 철폐를 요구하는 3·1 민주 구국 선언이 발표되었어요.

1

심화 61회 48번

다음 자료에 나타난 민주화 운동에 대한 설명으로 옳은 것은? [2점]

> ### 전국의 언론인 여러분!
>
> 지금 광주에서는 젊은 대학생들과 시민들이 피를 흘리며 싸우고 있습니다. 대학생들의 평화적 시위를 질서 유지, 진압이라는 명목 아래 저 잔인한 공수 부대를 투입하여 시민과 학생을 무차별 살육하였고 더군다나 발포 명령까지 내렸던 것입니다. …… 그러나 일부 언론은 순수한 광주 시민의 의거를 불순배의 선동이니, 폭도의 소행이니, 난동이니 하여 몰아붙치고만 있습니다. …… 이번 광주 의거를 몇십 년 뒤의 '사건 비화'나 '남기고 싶은 이야기'들로 만들지 않기 위해, 사실 그대로 보도하여 주시기를 수많은 사망자의 피맺힌 원혼과 광주 시민의 이름으로 간절히, 간절히 촉구하는 바입니다.

① 허정 과도 정부가 출범하는 계기가 되었다.
② 굴욕적인 한·일 국교 정상화에 반대하였다.
③ 호헌 철폐, 독재 타도 등의 구호를 외쳤다.
④ 3·15 부정 선거에 항의하며 시위가 시작되었다.
⑤ 관련 기록물이 유네스코 세계 기록 유산으로 등재되었다.

2

심화 64회 48번

다음 연설문을 발표한 정부의 통일 노력으로 옳은 것은? [2점]

> 저는 김정일 국방 위원장과 분단 55년 만에 처음 정상 회담을 가졌습니다. 세 차례에 걸친 회담을 통해 우리 두 사람은 민족의 장래와 통일을 생각하는 마음과 열정에 큰 차이가 없으며, 이를 추진하는 방법에 공통점이 많다는 것을 확인했습니다. …… 남북이 열과 성을 모아, 이번의 정상 회담을 성공적으로 마쳐 온 세계를 깜짝 놀라게 했습니다. 남과 북의 화해와 협력을 향한 새 출발에 온 세계가 축복해 주고 있습니다. 불가능해 보였던 남북 정상 회담을 이뤄냈듯이 남과 북이 마음과 정성을 다한다면 통일의 날도 반드시 오리라 저는 확신합니다.

① 남북 교류 협력을 위한 개성 공업 지구 조성에 합의하였다.
② 평화 통일 외교 정책에 관한 6·23 특별 성명을 발표하였다.
③ 남북 사이의 화해와 불가침 및 교류·협력에 관한 합의서를 채택하였다.
④ 남북 관계 발전과 평화 번영을 위한 10·4 남북 정상 선언에 서명하였다.
⑤ 7·4 남북 공동 성명을 실천하기 위해 남북 조절 위원회를 구성하였다.

시험에 잘 나오는
주제 특강

실전 감각을 키우는
최종 점검
기출 모의고사

설날

음력 1월 1일로, 세배, 설빔, 차례, 연날리기, 복조리 걸기, 널뛰기, 윷놀이, 제기차기 등의 풍속이 있었고, 새해 인사와 덕담을 하였습니다. 그리고 떡국, 만두, 식혜, 수정과 등을 먹었어요.

(정월) 대보름

음력 1월(정월) 15일로, 부럼 깨기, 달맞이, 고싸움, 줄다리기, 놋다리밟기, 지신밟기, 쥐불놀이, 달집태우기 등을 주로 하였고, 오곡밥, 귀밝이술, 묵은나물, 부럼 등을 먹었어요.

한식

동지에서 105일째 되는 날로, 성묘, 그네뛰기, 갈고리 던지기, 개사초(산소 손질) 등을 하였어요. 또 이날에는 불을 사용하지 않고 찬 음식을 먹는 풍습이 있었습니다.

삼짇날

음력 3월 3일로, '강남 갔던 제비가 오는 날'로 알려져 있으며 답청절이라고도 해요. 활쏘기 대회, 화전놀이, 머리 감기, 각시놀음 등을 하였고, 진달래화채, 진달래화전, 쑥떡 등을 먹었어요.

초파일

음력 4월 8일로, 석가 탄신일이에요. 연등 행사, 탑돌이, 욕불 행사(부처를 목욕시키는 의례), 만석중놀이 등을 주로 하였고, 미나리와 느티떡, 검은콩 등의 음식을 먹었습니다.

단오

음력 5월 5일로, 수릿날 또는 천중절이라고도 해요. 창포물에 머리 감기, 그네뛰기, 씨름, 봉산 탈춤, 석전 등의 풍속이 있었고, 쑥떡, 수리취떡, 약초떡, 앵두화채 등을 먹었습니다.

유두

음력 6월 15일로, 동쪽으로 흐르는 물에 머리를 감고 목욕을 하였으며, 탁족놀이를 즐겼어요. 또한, 유두면, 수단, 상화병 등의 음식을 만들어 햇과일과 먹었습니다.

칠석

견우와 직녀로 보이는 인물(덕흥리 고분)

음력 7월 7일로, 견우와 직녀가 오작교를 통해 만나는 날이라고 전해져요. 칠석 놀이를 하고 시를 지었으며, 햇볕에 옷과 서적을 말리는 풍속이 있었어요. 밀국수, 호박전 등을 먹었어요.

백중

음력 7월 15일로, 여름철 휴한기에 휴식을 취하는 날이었고 머슴날이라고도 하였어요. 여러 백중놀이가 행해졌는데, 씨름, 들돌들기, 호미씻이(호미걸이, 풋굿, 술멕이, 질먹기) 등의 풍속이 있었어요.

추석

음력 8월 15일로, 중추절 또는 한가위라고도 해요. 풍성한 수확에 감사하는 날로, 성묘, 차례, 강강술래, 줄다리기, 씨름, 소싸움, 거북놀이, 가마싸움 등을 하였고, 송편, 토란국 등을 먹었습니다.

중양절

음력 9월 9일로, 중구(重九)라고도 합니다. 홀수 곧 양수(陽數)가 겹친 날이라는 의미가 있어요. 이날 강남에서 온 제비가 다시 돌아간다는 이야기가 있답니다. 국화전, 국화주, 밤떡 등을 먹었어요.

성주제

음력 10월의 오일(午日)이나 길일에 집안의 길흉화복을 관장하는 신령인 성주에게 집안의 평안과 풍요를 기원하며 지내는 제사입니다. 햇곡식으로 만든 술과 시루떡, 과일 등을 장만하여 제사를 지냈어요.

입동

양력 11월 7~8일경, 음력 10월경에 해당하는 입동은 '이날부터 겨울이 시작된다.'는 의미를 담고 있습니다. 이즈음부터 겨울을 보낼 준비를 시작하여 김장을 담그고 치계미를 마련하여 마을 어른들을 대접하였어요.

동지

양력 12월 22일경으로, 일 년 중 밤이 가장 긴 날이에요. '작은설'이라고도 해요. 팥죽과 동치미를 주로 먹었는데, 팥의 붉은색이 잡귀를 물리친다고 여겨 집 안 곳곳에 팥죽을 놓아두기도 하였어요.

섣달그믐

음력으로 한 해의 마지막 날이며, 세밑, 제야, 제일 등으로도 불립니다. 윷놀이, 묵은세배, 밤에 잠을 자지 않는 밤새우기(해지킴) 등의 풍속이 있었고, 주로 만둣국과 동치미를 먹었어요.

실력을 키우는 **기출문제**

1 심화 58회 48번

다음 세시 풍속에 대한 탐구 활동으로 가장 적절한 것은? [2점]

〈이달의 세시 풍속〉

푸른 새잎을 밟는 날, 답청절(踏靑節)

강남 갔던 제비가 돌아온다는 중삼일(重三日)은 본격적인 봄의 시작을 알리는 날이다. 이날에는 들에 나가 푸른 새잎을 밟는 풍습이 있어 답청절이라고 부른다. 답청의 풍습은 신윤복의 연소답청(年少踏靑)에 잘 나타나 있다.

◈ 날짜 : 음력 3월 3일
◈ 음식 : 화전, 쑥떡
◈ 풍속 : 노랑나비 날리기, 활쏘기

① 칠석날의 전설을 검색한다.
② 한식날의 의미를 파악한다.
③ 삼짇날의 유래를 알아본다.
④ 동짓날에 먹는 음식을 조사한다.
⑤ 단옷날에 즐기는 민속놀이를 찾아본다.

2 심화 56회 34번

(가)에 들어갈 세시 풍속으로 옳은 것은? [1점]

(가) 에 대해 검색해 줘.

검색 결과입니다.

1. 개관
음력 5월 5일로 수릿날이라고도 한다. 1년 중 양기가 가장 왕성한 날이라 여겼다. 무더위를 잘 견디라는 의미로 왕이 이날 신하들에게 부채를 선물하였다는 기록이 있다.

2. 관련 풍습
• 씨름, 그네뛰기
• 수리취떡 만들어 먹기
• 창포물에 머리 감기

① 한식 　　② 백중 　　③ 추석
④ 단오 　　⑤ 정월 대보름

3 고급 45회 30번

(가)에 들어갈 세시 풍속으로 옳은 것은? [2점]

세시 풍속 **액운 쫓고 더위 쫓는, (가)**

(가) 은/는 음력 6월 보름날로 이날 동쪽으로 흐르는 물에 머리를 감으면 나쁜 기운이 날아가고, 더위를 타지 않는다고 합니다. 이날을 앞두고 다채로운 행사를 마련하였으니 시민 여러분의 많은 참여 바랍니다.

1. **일시** : 2019년 ○○월 ○○일 10:00~17:00
2. **장소** : △△ 문화원 야외 체험장
3. **체험 프로그램**
　■ 탁족 놀이 - 시원한 물에 발 담가 더위 쫓기
　■ 햇밀로 구슬 모양의 오색면 만들기 - 오색면을 색실에 꿰어서 허리에 매달아 액운 막기
　■ 수단 만들기 - 찹쌀가루, 밀가루로 경단을 만들어 얼음 꿀물에 넣어 먹기

① 동지 　　② 한식 　　③ 칠석
④ 유두 　　⑤ 삼짇날

4 심화 60회 50번

밑줄 그은 '이날'에 해당하는 세시 풍속으로 옳은 것은? [1점]

이곳은 남원 광한루원의 오작교입니다. 조선 시대 남원 부사 장의국이 헤어져 있던 견우와 직녀가 오작교에서 만난다는 전설을 형상화하여 만들었습니다. 음력 7월 7일인 이날에는 여인들이 별을 보며 바느질 솜씨가 좋아지기를 비는 풍속이 있었습니다.

① 단오 　　② 칠석 　　③ 백중
④ 동지 　　⑤ 한식

세계 유산

◎ 해인사 장경판전(1995)

고려 때 만들어진 팔만대장경판을 보관하기 위해 조선 초에 건립되었어요. 환기와 온도·습도 조절이 가능하도록 지어진 과학적인 건축물로, 창건 당시의 원형이 보존되고 있어 가치가 높아요.

◎ 종묘(1995)

유교를 지배 이념으로 삼았던 조선 시대에 역대 왕과 왕비 및 추존된 왕과 왕비의 신주를 모시고 국가적인 제사를 지내던 사당이에요. 한양을 수도로 정하고 가장 먼저 짓기 시작하였어요.

◎ 석굴암과 불국사(1995)

통일 신라 시대에 만들어진 불교 유적이에요. 인공 석굴 사원인 석굴암은 정확하고 체계적인 수학적 수치로 설계되었고, 불국사 경내에는 불교 교리가 형상화되어 있어요.

◎ 창덕궁(1997)

조선 왕조의 독특한 궁궐 건축과 정원 문화를 대표하는 궁궐로, 태종 때 지어졌어요. 광해군 때부터 고종 때까지 왕이 정사를 보던 정궁의 역할을 하였어요.

◎ 화성(1997)

조선 정조 때 조성된 성곽으로, 정약용이 만든 거중기 등의 과학 기구가 축조 작업에 활용되었어요. 수원 화성의 축성 계획, 제도, 법식 등이 "화성성역의궤"에 기록되어 전해지고 있어요.

◎ 고창·화순·강화의 고인돌 유적 (2000)

고인돌은 청동기 시대의 대표적인 무덤 양식이며, 이곳에서는 다양한 유물이 출토되었어요. 이를 통해 고인돌의 형성과 발전 과정, 그 당시 사회 모습까지 알 수 있어요.

◎ 경주 역사 유적 지구(2000)

남산 지구에는 다양한 불교 유적이 있고, 월성 지구는 옛 왕궁 터이며, 대릉원 지구에는 고분들이 모여 있어요. 황룡사 지구는 불교 사찰 유적이고, 산성 지구에는 방어용 산성이 있습니다.

◎ 제주 화산섬과 용암 동굴(2007)

한라산 천연 보호 구역, 거문오름 용암 동굴계, 성산 일출봉 응회구로 구성되어 있어요. 화산 생성 과정 연구에 있어 학술적 가치가 높아 유네스코 세계 자연 유산으로 등재되었어요.

◎ 조선 왕릉(2009)

조선 시대의 왕과 왕비의 무덤으로, 18개 지역에 흩어져 있으며 총 40기입니다. 조선 왕릉은 유교 사상과 풍수지리설 등이 반영되어 다른 유교 문화권의 왕릉과 다른 형태를 띠고 있어요.

◎ 한국의 역사 마을 : 하회와 양동(2010)

안동 하회 마을은 풍산 류씨 집성촌이고, 경주 양동 마을은 경주 손씨, 여강 이씨 집성촌이에요. 두 마을 모두 양반 주거 문화의 원형을 보존하고 있어요.

◎ 남한산성(2014)

조선 시대에 유사시 임시 수도의 역할을 할 수 있도록 모든 시설을 갖춘, 계획적으로 축조된 산성 도시이자 군사적 요충지입니다.

◎ 백제 역사 유적 지구(2015)

- 공산성
- 송산리 고분군
- 공주(2곳)
- 부여(4곳)
- 익산(2곳)
- 관북리 유적·부소산성
- 능산리 고분군
- 정림사지
- 나성
- 왕궁리 유적
- 미륵사지

옛 백제 영역이었던 3개 도시(공주, 부여, 익산)에 남아 있는 백제 유적들로, 백제의 고유한 문화, 종교, 예술미를 잘 보여 주고 있어요.

◎ 산사, 한국의 산지 승원(한국의 산사, 2018)

충북 보은 법주사
충남 공주 마곡사
전남 순천 선암사
전남 해남 대흥사
경북 영주 부석사
경북 안동 봉정사
경남 양산 통도사

한국 불교문화의 전통을 보존하고 계승하였다는 역사성과 주변 경관과의 조화를 이루는 예술성 등을 인정받은 7곳의 사찰이에요.

◎ 한국의 서원(2019)

영주 소수 서원
논산 돈암 서원
정읍 무성 서원
장성 필암 서원
안동 도산 서원
안동 병산 서원
경주 옥산 서원
달성 도동 서원
함양 남계 서원

서원은 조선 시대 성리학 교육 시설의 하나입니다. 16세기 중반부터 17세기 중반까지 주로 사림에 의해 각 지방에 건립되었어요.

한국의 갯벌(2021)

충남 서천, 전북 고창, 전남 신안과 보성·순천 등 4곳에 있는 갯벌을 묶은 유산으로, 생물 다양성의 보존을 위해 세계적으로 중요한 서식지입니다. 그 가치를 인정받아 유네스코 세계 자연 유산으로 등재되었어요.

가야 고분군(2023)

고령 지산동 고분군 — 창녕 교동과 송현동 고분군
남원 유곡리와 두락리 고분군 — 김해 대성동 고분군
— 함안 말이산 고분군
합천 옥전 고분군 — 고성 송학동 고분군

한반도에 존재하였던 고대 문명 '가야'를 대표하는 7개 고분군입니다. 고분의 입지, 묘제의 변화, 부장 유물을 통해 가야의 변천 과정을 알 수 있어요. 동아시아 고대 문명의 다양성을 보여 주는 증거가 된다는 점에서 가치를 인정받았어요.

세계 기록 유산

훈민정음(해례본)(1997)

조선 세종이 훈민정음을 만든 후 정인지, 박팽년, 신숙주, 성삼문 등 집현전 학사들에게 명하여 편찬하였어요. 훈민정음의 자음과 모음을 만든 원리와 용례를 상세하게 설명한 책이에요.

조선왕조실록(1997)

조선 태조부터 철종까지의 역사를 편년체로 기록한 역사서로, 조선 시대의 역사와 문화를 연구하는 데 가장 기본적인 자료가 되는 책이에요. 역대 왕들의 역사를 후대에 남기기 위해 왕이 죽으면 실록청을 설치하고, 사초와 시정기 등을 근거로 편찬 작업이 이루어졌어요. 완성된 실록은 사고에 보관되었어요.

불조직지심체요절 하권(2001)

현존하는 세계에서 가장 오래된 금속 활자본으로, "직지"라고도 해요. 1377년 청주 흥덕사에서 인쇄되었으며, 19세기에 프랑스로 반출된 후 현재 프랑스 국립 도서관에 보관되어 있어요.

승정원일기(2001)

조선 시대 국왕의 비서 기관이었던 승정원에서 매일매일 작성한 업무 일지로, 세계 최대의 분량을 자랑하는 단일 역사 기록물이에요.

고려대장경판 및 제경판(2007)

현존하는 세계 유일의 대장경판으로 팔만대장경을 말합니다. 몽골이 고려를 침입하였을 때 만들어졌어요. 조선 태조 때 옮겨져 현재까지 합천 해인사 장경판전에 보관되어 있어요.

조선 왕조 의궤(2007)

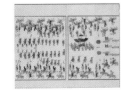

조선 왕실에서 거행한 주요 행사를 그림과 글로 기록한 책이에요. 임금과 왕비의 결혼, 세자 책봉, 임금의 행차 등의 행사가 상세히 기록되어 있어요. 의궤는 건국 초부터 편찬되었으나 조선 전기의 의궤는 임진왜란을 거치면서 소실되었고, 현존하는 가장 오래된 의궤는 선조 때 제작한 "의인왕후빈전혼전도감의궤"입니다.

동의보감(2009)

광해군 때인 1610년 허준이 완성한 의학 서적이에요. 동아시아에서 오랜 시간 축적해 온 의학 이론을 집대성한 책으로, 의학 서적으로는 최초로 세계 기록 유산으로 등재되었어요.

일성록(2011)

1760년부터 1910년까지 국왕의 동정과 국정을 기록한 일기입니다. 정조가 세손 시절부터 쓰기 시작한 일기(존현각일기)에서 유래하였어요.

1980년 인권 기록 유산 5·18 민주화 운동 기록물(2011)

5·18 민주화 운동의 발생과 탄압에서부터 진상 조사 활동과 보상에 이르기까지의 기록물로, 민주주의와 인권 발전에 기여한 점을 인정받아 등재되었어요.

난중일기 : 이순신 장군의 진중일기(2013)

임진왜란 때 이순신이 작성한 일기로, 전투 상황과 결과뿐만 아니라 당시의 기후, 지형 등에 관한 기록도 있어 역사적 가치가 높아요.

새마을 운동 기록물(2013)

1970년부터 1979년까지 전개된 새마을 운동과 관련된 기록물이에요. 새마을 운동은 농촌 개발과 빈곤 퇴치의 모범 사례로 인정받았어요.

한국의 유교책판(2015)

조선 시대 유학자들의 서책 718종을 간행하기 위해 제작된 책판으로, 유교의 학문적 계승을 장기간 집단 지성으로 이루어 냈다는 점에서 가치를 인정받았어요.

KBS 특별생방송 '이산가족을 찾습니다' 기록물(2015)

한국방송공사(KBS)가 1983년 6월 30일부터 11월 14일까지 138일 동안 생방송으로 방영한 이산가족 찾기 운동과 관련된 영상물, 사진 등의 기록물이에요.

조선 통신사에 관한 기록 – 17~19세기 한·일 간 평화 구축과 문화 교류의 역사(2017)

일본 에도 막부의 요청으로 1607~1811년까지 12회에 걸쳐, 조선에서 일본으로 파견된 외교 사절단에 관한 자료들입니다. 조선 통신사의 왕래로 두 나라는 외교뿐만 아니라 학술, 예술, 문화 등 다양한 분야에서 활발히 교류하였어요.

조선 왕실 어보와 어책(2017)

조선 왕실은 왕의 즉위식이나 왕비나 세자·세자빈의 책봉 등 중요한 행사 때마다 의례용 인장인 어보와 의례에 대한 역사적 배경과 내용 등을 기록한 어책을 만들었어요. 신분과 재질에 따라 어보는 금보·옥보·은인, 어책은 옥책·죽책·금책 등으로 구별하였어요. 어보와 어책은 조선 건국 초부터 570여 년 동안 지속적으로 제작·봉헌되었으며, 왕실의 정통성과 권위를 상징하는 문화 유산이에요.

국채 보상 운동 기록물(2017)

국가가 진 빚을 국민이 갚기 위해 1907년에 시작된 국채 보상 운동의 전 과정을 보여 주는 기록물이에요. 국가적 위기에 자발적으로 대응하는 시민적 '책임'을 보여 주는 기록물로 평가받고 있어요.

4·19 혁명 기록물(2023)

1960년 2·28 민주 운동부터 4·19 혁명까지 혁명 전후 과정과 관련된 1,019점의 기록물이에요. 1960년대 세계 학생 운동에 영향을 미친 기록 유산으로서 세계사적 중요성을 인정받았어요.

동학 농민 혁명 기록물(2023)

전봉준 공초   순교약력

1894년에 조선에서 발발한 동학 농민 운동과 관련된 185점의 기록물이에요. 조선 백성들이 주체가 되어 자유, 평등, 인권의 보편적 가치를 지향하기 위해 노력하였던 세계사적 중요성을 인정받았어요.

종묘 제례 및 종묘 제례악(2001)

종묘 제례는 조선 왕실에서 거행한 국가 제사이고, 종묘 제례악은 종묘에서 제사를 드릴 때 연주하는 기악과 노래, 춤이에요.

판소리(2003)

고수(북 치는 사람)의 장단에 맞추어 소리꾼이 창, 아니리(말), 너름새(몸짓)로 구연하는 공연으로, 우리 민족의 희로애락이 담겨 있어요.

강릉 단오제(2005)

단옷날을 전후하여 강릉 지방에서 마을의 풍년을 빌고 재앙을 쫓기 위해 치르는 굿을 시작으로 펼쳐지는 향촌 제례 의식이에요.

강강술래(2009)

정월 대보름이나 추석 때 남서부 지방에서 여러 사람이 손을 잡고 원을 그리며 돌면서 춤을 추고 노래 부르던 민속놀이입니다.

남사당놀이(2009)

조선 후기에 남사당패가 마을을 돌면서 서민을 위해 공연한 놀이로, 당시 부조리한 사회를 풍자하거나 비판하였어요.

영산재(2009)

사람이 죽은 지 49일 되는 날에 지내는 불교식 제사 의례인 49재의 한 형태로, 영혼을 천도하는 의식이에요. 범패와 춤 등의 불교 의식이 거행되었어요

처용무(2009)

동해 용왕의 아들로 사람 형상을 한 처용이 춤을 추어 천연두를 옮기는 역신으로부터 인간 아내를 구해 냈다는 설화가 전해지는데, 이를 바탕으로 만든 춤이에요.

제주 칠머리당 영등굿(2009)

마을의 평안과 풍요를 기원하며 제주 마을 무당이 용왕, 산신, 바람의 여신 등에게 제사를 지내는, 우리나라에서 유일한 해녀 굿이에요.

가곡, 국악 관현반주로 부르는 서정적 노래 (2010)

우리나라 고유의 정형시에 곡을 붙여 국악 관현악 반주에 맞추어 부르던 전통 음악으로, 남창 26곡과 여창 15곡으로 구성되어 있어요.

대목장, 한국의 전통 목조 건축(2010)

한국의 전통 목공 기술로 목조 건축물을 짓는 전 과정을 책임지는 장인을 대목장이라고 해요. 한국의 전통적인 건축 공정을 계승하고 있어요.

매사냥, 살아 있는 인류 유산(2010)

훈련된 매를 이용하여 사냥하는 것으로, 4000년 이상 지속되어 왔어요. 18개 국가가 공동으로 참여하여 공동 등재되었습니다.

줄타기(2011)

공중에 맨 줄 위를 곡예사가 걸으며 노래, 춤, 곡예 등 재주를 보이는 전통 공연 예술로, 곡예사와 구경꾼이 함께 어우러지는 놀이판이에요.

◦ 택견, 한국의 전통 무술(2011)

유연하고 율동적인 춤과 같은 동작이 특징이며, 격렬한 투기이지만 상대방에게 상해를 입히지 않는 경기 방법으로 배려를 중시하고 정신 수양을 강조해요.

◦ 한산 모시짜기(2011)

모시짜기는 모시풀이라는 자연 재료를 이용하여 베틀에서 모시 옷감을 짜는 기술로, 한산 지역의 모시 품질이 우수한 것으로 유명해요.

◦ 아리랑, 한국의 서정 민요(2012)

지역마다 독특한 형태로 재창조되고 있는 민요로, 강원도의 '정선 아리랑', 호남 지역의 '진도 아리랑', 경상남도의 '밀양 아리랑'이 유명해요.

◦ 김장, 김치를 담그고 나누는 문화(2013)

김치는 다양한 양념을 발효시킨 한국식 채소 저장 식품으로, 겨울을 나기 위해 많은 양의 김치를 담갔어요. 김장 문화는 한국의 자연·주거 환경에 맞는 음식 문화입니다.

◦ 농악(2014)

공동체 의식과 농촌 사회의 여흥 활동에서 유래한 대중적인 공연 예술의 하나입니다. 타악기 합주와 함께 전통 관악기 연주, 행진, 춤, 연극, 기예 등이 어우러진 공연으로, 한국을 대표하는 공연 예술로 발전해 왔어요.

◦ 줄다리기(2015)

두 팀으로 나누어 마주 잡은 줄을 반대 방향으로 당기는 놀이로, 동아시아와 동남아시아 벼농사 문화권에서 널리 행해졌어요. 풍작을 기원하고 공동체 구성원 간의 화합과 단결을 바라는 마음이 반영되어 있어요.

◦ 제주 해녀 문화(2016)

제주 해녀는 산소 공급 장치 없이 바닷속으로 잠수하여 약 1분간 숨을 참으며 해산물을 채취한다고 해요. 제주 해녀가 반복된 경험을 통해 습득한 지식은 제주 해녀 공동체 안에서 전승되고 있습니다.

◦ 씨름, 한국의 전통 레슬링(2018)

두 명의 선수가 허리둘레에 천으로 된 띠를 찬 상태에서 서로의 허리띠를 잡고 상대를 바닥에 넘어뜨리기 위해 다양한 기술을 사용하는 레슬링의 일종입니다. 남북한이 신청하여 공동 등재되었어요.

◦ 연등회, 한국의 등 축제(2020)

초파일(음력 4월 8일), 부처님 오신 날이 다가오면 전국적으로 등불이 밝혀지고 형형색색의 등불을 든 사람들의 행렬이 이어집니다. 연등회는 종교 의식으로 시작되었는데, 오늘날 누구나 참여하는 축제로 자리 매김하였어요.

◦ 한국의 탈춤(2022)

하회 별신굿 탈놀이

양주 별산대놀이, 하회 별신굿 탈놀이 등 18개 종목이 지정되었어요. 한국의 탈춤이 강조하는 보편적 평등의 가치와 신분제에 대한 비판이 오늘날에도 의미 있으며, 각 지역의 문화적 정체성에 상징적인 역할을 하는 점 등이 높은 평가를 받았어요.

1 심화 64회 18번

(가) 궁궐에 대한 설명으로 옳은 것은? [3점]

① 일제에 의해 동물원 등이 설치되었다.

② 도성 내 서쪽에 있어 서궐이라고 불렸다.

③ 인목 대비가 광해군에 의해 유폐된 장소이다.

④ 정도전이 궁궐과 주요 전각의 명칭을 정하였다.

⑤ 태종이 도읍을 한양으로 다시 옮기며 건립하였다.

2 심화 54회 16번

(가)에 대한 설명으로 옳은 것은? [2점]

① 군주의 도를 도식으로 설명하였다.

② 세금 수취를 위해 3년마다 작성되었다.

③ 유네스코 세계 기록 유산으로 등재되었다.

④ 거란의 침략을 물리치기 위해 제작하였다.

⑤ 충신, 효자, 열녀를 알리기 위해 간행하였다.

3 심화 54회 9번

(가)~(마) 문화유산에 대한 설명으로 옳은 것은? [3점]

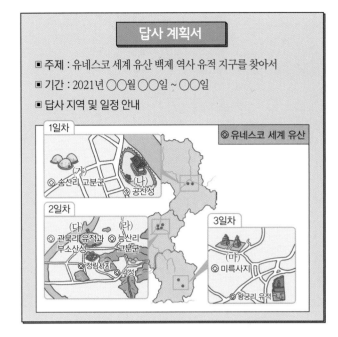

① (가) - 백제 금동 대향로가 출토되었다.

② (나) - 온조왕이 왕성으로 삼았다.

③ (다) - 재상을 선출하던 천정대가 있었다.

④ (라) - 무령왕과 왕비의 무덤이 발굴되었다.

⑤ (마) - 석탑 해체 과정에서 금제 사리봉영기가 발견되었다.

4 심화 62회 48번

(가) 문화유산에 대한 설명으로 옳은 것을 〈보기〉에서 고른 것은? [2점]

─── 보기 ●───

ㄱ. 사초와 시정기를 바탕으로 편찬되었다.

ㄴ. 연대순으로 기록하는 편년체로 구성되었다.

ㄷ. 왕의 열람을 위한 어람용이 따로 제작되었다.

ㄹ. 병인양요 당시 일부가 프랑스군에게 약탈되었다.

① ㄱ, ㄴ   ② ㄱ, ㄷ   ③ ㄴ, ㄷ

④ ㄴ, ㄹ   ⑤ ㄷ, ㄹ

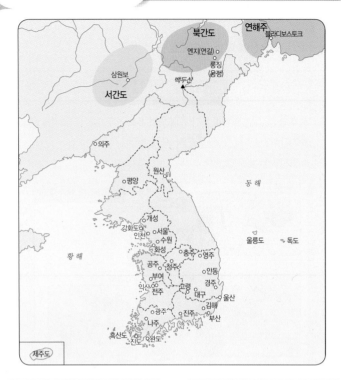

서간도

일제 강점기 : 신민회 회원들이 이주 → 삼원보 개척, 경학사 조직, 신흥 강습소 설립, 서로 군정서 조직

북간도

• **대한 제국** : 서전서숙·명동 학교 설립
• **일제 강점기** : 대종교도가 중심이 된 중광단 활동(→ 북로 군정서로 발전)

연해주

일제 강점기 : 권업회 조직, 신한촌 건설, 대한 광복군 정부 수립, 대한 국민 의회 수립

의주

• **고려** : 서희가 외교로 획득한 강동 6주 가운데 하나(흥화진)
• **조선** : 임진왜란 때 조선 왕실 피란, 만상의 근거지

평양

• **고구려** : 장수왕 때 국내성에서 천도(안학궁 건설)
• **고려** : 묘청의 서경 천도 운동
• **조선** : 유상의 근거지, 제너럴 셔먼호 사건
• **대한 제국** : 대성 학교 설립(안창호)
• **일제 강점기** : 조만식 등이 중심이 되어 물산 장려 운동 시작, 강주룡의 노동 쟁의(을밀대 지붕에서 고공 농성)
• **대한민국** : 분단 이후 최초로 남북 정상 회담 개최 → 6·15 남북 공동 선언 발표

원산

• **조선** : 강화도 조약으로 개항(조계 설정), 원산 학사 설립(우리나라 최초의 근대 교육 기관)
• **일제 강점기** : 원산 총파업

개성

• **고려** : 고려의 수도, 나성 축조, 만적의 봉기 도모, 정몽주가 피살된 곳이라고 알려진 선죽교, 왕건릉
• **조선** : 송상의 근거지
• **대한민국** : 6·25 전쟁 중 첫 번째 정전 회담 개최, 남북한 경제 협력으로 공단 조성 → 현재 가동 중단

강화도

• **고려** : 대몽 항쟁 시기 임시 수도
• **조선** : 정묘호란 때 조선 왕실 피란, 병자호란 때 김상용 순절, 사고 설치(정족산 사고), 정조 때 외규장각 설치, 병인양요·신미양요 발발, 강화도 조약 체결

서울

• **백제** : 백제의 수도, 석촌동 고분군
• **신라** : 진흥왕이 북한산 순수비 건립
• **광복 이후** : 미·소 공동 위원회 개최(덕수궁 석조전)

수원

조선 : 정조 때 수원 화성 건설, 장용영의 외영 설치

인천

• **조선** : 강화도 조약으로 개항(조계 설정)
• **대한민국** : 6·25 전쟁 당시 인천 상륙 작전 전개, 2014 아시아 경기 대회 개최

화성

• **통일 신라** : 당항성을 통해 중국과 교류
• **일제 강점기** : 제암리 학살 사건

부여

백제 : 성왕 때 사비(부여) 천도, 정림사지 5층 석탑 건립

공주

• **백제** : 웅진(공주) 천도, 무령왕릉
• **고려** : 망이·망소이의 봉기
• **조선** : 동학 농민군의 우금치 전투

청주

• **통일 신라** : 5소경 중 하나, 서원경[신라 촌락 문서(민정 문서)]
• **고려** : 용두사지 철당간(광종 때 설립), 우왕 때 흥덕사에서 금속 활자로 "직지심체요절" 인쇄

충주

• **고구려** : 충주 고구려비 건립
• **통일 신라** : 5소경 중 하나, 중원경
• **고려** : 몽골의 침입 때 노비들이 중심이 되어 항전(1차 침입), 김윤후가 관민과 함께 몽골군 격퇴(5차 침입)
• **조선** : 임진왜란 때 신립의 탄금대 전투

전주

• **후삼국** : 견훤이 완산주(전주)를 도읍으로 후백제 건국
• **고려** : 무신 집권기 전주 관노의 봉기
• **조선** : 경기전에 태조 이성계 어진 봉안, 사고 설치(전주 사고), 동학 농민군과 조선 정부가 화약 체결

익산

• **백제** : 무왕이 미륵사 건립(익산 미륵사지 석탑)
• **신라** : 고구려 왕족 안승의 무리를 금마저(익산)에 머물게 하고 안승을 보덕국왕으로 봉함

광주

• **일제 강점기** : 광주 학생 항일 운동
• **대한민국** : 5·18 민주화 운동

나주

• **후삼국** : 후고구려의 장군 왕건이 후백제를 견제하기 위해 배후 지역인 나주 차지
• **고려** : 거란의 2차 침입 때 현종 피란
• **일제 강점기** : 나주역에서 한·일 학생 간에 충돌 발발 → 광주 학생 항일 운동 촉발

영주

• **신라** : 의상이 부석사 창건
• **조선** : 주세붕이 최초의 서원(백운동 서원) 설립 → 소수 서원(최초의 사액 서원)

안동

• **후삼국** : 후백제와 고려의 고창 전투
• **고려** : 홍건적의 침입으로 공민왕 피란, 이천동 마애 여래 입상, 봉정사 극락전
• **조선** : 도산 서원(이황 배향) 건립, 하회마을, 임청각(이상룡의 생가)

경주

신라 : 신라의 수도, 불국사·황룡사·석굴암·첨성대 등 건립

고령

가야 : 후기 가야 연맹의 맹주였던 대가야의 중심지

대구

• **통일 신라** : 신문왕이 달구벌 천도 시도
• **후삼국** : 후백제와 고려의 공산 전투
• **조선** : 최제우 수감(경상 감영)·처형
• **대한 제국** : 김광제, 서상돈 등이 중심이 되어 국채 보상 운동 시작
• **일제 강점기** : 대한 광복회 결성(박상진)
• **대한민국** : 2·28 민주 운동

울산

• **선사** : 울주 대곡리 반구대 바위그림
• **통일 신라** : 국제 무역항으로 아라비아 상인까지 왕래

김해

가야 : 전기 가야 연맹의 맹주였던 금관가야의 중심지

진주

• **조선** : 임진왜란 때 김시민의 진주 대첩, 진주 농민 봉기(유계춘 중심)
• **일제 강점기** : 조선 형평사 조직

부산

• **조선** : 왜관 설치(17세기 이후 초량 왜관), 임진왜란 때 정발·송상현 순절, 내상의 근거지, 최초의 개항장(강화도 조약)
• **일제 강점기** : 의열단원 박재혁의 부산 경찰서 투탄 의거
• **대한민국** : 6·25 전쟁 중 임시 수도, 부·마 민주 항쟁, 2002 부산 아시아 경기 대회 개최

울릉도와 독도

• **신라** : 지증왕 때 우산국(울릉도 일대) 복속
• **조선** : 안용복이 에도 막부로부터 울릉도와 독도가 우리 영토임을 확인받음
• **대한 제국** : '칙령 제41호', 일본이 러·일 전쟁 중 독도를 일본 영토로 불법 편입

완도

통일 신라 : 장보고가 청해진 설치

진도

고려 : 삼별초가 용장성을 쌓고 대몽 항쟁 전개(배중손 지휘)

흑산도

조선 : 정약전이 "자산어보" 저술

제주도

• **신석기 시대** : 고산리 유적
• **고려** : 삼별초 최후의 항전지(항파두리, 김통정 지휘), 원이 탐라총관부 설치
• **조선** : 김만덕의 빈민 구제 활동
• **일제 강점기** : 알뜨르 비행장 건설
• **광복 이후** : 제주 4·3 사건

1 심화 68회 29번

다음 특별전에서 볼 수 있는 도시의 역사에 대한 설명으로 적절하지 않은 것은? [2점]

송악(松嶽)
개주(開州)

열린 성(城)의 도시
특별전

여지도 속 옛 궁성

① 고려 태조 왕건이 도읍으로 삼았다.
② 원의 영향을 받은 경천사지 십층 석탑이 축조되었다.
③ 조선 후기 송상이 근거지로 삼아 전국적으로 활동하였다.
④ 일제 강점기 강주룡이 을밀대 지붕 위에서 고공 농성을 하였다.
⑤ 북위 38도선 분할 이후 남한에 속했다가 정전 협정으로 북한 지역이 되었다.

2 심화 65회 49번

다음 지역에 대한 탐구 활동으로 적절한 것은? [1점]

지도로 보는 우리 지역의 역사

풍패지관
전라 감영
경기전
성황사
풍남문

1872년에 제작된 우리 지역 지도의 일부입니다. 조선 시대 전라도 일대를 총괄하는 전라 감영, 조선 왕실의 발상지라는 의미로 한(漢) 고조의 고사에서 이름을 딴 객사 풍패지관, 태조 이성계의 어진을 봉안하고 제사하는 경기전, 후백제의 왕성으로 알려진 동고산성 안에 있는 성황사 등이 표시되어 있습니다.

① 유형원이 반계수록을 저술한 장소를 답사한다.
② 견훤이 아들 신검에 의해 유폐된 장소를 알아본다.
③ 동학 농민군이 정부와 화약을 맺은 장소를 조사한다.
④ 기묘사화로 유배된 조광조가 사사된 장소를 검색한다.
⑤ 임병찬이 의병을 일으킨 무성 서원이 있는 장소를 찾아본다.

3 심화 65회 3번

(가) 지역에 대한 탐구 활동으로 가장 적절한 것은? [2점]

이달의 역사 인물

문주왕
미상~477

(가)에 백제의
새로운 터전을 잡다

고구려 장수왕의 공격으로 백제의 수도 한성이 파괴되고 개로왕이 전사하였다. 그에 이어 즉위한 문주왕은 위기를 수습하고자 (가) (으)로 도읍을 옮겼다.

① 무왕이 미륵사를 창건한 곳을 살펴본다.
② 무령왕과 왕비의 무덤이 발굴된 곳을 답사한다.
③ 성왕이 신라와의 전투에서 전사한 곳을 검색한다.
④ 윤충이 의자왕의 명을 받아 함락시킨 곳을 지도에 표시한다.
⑤ 계백이 이끄는 결사대가 신라군에 맞서 싸운 곳을 조사한다.

4 심화 59회 42번

(가) 지역에 대한 탐구 활동으로 가장 적절한 것은? [1점]

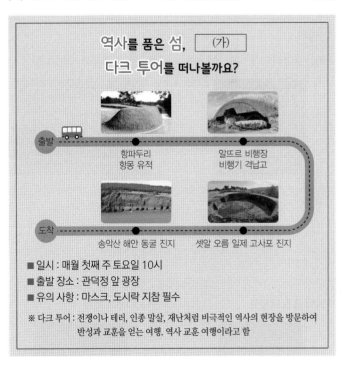

역사를 품은 섬, (가)
다크 투어를 떠나볼까요?

출발 — 항파두리 항몽 유적 — 알뜨르 비행장 비행기 격납고
도착 — 송악산 해안 동굴 진지 — 셋알 오름 일제 고사포 진지

■ 일시 : 매월 첫째 주 토요일 10시
■ 출발 장소 : 관덕정 앞 광장
■ 유의 사항 : 마스크, 도시락 지참 필수

※ 다크 투어 : 전쟁이나 테러, 인종 말살, 재난처럼 비극적인 역사의 현장을 방문하여 반성과 교훈을 얻는 여행. 역사 교훈 여행이라고 함

① 정약전이 자산어보를 저술한 곳을 알아본다.
② 프랑스군이 외규장각 도서를 약탈한 장소를 살펴본다.
③ 지주 문재철에 맞서 소작 쟁의가 일어난 곳을 찾아본다.
④ 4·3 사건으로 많은 주민이 희생된 주요 장소를 조사한다.
⑤ 러시아가 저탄소 설치를 위해 조차를 요구한 곳을 검색한다.

삼국과 가야

1. 삼국 시대

◦ **금동 미륵보살 반가 사유상**

일본 고류사 목조 미륵보살 반가 사유상과 유사
→ 삼국 시대의 한·일 교류를 보여 줌

2. 고구려

◦ **연가 7년명 금동 여래 입상**

광배의 뒷면에 '연가 7년'이라는 글자가 새겨져 있어 불상의 제작 연도를 알 수 있음

◦ **장군총**

고구려 초기에 주로 제작된 계단식 돌무지무덤

◦ **호우총 청동 그릇(경주 호우총)**

그릇 바닥에 '광개토지호태왕 호우십'이라는 글자가 새겨져 있어 당시 고구려와 신라의 관계를 보여 줌

◦ **사신도 중 현무도(강서대묘)**

도교의 방위신을 그린 사신도 중 현무(북)를 그린 고분 벽화로 도교 사상이 반영되어 있음

3. 백제

◦ **서산 용현리 마애 여래 삼존상**

바위에 새겨진 불상으로, '백제의 미소'라고도 불림

◦ **익산 미륵사지 석탑(복원)**

목조 건물을 본떠 만든 석탑 → 목탑에서 석탑으로 넘어가는 과도기적 모습을 볼 수 있음

◦ **부여 정림사지 5층 석탑**

목탑 양식의 흔적이 남아 있음, 한때 '평제탑'이라고 불리기도 하였음

◦ **부여 능산리사지 석조 사리감**

부여 능산리 절터에서 발견됨, 창왕(위덕왕)이 아버지 성왕의 명복을 빌기 위해 능산리 절터를 조성하였음을 알려 줌

◦ **백제 금동 대향로**

부여 능산리 절터에서 발견, 불교·도교 사상 반영, 백제인이 가진 뛰어난 금속 공예 기술을 보여 줌

◦ **산수무늬 벽돌**

도교 사상 반영 → 자연과 더불어 살고자 하는 바람이 담겨 있음

◦ **칠지도**

백제에서 만들어 왜에 보낸 철제 칼로, 백제와 왜의 교류를 보여 줌

◦ **서울 석촌동 고분**

고구려의 돌무지무덤과 양식이 유사한 계단식 돌무지무덤 → 고구려와 백제의 문화적 유사성을 보여 줌

공주 무령왕릉

무령왕릉 출토 석수

무령왕릉 출토 금제 관식

중국 남조의 영향을 받은 벽돌무덤으로, 백제의 고분 중 피장자와 축조 연대가 확인되는 유일한 무덤, 도굴되지 않은 채 발견되어 무덤 주인을 알 수 있는 묘지석, 무덤을 지키라는 의미에서 만들어 둔 석수, 금으로 만든 왕과 왕비의 장식품 등 다양한 유물이 출토됨

4. 신라

경주 배동 석조 여래 삼존 입상

신라의 대표적인 불상으로, 작은 체구에 아기 같은 얼굴을 하고 있음

경주 분황사 모전 석탑

전탑을 모방하여 돌을 벽돌 모양으로 다듬어 쌓아 올린 석탑

경주 첨성대

선덕 여왕 때 축조된 천문 관측대로 알려져 있음

금관

신라의 금 세공 기술이 높은 수준이었음을 알 수 있음

천마도

돌무지덧널무덤인 천마총에서 발견되었으며, 말다래에 그려진 그림

돌무지덧널무덤의 구조

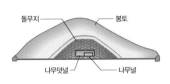

무덤 구조상 벽화를 그릴 수 없음, 도굴이 어려워 껴묻거리가 많이 남아 있음

기마 인물형 토기

경주의 신라 고분에서 출토, 주인상과 하인상의 의복과 말갖춤에서 차이를 보임

5. 가야

금관가야의 김해 대성동 고분군

판갑옷

전기 가야 연맹을 주도한 금관가야의 고분군, 금관가야는 풍부한 철 생산, 낙랑과 왜를 연결하는 중계 무역으로 번성함

대가야의 고령 지산동 고분군

철제 갑옷과 투구

금동관

후기 가야 연맹을 주도한 대가야의 고분군, 대가야는 농업에 유리한 입지와 풍부한 철 산지를 보유하여 번성함

통일 신라와 발해

1. 통일 신라

◦ 경주 석굴암 본존불

화강암을 쌓아 동굴처럼 만든 석굴암 중앙에 위치한 불상으로, 통일 신라의 수준 높은 조각 기술을 보여 줌

◦ 경주 감은사지 3층 석탑

동서 2기의 쌍탑으로 같은 구조와 규모로 되어 있음, 목탑 구조를 단순화하여 석탑 양식의 표본을 마련함

◦ 경주 불국사 3층 석탑(석가탑)

탑신부에서 무구정광대다라니경이 발견됨, 통일 신라 3층 석탑의 전형

◦ 경주 불국사 다보탑

복잡하고 화려하면서도 균형 잡힌 통일 신라 석조 미술의 백미

◦ 양양 진전사지 3층 석탑

신라 말에 건립되었다고 추정됨, 기단과 몸돌에 앉아 있는 천인상이 조각되어 있음

◦ 화순 쌍봉사 철감선사탑

신라 말 선종의 유행으로 승려의 사리나 유골을 모신 승탑이 유행함

◦ 경주 김유신 묘

굴식 돌방무덤, 무덤에 12지 신상이 조각된 둘레돌(호석)이 둘러져 있음

◦ 경주 원성왕릉 무인석

서역인의 모습을 하고 있어 당시 신라와 서역의 교류를 보여 줌

◦ 성덕 대왕 신종

우리나라에서 가장 큰 종으로, 경덕왕이 아버지 성덕왕을 기리기 위해 만들기 시작하여 혜공왕 때 완성됨

◦ 무구정광대다라니경

현존하는 세계에서 가장 오래된 목판 인쇄물로, 경주 불국사 3층 석탑의 수리 과정에서 발견됨

2. 발해

◦ 이불병좌상

고구려 양식의 영향을 받은 불상, 석가모니불과 다보불이 나란히 앉아 있는 모습을 표현함

◦ 돌사자상

정혜 공주 무덤에서 발견됨, 고구려 양식의 영향을 받은 조각상

◦ 석등

상경성 터에서 발견됨, 고구려 양식의 영향을 받은 석등

◦ 치미

상경성 터에서 출토됨, 고구려 양식의 영향을 받은 장식 기와

◦ 영광탑

벽돌로 만든 전탑으로, 높이가 13m에 이름, 완전한 형태로 보존된 유일한 발해 탑

고려

1. 불상

하남 하사창동 철조 석가여래 좌상

고려 초에 제작된 대형 철불로, 광주 춘궁리 철불이라고도 불렸음

논산 관촉사 석조 미륵보살 입상

고려 광종 때 만들어진 거대 불상으로, 개성 있는 지방 문화를 보여 주며, '은진 미륵'이라고도 불림

파주 용미리 마애 이불 입상

고려 초의 거대 불상, 천연 암벽을 이용하여 몸체를 만들고 머리를 따로 만들어 올림

안동 이천동 마애 여래 입상

고려 전기의 거대 불상, '제비원 석불'이라고도 함

영주 부석사 소조 여래 좌상

신라의 전통 양식을 계승하였으며, 세련미가 돋보임

고창 선운사 동불암지 마애 여래 좌상

우뚝 솟은 코와 과장되게 큰 손이 돋보이는 거대한 마애불로, 선운사 도솔암 옆 절벽에 새겨져 있음

2. 석탑

평창 월정사 8각 9층 석탑

고려 전기에 만들어진 대표적인 다각 다층의 석탑

개성 경천사지 10층 석탑

원의 영향을 받아 대리석으로 제작됨, 조선 시대 서울 원각사지 10층 석탑에 영향을 줌

3. 건축

논산 개태사

왕건이 후백제를 제압하고 세운 사찰, 논산 개태사지 석조 여래 삼존 입상, 개태사 5층 석탑, 개태사 철확(철제 솥) 등이 전해짐

안동 봉정사 극락전

기둥 위에만 공포가 있는 주심포 양식, 배흘림기둥, 현존하는 우리나라에서 가장 오래된 목조 건축물

영주 부석사 무량수전

고려 후기에 만들어진 주심포 양식의 건축물, 배흘림기둥, 팔작지붕

예산 수덕사 대웅전

고려 후기에 만들어진 주심포 양식의 건축물, 배흘림기둥, 맞배지붕

황해도 성불사 응진전

기둥과 기둥 사이에도 공포가 있는 다포 양식의 고려 후기 건축물

4. 청자

청자 참외 모양 병

무늬나 장식이 없는 순청자, 11세기까지는 비색의 순청자가 주로 만들어짐

청자 상감 운학무늬 매병

고려만의 독창적 기술인 상감 기법이 사용된 청자, 12세기 중반 이후 상감 청자가 유행함

1. 지도

◦ 혼일강리역대국도지도

조선 전기 태종 때 제작된 현존하는 동양에서 가장 오래된 세계 지도, 중국 중심의 세계관이 반영되어 있음

◦ 곤여만국전도

중국에서 선교사 마테오 리치가 제작한 서양식 세계 지도로, 조선 후기에 전래되어 조선인의 세계관 확대에 영향을 줌

◦ 동국지도

조선 후기 영조 때 정상기가 제작, 최초로 100리 척 사용

◦ 대동여지도

조선 후기 김정호가 제작, 산맥·하천·도로망 등을 표시, 10리마다 눈금으로 거리 표시, 목판으로 제작, 휴대 간편

2. 과학 기술

◦ 천상열차분야지도

조선 태조 때 고구려의 천문도를 바탕으로 제작

◦ 측우기

조선 세종 때 처음 제작된 강우량 측정 기구

◦ 앙부일구

조선 세종 때 처음 제작된 해시계로, 해의 움직임에 따라 시간을 측정함

◦ 자격루

조선 세종 때 처음 제작된 물시계로, 자동으로 시간을 알려 주는 장치를 갖춤

◦ 거중기

조선 정조 때 정약용이 "기기도설"을 참고하여 제작해 수원 화성 축조에 이용함

3. 석탑, 건축

◦ 서울 원각사지 10층 석탑

조선 세조 때 건립됨, 개성 경천사지 10층 석탑의 영향을 받음

◦ 합천 해인사 장경판전

팔만대장경판을 보관하기 위해 조선 초에 건립

◦ 보은 법주사 팔상전

조선 후기에 건축된 현존하는 우리나라 유일의 목조 5층탑, 내부에 팔상도가 있음

◦ 김제 금산사 미륵전

조선 후기에 건축된 규모가 큰 다층 다포계 건축물, 내부는 3층 전체가 하나로 트인 통층임

◦ 구례 화엄사 각황전

조선 후기에 건축된 규모가 큰 다층 다포계 건축물, 현존하는 중층 불전 중에서 가장 큰 규모

◦ 수원 화성

정조가 당시의 모든 기술을 동원하여 상업적·군사적 중심지로 새롭게 만든 성곽 건축물

◦ 경복궁

조선 건국 후 가장 처음 건립된 궁궐, 임진왜란 때 불탄 것을 흥선 대원군 집권 시기에 중건함

4. 전기 회화

고사관수도

15세기 강희안의 작품, 물을 바라보는 선비의 모습을 과감한 필치로 표현함

몽유도원도

15세기 도화서 화원 안견이 안평 대군이 꿈속에서 본 무릉도원 이야기를 듣고 그린 그림, 현실 세계와 도원 세계가 대비를 이루면서 전체적으로 조화를 이룸

초충도

16세기 신사임당이 풀과 벌레를 소재로 그렸다고 전하는 그림

5. 후기 회화

민화

문자도　　　까치 호랑이

조선 후기에 유행함, 대부분 작자를 알 수 없으며, 일반 서민의 소망과 기원을 담음

진경 산수화

인왕제색도　　　금강전도

18세기 정선이 개척한 새로운 화풍으로, 우리나라의 실제 경치를 사실적으로 표현한 산수화

풍속화

무동(김홍도)　　　월하정인(신윤복)

조선 후기에 사람들의 일상생활 모습을 담은 풍속화가 유행함

영통동구도

강세황이 서양의 음영법과 원근법을 사용하여 영통동으로 향하는 길목의 풍경을 표현한 그림

세한도

19세기 제주도에 유배 중이던 김정희가 제자 이상적에게 그려 준 그림

6. 공예

분청사기

15세기에 유행, 회색 계통의 태토 위에 백토로 분을 발라 구워 낸 자기, 소박한 무늬로 장식

→

백자

16세기 이후 유행, 깨끗하고 검소한 아름다움이 사대부의 취향에 잘 어울림

→

청화 백자

조선 후기에 유행, 회회청 안료를 사용하여 푸른색 그림을 그려 넣은 백자

철화 백자

산화철 안료로 흙갈색 그림을 그려 넣은 백자

1. 신문

○ 한성순보

우리나라 최초의 근대 신문, 박문국에서 열흘에 한 번씩 발행함, 관보적 성격을 가짐

○ 독립신문

우리나라 최초의 민간 신문, 서재필 주도로 창간, 한글판과 영문판 발행

○ 황성신문

국한문 혼용체로 발행(유림층 대상), 장지연의 항일 논설인 '시일야방성대곡'을 처음 게재

○ 제국신문

순 한글로 발행하여 서민층과 부녀자에게 많이 읽힘

○ 대한매일신보

양기탁과 영국인 베델이 창간, 항일 논조, 의병 운동에 호의적인 기사 게재, 국채 보상 운동 확산에 기여함

2. 건축

○ 독립문

프랑스의 개선문을 모방하여 독립 협회의 주도로 건립됨

○ 명동 성당

고딕 양식의 건축물로 1898년에 준공됨, 6월 민주 항쟁 당시 시위대의 농성 장소로 이용됨

○ 덕수궁 석조전

유럽풍의 석조 건축물로 영국인 하딩이 설계함, 광복 이후 미·소 공동 위원회가 개최됨

○ 덕수궁 중명전

러시아 건축가 사바틴이 설계하였으며, 고종의 집무실로 사용되기도 함, 1905년에 을사늑약이 체결된 장소

○ 구 러시아 공사관

르네상스 양식의 건축물, 을미사변 이후 고종이 피신하여 머물던 곳(아관 파천)

○ 환구단

하늘에 제사를 지내던 제단으로, 1897년에 고종이 환구단에서 황제 즉위식을 거행하고 대한 제국의 수립을 선포함, 1913년에 일제에 의해 철거되고 현재는 부속 건물인 황궁우만 남아 있음

○ 원각사

1908년에 설립된 우리나라 최초의 서양식 극장, 신소설 "은세계"가 연극으로 상연됨

3. 근대 문물

○ 전차

1899년 서대문에서 청량리 구간이 처음으로 개통됨

○ 철도

1899년 최초의 철도인 경인선(노량진에서 제물포 구간)이 개통됨

1 심화 68회 4번

(가)~(마) 문화유산에 대한 설명으로 적절하지 않은 것은? [2점]

답사 계획서

◆ 주제 : 백제 왕들의 흔적을 찾아서

◆ 기간 : 2023년 ○○월 ○○일~○○일

◆ 답사 지역 및 일정 안내

(가) 공산성
(나) 무령왕릉
1일차
(다) 부소산성
(라) 능산리 고분군
2일차
(마) 왕궁리 유적
3일차

① (가) - 웅진성이라 불리기도 하였다.

② (나) - 중국 남조의 영향을 받았다.

③ (다) - 성왕이 전사한 곳이다.

④ (라) - 사신도 벽화가 남아 있는 무덤이 발견되었다.

⑤ (마) - 수부(首府)라는 글자가 새겨진 기와가 출토되었다.

2 심화 66회 27번

(가) 궁궐에 대한 설명으로 옳은 것은? [3점]

(가) **복원 기공식 대통령 연설문**

임진왜란 때 (가) 은/는 불길 속에 휩싸여 흥선 대원군이 그 당시의 국력을 기울여 중건할 때까지 270년의 오랜 세월 동안 폐허로 남아 있었습니다. 일제는 1910년 우리나라를 병탄한 뒤 우리 역사의 맥을 끊기 위해 350여 채에 이르던 전각 대부분을 헐어 내고 옮겼습니다. 국권의 상징이던 근정전을 가로막아 총독부 건물을 세웠습니다. 이제 우리가 궁을 복원하려는 것은 남에 의해 훼손된 민족사에 대한 긍지를 회복하기 위한 것입니다.

① 일제에 의해 동물원 등이 설치되었다.

② 제1차 미·소 공동 위원회가 개최되었다.

③ 도성 내 서쪽에 있어 서궐이라고 불렸다.

④ 조선 물산 공진회 개최 장소로 이용되었다.

⑤ 태종이 도읍을 한양으로 다시 옮기며 건립하였다.

3 심화 56회 6번

다음 특별전에 전시될 자료로 적절하지 않은 것은? [1점]

우리 선조들은 하늘의 움직임이 세상의 이치와 연결된다고 생각해 천문 현상을 면밀히 관측하였습니다. 덕흥리 고분의 별자리 벽화는 이러한 측면을 잘 보여 줍니다.

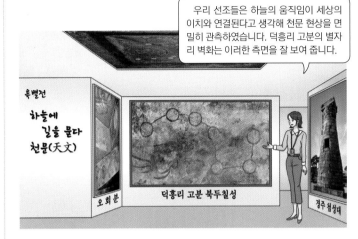

특별전
하늘에 길을 묻다
천문(天文)

오회분 | 덕흥리 고분 북두칠성 | 경주 첨성대

①

거중기

②
금동 천문도

③

혼천의

④

칠정산 내편

⑤

천상열차분야지도

4 심화 67회 31번

다음 검색창에 들어갈 신문에 대한 설명으로 옳은 것은? [2점]

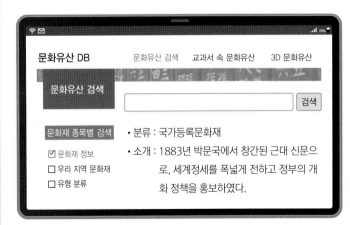

문화유산 DB   문화유산 검색   교과서 속 문화유산   3D 문화유산

문화유산 검색 [   ] 검색

문화재 종목별 검색
☑ 문화재 정보
☐ 우리 지역 문화재
☐ 유형 분류

· 분류 : 국가등록문화재
· 소개 : 1883년 박문국에서 창간된 근대 신문으로, 세계정세를 폭넓게 전하고 정부의 개화 정책을 홍보하였다.

① 여권통문을 처음 보도하였다.

② 국채 보상 운동의 확산에 기여하였다.

③ 의병 투쟁에 호의적인 기사를 게재하였다.

④ 외국인이 읽을 수 있도록 영문으로도 발행되었다.

⑤ 순 한문 신문으로 열흘마다 발행하는 것이 원칙이었다.

환재 박규수(1807~1877)

- 박지원의 손자
- 진주 농민 봉기의 수습을 위해 안핵사로 파견됨
- 평안 감사로 제너럴 셔먼호의 격침을 지휘함
- 서양 세력과의 통상 주장 → 김옥균, 박영효 등 개화사상가들에게 큰 영향을 끼침

수운 최제우(1824~1864)

- 경주의 몰락한 양반 출신으로 서학에 대응하여 동학을 창시함
- 경전인 "동경대전"과 포교 가사집인 "용담유사"를 지음
- 혹세무민의 죄목으로 대구에 있는 경상 감영에서 처형됨

면암 최익현(1833~1906)

- 흥선 대원군을 비판하는 상소를 올림 → 이를 계기로 고종의 친정 시작
- 위정척사파 : 왜양일체론을 내세워 강화도 조약 체결에 반대함('지부복궐척화의소')
- 을사늑약 체결에 반발하여 태인에서 의병을 일으킴
- 쓰시마섬(대마도)에서 순국

죽천 박정양(1841~1905)

- 조사 시찰단으로 일본에 파견됨
- 초대 주미 공사
- 호조 판서, 한성부 판윤 겸임
- 군국기무처 부총재
- 독립 협회의 제안을 받아들여 중추원 관제 개편을 추진함

도원 김홍집(1842~1896)

- 제2차 수신사로 일본에 파견됨 → 황준헌이 쓴 "조선책략"을 조선에 들여옴
- 한성 조약 체결 당시 전권 대신을 맡음
- 군국기무처 총재관으로 갑오개혁 주도
- 1896년 아관 파천 직후 광화문에서 살해됨

월남 이상재(1850~1927)

- 독립 협회에 참여하고 만민 공동회를 주도함
- 조선 교육 협회를 창립함
- 민립 대학 설립 운동을 주도함
- 신간회 초대 회장

고균 김옥균(1851~1894)

- 급진 개화파
- 갑신정변을 주도함 → 실패 후 일본에 망명함
- 중국 상하이에서 홍종우에게 암살됨

왕산 허위(1855~1908)

- 을미의병에 참여
- 평리원 재판장 역임
- 정미의병 시기 13도 창의군의 군사장으로 서울 진공 작전 전개
- 영평에서 체포되어 서대문 형무소에서 순국

전봉준(1855~1895)

- 고부 지방의 동학 접주로 동학 농민 운동을 주도함
- '녹두 장군'이라고도 불림
- 공주 우금치 전투에서 일본군과 관군에 맞서 싸웠으나 패배함
- 순창에서 체포되어 처형됨

구당 유길준(1856~1914)

- 일본과 미국에서 유학함
- 조사 시찰단과 보빙사에 참여함
- 조선 중립화론을 주장함
- "서유견문"을 저술함
- 을미개혁 때 단발령을 주도함

석주 이상룡(1858~1932)

- 서간도로 망명하여 경학사 조직, 신흥 강습소 설립을 주도함
- 대한민국 임시 정부 초대 국무령
- 일제가 독립운동의 맥을 끊기 위해 안동 임청각(이상룡의 생가)을 훼손함

백암, 태백광노 박은식(1859~1925)

- 황성신문·대한매일신보의 주필, 신민회 회원
- "한국통사"(국혼 강조)와 "한국독립운동지혈사"(독립 투쟁사 서술)를 저술함
- '유교 구신론'을 발표함
- 대한민국 임시 정부 제2대 대통령

일성 이준(1859~1907)

- 한성 재판소 검사보로 임명됨
- 을사늑약 폐기를 주장하는 상소 운동을 전개함
- 신민회에 참여함
- 헤이그 특사로 파견되었다가 그곳에서 순국함

윤희순(1860~1935)

- 의병 활동을 지원하고, '안사람 의병가' 등 의병가 8편을 만들어 의병들의 사기를 높임
- 중국으로 망명하여 노학당을 설립함
- 중국 무순(푸순)에서 조선 독립단을 조직함

최재형(최페치카, 1860~1920)

- 연해주에서 의병 활동 전개
- 안중근의 하얼빈 의거 지원
- 대동공보 사장, 권업회 조직, 권업신문 발간
- 제2회 전로 한족 대표 회의에서 이동휘와 함께 명예 회장으로 추대됨
- 1920년 일본군에 잡혀 우수리스크에서 순국함

의암 손병희(1861~1922)

- 교조 신원 운동에 참여
- 동학 농민 운동 당시 북접 지휘
- 동학의 제3대 교주로 취임
- 동학을 천도교로 개칭함
- 보성 학교, 동덕 여학교 등을 인수하여 교육 사업 전개
- 민족 대표 33인 중 천도교 대표로 3·1 운동을 주도함

홍암 나철(본명 나인영, 1863~1916)

- 일본에서 이토 히로부미와 총리대신 등에게 항의 서신을 보내며 외교 항쟁을 함
- 을사오적 처단을 위해 자신회를 조직함
- 단군 신앙을 바탕으로 대종교를 창시함

호머 베잘렐 헐버트(1863~1949)

- 미국인으로, 육영 공원의 교사로 초빙됨
- 세계 지리 교과서 "사민필지"를 한글로 편찬함
- 을사늑약 직후 고종의 친서를 미국 정부에 전달하였으나 도움을 얻는 데 실패함

송재 서재필(1864~1951)

- 급진 개화파
- 갑신정변에 참여함 → 실패 후 미국에 망명함(미국명 필립 제이슨)
- 귀국하여 독립신문을 창간하고 독립 협회를 설립함(독립문 건립 등)

남강 이승훈(1864~1930)

- 신민회 회원, 오산 학교 설립, 자기 회사와 태극서관 운영에 참여함
- 105인 사건으로 수감됨
- 3·1 운동 당시 민족 대표 33인 중 기독교 대표
- 물산 장려 운동, 민립 대학 설립 운동에 가담함

우당 이회영(1867~1932)

- 신민회 회원
- 일가족의 전 재산을 처분하여 독립운동 자금을 마련한 후 함께 서간도로 이주함
- 서간도 삼원보에서 경학사를 조직하고, 신흥 강습소를 설립함

홍범도(1868~1943)

- 산포대를 조직하여 의병 활동을 전개함
- 대한 독립군을 지휘하여 봉오동 전투와 청산리 대첩에서 활약함
- 소련 스탈린의 정책에 의해 중앙아시아로 강제 이주됨

석오 이동녕(1869~1940)

- 이상설 등과 서전서숙 설립
- 안창호, 양기탁 등과 신민회 조직
- 경학사와 신흥 강습소 설립 주도
- 권업회 조직, 해조신문 발행
- 대한민국 임시 정부 임시 의정원 초대 의장, 국무총리, 국무령, 주석 역임

성재 이시영(1869~1953)

- 신민회 회원
- 국권 피탈 후 형인 이회영 등 가족과 함께 서간도로 이주함
- 경학사와 신흥 강습소 설립을 주도함
- 대한민국 임시 정부 국무위원
- 대한민국 초대 부통령

보재 이상설(1870~1917)

- 을사늑약 반대 상소를 올림
- 북간도에 서전서숙을 설립함
- 헤이그 특사로 파견됨
- 연해주에서 권업회 조직, 대한 광복군 정부 수립 주도

우강 양기탁(1871~1938)

- 베델과 함께 대한매일신보를 창간함
- 국채 보상 운동을 주도함
- 정의부를 조직함
- 대한민국 임시 정부 국무위원

남자현(1872~1933)

- 독립군의 어머니로 불림
- 서로 군정서에서 활동
- 간도에서 여자 권학회 조직, 여성 운동 전개
- 국제 연맹 조사단에 혈서('조선 독립원') 전달 시도
- 사이토 조선 총독과 만주국 주재 일본 대사 암살 시도

어네(니)스트 토마스 베델(한국명 배설, 1872~1909)

- 영국인으로 양기탁과 함께 대한매일신보를 창간함
- 을사늑약의 부당함을 알리는 논설과 고종의 밀서를 게재함
- 장인환·전명운의 의거, 항일 의병 활동 등을 호의적으로 보도함

성재 이동휘(1873~1935)

- 대한 제국의 무관(강화진위대 참령) 출신
- 신민회에서 활동함
- 서북 학회를 조직함
- 대한 광복군 정부 수립 주도 → 부통령 역임
- 한인 사회당 창당 주도
- 대한민국 임시 정부 국무총리

노백린(1875~1926)

- 한국 무관 학교 교관과 육군 무관 학교 교장 역임
- 신민회에 참여
- 대한민국 임시 정부 군무총장 → 미국 캘리포니아에 한인 비행 학교 설립(독립군 비행사 양성)

장인환(1876~1930)

- 대동 보국회에 가입함
- 일제의 한국 침략에 협력한 친일 미국인 스티븐스를 미국 샌프란시스코에서 처단함

백범 김구(1876~1949)

- 한인 애국단을 조직함
- 대한민국 임시 정부 주석
- 신탁 통치 반대 운동을 주도함
- 남북 협상에 참여함
- 서울 경교장에서 안두희에게 피살됨

한힌샘, 백천 주시경(1876~1914)

- 별명 '주보따리'
- 독립신문 교보원으로 활동함
- 국문 동식회를 조직함
- 국문 연구소 위원으로 국문법을 정리하고 한글을 체계적으로 연구함
- "국어문법", "말의 소리" 등을 저술함

신돌석(1878~1908)

- 평민 출신으로, 을사늑약 체결 이후 경상도 영해·평해 일대에서 의병 활동을 함 → 평민 의병장으로 활약
- '태백산 호랑이'라고도 불림

도산 안창호(1878~1938)

- 독립 협회에 가입함
- 신민회를 조직하고, 대성 학교를 설립함
- 서북 학회를 조직함
- 미국 샌프란시스코에서 흥사단을 조직함
- 대한민국 임시 정부에 참여
- 수양 동우회 사건으로 수감됨

도마 안중근(1879~1910)

- 국내에서 삼흥 학교 설립
- 연해주에서 의병장으로 활약함
- 동의 단지회를 조직함
- 만주 하얼빈역에서 이토 히로부미를 저격함 → 뤼순 감옥에서 순국함
- "동양 평화론"을 저술함

만해 한용운(본명 한정옥, 1879~1944)

- 승려이자 시인, 독립운동가
- 3·1 운동 당시 민족 대표 33인 중 불교계 대표, 기미 독립 선언서 초안 검토, 공약 3장 집필
- 불교 개혁을 주장한 "조선 불교유신론" 집필, "유심"이라는 불교 잡지 발간
- 시집 "님의 침묵" 등 저술

심산 김창숙(1879~1962)

- 을사늑약 체결 반대 상소
- 파리 장서 운동 주도
- 대한민국 임시 정부 임시 의정원 초대 대의원
- 서로 군정서 조직, 나석주 의거 지원
- 광복 이후 성균관 대학교 초대 총장

예관 신규식(1880~1922)

- 국권 피탈 이후 중국에 건너가 동맹회에 가입함, 쑨원의 무창 의거 참가
- 상하이에서 동제사 조직
- 박은식과 대동 보국단 조직
- '대동단결 선언'에 참여
- 신한 청년당 조직
- 대한민국 임시 정부 법무 총장과 외무총장 등 역임

단재 신채호(1880~1936)

- 민족주의 사학의 연구 방향을 제시함('독사신론')
- "조선사연구초", "조선상고사" 등을 저술함
- "이순신전", "을지문덕전" 등 위인전을 편찬함
- 의열단의 활동 지침인 '조선 혁명 선언'을 작성함

조지 루이스 쇼(1880~1943)

- 아일랜드계 영국인
- 중국 안동(단둥)에서 무역 회사인 이륭양행을 설립하고 그 안에 대한민국 임시 정부 교통국 사무소를 설치함
- 대한민국 임시 정부의 활동을 지원함

후세 다쓰지(1880~1953)

- 일본인 변호사
- 2·8 독립 선언에 참여한 한국인 유학생들의 변호를 맡음
- 의열단원 김지섭의 변호를 맡음
- 일왕 및 왕족을 폭살하고자 계획하였던 박열과 가네코 후미코의 변호를 맡음

우사 김규식(1881~1950)

- 파리 강화 회의에 민족 대표로 파견됨
- 민족 혁명당 설립에 참여
- 대한민국 임시 정부 부주석
- 여운형과 함께 좌우 합작 운동을 주도함
- 민족 자주 연맹을 이끌고 남북 협상에 참여함

백포 서일(본명 서기학, 1881~1921)

- 대종교 교리를 연구하고 포교 활동을 전개함
- 중광단을 조직하고 단장에 취임
- 북로 군정서 총재
- 대한 독립군단 총재

전명운(1884~1947)

- 공립 협회에 가입함
- 미국 샌프란시스코에서 일제의 한국 침략에 협력한 친일 미국인 스티븐스를 향해 저격을 시도함

고헌 박상진(1884~1921)

- 독립운동 지원을 위해 상덕태상회를 설립함
- 대한 광복회를 조직하고 총사령을 맡음 → 독립운동 자금 조달, 친일 부호 처단 등의 활동을 함

백산 안희제(1885~1943)

- 대동 청년당 조직
- 백산 상회 설립 : 독립운동 단체의 연락 기관, 대한민국 임시 정부에 독립운동 자금 지원
- 중외일보 사장, 중앙일보 고문 역임

몽양 여운형(1886~1947)

- 신한 청년당 결성
- 대한민국 임시 정부 수립에 참여
- 조선 건국 동맹과 조선 건국 준비 위원회를 조직함
- 조선 인민당 당수
- 좌우 합작 위원회 주도
- 서울 혜화동에서 피살됨

조소앙(본명 조용은, 1887~1958)

- '대동단결 선언'에 참여
- 한국 독립당을 결성함
- 대한민국 임시 정부 외무부장
- 삼균주의를 제창함(대한민국 임시 정부가 발표한 건국 강령의 기초가 됨)

가인 김병로(1887~1964)

- 변호사로 많은 애국지사를 변호함(김상옥 의거, 6·10 만세 운동·광주 학생 항일 운동 관련자 등)
- 신간회 중앙 집행 위원장
- 남조선 과도 정부 사법부장
- 대한민국 초대 대법원장

이위종(1887~미상)

- 을사늑약 체결 이후 아버지(이범진)와 러시아에서 비공식 외교 활동 전개
- 이상설, 이준과 함께 헤이그 특사로 파견됨
- 헤이그에서 프랑스어로 한국 독립에 대한 협조를 요청하는 연설을 함

이재명(1887~1910)

- 공립 협회에 가입
- 이토 히로부미의 암살을 계획하였으나 안창호의 만류로 실행하지 못함
- 명동 성당 앞에서 이완용의 암살 시도 → 칼로 찔러 상처를 입혔으나 처단에는 실패하고 일본 경찰에 체포됨

백산 지청천(이청천, 1888~1957)

- 일본 육군 사관 학교 졸업 후 만주로 망명 → 신흥 무관 학교에서 독립군 양성
- 정의부 총사령관 역임
- 한국 독립당 창당에 참여
- 한국 독립군을 지휘하여 한·중 연합 작전 전개(쌍성보·대전자령 전투 등)
- 한국 광복군 총사령관

한뫼 이윤재(1888~1943)

- 조선어 연구회, 조선어 학회에서 활동
- 한글 맞춤법 통일안 제정, 조선어 사전 편찬 등에 참여함
- 진단 학회의 창립에 참여
- "성웅 이순신", "문예독본" 등 저술

기농 정세권(1888~1966)

- 부동산 사업가이자 민족 사업가 : 서울 전역에 한옥 마을 조성, 개량 한옥 대량 공급(전통 주거 문화 수호 및 한국인 주거 공간 확보)
- 물산 장려 운동과 신간회 활동에 참여
- 조선어 학회 활동 지원 : 조선어 학회 회관 기증 등

백야 김좌진(1889~1930)

- 북로 군정서의 지휘관
- 청산리 대첩에서 활약함

프랭크 윌리엄 스코필드(한국명 석호필, 1889~1970)

- 영국 태생의 캐나다인
- 세브란스 의학 전문학교 교수로 내한
- 3·1 운동 당시 일제가 저지른 제암리·수촌리 학살 사건의 현장을 찾아가 기록을 남기고 참상을 외국 언론에 알림
- 국립 서울 현충원에 안장

민세 안재홍(1891~1965)

- 일제 강점기 조선일보 사장
- 고대사 연구를 통해 일제 식민 사관을 극복하고자 함
- "여유당전서"를 간행하고 조선학 운동을 전개함
- 조선 건국 준비 위원회 부위원장
- "조선상고사감", '신민족주의와 신민주주의' 저술

김마리아(1892~1944)

- 2·8 독립 선언에 참여
- 대한민국 애국 부인회 회장
- 대한민국 임시 정부 황해도 대의원 역임
- 미국에서 여성 독립운동 단체 근화회를 조직함

나석주(마중달·마충대, 1892~1926)

- 국내에서 항일 비밀 결사 조직 → 군자금 모금 등
- 중국 군사 학교 수료 후 중국군 장교로 복무 → 대한민국 임시 정부에서 활동
- 의열단 가입 → 조선 식산 은행과 동양 척식 주식회사에 폭탄 투척

담원 정인보(1893~1950)

- 국권 피탈 후 중국 상하이로 망명 → 동제사 조직
- "여유당전서"를 간행하고 조선학 운동을 전개함
- '5천 년간 조선의 얼', "조선사연구", "양명학연론" 등 저술

백남운(1894~1979)

- 사회 경제 사학자
- 유물 사관을 바탕으로 일제의 식민 사관(정체성론)을 반박함
- "조선사회경제사", "조선봉건사회경제사" 등 저술

외솔 최현배(1894~1970)

- 조선어 강습원에서 주시경의 가르침을 받음
- 조선어 연구회, 조선어 학회에서 활동
- 조선어 학회 사건으로 수감됨
- "우리말본"과 "한글갈" 등 저술

김익상(1895~1941)

- 의열단 가입 → 조선 총독부에 폭탄을 투척하고 중국으로 탈출함
- 중국 상하이에서 일본 육군 대장 다나카 암살을 시도함

벽해 양세봉(양서봉, 1896~1934)

- 조선 혁명군의 총사령
- 한·중 연합 작전을 전개하여 영릉가·흥경성 전투 등에서 일본군에 맞서 싸움

약산 김원봉(1898~1958)

- 의열단을 조직함
- 조선 혁명 간부 학교를 설립함
- 민족 혁명당을 결성함
- 조선 의용대를 창설함
- 조선 의용대의 일부 대원들과 함께 한국 광복군에 합류함 → 부사령관 역임

소파 방정환(1899~1931)

- 천도교 소년회를 조직하여 소년 운동을 전개함
- 색동회를 조직함
- '어린이'라는 용어를 처음 사용함
- '어린이날'을 만들고, 잡지 "어린이"를 발행함

이봉창(1901~1932)

- 한인 애국단에 가입함
- 일본 도쿄에서 일왕이 탄 마차를 향해 수류탄을 던졌으나 실패함

심훈(1901~1936)

- 3·1 운동에 가담
- 영화 '먼동이 틀 때' 감독
- 저항시 '그날이 오면'을 발표함
- 신문에 소설 "직녀성", "상록수" 등을 연재함

유관순(1902~1920)

- 이화 학당 재학 시절 3·1 운동이 일어나자 만세 시위에 참여함
- 고향인 천안으로 내려가 아우내 장터에서 만세 시위를 주도함
- 일본 경찰에 체포되어 서대문 형무소에서 순국함

춘사 나운규(1902~1937)

- 명동 학교 재학 중 3·1 운동에 참여함
- 영화 '아리랑'의 감독이자 주연

권기옥(1903~1988)

- 학창 시절 송죽회에 가입하여 활동함
- 대한민국 임시 정부의 추천으로 중국의 육군 항공 학교 수료 → 우리나라 최초의 여성 비행사
- 중국군에서 비행사로 복무하며 항일 무장 투쟁 전개

가네코 후미코(1903~1926)

- 일본인으로 독립운동가 박열과 결혼함
- 아나키즘 단체 불령사 조직
- 박열과 함께 일왕 및 왕족 폭살을 계획함 → 체포되어 수감 중 사망

이육사(본명 이원록, 1904~1944)

- 의열단에 가입함
- 조선 은행 대구 지점 폭탄 투척 사건으로 수감되었을 때의 수인 번호를 따 '이육사'라는 이름을 사용함
- 조선 혁명 간부 학교 1기생
- '황혼', '청포도', '절정', '광야' 등의 시를 남김 → 사후 "육사시집"이 발간됨

간송 전형필(1906~1962)

- 교육가이자 문화재 수집가
- 일제 강점기에 "훈민정음 해례본" 등 수많은 우리 문화재를 수집하여 보존에 힘씀
- 문화재를 보관하기 위해 우리나라 최초의 사립 박물관인 보화각(지금의 간송 미술관)을 세움

매헌 윤봉길(1908~1932)

- 한인 애국단에 가입함
- 중국 상하이 훙커우 공원에서 폭탄 의거를 일으켜 일본군 장성과 고관을 처단함

박차정(1910~1944)

- 근우회에 가입하여 활동함
- 중국으로 망명하여 의열단에 가입함
- 조선 혁명 간부 학교의 교관
- 조선 의용대 부녀 복무 단장 → 항일 무장 투쟁 전개

오광심(1910~1976)

- 조선 혁명당에서 활동
- 민족혁명당부녀부에서활약
- 대한민국 임시 정부를 주체로 독립운동 단체들이 연합한 한국 광복 운동 단체 연합회(한국광복진선) 청년 공작대로 활동
- 한국 광복군 사무 및 선전 활동 담당 : 기관지 "광복" 등 간행

장준하(1915~1975)

- 일본군에 징집된 후 탈출하여 한국 광복군에 합류
- 광복 이후 잡지 "사상계"를 간행하고 민주화 운동 전개
- 제7대 국회 의원에 당선
- 유신 체제 반대 운동 주도 → 개헌 청원 100만 인 서명 운동 전개

윤동주(1917~1945)

- 명동 학교 출신
- '서시', '자화상', '별 헤는 밤' 등의 시를 남김
- 일본 유학 중 독립운동 혐의로 후쿠오카 형무소에 수감되어 옥사함
- 사후 시집 "하늘과 바람과 별과 시"가 발간됨

1 심화 64회 29번

(가) 인물에 대한 설명으로 옳은 것은? [2점]

월간 역사 2023년 4월호

특집 ___(가)___ 의 상소, 조선의 정치를 뒤흔들다!

- 흥선 대원군의 하야를 요구하는 상소를 올리다
- 지부복궐척화의소를 올려 왜양일체론을 주장하다
- 단발령에 반대하는 상소를 올리다

① 대한 광복회를 조직하여 친일파를 처단하였다.
② 국권 피탈 과정을 정리한 한국통사를 집필하였다.
③ 을사늑약 체결에 반대하여 태인에서 의병을 일으켰다.
④ 13도 창의군을 지휘하여 서울 진공 작전을 전개하였다.
⑤ 보국안민을 기치로 우금치에서 일본군 및 관군에 맞서 싸웠다.

2 심화 67회 34번

(가) 인물의 활동으로 옳은 것은? [3점]

초대 주미 공사인 ___(가)___ 은/는 미국 대통령에게 고종의 국서를 전달하는 등 외교 활동을 펼친 후 귀국하여 미속습유를 집필하였습니다. 그는 이 책에서 미국의 문물과 제도를 소개하였으며, 미국과의 외교 관계를 강조하였습니다.

초대 주미 공사 특별전

① 샌프란시스코에서 흥사단을 창립하였다.
② 황준헌이 쓴 조선책략을 국내에 들여왔다.
③ 인재 양성을 위해 오산 학교를 설립하였다.
④ 국문 연구소를 설립하고 연구 위원으로 활동하였다.
⑤ 독립 협회의 제안을 받아들여 중추원 관제 개편을 추진하였다.

3 심화 59회 34번

밑줄 그은 '그'의 활동으로 옳은 것은? [2점]

저는 지금 전라남도 보성군에 와 있습니다. 이 기념관은 오기호 등과 함께 대종교를 창시하고 일생을 독립운동에 바친 그를 기리기 위해 조성되었습니다. 이곳에는 그의 호를 딴 홍암사라는 사당이 있습니다.

① 5적 처단을 위해 자신회를 조직하였다.
② 명동 성당 앞에서 이완용을 습격하였다.
③ 하얼빈에서 이토 히로부미를 사살하였다.
④ 타이완에서 일본 육군 대장을 저격하였다.
⑤ 동양 척식 주식회사에 폭탄을 투척하였다.

4 심화 62회 35번

다음 인물의 활동으로 옳은 것은? [3점]

나는 23세 때 육영 공원의 교사로 조선에 와서 학생들을 가르쳤소. 고종의 특사가 되어 만국 평화 회의가 열린 헤이그를 방문하였고, 대한 제국 멸망사를 출간하기도 했소. 나는 한국인의 권리와 자유를 위해 싸워 왔으며 한국인에 대한 사랑은 내 인생의 가장 소중한 가치라오. 나는 웨스트민스터 사원보다 한국 땅에 묻히기를 염원하오.

① 화폐 정리 사업을 주도하였다.
② 한글로 된 교재인 사민필지를 집필하였다.
③ 여성 교육 기관인 이화 학당을 설립하였다.
④ 친일 인사 스티븐스를 샌프란시스코에서 사살하였다.
⑤ 논설 단연보국채를 써서 국채 보상 운동에 적극 참여하였다.

5 심화 61회 34번

(가) 인물에 대한 설명으로 옳은 것은? [2점]

> 국어 연구에 앞장선 (가) 에 대해 알려 주세요.

> 호는 한힌샘으로, 독립신문사의 교보원으로 활동하였습니다. 큰 보자기에 책을 넣고 다니며 학생들에게 국어를 가르쳐 '주보따리'라는 별명을 얻었습니다.

① 국문 연구소의 연구 위원으로 활동하였다.

② 조선어 학회 사건으로 구속되어 옥고를 치렀다.

③ 국권 피탈 과정을 정리한 한국통사를 집필하였다.

④ 세계 지리 교과서인 사민필지를 한글로 저술하였다.

⑤ 여유당전서를 간행하고 조선학 운동을 전개하였다.

6 심화 68회 47번

(가)에 들어갈 내용으로 옳은 것은? [2점]

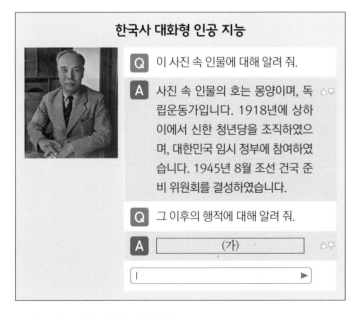

한국사 대화형 인공 지능

Q 이 사진 속 인물에 대해 알려 줘.

A 사진 속 인물의 호는 몽양이며, 독립운동가입니다. 1918년에 상하이에서 신한 청년당을 조직하였으며, 대한민국 임시 정부에 참여하였습니다. 1945년 8월 조선 건국 준비 위원회를 결성하였습니다.

Q 그 이후의 행적에 대해 알려 줘.

A (가)

① 한국 민주당을 창당하였습니다.

② 5·10 총선거에 출마하였습니다.

③ 단독 정부 수립을 주장하였습니다.

④ 조선 혁명 선언을 작성하였습니다.

⑤ 좌우 합작 위원회를 조직하였습니다.

7 심화 65회 44번

(가)에 들어갈 내용으로 적절한 것은? [2점]

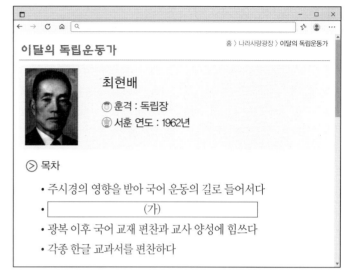

이달의 독립운동가

홈 > 나라사랑광장 > 이달의 독립운동가

최현배

🏅 훈격 : 독립장

🏅 서훈 연도 : 1962년

▷ 목차

• 주시경의 영향을 받아 국어 운동의 길로 들어서다

• (가)

• 광복 이후 국어 교재 편찬과 교사 양성에 힘쓰다

• 각종 한글 교과서를 편찬하다

① 조선어 학회 사건으로 옥고를 치르다

② 파리 강화 회의에 독립 청원서를 제출하다

③ 복벽주의를 내세우며 독립 의군부를 조직하다

④ 국권 피탈 과정을 정리한 한국통사를 저술하다

⑤ 일제에 의해 조작된 105인 사건으로 재판을 받다

8 심화 66회 40번

(가) 인물에 대한 설명으로 옳은 것은? [3점]

문학으로 보는 한국사

내 고장 칠월은

청포도가 익어가는 시절

이 마을 전설이 주저리주저리 열리고

먼 데 하늘이 꿈꾸며 알알이 들어와 박혀

하늘 밑 푸른 바다가 가슴을 열고

흰 돛단배가 곱게 밀려서 오면

내가 바라는 손님은 고달픈 몸으로

청포(靑袍)를 입고 찾아온다고 했으니

내 그를 맞아 이 포도를 따 먹으면

두 손은 함뿍 적셔도 좋으련

아이야, 우리 식탁엔 은쟁반에

하이얀 모시 수건을 마련해 두렴

[해설]

이 시는 독립운동가이자 문학가인 (가) 의 '청포도'이다. 그는 이 시를 비롯한 다양한 작품에서 식민지 현실에 맞서 꺼지지 않는 민족의식을 표현하였다.

그의 본명은 이원록으로 안동에서 태어났고, 1927년 장진홍의 조선 은행 대구 지점 폭탄 의거에 연루되어 투옥되었다. 이후에도 그는 중국을 오가며 독립운동에 힘쓰다가 1943년 체포되어 이듬해 베이징의 일본 감옥에서 생을 마감하였다.

① 소설 상록수를 신문에 연재하였다.

② 광야, 절정 등의 저항시를 발표하였다.

③ 타이완에서 일본 육군 대장을 저격하였다.

④ 삼균주의를 바탕으로 한 건국 강령을 만들었다.

⑤ 여유당전서를 간행하고 조선학 운동을 전개하였다.

1 심화 64회 43번

(가)~(라) 지방 통치 체제에 대한 설명으로 옳은 것을 〈보기〉에서 고른 것은? [3점]

(가) 완산주를 다시 설치하고 용원을 총관으로 삼았다. 거열주를 빼서 청주(菁州)를 두니 처음으로 9주가 되었다. 대아찬 복세를 총관으로 삼았다.

(나) 현종 초에 절도사를 폐지하고, 5도호와 75도 안무사를 두었으나, 얼마 후 안무사를 폐지하고, 4도호와 8목을 두었다. 그 이후로 5도·양계를 정하니, 양광·경상·전라·교주·서해·동계·북계가 그것이다.

(다) 각 도 각 고을의 이름을 고쳤다. …… 드디어 완산을 다시 '전주'라고 칭하고, 계림을 다시 '경주'라고 칭하고, 서북면을 '평안도'로 하고, 동북면을 '영길도'로 하였으니, 평양·안주·영흥·길주가 계수관이기 때문이다.

(라) 전국을 23부의 행정 구역으로 나누어 아래에 열거하는 각 부를 둔다. …… 앞 조항 외에는 종래의 목, 부, 군, 현의 명칭과 부윤, 목사, 부사, 군수, 서윤, 판관, 현령, 현감의 관명을 다 없애고 읍의 명칭을 군이라고 하며 읍 장관의 관명을 군수라고 한다.

─────── ● 보기 ● ───────

ㄱ. (가) - 신문왕 재위 시기에 정비되었다.

ㄴ. (나) - 지방 장관으로 욕살, 처려근지 등이 있었다.

ㄷ. (다) - 도에는 관찰사가 임명되어 수령을 감독하였다.

ㄹ. (라) - 광무개혁의 일환으로 실시되었다.

① ㄱ, ㄴ   ② ㄱ, ㄷ   ③ ㄴ, ㄷ

④ ㄴ, ㄹ   ⑤ ㄷ, ㄹ

2 심화 65회 26번

(가)~(라)를 일어난 순서대로 옳게 나열한 것은? [3점]

(가) 좌의정 박은이 상왕(上王)에게 아뢰기를, "이제 왜구가 중국에 들어가 도적질하고 본도로 돌아오는 것이 곧 이때이므로 마땅히 이 종무 등으로 대마도에 나가 적이 섬에 돌아오기를 기다렸다가 맞아서 치게 되면 적을 파함에 틀림없을 것이니, 진멸(珍滅)시킬 기회를 잃지 마소서."라고 하니, 상왕이 옳게 여겼다.

(나) 김방경이 중군을 거느리게 하고 홀돈과 홍다구와 더불어 일본을 정벌하게 하였다. 일기도(一岐島)에 이르러 천여 명을 죽이고 길을 나누어 진격하였다. 왜인들이 달아나는데 쓰러진 시체가 마치 삼대와 같았다. 날이 저물어 이내 공격을 늦추었는데 마침 밤에 태풍이 크게 불어서 전함들이 많이 부서졌다.

(다) 왜구가 배 5백 척을 이끌고 진포 입구에 들어와서는 큰 밧줄로 배를 서로 잡아매고 병사를 나누어 지키다가, 해안에 상륙하여 여러 고을로 흩어져 들어가 불을 지르고 노략질을 자행하였다. …… 나세, 심덕부, 최무선 등이 진포에 이르러, 최무선이 만든 화포를 처음으로 사용하여 그 배들을 불태웠다.

(라) 왜장이 군사 수만 명을 모두 동원하여 진주성을 포위하였는데 성 안의 군사는 3천여 명이었다. 진주 목사 김시민이 여러 성첩을 나누어 지키게 하였다. …… 10여 일 동안 4~5차례 큰 전투를 벌이면서 안팎에서 힘껏 싸웠으므로 적이 먼저 도망하였다.

① (가) - (나) - (다) - (라)   ② (가) - (다) - (나) - (라)

③ (나) - (가) - (라) - (다)   ④ (나) - (다) - (가) - (라)

⑤ (다) - (라) - (나) - (가)

3 심화 65회 39번

㉠~㉤에 대한 탐구 활동으로 적절하지 않은 것은? [2점]

> 🔍 **역사** 돋보기 　　**한국 교육의 역사**
>
> 　삼국 시대에는 ㉠국가가 운영하는 기관을 통해 제도적인 교육이 이루어졌다. 이때 교재는 유학 경전과 역사서가 중심이었다.
>
> 　고려 시대에 와서 과거제가 실시되었다. 조상의 음덕을 입은 관직 진출도 있었지만, 과거에 합격하는 것을 영예롭게 여기기도 하였다. 이 과정에서 관학인 국자감 못지 않게 ㉡사학 역시 중요한 역할을 하였다.
>
> 　조선 시대의 교육 기관은 ㉢관학으로 성균관·향교 등이 있었고, 사학으로 서원 등이 있었다. 국가는 교육을 통해 성리학의 이념을 확산시키고, 통치 질서를 유지하려고 하였다.
>
> 　19세기 말 서구 문물을 접하면서 교육에도 상당한 변화가 일어났다. ㉣정부는 새로운 변화에 대처하고 행정의 실무를 담당할 필요에서 학교를 설치하였다.
>
> 　갑오개혁 때 ㉤교육 입국 조서가 반포된 이후에는 각종 관립 학교가 세워져 교육을 담당하였다. 한편, 선교사들은 기독교를 전파하고 서양 문화를 보급하려고 학교 설립에 앞장섰다.

① ㉠ - 태학의 설립 취지를 찾아본다.

② ㉡ - 9재 학당의 수업 내용을 조사한다.

③ ㉢ - 명륜당과 대성전의 기능을 알아본다.

④ ㉣ - 동문학과 육영 공원의 운영 목적을 분석한다.

⑤ ㉤ - 배재 학당, 이화 학당의 설립 시기를 파악한다.

4 심화 60회 49번

(가)~(마)에 들어갈 내용으로 옳지 않은 것은? [2점]

> **우리 역사 속의 여성들**
>
> 〈차례〉
>
> • 선덕 여왕, 우리나라 최초의 여왕 ·············· 3
> - ┌─────(가)─────┐
>
> • 이빙허각, 살림을 학문화한 실학자 ·············· 9
> - ┌─────(나)─────┐
>
> • 김만덕, 제주의 거상이자 자선가 ·············· 15
> - ┌─────(다)─────┐
>
> • 남자현, 의열 투쟁을 전개한 독립운동가 ······· 21
> - ┌─────(라)─────┐
>
> • 강주룡, 일제 강점기의 노동 운동가 ·············· 27
> - ┌─────(마)─────┐

① (가) - 첨성대와 황룡사 구층 목탑을 세우다

② (나) - 가정생활의 지혜를 담은 규합총서를 저술하다

③ (다) - 재산을 기부하여 흉년에 굶주린 백성들을 구제하다

④ (라) - 한국 광복군의 기관지 광복을 발행하다

⑤ (마) - 임금 삭감에 저항하여 을밀대 지붕에서 농성하다

1 심화 58회 1번

(가) 시대의 생활 모습으로 옳은 것은? [1점]

부산 동삼동 유적에서 출토된 빗살무늬 토기는 농경과 정착 생활이 시작된 (가) 시대의 대표적 유물 중 하나입니다. 이 유적에서는 곡물 등을 가공하는 데 사용한 갈돌과 갈판도 출토되었습니다.

① 가락바퀴를 이용하여 실을 뽑았다.
② 주로 동굴이나 막집에서 거주하였다.
③ 명도전, 반량전 등의 화폐가 유통되었다.
④ 거푸집을 이용하여 세형 동검을 만들었다.
⑤ 쟁기, 쇠스랑 등의 철제 농기구를 사용하였다.

2 심화 52회 2번

(가) 인물에 대한 설명으로 옳은 것은? [2점]

연(燕)의 (가) 이/가 망명하여 오랑캐의 복장을 하고 동쪽으로 패수를 건너 준왕에게 항복하였다. …… (가) 이/가 망명자들을 꾀어내어 그 무리가 점점 많아지자, 준왕에게 사람을 보내 "한의 군대가 열 갈래로 쳐들어오니 [왕궁에] 들어가 숙위하기를 청합니다."라고 속이고 도리어 준왕을 공격하였다.
　　　　　　　　　　　　　　　　　　　　　– "삼국지" 동이전 –

① 한 무제가 파견한 군대와 맞서 싸웠다.
② 진번과 임둔을 복속하여 세력을 확장하였다.
③ 빈민을 구제하기 위해 진대법을 실시하였다.
④ 지방의 여러 성에 욕살, 처려근지 등을 두었다.
⑤ 연의 장수 진개의 공격을 받아 영토를 빼앗겼다.

3 심화 54회 3번

(가) 나라에 대한 탐구 활동으로 가장 적절한 것은? [2점]

(가) **체험 축제**

이진아시왕이 고령 일대에 세운 나라의 문화를 체험하는 축제에 여러분을 초대합니다.

◆ 주요 프로그램 ◆

- 금동관 모형 제작하기
- 투구와 갑옷 착용하기
- 지산동 고분군 야간 트레킹

■ 기간 : 2021년 ○○월 ○○일 ~ ○○일
■ 장소 : 경상북도 고령군 일대

① 범금 8조의 의미를 살펴본다.
② 임신서기석의 내용을 분석한다.
③ 안동도호부가 설치된 경위를 찾아본다.
④ 22담로에 왕족이 파견된 목적을 알아본다.
⑤ 가야 연맹의 중심지가 이동한 과정을 조사한다.

4 심화 52회 3번

다음 검색창에 들어갈 왕에 대한 설명으로 옳은 것은? [2점]

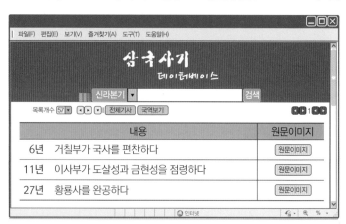

삼국사기 데이터베이스

신라본기 [ ] 검색

목록개수 57 [전체기사] [국역보기]

	내용	원문이미지
6년	거칠부가 국사를 편찬하다	원문이미지
11년	이사부가 도살성과 금현성을 점령하다	원문이미지
27년	황룡사를 완공하다	원문이미지

① 불국사 삼층 석탑을 건립하였다.
② 첨성대를 세워 천체를 관측하였다.
③ 마운령, 황초령 등에 순수비를 세웠다.
④ 금관가야를 복속하여 영토를 확대하였다.
⑤ 시장을 감독하는 관청인 동시전을 설치하였다.

5 심화 51회 4번

(가) 문화유산에 대한 설명으로 옳은 것은? [3점]

🦋 학술 대회 안내 🦋

올해는 백제의 고분 중 피장자와 축조 연대가 확인되는 유일한 무덤인 (가) 발굴 50주년이 되는 해입니다. 우리 학회는 이를 기념하여 ' (가) 출토 유물로 본 동아시아 문화 교류'를 주제로 학술 대회를 개최합니다.

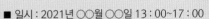

◆ 발표 주제 ◆
• 진묘수를 통해 본 도교 사상
• 금동제 신발의 제작 기법 분석
• 금송으로 만든 관을 통해 본 일본과의 교류

■ 일시 : 2021년 ○○월 ○○일 13 : 00~17 : 00
■ 장소 : □□ 박물관 강당
■ 주최 : △△ 학회

① 서울 석촌동 고분군에 위치하고 있다.
② 나무로 곽을 짜고 그 위에 돌을 쌓았다.
③ 국보로 지정된 금동 대향로가 출토되었다.
④ 무덤의 둘레돌에 12지 신상을 조각하였다.
⑤ 중국 남조의 영향을 받아 벽돌로 축조하였다.

7 심화 50회 9번

(가) 인물에 대한 설명으로 옳은 것을 〈보기〉에서 고른 것은? [3점]

(가) 은/는 상주 가은현 사람이다. …… [왕의] 총애를 받던 측근들이 정권을 마음대로 휘둘러 기강이 문란해졌다. 기근까지 겹쳐 백성들이 떠돌아다니고, 여러 도적들이 봉기하였다. 이에 (가) 이/가 몰래 [왕위를] 넘겨다보는 마음을 갖고 …… 드디어 무진주를 습격하여 스스로 왕이 되었으나, 아직 감히 공공연하게 왕을 칭하지는 못하였다. …… 서쪽으로 순행하여 완산주에 이르니 그 백성들이 환영하였다. – "삼국사기" –

┌─────── 보기 ───────┐
ㄱ. 후당, 오월에 사신을 파견하였다.
ㄴ. 광평성을 비롯한 각종 정치 기구를 마련하였다.
ㄷ. 신라의 금성을 습격하여 경애왕을 죽게 하였다.
ㄹ. 정계와 계백료서를 지어 관리의 규범을 제시하였다.
└──────────────────┘

① ㄱ, ㄴ   ② ㄱ, ㄷ   ③ ㄴ, ㄷ
④ ㄴ, ㄹ   ⑤ ㄷ, ㄹ

6 심화 49회 6번

(가) 국가의 경제 상황으로 옳은 것은? [2점]

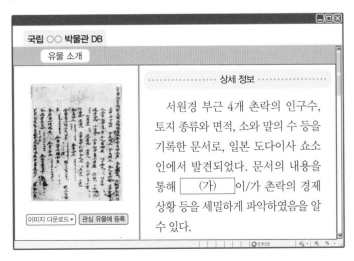

국립 ○○ 박물관 DB

유물 소개

상세 정보

서원경 부근 4개 촌락의 인구수, 토지 종류와 면적, 소와 말의 수 등을 기록한 문서로, 일본 도다이사 쇼소인에서 발견되었다. 문서의 내용을 통해 (가) 이/가 촌락의 경제 상황 등을 세밀하게 파악하였음을 알 수 있다.

① 은병이 화폐로 제작되었다.
② 집집마다 부경이라는 창고가 있었다.
③ 목화, 담배 등이 상품 작물로 재배되었다.
④ 울산항, 당항성이 무역항으로 번성하였다.
⑤ 현직 관리를 대상으로 직전법이 실시되었다.

8 심화 49회 8번

(가) 국가에 대한 설명으로 옳은 것은? [2점]

이것은 (가) 의 중대성에서 일본의 태정관에 보낸 외교 문서의 사본입니다. 문서에는 정당성의 좌윤 하복연 등 주요 사신단의 명단과 두 나라의 우호를 돈독히 하고자 사신을 파견한다는 내용 등이 담겨 있습니다.

오늘 소개해 주실 자료는 무엇인가요?

① 광군을 창설하여 외침에 대비하였다.
② 주자감을 설치하여 인재를 양성하였다.
③ 골품제라는 엄격한 신분제를 마련하였다.
④ 9주 5소경의 지방 행정 제도를 갖추었다.
⑤ 왕족인 부여씨와 8성의 귀족이 지배층을 이루었다.

9 심화 47회 9번

(가) 인물에 대한 설명으로 옳은 것은? [1점]

> ___(가)___ 은/는 설총을 낳은 이후 속인의 옷으로 바꾸어 입고 스스로 소성거사라고 하였다. 우연히 광대들이 갖고 놀던 큰 박을 얻었는데 그 모양이 괴이하였다. 그 모양을 따라서 도구로 만들어 화엄경의 구절에서 이름을 따와 '무애(無㝵)'라고 하고, 노래를 지어 세상에 퍼뜨렸다.

① 부석사를 창건하였다.
② 백련 결사를 주도하였다.
③ 왕오천축국전을 남겼다.
④ 금강삼매경론을 저술하였다.
⑤ 신편제종교장총록을 편찬하였다.

10 심화 62회 10번

밑줄 그은 '왕'의 정책으로 옳은 것은? [2점]

> 왕이 천덕전에 거둥하여 백관을 모아놓고 말하기를, "내가 신라와 굳게 동맹을 맺은 것은 두 나라가 길이 우호를 유지하고 각자의 사직(社稷)을 보전하기 위해서였다. 지금 신라 왕이 군이 신하로 있겠다고 요청하고 그대들도 그것이 옳다고 하니, 나의 마음이 매우 부끄러우나 여러 사람의 뜻을 거스르기가 어렵다."라고 하였다. 이에 신라 왕이 뜰에서 예를 올리니 여러 신하가 하례하여 함성이 궁궐을 진동하였다. …… 신라국을 없애 경주라 하고, 그 지역을 김부의 식읍으로 하사하였다.

① 빈민 구제 기관인 흑창을 설치하였다.
② 12목을 설치하고 지방관을 파견하였다.
③ 국자감에 7재라는 전문 강좌를 운영하였다.
④ 광덕, 준풍 등의 독자적 연호를 사용하였다.
⑤ 전시과 제도를 마련하여 관리에게 토지를 지급하였다.

11 심화 55회 11번

(가)~(다)를 일어난 순서대로 옳게 나열한 것은? [3점]

> (가) 왕규가 광주원군을 옹립하려고 도모하였다. 왕이 깊이 잠든 틈을 타서 그의 무리로 하여금 침실에 잠입시켜 왕을 해하려 하였다.
>
> (나) 왕이 교서를 내려 말하기를, "경전에 통하고 전적(典籍)을 널리 읽은 자들을 선발하여 경학박사와 의학박사로 삼아, 12목에 각각 1명씩 파견하여 돈독하게 가르치고 깨우치게 하라."라고 하였다.
>
> (다) 왕이 한림학사 쌍기를 지공거로 임명하고, 시(詩)·부(賦)·송(頌)과 시무책을 시험하여 진사를 뽑게 하였다. 위봉루에 친히 나가 급제자를 발표하여, 갑과에 최섬 등 2명, 명경에 3명, 복업에 2명을 합격시켰다.

① (가) - (나) - (다)　　② (가) - (다) - (나)
③ (나) - (가) - (다)　　④ (나) - (다) - (가)
⑤ (다) - (나) - (가)

12 심화 59회 12번

(가), (나) 사이의 시기에 있었던 사실로 옳은 것은? [2점]

> (가) 이자겸과 척준경이 왕을 위협하여 남궁(南宮)으로 거처를 옮기게 하고 안보린, 최탁 등 17인을 죽였다. 이 외에도 죽인 군사가 헤아릴 수 없을 정도였다.
>
> (나) 이의방과 이고가 정중부를 따라가 몰래 말하기를, "오늘날 문신들은 득의양양하여 술을 취하도록 마시고 음식을 배불리 먹는데, 무신들은 모두 굶주리고 고달프니 이것을 어찌 참을 수 있습니까."라고 하였다.

① 김부식이 묘청의 반란을 진압하였다.
② 강조가 정변을 일으켜 김치양을 제거하였다.
③ 망이·망소이가 공주 명학소에서 봉기하였다.
④ 서희가 외교 담판을 벌여 강동 6주를 확보하였다.
⑤ 최충헌이 봉사 10조를 올려 시정 개혁을 건의하였다.

13 [고급] 42회 16번
(가) 국가의 침입에 대한 고려의 대응으로 옳지 <u>않은</u> 것은? [3점]

> ○ ___(가)___ 의 장수 합진과 찰랄이 군사를 거느리고 …… 거란을 토벌하겠다고 말하면서 화주, 맹주, 순주, 덕주의 4개 성을 공격하여 격파하고 곧바로 강동성으로 향하였다. …… 조충과 김취려가 합진, 완안자연 등과 함께 병사를 합하여 강동성을 포위하니 적들이 성문을 열고 나와 항복하였다. ─ "고려사" ─
>
> ○ ___(가)___ 에서 조서를 보내 이르기를, "…… 너희들이 모의하여 [우리 사신] 저고여를 죽이고서는 포선만노의 백성들이 죽였다고 한 것이 세 번째 죄이다. ……"라고 하였다. ─ "고려사" ─

① 강화도로 도읍을 옮겨 항전하였다.
② 김윤후가 처인성 전투에서 활약하였다.
③ 화포를 이용하여 진포에서 대승을 거두었다.
④ 다인철소 주민들이 충주 지역에서 저항하였다.
⑤ 대장도감을 설치하여 팔만대장경판을 만들었다.

14 [심화] 55회 14번
다음 상황 이후에 전개된 사실로 옳은 것은? [2점]

> 왕이 이분희 등에게 변발을 하지 않았다고 책망하였더니 그들이 대답하기를 "신 등이 변발하는 것을 싫어해서가 아니라 오직 뭇사람들이 그렇게 하여 상례(常例)가 되기를 기다렸을 뿐입니다."라고 하였다. …… 왕은 입조(入朝)하였을 때에 이미 변발하였지만, 나라 사람들이 아직 하지 않았기 때문에 이를 책망한 것이다.

① 만적이 개경에서 반란을 모의하였다.
② 왕실의 외척인 이자겸이 권력을 독점하였다.
③ 유인우, 이인임 등이 쌍성총관부를 수복하였다.
④ 최충이 9재 학당을 설립하여 유학을 교육하였다.
⑤ 국정을 총괄하는 기구로 교정도감이 설치되었다.

15 [심화] 52회 15번
다음 자료에 나타난 시기의 경제 상황으로 옳은 것은? [1점]

> ○ 주전도감에서 아뢰기를, "백성들이 비로소 동전 사용의 이로움을 알아 편리하게 여기고 있습니다."라고 하였다. 또한, 이 해에 은병을 화폐로 삼았다. 은 1근으로 만들되 우리나라 지형을 본떠 만들었으며 속칭 활구라 하였다.
>
> ○ 저포, 은병으로 가치를 표준하여 교역하고 작은 일용품은 쌀로 가격을 계산하여 거래한다. 백성들은 그런 풍속에 익숙하여 편하게 여긴다.

① 책문 후시를 통한 교역이 활발하였다.
② 송상이 전국 각지에 송방을 설치하였다.
③ 감자, 고구마 등이 구황 작물로 재배되었다.
④ 경시서의 관리들이 수도의 시전을 감독하였다.
⑤ 광산을 전문적으로 경영하는 덕대가 나타났다.

16 [심화] 64회 50번
(가) 지역에 대한 탐구 활동으로 가장 적절한 것은? [2점]

① 김헌창이 반란을 일으킨 근거지를 파악한다.
② 강주룡이 고공 시위를 전개한 장소를 알아본다.
③ 공민왕이 홍건적의 침입 때 피란한 지역을 찾아본다.
④ 신립이 배수의 진을 치고 전투를 벌인 위치를 검색한다.
⑤ 김사미가 가혹한 수탈에 저항하여 봉기한 곳을 조사한다.

17 심화 51회 16번

밑줄 그은 '그'에 대한 설명으로 옳은 것은? [2점]

이 목판의 글은 '불일보조국사'라는 시호를 받은 그가 지은 것입니다. 그는 화두를 바탕으로 수행하는 참선법을 강조하고 돈오점수를 주장하였습니다.

원돈성불론·간화결의론 합각 목판

① 화왕계를 지어 국왕에게 바쳤다.
② 천태종을 개창하여 불교 통합에 힘썼다.
③ 정혜결사를 통해 불교 개혁에 앞장섰다.
④ 심성의 도야를 강조한 유불 일치설을 제창하였다.
⑤ 불교 관련 설화를 중심으로 삼국유사를 저술하였다.

18 심화 52회 18번

다음 대화에 등장하는 왕에 대한 설명으로 옳은 것은? [2점]

일전에 좌정승 하륜이 나에게 국정의 처리를 육조에서 직계하자고 건의하였다. 지금까지는 겨를이 없어 논의하지 못했으나, 이제 경들이 의논하도록 하라.

전하의 뜻을 받들겠습니다.

① 금속 활자인 갑인자를 제작하였다.
② 삼수병으로 구성된 훈련도감을 창설하였다.
③ 인재 양성을 위해 초계문신제를 시행하였다.
④ 경국대전을 완성하여 통치 체제를 정비하였다.
⑤ 문하부를 폐지하고 낭사를 사간원으로 독립시켰다.

19 심화 47회 22번

(가) 전쟁 중 있었던 사실로 옳은 것은? [2점]

이 무기는 불랑기포라고 하는데, 서양에서 명에 전래되었기 때문에 이렇게 불렸습니다. 불랑기포는 (가) 당시 조·명 연합군이 일본군으로부터 평양성을 탈환하는 데 기여하였습니다.

① 김상용이 강화도에서 순절하였다.
② 정봉수가 용골산성에서 항쟁하였다.
③ 최영이 홍산 전투에서 큰 승리를 거두었다.
④ 김시민이 진주성에서 적군을 크게 물리쳤다.
⑤ 이종무가 적의 근거지인 쓰시마를 정벌하였다.

20 심화 49회 20번

밑줄 그은 '이 왕'의 재위 시기에 있었던 사실로 옳은 것은? [3점]

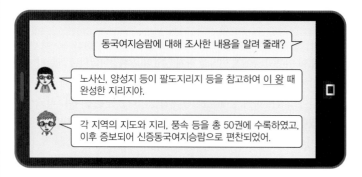

동국여지승람에 대해 조사한 내용을 알려 줄래?

노사신, 양성지 등이 팔도지리지 등을 참고하여 이 왕 때 완성한 지리지야.

각 지역의 지도와 지리, 풍속 등을 총 50권에 수록하였고, 이후 증보되어 신증동국여지승람으로 편찬되었어.

① 전통 한의학을 정리한 동의보감이 완성되었다.
② 역대 문물을 정리한 동국문헌비고가 편찬되었다.
③ 음악 이론 등을 집대성한 악학궤범이 간행되었다.
④ 세계 지도인 혼일강리역대국도지도가 만들어졌다.
⑤ 한양을 기준으로 한 역법서인 칠정산 내편이 제작되었다.

21 심화 54회 21번

(가), (나) 사이의 시기에 있었던 사실로 옳은 것은? [2점]

(가) 항과 봉은 정씨의 소생이다. 왕은 어머니 윤씨가 폐위되고 죽은 것이 엄씨, 정씨의 참소 때문이라 여기고, 밤에 엄씨, 정씨를 대궐 뜰에 결박하여 놓고 손수 마구 치고 짓밟다가 항과 봉을 불러 엄씨, 정씨를 가리키며 "이 죄인을 치라."라고 하였다. …… 왕은 대비에게 "어찌하여 내 어머니를 죽였습니까?"라고 하며 불손한 말을 많이 하였다.

(나) 이덕응이 진술하였다. "윤임과는 항상 대윤, 소윤이라는 말 때문에 화가 미칠까 우려하여 서로 경계하였을 뿐이었고, 모략에 대해서는 모르겠습니다. …… 윤임이 신에게 '주상이 전혀 소생할 기미가 없으니 만약 대군이 왕위를 계승하여 윤원로가 뜻을 얻게 되면 우리 집안은 멸족당할 것이다.'라고 하였습니다."

① 허적과 윤휴 등 남인이 대거 축출되었다.
② 정여립 모반 사건으로 기축옥사가 일어났다.
③ 신진 인사를 등용하기 위해 현량과가 시행되었다.
④ 조의제문이 발단이 되어 김일손 등이 처형되었다.
⑤ 붕당의 폐해를 경계하기 위해 탕평비가 건립되었다.

22 심화 47회 23번

밑줄 그은 '대책'으로 옳은 것은? [2점]

양역의 폐단을 개선하기 위해 논의한 호포와 결포는 여러 문제점이 있다고 하니, 그렇다면 군포를 1필로 줄이는 법을 시행하는 것으로 하라. 경들은 1필로 줄였을 때 생기는 세입 감소분을 채울 수 있는 대책을 강구하라.

분부를 받들겠습니다.

① 수신전과 휼양전을 폐지하였다.
② 토지 1결당 미곡 12두를 부과하였다.
③ 양전 사업을 시행하여 지계를 발급하였다.
④ 풍흉에 따라 9등급으로 전세를 부과하였다.
⑤ 어장세, 염세 등을 국가 재정으로 귀속하였다.

23 심화 47회 27번

(가)의 작품으로 옳은 것은? [1점]

이 그림은 겸재 (가) 이/가 한양 근교의 경치를 그린 경교명승첩 중 한 작품이야.

그는 우리나라의 산천을 사실적으로 표현한 진경 산수화의 대표적인 화가로 금강전도를 비롯한 뛰어난 작품을 남겼지.

조선 후기 회화전

①  ②

③ 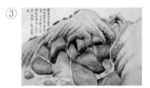 ④

⑤

24 심화 48회 26번

(가) 왕의 재위 기간에 있었던 사실로 옳지 않은 것은? [2점]

이 책은 초계문신제로 선발된 학자들의 명단을 정리한 인명록입니다. (가) 때부터 시행된 초계문신제는 인재 양성과 문풍 진작을 위한 문신 재교육 과정으로 37세 이하의 문신 중 학문에 재능이 뛰어난 이들을 선발하여 운영하였습니다.

초계문신제명록

① 경기도에 한해서 대동법이 실시되었다.
② 국왕의 친위 부대인 장용영이 설치되었다.
③ 서얼 출신의 학자들이 규장각 검서관에 기용되었다.
④ 통치 체제를 정비하기 위해 대전통편이 편찬되었다.
⑤ 육의전을 제외한 시전 상인의 금난전권이 폐지되었다.

25 심화 60회 28번

다음 상황이 나타난 시기에 볼 수 있는 모습으로 적절하지 <u>않은</u> 것은? [1점]

○ 집집마다 인삼을 심어서 돈을 물 쓰듯이 한다고 하는데, 재산을 만드는 방법으로는 이보다 나은 것이 없다고 한다.

○ 어제 울타리 밖의 몇 되지기 밭에 담배를 파종하였다.

○ 금년에는 목화가 풍년이 들었는데, 어제는 시장에서 25근에 100전이었다고 한다.
　　　　　　　　　　　　　　　　　　　　　　　－ "노상추일기" －

① 한글 소설을 읽어 주는 전기수
② 시사를 조직하여 활동하는 역관
③ 주전도감에서 해동통보를 만드는 장인
④ 왕조 교체를 예언한 정감록을 읽는 양반
⑤ 한강을 무대로 상업에 종사하는 경강상인

26 심화 56회 26번

(가)~(마)에 들어갈 내용으로 옳은 것은? [3점]

〈온라인 한국사 교양 강좌〉

인물로 보는
조선 후기 사회 개혁론

우리 학회에서는 조선 후기 학자들의 다양한 개혁론을 이해하는 교양 강좌를 마련하였습니다. 많은 분들의 관심과 참여 바랍니다.

■ 강좌 안내 ■

제1강 이익, _____(가)_____
제2강 홍대용, _____(나)_____
제3강 박지원, _____(다)_____
제4강 박제가, _____(라)_____
제5강 정약용, _____(마)_____

• 기간 : 2021년 ○○월 ○○일~○○월 ○○일
　　　매주 화요일 16:00
• 방식 : 화상 회의 플랫폼 활용
• 주최 : ◇◇ 학회

① (가) - 의산문답에서 중국 중심의 세계관을 비판하다
② (나) - 목민심서에서 지방 행정의 개혁안을 제시하다
③ (다) - 열하일기에서 수레와 선박의 필요성을 강조하다
④ (라) - 성호사설에서 사회 폐단을 여섯 가지 좀으로 규정하다
⑤ (마) - 북학의에서 절약보다 적절한 소비를 권장하다

27 심화 59회 23번

(가) 국가에 대한 조선의 정책으로 옳은 것은? [2점]

이 비석은 (가) 의 요청으로 나선 정벌에 참여했던 총병관 신유를 기리기 위한 신도비입니다. 이 비에는 그의 조총 부대가 흑룡강 일대에서 러시아군과의 전투를 승리로 이끌었다는 사실이 기록되어 있습니다.

① 어영청을 중심으로 북벌을 추진하였다.
② 한성에 동평관을 두어 무역을 허용하였다.
③ 조약 체결에 대한 답례로 보빙사를 보냈다.
④ 공녀를 보내기 위해 결혼도감을 설치하였다.
⑤ 포로 송환을 위해 회답 겸 쇄환사를 파견하였다.

28 심화 52회 28번

다음 대화에 나타난 사건에 대한 설명으로 옳은 것은? [1점]

적도의 우두머리는 성은 홍이고 이름은 알 수 없으며, 우군칙·오용진 등이 그의 부하라고 하옵니다. 또한, 선천 부사 김익순은 그들에게 항복했다고 하옵니다.

적도들을 즉시 토벌하라.

① 박규수가 안핵사로 파견되었다.
② 조병갑의 탐학이 계기가 되었다.
③ 선혜청과 일본 공사관을 공격하였다.
④ 서북인에 대한 차별에 반발하여 일어났다.
⑤ 남접과 북접이 연합하여 조직적으로 전개되었다.

[29~30] 다음 자료를 읽고 물음에 답하시오.

(가) 고대 여러 나라들도 역시 각각 사관(史官)을 두어 일을 기록하였습니다. 그러므로 맹자께서 이르시기를, "진(晉)의 승(乘)과 초(楚)의 도올(檮杌)과 노(魯)의 춘추(春秋)는 모두 한가지다."라고 하셨습니다. 생각건대 우리 해동(海東) 삼국도 역사가 길고 오래되어 마땅히 그 사실이 책으로 기록되어야 하므로 폐하께서 이 늙은 신하에게 명하시어 편집하도록 하셨습니다. …… 신의 학술이 이처럼 부족하고 얕으며, 옛말과 지나간 일은 그처럼 아득하고 희미합니다. 그러므로 온 정신과 힘을 다 쏟아 부어 겨우 ㉠ 책을 만들었습니다. 그러나 보잘것없기에 스스로 부끄러울 따름입니다.

(나) 고려가 끝내 발해사를 편찬하지 않아 토문강 북쪽과 압록강 서쪽이 누구의 땅인지 알 수 없게 되었다. 여진을 책망하려 하여도 할 말이 없고, 거란을 책망하려 하여도 할 말이 없다. 고려가 약한 나라가 된 것은 발해의 땅을 차지하지 못하였기 때문이니, 탄식할 수밖에 없다. …… 내가 내규장각 관리로 있으면서 비밀스런 책[秘書]을 꽤 많이 읽었으므로 발해에 관한 일을 차례로 편찬하여, 군고(君考)·신고(臣考)·지리고(地理考)·직관고(職官考)·의장고(儀章考)·물산고(物産考)·국어고(國語考)·국서고(國書考)·속국고(屬國考) 등 9편으로 구성된 ㉡ 책을 만들었다.

(다) 역사란 무엇인가? 인류 사회의 아(我)와 비아(非我)의 투쟁이 시간부터 발전하며 공간부터 확대하는 정신적 활동 상태의 기록이니, 세계사라 하면 세계 인류가 그리되어 온 상태의 기록이며, 조선 역사라 하면 조선 민족이 그리되어 온 상태의 기록인 것이다. 무엇을 '아'라 하며 무엇을 '비아'라 하는가? …… 무릇 주체적 위치에 선 자를 '아'라 하고, 그 외에는 '비아'라 하는데, 이를테면 조선 사람은 조선을 '아'라 하고, 영국·미국·프랑스·러시아 등을 '비아'라 하지만, 그들은 각기 제 나라를 '아'라 하고 조선은 '비아'라 하며, …… 그러므로 역사는 '아'와 '비아'의 투쟁의 기록인 것이다.

29 심화 66회 30번
(가)~(다)를 작성한 인물에 대해 탐구한 내용으로 가장 적절한 것은?
[3점]

① (가) - 만권당에서 원의 학자들과 교유하였으며, 성리학의 보급에 기여하였다.
② (가) - 칠대실록의 편찬에 참여하였으며, 문헌공도를 만들어 사학을 진흥시켰다.
③ (나) - 금석학을 연구하여 북한산비가 진흥왕 순수비임을 고증하였다.
④ (다) - 한국통사를 저술하였고, 대한민국 임시 정부의 제2대 대통령을 역임하였다.
⑤ (다) - 대한매일신보의 주필로 활동하였으며, 폭력을 통한 민중의 직접 혁명을 주장하였다.

30 심화 66회 31번
밑줄 그은 ㉠, ㉡에 해당하는 역사서에 대한 설명으로 옳은 것은? [2점]

① ㉠ - 불교사를 중심으로 고대의 민간 설화를 수록하였다.
② ㉠ - 본기, 연표, 잡지, 열전 등으로 구성된 기전체 사서이다.
③ ㉡ - 사초와 시정기 등을 바탕으로 편찬하였다.
④ ㉡ - 고구려 건국 시조의 일대기를 서사시로 표현하였다.
⑤ ㉠, ㉡ - 우리 역사의 시작을 단군 조선으로 삼았다.

31 심화 56회 30번
다음 사건이 일어난 배경으로 옳은 것은? [2점]

양헌수가 은밀히 정족산 전등사로 가서 주둔하였다. …… 산 위에서 매복하고 있다가 한꺼번에 북을 치고 나발을 불며 좌우에서 총을 쏘았다. 적장이 총에 맞아 말에서 떨어지고 서양인 10여 명이 죽었다. 달아나는 서양인들을 쫓아가니 그들은 동료의 시체를 옆에 끼고 급히 본진으로 도망갔다.

① 종로와 전국 각지에 척화비가 세워졌다.
② 오페르트가 남연군 묘 도굴을 시도하였다.
③ 위안스카이가 이끄는 군대가 조선에 상륙하였다.
④ 병인박해로 천주교 선교사와 신자들이 처형되었다.
⑤ 김홍집이 가지고 온 조선책략이 국내에 유포되었다.

32 심화 48회 29번
밑줄 그은 '조약'에 대한 설명으로 옳은 것은? [2점]

발신 : 의정부
수신 : 각 도 관찰사, 수원·광주·개성·강화의 유수, 동래 부사

제목 : 조약 체결 알림

1. 관련
   가. 영종진 불법 침입 보고(강화부, 을해년)
   나. 교섭 결과 보고(신헌, 병자년)

2. 일본국과의 조약 체결에 대해 알립니다. 해당 관아에서는 연해 각 읍에 통지하여, 앞으로 일본국의 표식을 계양 또는 부착한 선박이 항해 또는 정박 시 불필요한 충돌을 방지하기 바랍니다.

붙임 : 조약 본문 등사본 1부. 끝.

① 천주교 포교의 허용 근거가 되었다.
② 거중 조정에 대한 내용을 포함하였다.
③ 재정 고문을 두도록 하는 조항을 담고 있다.
④ 조약 체결에 반대하여 민영환이 자결하였다.
⑤ 부산 외 2곳에 개항장이 설치되는 결과를 가져왔다.

33 심화 52회 32번
다음 자료에 나타난 사건에 대한 설명으로 옳은 것은? [2점]

> 이반 셰스타코프 각하
> 이 사건과 관련하여 저희가 접수한 정보에 따르면 …… 일련의 과정에서 수 명의 조선 고관들이 살해되었습니다. 또한, 일본군 호위대가 개입하면서 서울 주재 청국 수비대와의 무력 충돌이 일어났으며, 패배한 일본인들은 제물포로 후퇴해야만 했습니다.
> H. 기르스

① 최익현, 민종식 등이 주도하였다.
② 구본신참에 입각하여 개혁이 추진되었다.
③ 김기수가 수신사로 파견되는 결과를 가져왔다.
④ 외규장각 건물이 불타고 의궤가 약탈당하였다.
⑤ 조선과 일본이 한성 조약을 체결하는 계기가 되었다.

34 고급 43회 36번
(가) 시기에 있었던 사실로 옳은 것은? [2점]

① 정부와 농민군 사이에 전주 화약이 체결되었다.
② 교조 신원을 요구하는 삼례 집회가 개최되었다.
③ 농민군이 황토현 전투에서 관군에게 승리하였다.
④ 사태 수습을 위해 이용태가 안핵사로 파견되었다.
⑤ 전봉준이 농민들을 이끌고 고부 관아를 습격하였다.

35 심화 56회 29번
다음 사건 이후 추진된 개혁의 내용으로 옳은 것은? [2점]

> 일본군의 엄호 속에 사복 차림의 일본인들이 건청궁으로 침입하였다. 그들은 왕과 왕후의 처소로 달려가 몇몇은 왕과 왕태자의 측근들을 붙잡았고, 다른 자들은 왕후의 침실로 향하였다. 폭도들이 달려들자 궁내부 대신은 왕후를 보호하기 위해 두 팔을 벌려 앞을 가로막아 섰다. …… 의녀가 나서서 손수건으로 죽은 왕후의 얼굴을 덮어 주었다.

① 과거제를 폐지하였다.
② 태양력을 시행하였다.
③ 육영 공원을 설립하였다.
④ 공사 노비법을 혁파하였다.
⑤ 통리기무아문을 설치하였다.

36 심화 57회 38번
밑줄 그은 '특사'가 파견된 배경으로 가장 적절한 것은? [1점]

> 전보 제○○○호
> 발신인 : 하야시 외무대신(도쿄)
> 수신인 : 이토 통감(한성)
> 헤이그에서 발행된 평화 회의보는 한국 전 부총리대신 이상설 외 2명이 평화 회의에 특사로 파견되었다고 보도함. 기사에는 우선 그 한국인이 평화 회의 위원으로 한국 황제가 파견한 자라는 것이 기재되었고, 이어서 일본이 한국 황제의 뜻을 배반하고, 병력으로 한국의 법규 관례를 유린하고 동시에 한국의 외교권을 탈취한 점, 그 결과 자신들이 한국 황제가 파견한 위원임에도 불구하고 평화 회의에 참여할 수 없음이 유감이라는 점 등이 실렸음.

① 임오군란이 일어났다.
② 집강소가 설치되었다.
③ 을사늑약이 체결되었다.
④ 조선 태형령이 제정되었다.
⑤ 대한 제국의 군대가 해산되었다.

37 심화 56회 38번

(가) 단체에 대한 설명으로 옳은 것을 〈보기〉에서 고른 것은? [3점]

이것은 평양에 있던 대성 학교의 교직원과 학생들을 촬영한 사진입니다. 이 학교는 안창호, 양기탁 등이 조직한 (가) 이/가 설립하였습니다.

● 보기 ●
ㄱ. 태극 서관을 운영하였다.
ㄴ. 105인 사건으로 와해되었다.
ㄷ. 이륭양행에 교통국을 설치하였다.
ㄹ. 입헌 군주제 수립을 목표로 하였다.

① ㄱ, ㄴ   ② ㄱ, ㄷ   ③ ㄴ, ㄷ
④ ㄴ, ㄹ   ⑤ ㄷ, ㄹ

38 심화 65회 38번

다음 판결이 내려진 시기에 있었던 사실로 옳은 것은? [1점]

판 결 문

피고인 : 박○○
주 문 : 피고인을 태 90에 처한다.
이 유
　피고 박○○은 이○○가 '구한국의 국권 회복을 도모한다.'고 각지를 돌아다니며 유세한 것에 찬동하였다. …… 법률에 비추어 보니 피고의 소행은 …… 태형에 처함이 타당하다고 인정하여 조선 태형령 제1조, 제4조에 준하여 처단해야 한다. 따라서 주문과 같이 판결한다.

① 원수부가 설치되었다.
② 신간회가 창립되었다.
③ 치안 유지법이 적용되었다.
④ 헌병 경찰제가 실시되었다.
⑤ 동양 척식 주식회사가 설립되었다.

39 심화 54회 40번

밑줄 그은 '이 지역'에서 있었던 민족 운동으로 옳은 것은? [2점]

이것은 한인 집단 거주지인 신한촌을 기념하기 위해 세운 조형물입니다. 19세기 후반 한인들의 이주가 증가하면서 건설된 신한촌은 이 지역 독립 운동의 기지가 되었지만, 1937년 스탈린이 한인을 중앙아시아로 강제 이주시키면서 해체되었습니다.

① 숭무 학교를 세워 독립군을 양성하였다.
② 권업회를 창립하여 항일 신문을 발행하였다.
③ 서전서숙을 설립하여 민족 교육을 실시하였다.
④ 임병찬이 주도하여 독립 의군부를 조직하였다.
⑤ 유학생들이 중심이 되어 2·8 독립 선언서를 작성하였다.

40 고급 45회 42번

다음 선언서가 발표된 시기를 연표에서 옳게 고른 것은? [2점]

　본 국민 대표 회의는 이천만 민중의 공정한 뜻에 바탕을 둔 국민적 대회합으로 최고의 권위를 지녀 …… 독립을 완성하기를 기도하고 이에 선언하노라. …… 본 대표 등은 국민이 위탁한 사명을 받들어 국민적 대단결에 힘쓰며 독립운동이 나아갈 방향을 확립하여 통일적 기관 아래서 대업을 완성하고자 하노라.

1919		1925		1931		1935		1940		1945
	(가)		(나)		(다)		(라)		(마)	
대한민국 임시 정부 수립		박은식 대통령 취임		한인 애국단 조직		한국 국민당 창당		김구 주석 취임		8·15 광복

① (가)   ② (나)   ③ (다)   ④ (라)   ⑤ (마)

41 심화 58회 36번

(가) 단체에 대한 설명으로 옳은 것은? [1점]

> 검사 : 폭탄을 구해 숨겨 놓은 이유가 무엇인가?
> 곽재기 : 재작년 3월 이후로 조선 독립을 평화적으로 요청했지만 아무 소용없었다. 그래서 우리는 상하이로 가서 육혈포와 폭탄을 구해 피로써 독립을 이루려고 하였다.
> 이성우 : 폭탄으로 고위 관리를 죽이고 중요 건물을 파괴하여 독립을 쟁취하려고 하였다. 이것이 중국 지린성에서 김원봉과 함께 ___(가)___ 을/를 조직한 이유이다.
>
> ― 1921년 6월 7일 밀양 폭탄 사건 공판 기록 ―

① 조선 혁명 선언을 활동 지침으로 삼았다.
② 일제의 황무지 개간권 요구를 저지하였다.
③ 복벽주의를 내세우며 의병 전쟁을 준비하였다.
④ 삼균주의를 기초로 하는 건국 강령을 발표하였다.
⑤ 단원인 이봉창이 일왕의 행렬에 폭탄을 투척하였다.

42 심화 64회 38번

밑줄 그은 '이 운동'에 대한 설명으로 옳은 것은? [2점]

> 이것은 평양에서 조만식 등의 주도로 시작된 이 운동의 선전 행렬을 보여 주는 사진이야.

> 이 운동은 '조선 사람 조선 것' 등의 구호를 내세웠지만, 자본가의 이익만을 추구하는 이기적인 운동이라고 비판받기도 했어.

① 통감부의 탄압과 방해로 중단되었다.
② 조선 관세령 폐지를 계기로 확산되었다.
③ 황국 중앙 총상회가 설립되는 결과를 가져왔다.
④ 한성 은행, 대한 천일 은행 설립에 영향을 끼쳤다.
⑤ 일본, 프랑스 등의 노동 단체로부터 격려 전문을 받았다.

43 심화 62회 39번

(가), (나) 인물에 대한 설명으로 옳은 것은? [3점]

국외 독립 전쟁을 이끈 독립운동가

(가)
· 생몰 : 1896년 ~ 1934년
· 대한 통의부 의군으로 활동
· 조선 혁명군 총사령관으로 항일 투쟁 전개
· 일제의 밀정에 의해 사망
· 1962년 건국훈장 독립장 추서

(나)
· 생몰 : 1888년 ~ 1957년
· 신흥 무관 학교 교성 대장으로 독립군 양성
· 한국 독립군 총사령관으로 항일 투쟁 전개
· 한국 광복군 총사령관에 취임
· 1962년 건국훈장 대통령장 추서

① (가) - 조선 혁명 간부 학교를 설립하였다.
② (가) - 대한 광복회를 조직하여 친일파를 처단하였다.
③ (나) - 대전자령 전투에서 일본군에 대승을 거두었다.
④ (나) - 중광단을 중심으로 북로 군정서를 조직하였다.
⑤ (가), (나) - 황푸 군관 학교에 입학하여 군사 훈련을 받았다.

44 심화 61회 41번

밑줄 그은 '시기'에 있었던 사실로 옳은 것은? [2점]

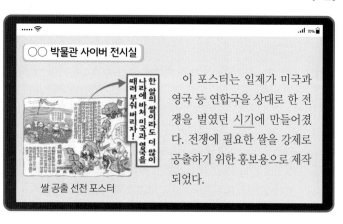

○○ 박물관 사이버 전시실

쌀 공출 선전 포스터

이 포스터는 일제가 미국과 영국 등 연합국을 상대로 한 전쟁을 벌였던 시기에 만들어졌다. 전쟁에 필요한 쌀을 강제로 공출하기 위한 홍보용으로 제작되었다.

① 메가타의 주도로 화폐 정리 사업이 실시되었다.
② 만주 군벌과 일제 사이에 미쓰야 협정이 체결되었다.
③ 여자 정신 근로령으로 한국인 여성이 강제 동원되었다.
④ 지주 문재철의 횡포에 맞서 암태도 소작 쟁의가 전개되었다.
⑤ 회사 설립 시 총독의 허가를 받도록 하는 회사령이 공포되었다.

45 심화 60회 41번

(가), (나) 사이의 시기에 있었던 사실로 옳은 것은? [2점]

(가)	(나)
○○ 일보 제△△호　○○○○년 ○○월 ○○일 **하지 중장, 특별 성명 발표** 오늘 오전 조선 주둔 미군 최고 사령관 하지 중장은 미·소 공동 위원회 무기 휴회에 관한 중대 성명서를 발표하였다. 이는 덕수궁 석조전에서의 역사적인 개막 이후 49일 만의 일이다.	**○○ 일보** 제△△호　○○○○년 ○○월 ○○일 **제2차 미·소 공동 위원회 개막** 미·소 공동 위원회는 제1차 회의가 무기 휴회된 지 만 1년 16일 만인 오늘 오후 2시 정각에 시내 덕수궁 석조전에서 고대하던 제2차 회의의 역사적 막을 열었다.

① 여수·순천 10·19 사건이 일어났다.
② 모스크바 3국 외상 회의가 개최되었다.
③ 반민족 행위 특별 조사 위원회가 출범하였다.
④ 좌우 합작 위원회가 좌우 합작 7원칙을 발표하였다.
⑤ 유엔 총회에서 인구 비례에 의한 남북 총선거가 의결되었다.

46 심화 55회 47번

교사의 질문에 대한 학생의 답변으로 옳은 것을 〈보기〉에서 고른 것은? [2점]

이것은 국군과 유엔군이 인천 상륙 작전 이후 10여 일 만에 서울을 수복한 사실을 알리는 전단지입니다. 뒷면에는 맥아더 장군이 서울을 탈환하여 적의 보급선을 끊었으며, 앞으로 힘을 합쳐 공산군을 끝까지 몰아내자는 내용이 있습니다. 이 서울 수복 이후에 있었던 사실을 말해 볼까요?

───● 보기 ●───
ㄱ. 애치슨 선언이 발표됐어요.
ㄴ. 흥남 철수 작전이 전개됐어요.
ㄷ. 소련의 제안으로 정전 회담이 개최됐어요.
ㄹ. 국군이 다부동 전투에서 북한군의 공세를 방어했어요.

① ㄱ, ㄴ　　　② ㄱ, ㄷ　　　③ ㄴ, ㄷ
④ ㄴ, ㄹ　　　⑤ ㄷ, ㄹ

47 심화 61회 47번

다음 대화에 나타난 사건 이후의 사실로 옳은 것은? [3점]

당시 정부와 여당인 민주 공화당이 3선 개헌을 추진하자 학생들이 반대 시위를 벌이는 모습이네요.

야당인 신민당과 재야 세력도 3선 개헌 반대 범국민 투쟁 위원회를 결성해서 이를 막아 내려 했지요.

① 내각 책임제 형태의 정부가 출범하였다.
② 정부에 비판적이던 경향신문이 폐간되었다.
③ 최고 통치 기구인 국가 재건 최고 회의가 구성되었다.
④ 평화 통일론을 주장한 진보당의 조봉암과 간부들이 구속되었다.
⑤ 국회 해산, 헌법의 일부 효력 정지를 담은 10월 유신이 선포되었다.

48 심화 60회 45번

(가) 정부 시기의 경제 상황으로 옳은 것은? [1점]

① 한·미 자유 무역 협정(FTA)이 체결되었다.
② 저유가·저금리·저달러의 3저 호황이 있었다.
③ 원조 물자를 가공하는 삼백 산업이 발달하였다.
④ 대통령 긴급 명령으로 금융 실명제가 실시되었다.
⑤ 농촌의 근대화를 표방한 새마을 운동이 전개되었다.

49 고급 46회 49번

밑줄 그은 '선거'가 실시된 배경으로 가장 적절한 것은? [2점]

이번 대통령 선거에 나오는 후보들이군.

마침내 국민의 손으로 대통령을 직접 뽑을 수 있게 되었으니 신중하게 투표하세.

① 3당 합당으로 민주 자유당이 창당되었다.

② 국제 통화 기금(IMF)의 구제 금융을 받게 되었다.

③ 비상계엄이 선포된 가운데 발췌 개헌안이 통과되었다.

④ 여당 부통령 후보 당선을 위한 3·15 부정 선거가 자행되었다.

⑤ 호헌 철폐 등을 내세운 시위로 6·29 민주화 선언이 발표되었다.

50 심화 56회 50번

다음 연설이 있었던 정부 시기의 통일 노력으로 옳은 것은? [2점]

나는 3년 전 이 자리에서 서울 올림픽의 감명을 전했습니다. …… 며칠 전 남북한이 다른 의석으로 유엔에 가입한 것은 가슴 아픈 일이지만 통일을 위해 거쳐야 할 중간 단계입니다. 남북한의 두 의석이 하나로 되는 데는 오랜 시간이 걸리지 않을 것으로 믿습니다.

① 남북 정상 회담을 처음으로 개최하였다.

② 한반도 비핵화 공동 선언을 채택하였다.

③ 개성 공단 조성 사업을 추진하기로 하였다.

④ 남북 조절 위원회를 운영하기로 합의하였다.

⑤ 남북 간 이산가족 상봉을 최초로 실현하였다.

1 [심화] [62회 1번]

(가) 시대의 생활 모습으로 옳은 것은? [1점]

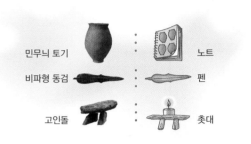

```
         (가)   시대 문화상품 공모

 사유 재산과 계급이 발생한    (가)    시대의 유물을
 활용한 문화상품을 공모하오니 많은 참여 바랍니다.

   민무늬 토기    ⋮    노트

   비파형 동검    ⋮    펜

   고인돌        ⋮    촛대

 ◆ 선정 기준 : 문화상품으로서의 독창성과 심미성
 ◆ 접수 기간 : 2022. ○○. ○○. ~ ○○. ○○.
 ◆ 접수 방법 : △△ 박물관 홈페이지 공지 사항 참조
```

① 반달 돌칼로 벼를 수확하였다.
② 주로 동굴이나 막집에서 거주하였다.
③ 소를 이용한 깊이갈이가 일반화되었다.
④ 호미, 쇠스랑 등의 철제 농기구를 제작하였다.
⑤ 가락바퀴와 뼈바늘을 이용하여 옷을 만들기 시작하였다.

2 [심화] [60회 2번]

밑줄 그은 '이 나라'에 대한 설명으로 옳은 것은? [2점]

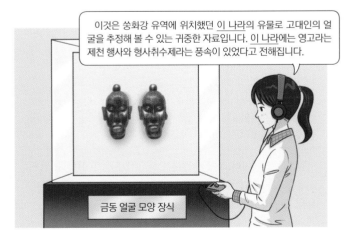

이것은 쑹화강 유역에 위치했던 이 나라의 유물로 고대인의 얼굴을 추정해 볼 수 있는 귀중한 자료입니다. 이 나라에는 영고라는 제천 행사와 형사취수제라는 풍속이 있었다고 전해집니다.

금동 얼굴 모양 장식

① 신성 구역인 소도를 두었다.
② 읍락 간의 경계를 중시하는 책화가 있었다.
③ 여러 가(加)들이 각각 사출도를 주관하였다.
④ 정사암 회의에서 국가의 중대사를 결정하였다.
⑤ 사회 질서를 유지하기 위해 범금 8조를 만들었다.

3 [심화] [67회 3번]

다음 자료에 해당하는 왕에 대한 설명으로 옳은 것은? [1점]

백제 제26대 왕 명농, 지혜와 식견이 뛰어나고 결단력이 있었다.

1/3

웅진에서 사비로 도읍을 옮기고 백제의 중흥을 꾀했다.

2/3

구천(관산성 부근)에서 신라의 복병에게 목숨을 잃었다.

3/3

① 국호를 남부여로 개칭하였다.
② 금마저에 미륵사를 창건하였다.
③ 고흥에게 서기를 편찬하게 하였다.
④ 윤충을 보내 대야성을 함락하였다.
⑤ 동진에서 온 마라난타를 통해 불교를 수용하였다.

4 [심화] [57회 4번]

밑줄 그은 '이 불상'으로 옳은 것은? [3점]

삼산관을 쓰고 깊은 생각에 빠져 있는 모습의 이 불상을 가상 박물관에서 볼 수 있다니 너무 신기하다.

나도 그래. 다음 전시실에는 이 불상과 재료만 다를 뿐 모습이 매우 닮은 일본 교토 고류사의 불상이 있다고 해. 그것도 보러 가자.

① ② ③ ④ ⑤

5 심화 58회 5번

밑줄 그은 '전투'가 벌어진 시기를 연표에서 옳게 고른 것은?　[2점]

당의 황제가 직접 대군을 이끌고 침입하여 이곳에서 전투가 벌어졌지.

이곳은 높은 성벽과 치를 갖춘 백암성이야.

병력의 열세와 내부의 분열로 함락되었지만, 그 뒤에는 안시성이 버티고 있었어.

554	589	612	642	668	698
(가)	(나)	(다)	(라)	(마)	
관산성 전투	수의 중국 통일	살수 대첩	보장왕 즉위	고구려 멸망	발해 건국

① (가)　　② (나)　　③ (다)　　④ (라)　　⑤ (마)

6 심화 62회 6번

(가), (나) 사이의 시기에 있었던 사실로 옳은 것은?　[3점]

(가) 왕은 당과 신라 군사들이 이미 백강과 탄현을 지났다는 소식을 듣고 장군 계백을 시켜 결사대 5천 명을 거느리고 황산으로 가서 신라 군사와 싸우게 하였다. 네 번 싸워서 모두 이겼으나 군사가 적고 힘이 모자라서 마침내 패하고 계백이 사망하였다.

(나) 검모잠이 국가를 부흥하려고 하여 당을 배반하고 왕의 외손 안승을 세워 왕으로 삼았다. 당 고종이 대장군 고간을 보내 동주도 행군총관으로 삼고 병력을 내어 그들을 토벌하게 하니 안승이 검모잠을 죽이고 신라로 달아났다.

① 당이 안동도호부를 요동으로 옮겼다.
② 성왕이 관산성 전투에서 전사하였다.
③ 신라군이 기벌포에서 당군을 격파하였다.
④ 김춘추가 당과의 군사 동맹을 성사시켰다.
⑤ 복신과 도침이 부여풍을 왕으로 추대하였다.

7 심화 58회 7번

밑줄 그은 '시기' 신라의 경제 모습으로 옳은 것은?　[2점]

이것은 일본의 귀족들이 신라에서 들어온 물품을 매입하고자 그 수량과 가격을 기록하여 일본 정부에 제출한 '매신라물해(買新羅物解)'라는 문서입니다. 통일을 이루고 9주 5소경을 설치한 이후의 시기에 일본과 교역하던 모습을 알 수 있습니다.

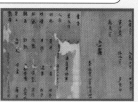

① 벽란도가 국제 무역항으로 번성하였다.
② 조세 수취를 위해 촌락 문서를 작성하였다.
③ 철이 많이 생산되어 낙랑군 등에 수출하였다.
④ 농업 생산력 증대를 위해 우경을 처음으로 시작하였다.
⑤ 수도에 도시부(都市部)라는 관청을 설치하여 시장을 관리하였다.

8 심화 57회 8번

다음 정책을 실시한 왕의 재위 시기에 있었던 사실로 옳은 것은?　[2점]

○ 완산주를 다시 설치하고 용원을 총관으로 삼았다. 거열주를 나누어 청주(菁州)를 두니 처음으로 9주가 되었다. 대아찬 복세를 총관으로 삼았다.

○ 서원소경을 설치하고 아찬 원태를 사신(仕臣)으로 삼았다. 남원소경을 설치하고 여러 주와 군의 주민들을 옮겨 그곳에 나누어 살게 하였다.

① 금관가야가 멸망하였다.
② 이사부가 우산국을 복속하였다.
③ 조세를 관장하는 품주가 설치되었다.
④ 관료전이 지급되고 녹읍이 폐지되었다.
⑤ 인재 등용을 위한 독서삼품과가 실시되었다.

9 심화 68회 6번

밑줄 그은 '시기'에 있었던 사실로 옳은 것은? [2점]

최치원이 지은 해인사 묘길상탑기에는 진성 여왕이 다스리던 시기의 혼란스러운 사회상이 묘사되어 있습니다. '전란과 흉년으로 악 중의 악이 없는 곳이 없고 도처에 굶어 죽거나 싸우다 죽은 시신이 널려 있다.'고 한탄하는 내용이 적혀 있습니다.

합천 해인사 길상탑과
그 안에서 나온 묘길상탑기(탁본)

① 원광이 세속 5계를 제시하였다.
② 이차돈의 순교로 불교가 공인되었다.
③ 원종과 애노가 사벌주에서 봉기하였다.
④ 거칠부가 왕명에 의해 국사를 편찬하였다.
⑤ 자장의 건의로 황룡사 구층 목탑이 건립되었다.

10 심화 67회 10번

다음 상황 이후에 있었던 사실로 옳은 것은? [3점]

파진찬 신덕, 영순 등이 신검에게 견훤을 금산사에 유폐하고 사람을 보내 금강을 죽이도록 권하였다. 신검이 대왕을 자칭하고 국내에 대사면령을 내렸다. 교서에 이르기를, "…… 왕위를 어리석은 아이에게 줄 뻔하였다. 다행스러운 것은 상제께서 진정한 마음을 내리시니 군자들이 허물을 고쳤고 맏아들인 나에게 명하여 이 한 나라를 다스리게 하셨다는 점이다. ……"라고 하였다.

① 궁예가 광평성을 설치하였다.
② 장문휴가 당의 등주를 공격하였다.
③ 신숭겸이 공산 전투에서 전사하였다.
④ 왕건이 일리천 전투에서 승리하였다.
⑤ 김헌창이 웅천주에서 반란을 일으켰다.

11 심화 58회 11번

다음 시나리오에 등장하는 왕의 재위 기간에 있었던 사실로 옳은 것은? [2점]

#11. 궁궐 안

과거 급제자 명단을 보며 말한다.

왕 : 몇 해 전 교육을 장려하기 위해 지방에 각각 경학박사 1명과 의학박사 1명을 보냈는데, 결과가 어떠하오?
신하 : 송승연, 전보인 등 박사들이 정성스레 가르쳐 성과가 있는 듯 하옵니다.
왕 : 12목을 설치하고, 지방민에게도 학문을 권장하는 과인의 뜻에 부합하였소. 고생한 송승연에게 국자박사를 제수하고, 전보인에게 공복과 쌀을 하사하시오.
신하 : 분부를 따르겠나이다.

① 쌍기의 건의로 과거제를 실시하였다.
② 관학 진흥을 위해 양현고를 설치하였다.
③ 국자감을 성균관으로 개칭하고 유학 교육을 강화하였다.
④ 최승로의 시무 28조를 받아들여 통치 체제를 정비하였다.
⑤ 정계와 계백료서를 지어 관리가 지켜야 할 규범을 제시하였다.

12 심화 61회 12번

밑줄 그은 '이 사건'이 일어난 시기를 연표에서 옳게 고른 것은? [2점]

문학으로 만나는 한국사

비 개인 긴 언덕에는 풀빛이 푸른데
남포에서 님 보내며 슬픈 노래 부르네
대동강 물은 그 언제 다할 것인가
이별의 눈물 해마다 푸른 물결에 더하는 것을

이 시의 제목은 '송인(送人)'으로, 고려 시대의 문인 정지상이 서경을 배경으로 지은 작품이다. 서경 출신인 그는 묘청 등과 함께 수도를 서경으로 옮길 것을 주장하였다. 이로 인해 개경 세력과 정치적으로 대립하던 중 이 사건이 일어나자 김부식에 의해 죽임을 당하였다.

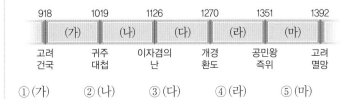

918		1019		1126		1270		1351		1392
	(가)		(나)		(다)		(라)		(마)	
고려 건국		귀주 대첩		이자겸의 난		개경 환도		공민왕 즉위		고려 멸망

① (가) ② (나) ③ (다) ④ (라) ⑤ (마)

13 심화 55회 13번

(가), (나) 사이의 시기에 있었던 사실로 옳은 것은? [2점]

> (가) 왕이 서경에서 안북부까지 나아가 머물렀는데, 거란의 소손녕이 봉산군을 공격하여 파괴하였다는 소식을 듣자 더 가지 못하고 돌아왔다. 서희를 보내 화의를 요청하니 침공을 중지하였다.
>
> (나) 강감찬이 수도에 성곽이 없다 하여 나성을 쌓을 것을 요청하니 왕이 그 건의를 따라 왕가도에게 명령하여 축조하게 하였다.

① 사신 저고여가 귀국길에 피살되었다.
② 화통도감이 설치되어 화포를 제작하였다.
③ 강조가 정변을 일으켜 목종을 폐위시켰다.
④ 나세, 심덕부 등이 진포에서 왜구를 물리쳤다.
⑤ 공주 명학소에서 망이·망소이가 난을 일으켰다.

14 심화 57회 14번

다음 자료에 나타난 상황 이후에 전개된 사실로 옳은 것은? [2점]

> 지원(至元) 7년, 원종이 강화에서 송경(松京)으로 환도할 적에 장군 홍문계 등이 나라를 그르친 권신 임유무를 죽이고 왕이 정권을 되찾을 수 있도록 하였다. 권신의 가병, 신의군 등의 부대가 승화후(承化侯)를 옹립하고 반역을 도모하면서, 미처 강화를 떠나지 못한 신료와 군사들을 강제로 이끌고 남쪽으로 항해하여 가니 배의 행렬이 길게 이어졌다.

① 김윤후가 처인성에서 몽골군을 격퇴하였다.
② 묘청이 칭제건원과 금국 정벌을 주장하였다.
③ 김방경의 군대가 탐라에서 삼별초를 진압하였다.
④ 최충헌이 봉사 10조를 올려 시정 개혁을 건의하였다.
⑤ 경대승이 정중부 등을 제거하고 권력을 장악하였다.

15 심화 48회 15번

밑줄 그은 '그'에 대한 설명으로 옳은 것은? [2점]

> 이것은 경상북도 칠곡군 선봉사에 있는 비석입니다. 문종의 아들인 그가 국청사를 중심으로 천태종을 개창한 행적이 기록되어 있습니다.

① 보현십원가를 지어 불교 교리를 전파하였다.
② 불교 개혁을 주장하며 수선사 결사를 조직하였다.
③ 선문염송집을 편찬하고 유불 일치설을 주장하였다.
④ 불교 관련 설화를 중심으로 삼국유사를 저술하였다.
⑤ 이론 연마와 수행을 함께 강조하는 교관겸수를 제시하였다.

16 심화 55회 16번

(가)~(마)에 들어갈 내용으로 옳은 것은? [2점]

한국사 과제 안내문

다음에 제시된 역사서 중 하나를 선택하여 보고서를 제출하시오.

역사서	소개
사략	(가)
삼국사기	(나)
삼국유사	(다)
제왕운기	(라)
해동고승전	(마)

◆ 조사 방법 : 문헌 조사, 인터넷 검색 등
◆ 제출 기간 : 2021년 ○○월 ○○일~○○월 ○○일
◆ 분량 : A4 용지 1장 이상

① (가) - 불교사를 중심으로 고대의 민간 설화를 수록
② (나) - 사초, 시정기 등을 바탕으로 실록청에서 편찬
③ (다) - 유교 사관에 입각하여 기전체 형식으로 구성
④ (라) - 단군부터 충렬왕까지의 역사를 서사시로 서술
⑤ (마) - 강목체로 고려 왕조의 역사를 정리

17 심화 65회 16번

(가) 국가의 경제 상황으로 옳은 것은? [1점]

> 명주의 정해현에서 순풍을 만나 3일이면 큰 바다 가운데로 들어가고, 다시 5일이면 흑산도에 도달하여 그 경계에 들어간다. 흑산도에서 섬들을 지나 7일이면 예성강에 이른다. …… 거기서 3일이면 연안에 닿는데, 벽란정(碧瀾亭)이라는 객관이 있다. 사신은 여기에서부터 육지에 올라 험한 산길을 40여 리쯤 가면 □(가)□의 수도에 도달한다. – "송사" –

① 집집마다 부경이라는 창고가 있었다.
② 활구라고 불리는 은병이 주조되었다.
③ 동시전이 설치되어 시장을 감독하였다.
④ 계해약조가 체결되어 일본과 교역하였다.
⑤ 광산을 전문적으로 경영하는 덕대가 등장하였다.

18 심화 61회 18번

밑줄 그은 '문화유산'으로 옳지 않은 것은? [3점]

> 이것은 고려 시대에 만들어진 나전 합입니다. 고려에 온 송의 사신 서긍이 솜씨가 세밀하여 귀하다고 평가할 정도로 고려의 나전 칠기 기술은 매우 뛰어났습니다. 이 나전 합을 비롯해 고려 시대에는 다양한 문화유산이 만들어졌습니다.

나전 국화 넝쿨무늬 합

① 청동 은입사 포류수금문 정병

② 부석사 소조 여래 좌상

③ 청자 상감 운학문 매병

④ 월정사 팔각 구층 석탑

⑤ 법주사 팔상전

19 심화 63회 17번

(가)~(다)를 일어난 순서대로 옳게 나열한 것은? [2점]

> (가) 우왕이 요동을 공격하는 일을 최영과 은밀하게 의논하였다. …… 마침내 8도의 군사를 징발하고 최영이 동교에서 군사를 사열하였다.
>
> (나) 대군이 압록강을 건너서 위화도에 머물렀다. …… 이성계가 회군한다는 소식을 듣고 앞다투어 모여든 사람이 천여 명이나 되었다.
>
> (다) 도평의사사에서 글을 올려 과전을 지급하는 법을 정할 것을 청하니, 그 의견을 따랐다. …… 경기는 사방의 근본이므로 마땅히 과전을 설치하여 사대부를 우대하여야 한다. 무릇 수도에 거주하며 왕실을 지키는 자는 현직, 산직(散職)을 불문하고 각각 과(科)에 따라 받게 한다.

① (가) - (나) - (다)
② (가) - (다) - (나)
③ (나) - (가) - (다)
④ (나) - (다) - (가)
⑤ (다) - (나) - (가)

20 심화 62회 20번

밑줄 그은 '이 기구'에 대한 설명으로 옳은 것은? [2점]

> 이 책은 1870년에 편찬된 은대조례입니다. 서문에서 흥선 대원군은 은대라고 불린 이 기구의 업무 처리 규정을 일목요연하게 정리하였으니 앞으로 승지들의 사무에 나침반이 될 것이라고 밝혔습니다.

① 왕명의 출납을 관장하였다.
② 사간원, 사헌부와 함께 3사로 불렸다.
③ 천문 연구, 기상 관측 등의 일을 맡았다.
④ 실록을 보관하고 관리하는 업무를 담당하였다.
⑤ 국왕 직속 사법 기구로 강상죄, 반역죄 등을 처결하였다.

21 심화 61회 21번

(가), (나) 사이의 시기에 있었던 사실로 옳은 것은? [3점]

> (가) 윤필상, 유순 등이 폐비(廢妃) 윤씨의 시호를 의논하며 "시호와 휘호를 함께 의논하겠습니까?"라고 아뢰니, "시호만 정하는 것이 합당하겠다."라고 하였다. …… 승정원에 전교하기를 "폐비할 때 의논에 참여한 재상, 궁궐에서 나갈 때 시위한 재상, 사약을 내릴 때 나가 참여한 재상 등을 승정원일기에서 조사하여 아뢰라."라고 하였다.
>
> (나) 의정부에 하교하기를 "조광조 등이 서로 결탁하여, 자신들에게 붙는 자는 천거하고 자신들과 뜻이 다른 자는 배척해서 …… 후진을 유인하여 궤격(詭激)*이 버릇되게 하고, 일을 의논할 때에도 조금만 이의를 세우면 반드시 극심한 말로 배척하여 꺾어서 따르게 하였다. …… 조광조·김정 등을 원방(遠方)에 안치하라."라고 하였다.
>
> * 궤격(詭激) : 언행이 정상을 벗어나고 격렬함

① 성삼문 등이 단종의 복위를 꾀하였다.
② 외척 간의 대립으로 윤임이 제거되었다.
③ 이괄이 난을 일으켜 한양을 점령하였다.
④ 성희안 일파가 반정을 통해 연산군을 몰아내었다.
⑤ 조의제문이 발단이 되어 김일손 등이 화를 입었다.

22 심화 66회 19번

밑줄 그은 '왕'의 업적으로 옳은 것은? [2점]

> 이전에 주조한 활자가 크고 고르지 않았다. 이에 왕께서 경자년에 다시 주조하셨다. 그리하여 그 모양이 작고 바르게 되었으니, 이것으로 인쇄하지 않은 책이 없었다. 이를 경자자라고 하였다. 갑인년에 다시 "위선음즐(爲善陰騭)"의 글자 모양을 본떠 갑인자를 주조하니, 경자자에 비하여 조금 크고 활자 모양이 매우 좋았다.

① 조선의 기본 법전인 경국대전을 반포하였다.
② 역대 문물을 정리한 동국문헌비고를 간행하였다.
③ 삼남 지방의 농법을 소개한 농사직설을 편찬하였다.
④ 전세를 1결당 4~6두로 고정하는 영정법을 제정하였다.
⑤ 삼정의 문란을 시정하기 위해 삼정이정청을 설치하였다.

23 심화 62회 25번

다음 전투 이후에 전개된 사실로 옳은 것은? [2점]

> 권율이 정병 4천 명을 뽑아 행주산 위에 진을 치고는 책(柵)을 설치하여 방비하였다. …… 적은 올려다보고 공격하는 처지가 되어 탄환도 맞히지 못하는데 반해 호남의 씩씩한 군사들은 모두 활쏘기를 잘하여 쏘는 대로 적중시켰다. …… 적이 결국 패해 후퇴하였다.   – "선조수정실록" –

① 최영이 홍산에서 대승을 거두었다.
② 이순신이 한산도 대첩에서 승리하였다.
③ 휴전 회담의 결렬로 정유재란이 시작되었다.
④ 이종무가 왜구의 근거지인 쓰시마를 정벌하였다.
⑤ 신립이 탄금대에서 배수의 진을 치고 왜군에 항전하였다.

24 심화 57회 22번

(가), (나) 사이의 시기에 있었던 사실로 옳은 것은? [3점]

> (가) 임금이 전교하기를, "내 생각에는 허적이 혹시 허견의 모반 사실을 알지 못했는가 하였는데, 문안(文案)을 보니 준기를 산속 정자에 숨긴 사실이 지금 비로소 드러났으니, 알고서도 엄호한 정황이 분명하여 감출 수가 없었다. 그저께 허적에게 사약을 내려 죽인 것도 이 때문이다."라고 하였다.
>
> (나) 임금이 명하기를, "국운이 평안하고 태평함을 회복하여 중전이 복위하였으니, 백성에게 두 임금이 없는 것은 고금을 통하는 도리이다. 장씨에게 내렸던 왕후의 지위를 거두고, 옛 작호인 희빈을 내려 주도록 하라. 다만 세자가 조석으로 문안하는 것은 폐하지 말라."라고 하였다.

① 양재역 벽서 사건이 발생하였다.
② 송시열이 관작을 삭탈당하고 유배되었다.
③ 자의 대비 복상 문제로 예송이 전개되었다.
④ 정여립 모반 사건으로 기축옥사가 일어났다.
⑤ 붕당의 폐해를 막기 위해 탕평비가 세워졌다.

25 심화 59회 24번

(가) 왕이 추진한 정책으로 옳은 것은? [2점]

궁궐 속 역사 이야기

만천명월주인옹 자서

이것은 창덕궁 후원의 존덕정 현판에 새겨져 있는 글이다. (가) 이/가 지은 것으로 군주를 모든 하천에 비치는 달에 비유하여 국왕 중심의 정국 운영을 강조하는 내용이 담겨 있다. 그는 초계문신제를 실시하여 자신의 정책을 뒷받침하는 인재를 양성하고자 하였다.

① 친위 부대로 장용영을 설치하였다.
② 경기도에 한해서 대동법을 실시하였다.
③ 한양을 기준으로 한 역법서인 칠정산을 만들었다.
④ 통치 체제를 정비하기 위해 대전회통을 편찬하였다.
⑤ 직전법을 제정하여 현직 관리에게만 수조권을 지급하였다.

26 심화 64회 21번

다음 상황이 전개된 배경으로 옳은 것은? [2점]

며칠 전 안핵사로 파견된 박규수가 전하께 특별 기구 설치를 상소하였다고 하네.

그렇다네. 전하께서 이를 받아들여 삼정이정청을 설치하고, 각 고을마다 대책을 모아 올려 보내라고 명하셨지.

① 이만손 등이 영남 만인소를 올렸다.
② 운요호가 강화도와 영종도를 공격하였다.
③ 동학교도가 교조 신원을 주장하며 삼례 집회를 개최하였다.
④ 황사영이 외국 군대의 출병을 요청하는 백서를 작성하였다.
⑤ 백낙신의 탐학이 발단이 되어 진주에서 농민들이 봉기하였다.

27 심화 64회 27번

(가) 인물에 대한 설명으로 옳은 것은? [1점]

답사 계획서

▶ 주제 : (가) 의 강진 유배지를 찾아서
▶ 일자 : 2023년 ○○월 ○○일
▶ 답사 장소

혜장선사의 주선으로 거처한 곳 — 보은산방
사의재 — 읍내의 제자들을 교육하고 "아학편훈의"를 편찬한 곳
10여 년간 머무르며 "목민심서", "경세유표"를 집필한 곳 — 다산초당

① 일본에 다녀와 해동제국기를 편찬하였다.
② 최초의 서원인 백운동 서원을 건립하였다.
③ 북한산비가 진흥왕 순수비임을 고증하였다.
④ 양명학을 연구하여 강화학파를 형성하였다.
⑤ 기기도설을 참고하여 거중기를 설계하였다.

28 심화 65회 28번

밑줄 그은 '이 시기'에 볼 수 있는 모습으로 적절하지 않은 것은? [1점]

내가 준비한 것은 판소리 수궁가에서 호랑이가 내려오는 장면이야.

범 나려온다 ♪ 범이 나려온다 ♪ 송림 깊은 골로 한김생이 내려온다 ♪ ♫

판소리는 신재효에 의해서 체계적으로 정리되었어.

한글 소설과 함께 판소리는 이 시기에 유행했지.

① 주자소에서 계미자를 만드는 장인
② 송파장에서 산대놀이를 공연하는 광대
③ 대규모 자본으로 물품을 구매하는 도고
④ 시사를 조직하여 작품 활동을 하는 중인
⑤ 인삼, 담배 등을 상품 작물로 재배하는 농민

29 심화 61회 31번

(가) 사건 이후에 전개된 사실로 옳은 것은? [2점]

이곳은 어재연 장군과 그의 군사를 기리기 위해 조성된 충장사입니다. 어재연 장군의 부대는 (가) 때 광성보에서 로저스 제독이 이끄는 미군에 맞서 결사 항전하였지만 끝내 함락을 막지 못하였습니다.

① 종로와 전국 각지에 척화비가 세워졌다.
② 평양 관민이 제너럴 셔먼호를 불태웠다.
③ 한성근 부대가 문수산성에서 항전하였다.
④ 신유박해로 많은 천주교도가 처형되었다.
⑤ 오페르트가 남연군 묘 도굴을 시도하였다.

31 심화 63회 30번

밑줄 그은 '이 사건'에 대한 설명으로 옳은 것은? [2점]

그들이 개혁안에서 내세운 인민 평등권 확립 등은 이후의 근대적 개혁에 영향을 주었습니다.

이번 시간에는 근대 국가 수립을 위해 김옥균 등이 일으켰던 이 사건에 대한 의견을 들어 보고자 합니다.

하지만 일부 급진 개화파를 중심으로 개혁을 추진하였고, 청과의 사대 관계 청산을 주장하면서도 일본의 힘에 의존하였다는 한계가 있습니다.

① 보국안민, 제폭구민을 기치로 내걸었다.
② 한성 조약이 체결되는 결과를 가져왔다.
③ 개혁 추진을 위해 교정청을 설치하였다.
④ 구식 군인에 대한 차별 대우가 발단이 되었다.
⑤ 민영익 등이 보빙사로 파견되는 계기가 되었다.

30 심화 51회 30번

(가), (나) 조약에 대한 설명으로 옳은 것을 〈보기〉에서 고른 것은? [3점]

(가) 제5관 미국 상인과 상선이 조선에 와서 무역을 할 때 입출항 하는 화물은 모두 세금을 바쳐야 하며, 세금을 거두는 권한은 조선이 자주적으로 행사한다.

(나) 제37관 조선국에서 가뭄과 홍수, 전쟁 등의 일로 국내에 양식이 부족할 것을 우려하여 일시 쌀 수출을 금지하려고 할 때에는 1개월 전에 지방관이 일본 영사관에 통지하고, 미리 그 기간을 항구에 있는 일본 상인들에게 전달하여 일률적으로 준수하는 데 편리하게 한다.

───── 보기 ─────
ㄱ. (가) - 최혜국 대우 내용을 포함하였다.
ㄴ. (가) - 갑신정변의 영향으로 체결되었다.
ㄷ. (나) - 방곡령 시행에 대한 규정을 명시하였다.
ㄹ. (나) - 재정 고문을 두도록 하는 조항을 담고 있다.

① ㄱ, ㄴ   ② ㄱ, ㄷ   ③ ㄴ, ㄷ
④ ㄴ, ㄹ   ⑤ ㄷ, ㄹ

32 심화 63회 32번

밑줄 그은 '개혁'의 내용으로 옳은 것은? [3점]

이 그림은 군국기무처에서 회의하는 모습입니다. 그림의 아래쪽에는 총재 김홍집 등 회의에 참여한 관리들의 이름이 적혀 있습니다. 군국기무처는 개혁을 추진하면서 수개월 동안 200여 건의 안건을 의결하였습니다.

① 원수부를 두었다.
② 재판소를 설치하였다.
③ 은 본위제를 도입하였다.
④ 태양력을 공식 채택하였다.
⑤ 5군영을 2영으로 통합하였다.

33 심화 53회 27번

(가)~(마) 지역에 있었던 역사적 사실로 옳지 <u>않은</u> 것은? [2점]

① (가) - 만상이 근거지로 삼아 청과의 무역을 전개하였다.

② (나) - 나석주가 조선 식산 은행에 폭탄을 투척하였다.

③ (다) - 만적을 비롯한 노비들이 신분 해방을 도모하였다.

④ (라) - 동학 농민군이 정부와 화해하는 약조를 맺었다.

⑤ (마) - 임진왜란 중 부사 송상현과 첨사 정발이 순절하였다.

34 심화 55회 36번

(가) 신문에 대한 설명으로 옳은 것은? [1점]

여기는 양기탁과 함께 (가) 을/를 창간하여 항일 언론 활동을 전개한 베델의 묘입니다. 그는 "나는 죽지만, (가) 은/는 영원히 살려 한국 동포를 구하시오."라는 유언을 남겼습니다.

① 최초로 상업 광고를 실었다.

② 천도교의 기관지로 발행되었다.

③ 우리나라 최초의 민간 신문이었다.

④ 국채 보상 운동의 확산에 기여하였다.

⑤ 일장기를 삭제한 손기정 사진을 게재하였다.

35 심화 62회 36번

(가) 단체의 활동으로 옳은 것은? [2점]

아들아, 제중원 의학교 1회 졸업생이 된 것을 축하한다. 백정의 아들로 태어나 차별을 극복하고 의사가 된다니 정말 자랑스럽구나.

10년 전 (가) 이/가 주관한 관민 공동회 개회식에서 당당하게 충군애국의 뜻을 밝히신 아버지의 연설에 감명을 받아 열심히 공부할 수 있었습니다.

① 일제의 황무지 개간권 요구를 저지하였다.

② 중추원 개편을 통한 의회 설립을 추진하였다.

③ 농촌 계몽을 위한 브나로드 운동을 전개하였다.

④ 외교 활동을 펼치기 위해 구미 위원부를 설치하였다.

⑤ 여성의 평등한 권리를 주장하는 여권통문을 발표하였다.

36 심화 51회 38번

(가)에 대한 설명으로 옳은 것은? [1점]

국권 침탈의 아픔이 서린
중 명 전

• 주소 : 서울특별시 중구 정동길 41-11
• 개방 시간 : 09:30~17:30

◉ 소개

지상 2층 지하 1층의 붉은 벽돌 건물인 중명전은 러시아 건축가 사바틴이 설계하였다. 이 건물은 황실의 도서관으로 사용되다가 1904년 경운궁의 대화재 이후 고종 황제의 집무실로 사용되었다. 이곳에서 이토 히로부미가 대한 제국의 외교권을 박탈하는 (가) 의 체결을 강요하였다.

① 아관 파천의 배경이 되었다.

② 청·일 전쟁 발발의 원인이 되었다.

③ 통감부가 설치되는 결과를 가져왔다.

④ 대한 제국의 군대 해산을 규정하였다.

⑤ 천주교 포교를 허용하는 조항이 들어있다.

37 심화 60회 37번

밑줄 그은 '이 시기'에 시행된 일제의 정책으로 옳은 것은? [1점]

문학으로 만나는 한국사

선생님이 사벨(환도)을 차고 교단에 오르는 나라가 있는 것을 보셨습니까? 나는 그런 나라의 백성이외다. …… 교원의 허리에서 그 장난감 칼을 떼어놓을 날은 언제일지? 숨이 막힙니다.

— "만세전" —

[해설]
이 소설에는 교원이 제복을 입고 칼을 차고 수업을 하던 이 시기의 모습이 담겨 있다. "만세전"은 제목에서 알 수 있듯이 3·1 운동 이전 식민지의 사회 현실을 담고 있다.

① 애국반을 조직하였다.
② 회사령을 시행하였다.
③ 치안 유지법을 제정하였다.
④ 미곡 공출제를 실시하였다.
⑤ 국가 총동원법을 공포하였다.

38 심화 52회 40번

(가) 종교 단체의 활동으로 옳은 것은? [2점]

(가) 에서 설립한 출판사인 개벽사는 다양한 잡지를 발간했는데, 그중에 별건곤을 소개해 주세요.

별건곤은 개벽이 일제에 의해 폐간된 후 발간된 월간지입니다. 취미 잡지임을 표방했으나 시사 문제를 실어 기사가 삭제되기도 했습니다.

개벽   별건곤

① 박중빈을 중심으로 새 생활 운동을 펼쳤다.
② 중광단을 조직하여 무장 투쟁을 전개하였다.
③ 배재 학당을 세워 신학문 보급에 기여하였다.
④ 어린이날을 제정하고 소년 운동을 추진하였다.
⑤ 경향신문을 발행하여 민중 계몽을 위해 노력하였다.

39 심화 61회 39번

(가) 운동에 대한 설명으로 옳은 것은? [1점]

서울 앨버트 테일러 가옥 (딜쿠샤)

'딜쿠샤'가 복원되어 전시관으로 개관합니다. 많은 관람 부탁드립니다.

■ 주소 : 서울시 종로구 사직로 2길 17
■ 개관일 : 2021년 ○○월 ○○일

◉ 소개
'기쁜 마음의 궁전'을 뜻하는 딜쿠샤는 미국인 앨버트 W. 테일러가 지은 벽돌집으로, 테일러와 그의 가족이 미국으로 추방되기 전까지 거주한 곳이다.
미국 연합통신(AP)의 임시 특파원으로 활동한 테일러는 세브란스 병원에서 독립 선언서를 발견하고 외신을 통해 전 세계에 알렸으며, (가) 당시 일제가 자행한 제암리 학살 사건 등을 취재해 보도하였다.

① 신간회에서 진상 조사단을 파견하여 지원하였다.
② 순종의 인산일을 기회로 만세 운동을 전개하였다.
③ 일제가 이른바 문화 통치를 실시하는 배경이 되었다.
④ 한국인 학생과 일본인 학생 간의 충돌에서 비롯되었다.
⑤ 시위를 준비하는 과정에서 사회주의자들이 대거 검거되었다.

40 심화 56회 40번

(가)~(다) 학생이 발표한 내용을 일어난 순서대로 옳게 나열한 것은? [3점]

<1920년대 만주 지역의 독립운동>

참의부, 정의부, 신민부 등 3부가 성립되었습니다.

대한 독립군 등이 봉오동으로 일본군을 유인하여 크게 무찔렀습니다.

북로 군정서 등이 청산리 일대에서 일본군에 대승을 거두었습니다.

(가)   (나)   (다)

① (가) - (나) - (다)
② (가) - (다) - (나)
③ (나) - (가) - (다)
④ (나) - (다) - (가)
⑤ (다) - (나) - (가)

41 고급 46회 40번

(가)~(마)에 들어갈 내용으로 옳은 것은? [2점]

<수행 평가 보고서>

1. 주제 : 민족 문화 수호를 위한 노력
2. 내용 : 일제의 역사 왜곡과 동화(同化) 정책에 맞서 우리의
   말과 역사를 지키고자 헌신한 인물들의 활동에 대하여
   조사하였다.

인물	활동
신채호	(가)
백남운	(나)
정인보	(다)
이윤재	(라)
최현배	(마)

① (가) - 잡지 한글의 간행을 주도하였다.
② (나) - 한글 맞춤법 통일안 제정에 참여하였다.
③ (다) - 민족의 얼을 강조하고 조선학 운동을 추진하였다.
④ (라) - 애국심 고취를 위해 을지문덕전을 집필하였다.
⑤ (마) - 조선사회경제사에서 식민 사학의 정체성론을 반박하였다.

42 심화 52회 42번

밑줄 그은 '시기'에 볼 수 있는 모습으로 적절한 것은? [2점]

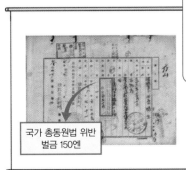

이 문서에는 국가 총동원법을 위반했다는 죄목으로 벌금이 부과된 사실이 기록되어 있습니다. 일제는 중·일 전쟁 이후 침략 전쟁을 확대하던 시기에 이 법을 근거로 전쟁에 필요한 인적·물적 자원을 수탈하고, 국민의 일상생활까지 통제하였습니다.

국가 총동원법 위반
벌금 150엔

① 원산 총파업에 참여하는 노동자
② 조선 태형령 실시를 관보에 게재하는 직원
③ 조선어 학회 사건으로 탄압받는 한글 학자
④ 조선 민립 대학 기성회 창립 총회에 참석하는 교사
⑤ 경성 제국 대학 설립 업무를 수행하는 조선 총독부 관리

43 심화 59회 43번

(가) 부대에 대한 설명으로 옳은 것은? [2점]

인도 전선에서 ___(가)___ 이/가 활동에 나선 이래, 각 대원은 민족의 영광을 위해 빗발치는 탄환도 두려워하지 않고 온갖 고초를 겪으며 영국군의 작전에 협조하였다. ___(가)___ 은/는 적을 향한 육성 선전, 방송, 전단 살포, 포로 신문, 정찰, 포로 훈련 등 여러 부분에서 상당한 성과를 거두었다. 그 결과 영국군 당국은 우리를 깊이 신임하고 있으며, 한국 독립에 대해서도 동정을 아끼지 않고 있다. 충칭에 거주하고 있는 한국 청년 동지들이 인도에서의 공작에 다수 참여하기를 희망한다.

– 독립신문 –

① 청산리에서 일본군에 맞서 대승을 거두었다.
② 미군과 연계하여 국내 진공 작전을 계획하였다.
③ 쌍성보 전투에서 한·중 연합 작전을 전개하였다.
④ 중국 의용군과 연합하여 흥경성에서 승리하였다.
⑤ 동북 항일 연군으로 개편되어 유격전을 펼쳤다.

44 심화 67회 44번

(가) 인물에 대한 설명으로 옳은 것은? [2점]

○○일보

제△△호　　　　　　　　　2023년 ○○월 ○○일

'몽양 ___(가)___ 장례식 만장' 117점 국가등록문화재 등록 예고

1918년 중국에서 신한 청년당을 조직하고 해방 후 좌우 합작 운동을 추진한 ___(가)___ 선생의 마지막 길에 내걸린 만장(輓章)이 국가등록문화재가 된다. 만장이란 망자를 추모하는 글을 비단이나 종이에 적어 만든 깃발로, 1947년 거행된 그의 장례식에는 각계각층이 애도하는 만장이 내걸렸다.

이 만장은 독립운동에 헌신하고 광복 후 좌우 대통합을 위해 노력했던 그에 대한 대중들의 인식과 평가를 담은 자료로서 중요한 역사적 가치가 있다.

① 조선 건국 동맹을 결성하였다.
② 한국독립운동지혈사를 저술하였다.
③ 권업회의 초대 회장으로 선출되었다.
④ 대한 광복회를 조직하여 친일파를 처단하였다.
⑤ 백산 상회를 설립하여 독립운동 자금을 마련하였다.

45 심화 56회 47번

(가)에 들어갈 내용으로 옳은 것은? [2점]

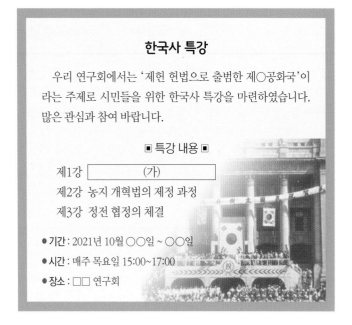

한국사 특강

우리 연구회에서는 '제헌 헌법으로 출범한 제○공화국'이라는 주제로 시민들을 위한 한국사 특강을 마련하였습니다. 많은 관심과 참여 바랍니다.

■ 특강 내용 ■

제1강 　(가)
제2강 농지 개혁법의 제정 과정
제3강 정전 협정의 체결

● 기간 : 2021년 10월 ○○일 ~ ○○일
● 시간 : 매주 목요일 15:00~17:00
● 장소 : □□ 연구회

① 삼청 교육대의 설치
② 새마을 운동의 추진
③ 한·일 기본 조약의 비준
④ 지방 자치제의 전면 실시
⑤ 반민족 행위 처벌법의 제정

46 심화 62회 46번

(가) 민주화 운동에 대한 설명으로 옳은 것은? [1점]

이 곡은 　(가)　 기념식에서 제창하는 노래입니다. 　(가)　 당시 계엄군에 맞서 시민군으로 활동하다 희생된 윤상원과 광주에서 야학을 운영하다 사망한 박기순의 영혼 결혼식에 헌정된 노래입니다. 여러 나라에서 민주화를 염원하는 사람들이 이 곡을 함께 부르고 있습니다.

외국인 친구와 함께하는 온라인 협동 수업

① 시위 도중 대학생 이한열이 희생되었다.
② 경무대로 향하던 시위대가 경찰의 총격을 받았다.
③ 박종철 고문치사 사건의 진상 규명을 요구하였다.
④ 신군부의 비상계엄 확대와 무력 진압에 저항하였다.
⑤ 3·1 민주 구국 선언을 통해 긴급 조치 철폐 등을 주장하였다.

[47~48] 다음 자료를 읽고 물음에 답하시오.

(가) 만적 등 6명이 북산에서 나무하다가 공사 노비를 불러 모아 모의하기를, "국가에서 경인년·계사년 이후로 높은 벼슬이 천한 노비에게서 많이 나왔으니, 장수와 재상이 어찌 종자가 있으랴. …… 그 주인을 죽이고 노비 문서를 불태워 삼한에서 천인을 없애면 모두 공경 장상이 될 수 있을 것이다."라고 하였다.

(나) 왕 7년, 노비를 안검하여 그 시비를 분별하도록 명하자, 노비로 주인을 배반한 자가 매우 많아지고 윗사람을 능멸하는 풍조가 크게 행해졌다. 사람들이 모두 탄식하고 원망하였다. 대목 왕후가 이를 간절히 간언하였으나 왕은 받아들이지 않았다.

(다) 1. 문벌, 양반과 상인들의 등급을 없애고 귀천에 관계없이 인재를 선발하여 등용한다.
1. 과부가 재가하는 것은 귀천을 막론하고 자신의 의사대로 하게 한다.
1. 공노비와 사노비에 관한 법을 일체 혁파하고 사람을 사고파는 일을 금지한다.

(라) "임금이 백성을 대할 때는 귀천이 없고 내외 없이 고루 균등하게 적자(赤子)로 여겨야 하는데, 노(奴)와 비(婢)라고 하여 구분하는 것이 어찌 똑같이 동포로 여기는 뜻이겠는가. 내노비 36,974명과 시노비 29,093명을 모두 양민으로 삼도록 하라. 그리고 승정원으로 하여금 노비 문서를 거두어 돈화문 밖에서 불태우도록 하라."

47 심화 67회 47번

(가)~(라)를 일어난 순서대로 옳게 나열한 것은? [3점]

① (가) - (나) - (다) - (라)
② (가) - (나) - (라) - (다)
③ (나) - (가) - (라) - (다)
④ (나) - (다) - (가) - (라)
⑤ (다) - (라) - (나) - (가)

48 심화 67회 48번

(가)~(라)를 활용한 탐구 활동으로 적절한 것을 〈보기〉에서 고른 것은? [2점]

● 보기 ●

ㄱ. (가) - 무신 집권기에 발생한 하층민의 봉기에 대해 알아본다.
ㄴ. (나) - 호족의 경제적 기반을 약화시킨 제도를 살펴본다.
ㄷ. (다) - 균역법이 시행되는 배경을 파악한다.
ㄹ. (라) - 삼정이정청이 설치된 계기를 조사한다.

① ㄱ, ㄴ
② ㄱ, ㄷ
③ ㄴ, ㄷ
④ ㄴ, ㄹ
⑤ ㄷ, ㄹ

49 심화 49회 47번

(가), (나) 사이의 시기에 있었던 사실로 옳은 것을 〈보기〉에서 고른 것은?

[2점]

(가) 국군 장교가 위원으로 선출되었으며, 3권을 장악하고 국회의 권한을 행사하는 최고 통치 기구인 국가 재건 최고 회의가 출범하였다.

(나) 국민의 직접 선거로 대의원이 선출되었으며, 통일 정책을 최종 결정하고 대통령 선거권 등을 행사하는 통일 주체 국민 회의가 발족하였다.

---- 보기 ----

ㄱ. 장기 집권을 위한 3선 개헌안이 통과되었다.

ㄴ. 제2차 석유 파동으로 경제 불황이 심화되었다.

ㄷ. 베트남 파병에 관한 브라운 각서가 체결되었다.

ㄹ. 대통령 긴급 명령으로 금융 실명제가 실시되었다.

① ㄱ, ㄴ   ② ㄱ, ㄷ   ③ ㄴ, ㄷ

④ ㄴ, ㄹ   ⑤ ㄷ, ㄹ

50 심화 61회 50번

다음 뉴스가 보도된 정부 시기의 통일 노력으로 옳은 것은?   [2점]

정주영의 소 떼 방북을 계기로 남북한의 교류와 협력이 본격화되면서 금강산 관광 사업이 시작되었습니다. 이 사업은 남북 교류 활성화에 크게 기여할 것으로 보입니다.

금강산 관광객 실은 크루즈, 동해항에서 첫 출항

① 남북 조절 위원회를 구성하였다.

② 남북한이 유엔에 동시 가입하였다.

③ 6·15 남북 공동 선언을 채택하였다.

④ 한반도 비핵화 공동 선언을 발표하였다.

⑤ 남북 이산가족의 교환 방문을 최초로 실현하였다.

정답과 해설

선사 시대 ~ 삼국 시대

1일 1교시 구석기 시대 ~ 신석기 시대　　본문 15쪽

1 ⑤　　2 ④

1. 구석기 시대의 생활 모습

정답 ⑤

경기도 연천군 전곡리에서 주먹도끼가 발견되었다는 내용을 통해 밑줄 그은 '이 시대'가 구석기 시대임을 알 수 있어요. 주먹도끼는 구석기 시대에 찍고, 자르고, 동물의 가죽을 벗기는 등 다양한 용도로 사용된 뗀석기입니다. ⑤ 구석기 시대 사람들은 식량을 찾아 이동 생활을 하며 주로 동굴이나 강가의 막집에서 거주하였어요.

오답 피하기

① 소를 이용한 깊이갈이는 철기 시대부터 시작된 것으로 보이며 고려 시대에 들어와 일반화되었어요.

② 빗살무늬 토기는 신석기 시대의 대표적인 토기입니다. 신석기 시대 사람들은 빗살무늬 토기를 만들어 식량을 저장하고 음식을 조리하는 데 이용하였어요.

③ 고인돌은 청동기 시대부터 만들어지기 시작한 지배층의 무덤이에요. 거대한 규모의 고인돌을 통해 당시 많은 인력을 동원할 수 있을 만큼 큰 힘을 가진 지배자가 존재하였음을 알 수 있어요.

④ 세형 동검은 우리나라 초기 철기 시대에 제작된 청동 검으로, 한국형 동검이라고도 불립니다.

>> 핵심 개념 **구석기 시대의 사회 모습**	
경제	사냥과 채집
주거	식량을 찾아 이동 생활을 함 → 주로 동굴이나 바위 그늘, 막집에 거주
도구	뗀석기 사용 : 초기(주먹도끼, 찍개) → 중기(긁개, 밀개, 자르개) → 후기(슴베찌르개 등 잔석기)
사회	평등한 공동체 생활, 무리 사회
유적지	연천 전곡리 유적, 공주 석장리 유적, 단양 수양개 유적 등

2. 신석기 시대의 생활 모습

정답 ④

약 8천 년 전에 형성된 집터에서 빗살무늬 토기 등이 출토되었다는 내용을 통해 (가) 시대가 신석기 시대임을 알 수 있어요. 신석기 시대에 사람들은 강가나 바닷가에 움집을 짓고 마을을 이루어 정착 생활을 하였으며, ④ 농경과 목축을 통해 식량을 생산하기 시작하였어요. 또한, 갈돌과 갈판, 화살촉 등 간석기를 사용하였으며, 토기를 만들어 식량을 저장하거나 음식을 조리하는 데 이용하였어요.

오답 피하기

① 구석기 시대 사람들은 이동 생활을 하며 주로 동굴이나 막집에 거주하였어요.

② 청동기 시대부터 고인돌, 돌널무덤 등을 축조하였어요.

③ 명도전은 중국 전국 시대의 화폐이며, 우리나라 철기 시대 유적에서도 발견되고 있어요. 이를 통해 철기 시대에 한반도와 중국 간에 교역이 이루어졌음을 알 수 있어요.

⑤ 청동기 시대에 비파형 동검과 거친무늬 거울 등 청동 도구를 제작하였어요.

1일 2교시 청동기 시대 ~ 철기 시대　　본문 17쪽

1 ④　　2 ⑤

1. 청동기 시대의 생활 모습

정답 ④

계급이 출현하였으며 고인돌, 민무늬 토기 등이 발굴되었다는 내용을 통해 (가) 시대가 청동기 시대임을 알 수 있어요. 청동기 시대에 처음으로 금속 도구가 제작되었어요. 청동은 재료를 구하기가 어렵고 다루기도 까다로운 금속이었기 때문에 ④ 비파형 동검, 청동 거울 등 무기와 의례용 도구를 제작하는 데 사용되었어요.

오답 피하기

① 철기 시대부터 철제 무기로 정복 활동을 벌였어요.

② 구석기 시대에 사람들은 식량을 찾아 이동 생활을 하였으며, 주로 동굴이나 강가의 막집에서 거주하였어요.

③ 고려 시대에 들어와 소를 이용한 깊이갈이가 일반화되었어요.

⑤ 빗살무늬 토기는 우리나라 신석기 시대의 대표적인 토기로, 식량을 저장하거나 음식을 조리하는 데 사용되었어요.

2. 고조선

정답 ⑤

'왕 우거', '왕검성'과 멸망 후 진번·임둔·낙랑·현도군이 설치되었다는 내용을 통해 (가) 국가가 고조선임을 알 수 있어요. 위만이 집권한 이후 고조선은 본격적으로 철기 문화를 수용하고 중국의 한과 한반도 남부의 진국 사이에서 중계 무역을 하여 많은 이익을 얻었어요. 이로 인해 한과 대립하였고, 우거왕 때 한 무제가 파견한 군대의 공격을 받았어요. 고조선은 한의 공격에 맞서 1년여 동안 항전하였으나 지배층의 내분으로 기원전 108년에 왕검성이 함락되어 멸망하였어요. ⑤ 고조선은 사회 질서를 유지하기 위해 범금 8조를 두었어요. 현재 3개 조항이 전해지는데, 이를 통해 당시 고조선의 사회 모습을 짐작할 수 있어요.

오답 피하기

① 고구려는 10월에 동맹이라는 제천 행사를 열었어요.

② 삼한에는 신성 지역인 소도가 존재하였는데, 소도에는 정치적 지배자의 힘이 미치지 못하였어요.

③ 동예에는 읍락 간의 경계를 중시하여 다른 부족의 경계를 침범하면 소나 말, 노비 등으로 변상하게 하는 책화라는 풍습이 있었어요.

④ 부여는 왕이 중앙을 다스리고 마가, 우가, 저가, 구가 등 여러 가(加)들이 별도로 사출도를 다스리는 연맹 왕국이었어요.

>> 핵심 개념 **고조선의 성립과 발전**	
건국	기원전 2333년
단군의 건국 이야기	• 청동기 문화와 농경 문화를 배경으로 고조선이 건국되었음을 보여 줌 • 단군의 건국 이야기를 통해 고조선의 성립과 사회 모습을 짐작해 볼 수 있음 → 선민사상, 계급 사회, 농사 중시, 곰과 호랑이 토템, 제정일치 사회(단군왕검) 등
발전	• 랴오닝(요령) 지방을 중심으로 성장하여 점차 한반도 북부까지 세력 확대 → 비파형 동검, 탁자식 고인돌 등의 출토 지역으로 고조선의 문화 범위를 짐작할 수 있음 • 기원전 4세기~기원전 3세기경 연과 대립할 정도로 성장하였으나 연의 장수 진개의 공격을 받아 영토를 빼앗김 • 기원전 3세기경 부왕·준왕과 같은 강력한 왕이 등장하여 왕위 세습, 상·대부·장군 등의 관직을 둠 • 범금 8조(8조법)로 사회 질서 유지 → 사람의 생명 중시, 사유 재산 중시, 계급 사회(노비 존재)의 모습을 보여 줌
위만의 집권	• 중국 진·한 교체기에 위만이 연에서 무리를 이끌고 고조선에 들어와 세력을 키워 준왕을 몰아내고 왕위에 오름(기원전 2세기 초) → 철기 문화를 본격적으로 수용 • 진번과 임둔을 복속시켜 세력 확장 • 중국의 한과 한반도 남쪽의 진 사이에서 중계 무역으로 큰 이익을 얻음 → 한과 대립
멸망	한 무제의 침입 → 기원전 108년 우거왕 때 왕검성이 함락되면서 멸망 → 한이 고조선의 일부 지역에 군현 설치 → 한 군현의 억압과 수탈에 토착민의 반발이 이어짐

1. 옥저의 사회 모습   정답 ②

삼로가 읍락을 다스렸으며, 사람이 죽으면 뼈만 추려서 곽 속에 넣는데, 온 집 식구를 하나의 곽 속에 넣어 둔다는 내용을 통해 자료에 해당하는 나라가 옥 저임을 알 수 있어요. 옥저는 지금의 함경도 지역에서 성장한 작은 나라로 왕 이 없고 세력 크기에 따라 읍군, 삼로라고 불린 지배자가 부족을 다스렸으며, 가족 공동 무덤을 만드는 장례 풍습이 있었어요. ② 옥저에는 신랑 집에서 신 부가 될 여자아이를 데려와 키우고 성인이 되면 돌려보낸 뒤 신부 집에 예물 을 치르고 정식으로 혼인하는 민며느리제의 혼인 풍습이 있었어요.

오답 피하기
① 삼한에는 신성 지역인 소도가 있었는데, 이곳에는 정치적 지배자의 세력이 미치지 못하였어요.
③ 고조선에는 사회 질서를 유지하기 위한 범금 8조가 있었어요.
④ 부여에서는 마가, 우가, 저가, 구가 등 여러 가(加)이 각각 사출도를 주관하였어요.
⑤ 백제에서는 귀족들이 정사암에 모여 재상을 선출하거나 국가의 중대사를 논의하였어요.

>> **핵심 개념** 옥저와 동예의 사회 모습

옥저	• 풍습 : 민며느리제(혼인 풍습), 가족 공동 무덤(가매 장 후 뼈를 추려 한 목곽에 안치) • 특산물 : 해산물(소금, 어물) 풍부 → 고구려에 공납 을 바침	왕이 없고, 읍군·삼로라는 군장이 지배
동예	• 풍습 : 책화(읍락 간의 경계 중시), 무천(제천 행사, 10월) • 특산물 : 단궁(박달나무로 만든 활), 과하마(키 작은 말), 반어피(바다표범의 가죽)	

2. 삼한의 사회 모습   정답 ①

5월과 10월에 제천 행사를 지냈으며 신지, 읍차 등의 지배자가 있었다는 내용 을 통해 (가) 나라가 삼한임을 알 수 있어요. 철기가 보급되면서 한반도 중남부 에는 목지국, 사로국, 구야국 등 여러 소국으로 이루어진 마한, 진한, 변한이 성립되어 삼한이라는 연맹체를 이루었어요. ① 삼한에는 소도라는 신성 지역 이 있었으며, 천군이라고 불린 제사장이 제사를 주관하였어요.

오답 피하기
② 고조선은 기원전 3세기 무렵에 연의 장수 진개의 공격을 받아 서쪽의 많은 영토를 빼앗겼어요.
③ 옥저에는 혼인을 약속한 여자아이를 데려다 키우고 성인이 되면 정식으로 혼인하는 민며느리제 풍습이 있었어요.
④ 부여에서는 마가, 우가, 저가, 구가 등 가(加)들이 별도로 사출도를 주관하였어요.
⑤ 동예의 특산물로 단궁, 과하마, 반어피가 유명하였어요.

>> **핵심 개념** 삼한의 사회 모습

위치	한반도 남부
정치	• 마한, 진한, 변한 → 마한의 소국인 목지국 지배자가 삼한 전체 주도 • 신지, 읍차라는 군장이 소국을 다스림 • 제정 분리 : 제사장인 천군과 신성 지역인 소도 존재(소도에는 군장의 세 력이 미치지 못함)
경제	• 농업 : 철제 농기구 사용, 벼농사 발달 • 변한 : 철 생산 풍부 → 철을 화폐처럼 사용(덩이쇠), 낙랑·왜 등에 덩이 쇠 수출
풍속	• 제천 행사 : 5월과 10월의 계절제 • 남녀가 몸에 문신을 새기는 풍습이 있었음

1. 소수림왕의 업적   정답 ⑤

고국원왕의 뒤를 이어 즉위하였으며, 전진으로부터 불교를 수용하고 태학을 설립하였다는 내용을 통해 밑줄 그은 '왕'이 고구려 소수림왕임을 알 수 있어 요. 고국원왕이 전사한 국가적 위기 속에서 즉위한 소수림왕은 위기를 극복하 기 위한 여러 정책을 추진하였어요. 중국 전진에서 불교를 수용하여 사상 통 일을 꾀하였으며, 인재 양성을 위해 수도에 태학을 설립하였어요. 또 ⑤ 율령 을 반포하여 통치 체제를 정비하고 중앙 집권 국가의 기틀을 마련하였어요. 고구려는 소수림왕의 체제 정비를 바탕으로 광개토 태왕과 장수왕 때 영토 확 장에 적극적으로 나서는 등 전성기를 이루었어요.

오답 피하기
① 고구려 장수왕은 국내성에서 평양으로 도읍을 옮기고 본격적으로 남진 정책을 추진 하였어요.
② 신라 법흥왕은 병부와 상대등을 설치하였어요. 병부는 군사와 관련된 업무를 담당 하는 관청이고, 상대등은 최고 관직으로 화백 회의를 이끌었으며 귀족 세력을 대표 하였어요.
③ 백제 무령왕은 지방 통제를 강화하기 위해 지방의 22담로에 왕족을 파견하였어요.
④ 백제 근초고왕은 고흥에게 역사서인 "서기"를 편찬하게 하였어요.

2. 고구려의 대외 정책   정답 ②

(가)는 고구려 왕이 한성을 포위하였고 고구려 군사가 왕을 해쳤다는 내용을 통해 475년에 장수왕이 백제의 수도 한성을 함락한 상황임을 알 수 있어요. (나)는 안시성을 함락하기 위해 토산을 쌓았으나 결국 함락시키지 못하였다는 내용을 통해 645년에 고구려와 당이 벌인 안시성 전투 상황임을 알 수 있어 요. ② 7세기 초 을지문덕은 우중문이 이끄는 수의 별동대를 살수에서 크게 물 리쳤어요(살수 대첩, 612).

오답 피하기
① 4세기에 미천왕은 서안평을 점령하여 영토를 확장하였어요(311).
③ 4세기 후반에 고국원왕은 백제 근초고왕의 평양성 공격으로 전사하였어요(371).
④ 3세기 동천왕 때 고구려는 위의 장수 관구검이 이끄는 군대의 공격을 받아 환도성 이 함락되는 등의 위기를 맞았어요(244).
⑤ 4세기 말에 광개토 태왕은 신라의 요청에 따라 군대를 보내 신라에 침입한 왜를 격 퇴하였어요(400).

>> **핵심 개념** 고구려와 수·당의 전쟁

고구려와 수의 전쟁	수의 중국 통일 → 수가 고구려에 복속 요구 → 고구려가 수의 요서 지방 선제공격 → 수 문제의 30만 대군 침입 → 성과 없이 수의 군대 후퇴 → 수 양제의 113만 대군 침입 → 우중문의 30만 별동대가 평양성 공격 → 고구 려 을지문덕이 살수(청천강)에서 수의 군대 격퇴(살수 대첩, 612)
고구려와 당의 전쟁	당의 중국 통일 → 당 태종의 팽창 정책 → 고구려가 당의 침입에 대비하여 국경 지역에 천리장성 축조(영류왕~보장왕) → 연개소문의 정변(642, 영 류왕 등 반대파를 제거하고 보장왕을 즉위시킴)과 대당 강경책 → 당 태종 이 직접 군대를 이끌고 침입(연개소문의 정변과 고구려의 신라 공격 등이 구실) → 고구려가 당군 격퇴(안시성 전투, 645)

1. 삼국의 대립과 발전 정답 ⑤

백제의 개로왕이 고구려의 침략과 위협에 대응하여 중국(북위)에 군대를 요청하는 표를 보낸 것으로 보아 5세기 후반의 상황임을 알 수 있어요. ⑤ 427년에 고구려 장수왕은 국내성에서 평양으로 천도하고 본격적으로 남진 정책을 추진하였어요. 이에 위협을 느낀 백제 개로왕은 472년에 북위에 사신을 보내고 군사를 요청하는 국서를 전달하였으나 북위는 백제의 요청을 거절하였어요. 이후 475년에 장수왕의 고구려군이 한성을 공격하여 함락하였으며, 이때 개로왕은 목숨을 잃었습니다. 개로왕의 뒤를 이어 왕위에 오른 문주왕은 위기를 수습하기 위해 수도를 웅진으로 옮겼어요.

2. 백제 성왕의 활동 정답 ②

신라와 연합하여 한강 유역을 되찾았지만 신라에 다시 **빼앗겼으며** 결국 신라와 전쟁을 벌이다가 관산성 전투에서 전사하였다는 내용을 통해 밑줄 그은 '이 왕'이 백제 성왕임을 알 수 있어요. 무령왕의 뒤를 이어 즉위한 성왕은 ② 수도를 웅진에서 대외 진출에 유리한 사비로 옮기고 국호를 '남부여'로 고쳐 부여 계승 의식을 강조하였어요. 성왕은 6세기 중반에 신라 진흥왕과 연합하여 고구려를 공격해 한강 유역을 되찾았으나 곧이어 신라군의 기습 공격을 받아 이 지역을 다시 **빼앗겼습니다.** 이에 분노한 성왕은 신라 공격에 나섰다가 관산성 전투에서 전사하였어요(554).

1일 6교시	신라, 가야	본문 25쪽

1 ⑤   2 ④

1. 신라의 삼국 통일 과정 정답 ⑤

(가)는 당과 신라의 군대가 백강에서 왜의 군대를 격퇴하였다는 내용을 통해 백강 전투 당시의 상황임을 알 수 있어요. 백제 멸망 이후 백제 부흥 운동이 전개되자 왜는 백제 부흥 세력을 돕기 위한 지원군을 보냈어요. 부흥 세력과 왜의 연합군은 백강 전투(663)에서 나·당 연합군에 맞서 싸웠으나 패배하였고, 백제 부흥 운동은 실패로 끝났어요. (나)는 매소성에서 신라군이 공격하여 승리한 것으로 보아 매소성 전투 당시의 상황임을 알 수 있어요. 신라는 당과 군사 동맹을 맺고 백제와 고구려를 차례로 멸망시켰어요. 고구려 멸망 후 당이 한반도 전체를 지배하려는 야욕을 노골적으로 드러내자 신라는 당과의 전쟁에 나서 매소성 전투(675)와 기벌포 전투(676)에서 승리하고 삼국 통일을 완성하였어요. ⑤ 고구려 멸망 이후 670년에 검모잠은 지금의 황해도 지방인 한성을 거점으로 고구려 부흥 운동을 전개하였어요.

» 핵심 개념 신라의 삼국 통일

백제의 멸망과 부흥 운동	• 나·당 연합군의 공격 → 계백의 항전(황산벌 전투 패배) → 사비성이 함락됨 → 백제 멸망(660) • 부흥 운동 : 복신·도침(주류성), 흑치상지(임존성), 왕자 부여풍 등이 주도, 왜의 지원군과 함께 백강 전투에서 나·당 연합군에 맞섰으나 패배(663) → 내부 분열 등으로 실패
고구려의 멸망과 부흥 운동	• 연개소문 사후 권력 다툼 발생 → 나·당 연합군의 공격으로 평양성이 함락됨 → 고구려 멸망(668) • 부흥 운동 : 검모잠이 안승을 왕으로 추대하고 고구려 부흥 운동 전개 → 내부 분열 등으로 실패(안승이 검모잠을 죽이고 신라에 투항하여 보덕국 왕으로 임명됨)
나·당 전쟁	• 당의 한반도 지배 야욕 : 백제와 고구려가 멸망한 후 당이 웅진도독부(백제 공주), 계림도독부(신라 금성), 안동도호부(고구려 평양) 설치 • 고구려 부흥 세력의 지원, 매소성 전투(675)와 기벌포 전투(676)에서 신라군이 당군 격퇴 → 신라가 삼국 통일 완수(문무왕, 676)

2. 금관가야 정답 ④

김수로왕에 의해 건국되었다고 전해지며 김해 지역에 유적이 있는 것을 통해 (가) 나라가 금관가야임을 알 수 있어요. 금관가야는 지금의 김해 지역을 중심으로 성장한 가야 연맹의 소국입니다. 낙동강 하류 지역에 자리를 잡은 금관가야에서는 농업이 발달하였으며 철이 풍부하게 생산되었어요. 금관가야는 해상 활동에 유리한 점을 이용하여 ④ 낙랑과 왜에 철을 수출하기도 하였어요. 이러한 경제적 상황을 바탕으로 전기 가야 연맹을 주도하는 맹주국으로 성장하였으나 고구려 군대의 공격을 받아 쇠퇴하였어요.

» 핵심 개념 금관가야와 대가야

금관가야 (김해)	• "삼국유사"에 김수로왕의 건국 신화가 전해짐('구지가') • 우수한 철기 문화를 바탕으로 전기 가야 연맹 주도 → 풍부한 철 생산, 편리한 해상 교통, 낙랑과 왜를 연결하는 중계 무역 발달 → 고구려 광개토 태왕이 보낸 군대의 공격으로 국력 쇠퇴 → 맹주국으로서의 위상 상실, 신라 법흥왕 때 신라에 병합됨(532)
대가야 (고령)	내륙 평야의 농업 생산 기술을 바탕으로 금관가야의 선진 기술을 흡수하여 후기 가야 연맹 주도 → 농업에 유리한 입지 조건, 풍부한 철 산지 보유, 중국 및 왜와 교류 → 신라 진흥왕 때 멸망(562)

1일 7교시	삼국의 문화	본문 27쪽

1 ⑤   2 ④

1. 백제 금동 대향로

정답 ⑤

부여 능산리 절터에서 출토된 백제의 문화유산이며 불교와 도교 사상 등을 복합적으로 반영하고 있다는 내용을 통해 (가)에 해당하는 문화유산이 ⑤ 백제 금동 대향로임을 알 수 있어요. 백제 금동 대향로의 뚜껑 부분에는 신선이 노니는 모습과 봉황이 새겨져 있어 도교 사상이 반영되었음을 알 수 있어요. 또한, 연꽃이 피어나는 듯한 몸체 부분의 조각에서는 불교적인 요소를 볼 수 있어요.

오답 피하기

① 발해의 대표 불상인 이불병좌상이에요.
② 고구려의 불상인 금동 연가 7년명 여래 입상이에요.
③ 고령 지산동 고분군에서 출토된 대가야의 금동관이에요.
④ 경주의 신라 고분에서 발견된 기마 인물형 토기의 주인상이에요.

>> 핵심 개념 삼국 시대의 도교 문화

특징	산천 숭배, 신선 사상과 결합, 귀족 사회를 중심으로 발달
고구려	사신도 : 도교의 방위를 나타내는 상징적 동물인 청룡(동), 백호(서), 주작(남), 현무(북)를 그린 그림
백제	백제 금동 대향로, 산수무늬 벽돌

2. 경주 분황사 모전 석탑

정답 ④

현존하는 신라의 탑 가운데 가장 오래되었으며, 돌을 벽돌 모양으로 다듬어 쌓았다는 내용을 통해 (가)에 해당하는 문화유산이 ④ 경주 분황사 모전 석탑임을 알 수 있어요. 경주 분황사 모전 석탑은 선덕 여왕 때 분황사를 창건하면서 동시에 건립된 것으로 추정됩니다.

오답 피하기

① 통일 신라의 경주 불국사 3층 석탑이에요. 탑을 보수하던 중 무구정광대다라니경이 발견되었어요.
② 백제의 부여 정림사지 5층 석탑이에요. 목탑 양식을 띠고 있어요.
③ 발해의 영광탑이에요. 벽돌로 쌓은 전탑입니다.
⑤ 백제의 익산 미륵사지 석탑이에요. 복원 공사 중에 금제 사리봉영기가 발견되어 석탑의 건립 연도 등이 밝혀졌어요.

>> 핵심 개념 삼국 시대의 불탑

고구려	목탑이 주로 만들어졌으나 현존하는 것이 없음
백제	• 익산 미륵사지 석탑(무왕) : 현존하는 석탑 가운데 가장 규모가 큼, 내부에서 발견된 사리장엄구의 사리봉영기를 통해 석탑의 건립 연대가 밝혀짐 • 부여 정림사지 5층 석탑 : 목탑 양식 반영, '평제탑'(당의 소정방이 백제를 멸망시킨 자신의 공적을 탑신에 새겨 넣은 글귀 때문에 한때 불린 명칭)
신라	• 경주 분황사 모전 석탑 : 돌을 벽돌 모양으로 다듬어 쌓은 탑, 현재 남아 있는 신라 석탑 가운데 가장 오래됨 • 황룡사 9층 목탑 : 선덕 여왕 때 자장의 건의로 건립, 고려 시대 몽골의 침입으로 소실됨

남북국 시대 ~ 고려 시대

1 ⑤ 2 ③

1. 신라 말의 상황

정답 ⑤

8세기 후반 신라의 혜공왕이 피살된 이후 진골 귀족 간의 왕위 다툼이 심화되었어요. 이후 중앙 정치가 혼란해지면서 지방 세력들이 왕위 쟁탈전에 가담하기도 하였어요. (가)는 8세기 후반 혜공왕에 이어 왕위에 오른 선덕왕이 죽고 원성왕(김경신)이 즉위하는 상황을 보여 주고 있으며, (나)는 9세기 후반 진성 여왕 때 원종과 애노가 반란을 일으킨 상황을 보여 주고 있어요. 따라서 8세기 후반 원성왕 즉위와 9세기 후반 원종과 애노의 난 사이의 시기, 즉 신라 말에 볼 수 있는 모습을 찾으면 됩니다. ⑤ 신라 말인 9세기 전반 헌덕왕 때 웅천주 도독 김헌창이 자신의 아버지 김주원이 왕위에 오르지 못한 것에 불만을 품고 반란을 일으켰어요(822).

오답 피하기

① 고려 태조 왕건은 "계백료서"를 지어 관리가 지켜야 할 규범을 제시하였어요.
② 7세기 말 신라 신문왕은 녹읍을 폐지하여 귀족 세력의 경제 기반을 약화시켰어요.
③ 성균관은 고려 말부터 조선 시대까지 이어진 국립 교육 기관이에요.
④ 고려 현종 때 부처의 힘을 빌려 거란의 침입을 물리치고자 하는 염원을 담아 초조대장경을 만들었어요.

>> 핵심 개념 신라 말 사회의 동요

중앙 정치의 문란	• 정치 혼란 : 무열왕계의 권력 독점에 반발(96각간의 난), 진골 귀족의 왕위 쟁탈전 심화(혜공왕 피살 이후 150여 년간 20여 명의 왕 교체) → 지방 세력의 반란(김헌창의 난, 장보고의 난) • 왕권 약화, 상대등의 권한 강화
새로운 세력의 성장	• 호족 : 스스로 성주·장군이라 칭하며 지방의 행정권과 군사권 장악, 독자적인 세력 형성 　- 1세대 : 장보고(청해진) 　- 2세대 : 견훤, 궁예 • 6두품 : 골품제의 모순 비판, 개혁 주장 → 호족 세력과 연계, 반신라적 경향
농민 봉기	진성 여왕 시기에 절정 → 원종과 애노의 난(889), 적고적의 난(896) 등
새로운 사상 등장	선종(실천 수행 강조), 풍수지리설(경주 중심의 지리 개념에서 탈피) → 호족의 사상적 기반이 됨

2. 견훤의 활동

정답 ③

완산주를 도읍으로 국가를 세웠으며, 아들 신검 등에 의해 금산사에 유폐되었다가 탈출하였다는 내용을 통해 밑줄 그은 '인물'이 견훤임을 알 수 있어요. 견훤은 신라 말에 반독립적인 세력으로 성장한 대표적인 호족으로, 900년에 완산주를 도읍으로 후백제를 건국하였어요. ③ 후백제를 세운 견훤은 중국의 후당과 오월에 사신을 파견하여 외교 관계를 맺었어요. 이 가운데 오월에서 검교태보의 직을 받기도 하였어요.

오답 피하기

① 신라 원성왕은 국학의 학생들을 대상으로 유교 경전의 이해 수준을 평가하고 이를 관리 등용에 활용하는 독서삼품과를 실시하였어요.
② 백제 침류왕은 중국 동진에서 온 마라난타를 통해 불교를 수용하여 사상적 통합을 꾀하였어요.
④ 후고구려를 건국한 궁예는 국정을 총괄하는 광평성 등 각종 정치 기구를 마련하였어요.
⑤ 신라 진흥왕은 인재 양성을 위해 화랑도를 국가적인 조직으로 개편하였어요.

후백제	• 견훤이 완산주(전주)를 도읍으로 하여 건국(900) • 충청·전라도의 우세한 경제력을 바탕으로 군사적 우위 확보, 중국과 외교(후당·오월에 사신 파견, 오월로부터 검교태보의 직을 받음), 신라의 금성을 습격한 견훤은 경애왕을 죽게 하고 김부(경순왕)를 즉위시킴
후고구려	• 궁예가 송악(개성)을 도읍으로 하여 건국(901), '마진'으로 국호 변경(904), 연호 '무태' → 철원 천도(905), 연호 '성책' → '태봉'으로 국호 변경(911), 연호 '수덕만세'·'정개' • 중앙 정치 조직 정비 : 광평성을 비롯한 여러 관부 설치 • 미륵 신앙을 이용한 궁예의 폭정 → 신하들이 궁예 축출 → 왕건을 왕으로 추대, 고려 건국(918)
고려의 후삼국 통일	공산 전투 패배(927, 견훤의 후백제군 승리, 신숭겸 전사) → 고창 전투 승리(930, 후백제에 우세, 안동 차전놀이) → 견훤 귀순(935) → 신라 통합(935, 경순왕 항복) → 일리천 전투 승리(936, 신검의 후백제군 격파) → 황산 전투 승리, 후백제 멸망(936, 후삼국 통일)

2일 2교시 통일 신라(경제, 사회, 문화) 본문 37쪽

1 ⑤   2 ①

1. 통일 신라의 경제 [정답 ⑤]

청해진을 설치하여 해상 교역을 활발하게 전개하였다는 내용을 통해 제시된 지도가 통일 신라의 교역로를 표시한 것임을 알 수 있어요. 통일 신라 시기에 수도 금성(경주)과 가까운 울산항과 한강 유역의 당항성이 국제 무역항으로 번성하였어요. 신라는 당, 일본을 비롯해 아라비아 등 서역과도 교류하였어요. ⑤ 신라에서는 조세 수취와 노동력 동원에 활용할 목적으로 3년마다 각 촌락의 인구수, 토지 종류와 면적 등을 조사하여 촌락 문서를 작성하였어요.

오답 피하기
① 고려 시대에 삼한통보, 해동통보 등의 화폐가 발행되었으나 널리 사용되지는 못하였어요.
② 발해에서는 목축이 발달하였는데, 말이 특산품이자 주요 수출품이었어요. 특히 솔빈부의 말이 특산품으로 유명하였어요.
③ 조선 후기에 고구마, 감자 등이 전래되어 구황 작물로 널리 재배되었어요.
④ 고려에는 향, 부곡, 소라는 특수 행정 구역이 있었으며, 소에서는 주로 수공업품을 생산하였어요.

>> 핵심 개념 **통일 신라의 경제**

토지 제도	• 신문왕 때 관료전을 지급하고 녹읍 폐지 → 경덕왕 때 녹읍 부활 • 성덕왕 때 백성에게 정전 지급
조세 제도	• 조세(일반적으로 수확량의 1/10을 국가에 납부), 공물(촌락 단위로 특산물 납부), 역(남자를 대상으로 부과, 군역과 요역) • 조세 수취를 위해 3년마다 촌락 문서 작성 → 조세 징수와 노동력 징발에 활용
상업	경주에 서시·남시를 추가로 설치, 시전(市典, 감독관청) 설치
대외 무역	• 당항성을 통해 중국과 직접 교류 • 국제 무역항인 울산항에 아라비아 상인도 왕래 • 신라 말 장보고가 완도에 청해진 설치 → 신라, 당, 일본을 잇는 해상 무역권 장악

2. 경주 불국사 3층 석탑 [정답 ①]

경주 불국사에 있는 탑으로 해체 보수 과정에서 무구정광대다라니경이 발견되었다는 내용을 통해 밑줄 그은 '이 탑'이 ① 경주 불국사 3층 석탑임을 알 수 있어요. 경주 불국사 3층 석탑은 석가탑, 무영탑이라고도 불리며 신라 석탑의 완벽한 조형미를 보여 줍니다.

오답 피하기
② 백제의 부여 정림사지 5층 석탑이에요.
③ 백제의 익산 미륵사지 석탑이에요.
④ 통일 신라 시기에 세워진 구례 화엄사 4사자 3층 석탑이에요.
⑤ 고려 전기에 세운 평창 월정사 8각 9층 석탑이에요.

2일 3교시 발해(정치) 본문 39쪽

1 ④   2 ①

1. 발해 문왕 [정답 ④]

'대흥'이라는 연호와 정효 공주가 딸이라는 내용을 통해 (가) 왕이 발해 문왕임을 알 수 있어요. 당에 대해 강경한 정책을 폈던 무왕과 달리 문왕은 대외 관계를 개선하여 당과 친선 관계를 맺고 당의 제도와 문물을 수용하여 3성 6부의 중앙 정치 체제를 정비하였으며, '신라도'라는 상설 교통로를 통해 신라와 교류하였어요. 또한, '대흥', '보력'이라는 독자적인 연호를 사용하였고, ④ 수도를 중경 현덕부에서 상경 용천부로 옮겨 자신의 권력 기반을 강화하였어요.

오답 피하기
① 고구려 장수왕은 북연의 왕 풍홍이 망명해 오자 받아들여 신하로 봉하였어요.
② 고구려 출신 대조영(고왕)은 고구려 유민과 말갈인을 이끌고 지린성 동모산에서 발해를 세웠어요.
③ 고구려 광개토 태왕은 왜의 침입을 받은 신라 왕의 요청에 따라 군대를 신라에 파견하여 왜를 격퇴하였어요.
⑤ 발해는 선왕 때 5경 15부 62주의 지방 행정 조직을 확립하였어요.

2. 발해 [정답 ①]

해동성국이라고 불렸으며, 문화유산으로 영광탑과 정효 공주 묘 등이 남아 있는 것으로 보아 (가) 국가가 발해임을 알 수 있어요. 발해는 7세기 말에 고구려 출신 대조영이 동모산에서 세운 나라로 고구려 계승 의식을 표방하였어요. 건국 초에 당과 적대적이었으나 점차 친선 관계를 형성하였고, 당의 문물을 받아들여 통치 체제를 정비하였어요. 당의 3성 6부제를 본떠 중앙 정치 조직을 정비하였지만, 정당성 중심의 운영 방식과 유교 이념이 반영된 6부의 명칭 등에서 독자성을 드러냈어요. 또 주자감을 설치하여 유학을 교육하였으며, ① 중정대를 두어 관리를 감찰하였어요. 발해는 9세기 선왕 때 전성기를 맞았으며, 이 무렵에 중국인들이 해동성국이라고 불렀어요.

오답 피하기
② 신라는 통일 이후 9서당의 중앙군과 10정의 지방군을 편성하여 군사 조직을 정비하였어요.
③ 백제는 내신 좌평, 위사 좌평 등 6좌평의 관제를 정비하였어요.
④ 신라는 지방 세력가나 그 자제를 일정 기간 수도에 거주하게 하는 상수리 제도를 시행하여 지방 세력을 견제하였어요.
⑤ 백제에는 왕족인 부여씨와 8성의 귀족이 있었으며 이들이 지배층을 이루었어요.

>> 핵심 개념 **발해의 통치 체제**

중앙	• 당의 3성 6부제 수용, 운영과 명칭에서 독자적임
	  - 3성 : 정당성, 선조성, 중대성 → 정당성을 중심으로 운영(정당성의 장관인 대내상이 국정 총괄)
	  - 6부 : 정당성이 6부를 둘로 나누어 관할(좌사정 - 충부·인부·의부 / 우사정 - 지부·예부·신부), 6부의 명칭에 유교 이념 반영
	• 중정대 : 감찰 기구, 관리 감찰

지방	5경 15부 62주
교육	주자감 설치(유학 교육 담당), 당에 유학생 파견

1 ②　　2 ①

1. 발해의 문화

정답 ②

고구려 문화를 계승하고 당의 문화를 수용하였으며 말갈 문화의 요소도 가진 것으로 보아 (가) 나라가 발해임을 알 수 있어요. 발해는 7세기 말에 대조영이 고구려 유민과 말갈인을 이끌고 동모산 일대에 세운 나라로 고구려 계승 의식을 표방하였어요. 8세기 이후 당과 적대 관계에서 벗어나 친선 관계를 형성하고 당의 문물을 수용하면서 통치 체제를 정비하였어요. 중앙 정치는 당의 3성 6부제를 본떠 정비하였고, 당의 장안성을 모방하여 수도 상경성에는 주작대로를 건설하였어요. 하지만 정당성의 대내상이 국정을 총괄하게 하고 유교 덕목으로 6부의 명칭을 정하여 독자성을 드러냈지요. ② 발해는 최고 교육 기관으로 주자감을 설치하여 유학 교육을 실시하였어요.

오답 피하기

① 후백제의 견훤은 후당과 오월에 사신을 파견하여 외교 관계를 맺었어요.
③ 통일 이후 신라는 9서당과 10정의 군사 조직을 운영하였어요. 이 중 9서당은 신라인 외에 백제인, 고구려인, 말갈인까지 포함한 중앙군으로, 이를 통해 민족 융합을 꾀하였어요.
④ 신라는 귀족 회의인 화백 회의에서 국가의 중대사를 결정하였는데, 화백 회의는 만장일치제로 운영되었어요.
⑤ 백제는 내신 좌평, 위사 좌평 등 6좌평의 관제를 마련하였어요.

2. 발해의 문화유산

정답 ①

중국 지린성에 있는 영광탑이 자료로 제시된 것을 통해 (가) 국가가 발해임을 알 수 있어요. 영광탑은 5층 벽돌탑(전탑)으로, 탑의 높이가 약 13m에 이릅니다. 현재 온전히 남아 있는 유일한 발해의 탑이에요. ① 발해의 불상인 이불병좌상이에요. 고구려 불상 양식의 영향을 받았어요.

오답 피하기

② 고려의 불상인 영주 부석사 소조 여래 좌상이에요. 신라 양식을 계승하였어요.
③ 고구려의 불상인 금동 연가 7년명 여래 입상이에요.
④ 신라의 불상인 경주 석굴암 본존불상이에요. 신라의 뛰어난 석공 기술을 보여 줍니다.
⑤ 고려 말~조선 초에 만들어진 것으로 보이는 금동 관음보살 좌상이에요.

1 ①　　2 ④

1. 고려의 정치 기구

정답 ①

ㄱ. 추밀원(중추원)은 군사 기밀과 왕명 출납을 담당하였어요. 추밀원(중추원)의 추밀은 중서문하성의 재신과 함께 국가 중대사를 결정하는 회의 기구인 도병마사와 식목도감에 참여하였어요. ㄴ. 어사대는 감찰 기구로 관리의 비리를 감찰하고 풍기를 단속하였어요. 어사대의 관원은 중서문하성의 낭사와 함께 대간이라고 불리며 서경권을 행사하였어요.

오답 피하기

ㄷ. 고려 시대에 화폐·곡식의 출납과 회계를 담당한 기구는 삼사입니다. 상서성은 이·병·호·형·예·공부의 6부를 통솔하며 정책을 집행하였어요.
ㄹ. 원 간섭기에 도병마사가 도평의사사로 개편되었어요. 도병마사는 국방과 군사 문제를 담당한 회의 기구입니다. 중서문하성은 정책을 심의하고 국정을 총괄하는 최고 중앙 관서였어요.

중서문하성		• 국정 총괄(장관 : 문하시중) • 재신(2품 이상, 정책 심의·결정), 낭사(3품 이하, 정치의 잘잘못 비판)	
상서성		정책 집행(실제 정무를 담당하는 6부 통솔)	
중추원		추밀(2품 이상, 군사 기밀), 승선(3품, 왕명 출납)	
어사대		관리 감찰, 풍기 단속	
삼사		화폐와 곡식 출납, 회계 담당	
회의 기구	도병마사	• 국방·군사 문제 담당 • 원 간섭기에 도평의사사(도당)로 바뀜	고려의 독자적 기구 (재신과 추밀 참여)
	식목도감	대내적인 법제와 격식 관장	
대간		• 구성 : 어사대의 관원과 중서문하성의 낭사 • 역할 : 간쟁·봉박·서경의 권한 행사, 언론 기능 담당	

2. 문벌 사회의 동요

정답 ④

고려 건국 이후 국가 체제가 안정되면서 여러 대에 걸쳐 고위 관직을 차지하여 형성된 문벌이 권력을 독점하여 문제가 나타나기 시작하였어요. 특히 인종 때 대표적 문벌인 경원 이씨 가문의 이자겸은 왕실과 중첩된 혼인 관계를 맺고 왕권을 위협할 정도의 권력을 행사하였어요. (나) 이에 인종이 이자겸을 제거하고자 하였으나 실패하고, 오히려 이자겸이 척준경과 함께 반란을 일으켰어요(이자겸의 난, 1126). 인종은 척준경을 회유하여 이자겸의 난을 진압하고, 서경 세력을 등용하여 개혁 정치를 추진하였어요. (다) 이 과정에서 묘청, 정지상 등 서경 세력이 서경 천도를 추진하였으나 개경 세력의 반대에 부딪혀 좌절되자 서경에서 반란을 일으켰어요(묘청의 난, 1135). 반란은 김부식이 이끄는 관군에 의해 진압되었습니다. 이후 문벌 지배 체제의 모순이 더욱 심화되는 가운데 (가) 의종 때 문신에 비해 차별을 받던 무신이 보현원에서 정변을 일으켜 정권을 장악하고 의종을 폐위하였어요(무신 정변, 1170).
따라서 일어난 순서대로 나열하면 ④ (나) 이자겸의 난(1126) → (다) 묘청의 난(1135) → (가) 무신 정변(1170)입니다.

1 ⑤　　2 ⑤

1. 교정도감 설치 이후의 사실

정답 ⑤

최충헌 부자를 죽일 것을 모의한 무리를 색출하기 위해 최충헌이 교정별감을 두었다는 내용을 통해 최충헌 집권 시기의 상황임을 알 수 있어요. 무신 정변 이후 무신 간 권력 다툼으로 최고 권력자가 여러 차례 바뀌는 가운데 최충헌이 이의민을 제거하고 권력을 잡자 최충헌을 살해하려는 사건들이 이어졌어요. 1209년에는 청교역 서리들이 최충헌, 최우 부자를 살해하려는 계획을 세웠다가 발각되었어요. 최충헌은 이 사건의 관련자들을 색출하기 위해 영은관에 임시 기구로 교정도감을 설치하고 스스로 그 수장인 교정별감이 되었어요. 교정도감은 존속되어 국정을 총괄하는 최고 권력 기구가 되었고 최고 집권자가 교정별감을 겸임하였습니다. ⑤ 최충헌의 뒤를 이어 집권한 최우는 자신의 집에 정방을 설치하여 인사권을 장악하였어요(1225).

오답 피하기

① 고려 인종 때 김부식은 서경에서 묘청이 난을 일으키자 관군을 이끌고 가 묘청의 난을 진압하였어요(1136).

② 신라 말 진성 여왕 때 원종과 애노는 중앙 정부의 세금 독촉에 맞서 사벌주에서 봉기하였어요(889).

③ 고려 인종 때 권력을 장악하고 있던 이자겸은 금이 사대를 요구해 오자 이를 수용하였어요(1126).

④ 고려 의종 때 정중부, 이의방 등 무신들이 정변을 일으켜 정권을 장악하였어요(1170).

>> 핵심 개념 **무신 정변(1170)**

배경	문벌 사회의 모순 심화, 문신이 무반 고위직까지 독점, 무신에 대한 차별, 하급 군인들의 불만 고조, 의종의 실정
경과	보현원에서 정중부, 이의방 등 무신들이 많은 문신을 제거한 뒤 의종을 폐하고 권력 장악 → 중방을 중심으로 국정 운영
무신 정권	• 초기 무신 정권 : 무신 집권자의 잦은 교체(이의방 → 정중부 → 경대승 → 이의민 → 최충헌) • 최씨 무신 정권 : 최충헌이 이의민을 제거하고 정권 장악, 명종에게 봉사 10조의 개혁안 제시 → 아들인 최우에게 권력 세습, 4대 60여 년간 최씨 정권 유지
무신 집권기 사회 동요	• 반무신란 : 김보당의 난(동북면 병마사, 동계, 의종 복위 도모), 조위총의 난(서경 유수, 서경) • 농민의 저항 : 망이·망소이의 난(공주 명학소), 김사미(운문)·효심(초전)의 난 • 천민의 저항 : 만적의 난(노비 만적이 개경에서 봉기 모의, 신분 해방 운동의 성격), 전주 관노비의 난

2. 원 간섭기 이후의 사실   정답 ⑤

원의 공주와 혼인한 태자가 돌아와 왕이 되었으며 변발과 호복 차림으로 돌아왔다는 내용과 '일본 원정'을 통해 원 간섭기에 이루어진 대화임을 알 수 있어요. 몽골과 화의를 맺고 1270년에 개경으로 환도한 이후 고려 정부는 본격적으로 원의 내정 간섭을 받았어요. 이 시기에 원은 고려 왕을 원의 공주와 혼인하게 하고, 고려 왕실의 호칭과 관제도 원보다 격을 낮추게 하였어요. 또 고려 백성까지 동원하여 일본 원정에 나섰다가 실패하였어요. 원정 실패 이후에도 원정을 위해 설치한 정동행성을 그대로 두어 고려의 내정을 간섭하는 기구로 이용하였어요. 14세기 중반 왕위에 오른 공민왕은 원이 쇠퇴하는 당시 정세를 틈타 반원 자주 정책을 추진하였어요. ⑤ 공민왕 때 유인우, 이자춘 등이 쌍성총관부를 공격하여 철령 이북의 영토를 수복하였어요.

오답 피하기

① 고려 태조 때 빈민 구제를 위한 흑창이 처음 설치되었어요.

② 고려 무신 집권기에 망이·망소이가 지배층의 가혹한 수탈과 소 주민에 대한 차별에 저항하여 공주 명학소에서 봉기하였어요.

③ 고려 인종 때 김부식 등이 왕명을 받아 "삼국사기"를 편찬하였어요.

④ 무신 정변 이후 동북면 병마사 김보당이 의종 복위를 주장하며 동계에서 난을 일으켰어요.

>> 핵심 개념 **원 간섭기의 사회 변동**

원이 일부 지역 직접 지배	• 쌍성총관부 : 화주(영흥)에 설치 → 철령 이북 지역을 직속령으로 편입 • 동녕부 : 서경에 설치, 자비령 이북 지역 차지 • 탐라총관부 : 삼별초의 항쟁 진압 후 제주도에 설치, 목마장 경영
왕실 호칭과 관제 격하	• 고려 왕이 원의 공주와 결혼(부마국), 왕실 호칭 격하(짐 → 고, 폐하 → 전하, 태자 → 세자, 조·종 → 왕) • 관제 개편 : 중서문하성·상서성→첨의부, 6부→4사, 중추원→밀직사
내정 간섭	원이 다루가치(감찰관) 파견, 정동행성(원의 일본 원정을 위해 설치 → 두 차례 원정 실패 이후에도 존속, 내정 간섭 기구로 이용)
인적·물적 수탈	• 결혼도감 설치, 원이 요구한 공녀 강제 선발 → 조혼 풍습 유행 • 특산물 징발(금, 은, 베, 인삼, 약재 등), 응방 설치(매 징발)
권문세족의 성장	도평의사사(도당)와 정방 장악, 음서를 통해 관직 진출, 대농장 소유
문화 교류	• 몽골풍(몽골 → 고려) : 변발, 호복, 족두리, 연지 등 몽골의 풍습이 고려에서 유행 • 고려양(고려 → 몽골) : 떡, 두루마기 등 고려의 풍속이 몽골에 전래

1 ③   2 ④

1. 별무반   정답 ③

신기군, 신보군, 항마군으로 편성되었다는 내용을 통해 (가) 부대가 별무반임을 알 수 있어요. 12세기에 세력이 커진 여진이 고려의 북쪽 국경에 자주 침입하여 충돌이 빈번하였어요. 기병 위주의 여진에게 고려군이 여러 차례 패배하자 숙종은 윤관의 건의를 받아들여 신기군(기병), 신보군(보병), 항마군(승병)으로 구성된 별무반을 창설하였어요. 이어 ③ 예종 때 윤관이 별무반을 이끌고 가 여진을 정벌하고 동북 9성을 축조하였어요. 그러나 고려는 여진의 계속된 반환 요청에 조공을 약속받고 1년여 만에 동북 9성을 돌려주었어요.

오답 피하기

① 조선 세종 때 최윤덕과 김종서는 압록강과 두만강 일대의 여진을 정벌하고 4군 6진을 개척하였어요.

② 고려 충렬왕 때 여·원 연합군이 두 차례 일본 원정에 나섰으나 심한 풍랑을 만나 실패하였어요.

④ 몽골이 고려에 침입하였을 때 김윤후와 처인 부곡민이 처인성에서 몽골 장수 살리타를 사살하고 몽골군을 물리쳤어요.

⑤ 삼별초는 최우가 치안 유지를 위해 설치한 야별초에서 비롯된 부대로, 최씨 무신 정권의 군사적 기반 역할을 하였어요.

>> 핵심 개념 **고려와 여진과의 관계(12세기)**

여진 정벌	여진의 성장, 국경 부근에서 자주 충돌 → 윤관의 건의로 신기군(기병), 신보군(보병), 항마군(승병)으로 구성된 별무반 편성(1104) → 윤관이 별무반을 이끌고 여진 정벌, 동북 지방에 9성 축조(1107) → 여진의 계속적인 침입과 동북 9성 반환 요청, 여진이 조공을 바치겠다고 약속하여 1년여 만에 9성 지역을 돌려줌
금에 사대	여진이 금을 세우고 거란(요)을 멸망시킴 → 금이 고려에 군신 관계 요구 → 집권자 이자겸이 정권 유지와 전쟁 방지를 위해 금의 사대 요구 수용 → 개경파와 서경파 대립, 묘청의 난 발생

2. 고려와 몽골의 관계   정답 ④

김윤후가 충주성에서 관노비의 문서를 불태우고 맞서 싸웠다는 내용을 통해 (가)가 몽골임을 알 수 있어요. 1232년에 몽골군이 침략하자 처인성으로 들어간 김윤후는 몽골 장수 살리타를 사살하였으며, 1253년 충주성에서는 식량이 떨어져 위기에 직면한 상황에서 관민을 독려하여 함께 적에 맞서 싸워 결국 격퇴하였어요. ④ 몽골이 침입해 오자 당시 최고 집권자였던 최우는 강화도로 수도를 옮겨 장기 항전을 준비하였어요. 이후 몽골군은 여러 차례 고려를 침략하였고, 백성을 중심으로 대몽 항쟁이 전개되었어요.

오답 피하기

① 예종 때 윤관이 별무반을 이끌고 여진을 정벌한 뒤 동북 9성을 축조하였어요.

② 창왕 때 박위로 하여금 왜구의 근거지인 쓰시마섬(대마도)을 정벌하게 하였어요.

③ 성종 때 거란이 침입하자 서희가 거란 장수 소손녕과 외교 담판을 벌여 강동 6주를 획득하였어요.

⑤ 우왕 때 최영은 명이 철령위를 설치하려고 하자 이에 반발하여 요동 정벌을 추진하였어요.

1 ②   2 ⑤

1. 고려의 경제

정답 ②

벽란도가 국제 무역항으로 번성하였다는 내용을 통해 (가) 국가가 고려임을 알 수 있어요. 고려 시대에는 예성강 하구의 벽란도가 국제 무역항으로 번성하여 송과 일본 상인은 물론 멀리 아라비아 상인까지 왕래하였어요. ② 고려는 숙종 때 활구라고 불리는 은병을 주조하였어요. 은병은 은 1근으로 만든 고액 화폐였어요.

오답 피하기

① 조선 후기에 개성을 근거지로 둔 송상이 활발하게 활동하였는데, 이들은 전국 각지에 송방이라고 부르는 지점을 두었어요.
③ 신라 지증왕 때 수도 금성에 시장인 동시와 이를 감독할 관청으로 동시전이 설치되었어요.
④ 조선 후기에 담배, 면화, 생강 등이 시장에 내다 팔기 위한 상품 작물로 널리 재배되었어요.
⑤ 조선 전기에 일본과의 교역을 위해 부산포, 염포, 제포 등 3포를 개항하였어요.

2. 고려 시대의 사회 정책

정답 ⑤

왕이 구제도감 설치를 명하고, 중서성에서 의창을 열 것을 아뢰었다는 내용을 통해 자료의 상황이 나타난 시기가 고려 시대임을 알 수 있어요. 구제도감은 고려 시대에 전염병 등 재해가 발생하였을 때 설치된 임시 관청으로, 질병에 걸린 환자를 치료하고 병으로 죽은 사람을 매장하는 일을 담당하였어요. ⑤ 고려는 기금을 모아 그 이자로 빈민을 구제하는 일을 담당한 재단 형식의 제위보를 운영하였어요.

오답 피하기

① 조선은 도성 안의 병든 사람을 구제하고 치료하는 기구로 동·서 활인서를 두었어요.
② 고구려 고국천왕은 빈민을 구제하기 위해 재상 을파소의 건의를 받아들여 백성에게 곡식을 빌려주는 진대법을 실시하였어요.
③ 조선 세종 때 국산 약재와 치료 방법을 종합적으로 정리한 "향약집성방"이 편찬되었어요.
④ 조선 명종 때 기근에 대비하기 위해 "구황촬요"를 간행·보급하였어요. "구황촬요"에는 나무껍질 등을 이용하여 먹을 것을 만드는 방법, 굶주림으로 인해 종기가 나거나 빈사 상태에 빠진 사람을 치료하는 방법 등이 실려 있어요.

>> **핵심 개념** 고려의 사회 제도

구휼	흑창(태조) → 의창(성종, 춘대추납, 조선 시대까지 이어짐)
기구	·동·서 대비원 : 개경에 설치, 질병 치료, 무의탁자·행려자 등 구제 ·혜민국 : 서민의 질병 치료, 병자에게 의약품 제공 ·구제도감·구급도감 : 각종 재해 시 백성의 구제를 담당한 임시 기구 ·제위보 : 빈민 구호 재단(기금을 마련하여 그 이자로 빈민 구호)

2일 9교시 고려(문화)
본문 51쪽

1 ①　　2 ②

---

1. 의천의 활동

정답 ①

문종의 아들이며 "신편제종교장총록"을 간행하였다는 내용을 통해 (가)에 고려의 승려 의천에 관한 내용이 들어가야 함을 알 수 있어요. 의천은 송에서 화엄종과 천태학 등을 공부하고 돌아와 "신편제종교장총록"을 편찬하였어요. 또 불교 통합을 추진하면서 수행 방법으로 이론 연마와 수행을 함께 강조하는 교관겸수를 제시하였어요. ① 의천은 교종을 중심으로 불교를 통합하고자 하였으며 국청사를 중심으로 해동 천태종을 개창하였어요.

오답 피하기

② 지눌은 승려 본연의 자세로 돌아가 독경과 참선, 노동에 고루 힘써야 한다고 주장하며 수선사 결사를 조직하였어요.
③ 혜심은 "선문염송집"을 편찬하고 유불 일치설을 주장하며 심성의 도야를 강조하였어요.
④ 일연은 "삼국유사"를 저술하여 불교사를 중심으로 고대의 민간 설화, 야사 등을 정리하였어요.
⑤ 혜초는 인도와 중앙아시아 지역을 순례하고 이 지역의 풍속, 종교, 문화 등을 담은 "왕오천축국전"을 저술하였어요.

>> **핵심 개념** 고려 시대의 승려

구분	교리	활동
의천 (대각국사)	교관겸수(이론 연마 + 실천) → 교종 중심의 선종 통합 시도	해동 천태종 개창, 교장도감 설치 및 "교장" 편찬, 화폐 사용 건의
지눌 (보조국사)	정혜쌍수와 돈오점수를 바탕으로 선종 위주의 교종 통합 추구	조계종 정립, 송광사에서 수선사 결사 조직
혜심 (진각국사)	유불 일치설을 주장하며 심성의 도야 강조 → 성리학 수용의 사상적 토대 마련	지눌의 제자, 수선사의 교세 확장
요세 (원묘국사)	자신의 행동을 진정으로 참회하는 법화 신앙 강조	강진 만덕사(백련사)에서 백련 결사 조직

2. 고려의 문화유산

정답 ②

상감 청자가 대표적 문화유산이라는 내용을 통해 (가) 국가가 고려임을 알 수 있어요. 상감 청자는 그릇 표면에 무늬를 새기고 다른 색의 흙을 채워 넣은 뒤 유약을 발라 굽는 상감 기법으로 만들어진 청자입니다. 12세기 중반부터 크게 유행하였어요. ㄱ. 고려 시대에 제작된 나전 칠기인 나전 국화 넝쿨무늬 합이에요. ㄷ. 고려 시대에 제작된 수월관음도입니다.

오답 피하기

ㄴ. 백제의 무령왕릉에서 출토된 석수입니다.
ㄹ. 신라의 고분인 황남 대총에서 출토된 금관이에요.

>> **핵심 개념** 고려의 문화유산

불상	하남 하사창동 철조 석가여래 좌상, 논산 관촉사 석조 미륵보살 입상, 안동 이천동 마애 여래 입상, 영주 부석사 소조 여래 좌상 등
회화	불화 유행(아미타여래도, 혜허의 '수월관음도' 등), '천산대렵도'(공민왕의 작품으로 추정)
석탑	평창 월정사 8각 9층 석탑, 개성 경천사지 10층 석탑 등
청자	·순청자 : 10세기 중반~11세기까지 주로 제작 ·상감 청자 : 12세기 이후 유행, 원 간섭기 이후 쇠퇴, 그릇 표면에 무늬를 새기고 다른 색 흙을 채워 넣어 유약을 발라 구워 냄
나전 칠기	옻칠한 바탕에 자개를 붙여 무늬를 표현
건축	·주심포 양식 : 안동 봉정사 극락전(우리나라에서 현존하는 가장 오래된 목조 건축물), 영주 부석사 무량수전, 예산 수덕사 대웅전 등 ·다포 양식 : 사리원 성불사 응진전

조선 전기

1 ④ 2 ⑤

1. 승정원

정답 ④

도승지가 총괄하는 관서라는 내용과 '은대'를 통해 (가) 관서가 조선의 중앙 정치 기구인 승정원임을 알 수 있어요. ④ 승정원은 왕의 비서 기관으로 왕명의 출납을 담당하였으며, 은대, 정원, 후원, 대언사 등으로 불리기도 하였어요. 승정원에는 도승지를 비롯하여 6명의 승지가 있어 각각 6조의 일을 나누어 맡았는데, 왕명으로 각 승지의 업무는 수시로 변경되기도 하였어요.

오답 피하기

① 한성부는 수도의 행정과 치안을 맡아보았어요.
② 의정부는 재상들의 합의로 국정을 총괄하는 최고 관서였어요.
③ 의금부는 국왕 직속 사법 기구로 반역죄, 강상죄를 범한 중죄인을 다스렸어요.
⑤ 비변사는 중종 때 외적의 침입에 대비하기 위한 임시 기구로 설치되었으나 임진왜란을 겪으면서 기능과 역할이 강화되어 조선 후기에 최고 기구로 자리를 잡았어요.

≫ 핵심 개념 조선의 중앙 정치 조직

의정부·6조	• 의정부 : 재상들의 합의로 운영되는 최고 정무 기구, 국정 총괄, 6조 관할 • 6조 : 정책을 집행하는 행정 기관(이·호·예·병·형·공조)		
사간원(미원)	수장 대사간, 정책에 대한 간쟁·논박 담당	대간·양사 (서경권 행사)	3사 (언론 기구)
사헌부(상대)	수장 대사헌, 관리의 비리 감찰, 풍속 교화		
홍문관(옥당)	• 수장 대제학, 국왕 자문 담당, 경연 주관, 경서 관리 • 진독청·청연각이라고도 불림		
의금부	국왕 직속 특별 사법 기구(반역죄, 강상죄 등 중범죄 처결)		
승정원 (은대, 후원)	수장 도승지, 왕명 출납 담당(왕의 비서 기관)		
한성부	수도의 행정·치안 담당		
춘추관	역사서의 편찬과 보관	성균관	최고 교육 기관
기타	• 관상감 : 천문, 지리, 기후 등에 관한 사무 담당 • 사역원 : 외국어 통역과 번역에 관한 업무 관장 • 장례원 : 노비의 소송과 호적에 관한 일 관장		

2. 사화의 발생

정답 ⑤

(가)는 '조의제문'을 작성한 김종직을 대역의 죄로 처벌하라는 의견을 왕이 따르는 것으로 보아 15세기 후반 연산군 때 일어난 무오사화와 관련된 자료임을 알 수 있어요. 훈구 세력은 김종직이 지은 '조의제문'이 세조의 왕위 찬탈을 비판하는 것이라고 주장하며 사림을 공격하였어요. 이로 인해 사림이 큰 피해를 입은 무오사화가 일어났어요. (나)는 조광조의 무리를 조사하여 그들이 저지른 일을 밝히라는 내용을 통해 16세기 전반 중종 때 일어난 기묘사화와 관련된 자료임을 알 수 있어요. 중종은 조광조를 비롯한 사림을 등용하여 반정 공신 등 훈구 세력을 견제하고자 하였어요. 조광조가 현량과 실시, 소격서 폐지, 위훈 삭제 등의 개혁을 추진하자 훈구 세력이 반발하여 기묘사화가 일어났어요. 따라서 연산군 때 일어난 무오사화와 중종 때 일어난 기묘사화 사이의 시기에 있었던 사실을 찾으면 됩니다. ⑤ 무오사화 이후 연산군 때 폐비 윤씨 사사 사건의 전말을 둘러싸고 갑자사화가 일어나 김굉필 등이 처형되었어요.

오답 피하기

① 16세기 후반 선조 때 정여립 모반 사건으로 기축옥사가 일어나 동인이 피해를 입었어요.
② 16세기 중반 명종 때 외척인 대윤 윤임과 소윤 윤원형의 권력 다툼으로 을사사화가 일어나 윤임이 제거되었어요.
③ 17세기 현종 때 자의 대비의 복상 문제로 서인과 남인 사이에 두 차례 예송이 전개되었어요.
④ 17세기 후반 숙종 때 희빈 장씨 소생의 원자 책봉 문제로 기사환국이 일어나 서인이 축출되고 남인이 집권하였어요.

≫ 핵심 개념 사화의 발생

무오사화 (연산군)	훈구 세력이 김종직의 '조의제문'을 문제 삼아 사림 공격 → 김일손 등 사림 세력 제거, 영남 사림 몰락
갑자사화 (연산군)	연산군이 생모 윤씨의 폐위 및 사사 사건과 관련된 훈구와 사림 세력 제거 → 성종 때 등용된 사림 대부분이 몰락
기묘사화 (중종)	• 조광조의 개혁 정치 : 도학 정치 주장, 반정 공신의 위훈 삭제, 현량과 실시, 소격서 폐지, "소학" 보급과 공납 개선 주장 등 • 위훈 삭제 주장에 공신 등 훈구 세력이 반발 → 조광조 사사, 사림 세력이 큰 피해를 입음
을사사화 (명종)	왕의 외척인 대윤 윤임과 소윤 윤원형의 권력 다툼 → 윤임과 연결된 신진 사림이 피해를 입음

1 ④ 2 ④

1. 훈련도감

정답 ④

임진왜란 중에 류성룡의 건의로 편성되었으며, 직업 군인의 성격을 띤 상비군이었다는 내용을 통해 밑줄 그은 '이 부대'가 훈련도감임을 알 수 있어요. 임진왜란을 겪으면서 정부는 기존 5위 체제의 중앙군으로 수도를 제대로 방어할 수 없다는 위기감을 느껴 군사 조직의 재정비에 나서서 5군영을 갖추었어요. 임진왜란 중에 류성룡의 건의로 훈련도감이 가장 먼저 설치되었고, 인조 때 어영청, 총융청, 수어청이 차례로 설치되었어요. 그리고 숙종 때 금위영이 설치되어 5군영 체제가 완성되었습니다. 가장 먼저 설치된 훈련도감은 ④ 포수, 살수, 사수의 삼수병으로 편제되었으며, 소속 군인은 1개월마다 쌀로 급료를 받고 교대 없이 근무하는 상비군이었어요.

오답 피하기

① 고려는 왕의 친위 부대로 응양군, 용호군의 2군을 두어 궁성을 호위하도록 하였어요.
② 고려 정부가 몽골과 강화를 체결하고 개경 환도를 결정하자 이에 반대하여 봉기한 삼별초는 진도로 이동하여 용장성을 쌓고 대몽 항전을 이어 가았어요.
③ 고려는 국경 지역인 북계와 동계에 주진군을 배치하였어요.
⑤ 조선 정조는 국왕의 친위 부대로 장용영을 설치하고 수원 화성에 외영을 두었어요.

≫ 핵심 개념 임진왜란 이후 비변사와 군사 체제의 변화

비변사	• 왜란을 거치면서 기능 강화, 구성원 확대(고위 관원 참여) → 최고 기구화, 의정부와 6조 중심의 행정 체계 유명무실화 • 세도 정치 시기에 세도 가문의 세력 기반이 됨 • 흥선 대원군의 정치 개혁 과정에서 혁파됨
중앙군	• 5군영 체제 : 훈련도감(임진왜란 중에 설치, 포수·살수·사수의 삼수병으로 구성, 급료를 받는 상비군이 주축, 직업 군인의 성격), 어영청(한성 수비), 총융청(경기 서북 지역 방어), 수어청(남한산성 수비), 금위영(숙종 때 설치, 국왕 호위·수도 방어) • 훈련도감의 삼수병 양성을 위해 삼수미 징수
지방군	속오군 : 양반에서 노비까지 모두를 대상으로 편성, 평소에는 생업에 종사하고 농한기에 훈련을 함, 전쟁 시 동원됨

2. 병자호란

정답 ④

국왕과 세자가 남한산성으로 피란하였다는 내용을 통해 밑줄 그은 '전란'이 병자호란임을 알 수 있어요. 정묘호란 이후 더욱 강성해진 후금은 조선에 군신 관계를 요구해 왔고, 조선 정부는 후금의 요구를 거부하였어요. 후금은 나라의 이름을 '청'으로 바꾸고 조선을 침략하여 병자호란을 일으켰습니다. 이때 인조와 조정 대신들은 남한산성으로 피란하여 항전하였지만 결국 청의 군신 관계 요구를 받아들이고 삼전도에서 굴욕적인 강화를 맺었어요. ④ 병자호란 때 임경업은 백마산성에서 청군의 침입에 대비하였어요.

오답 피하기

① 임진왜란 때 정문부가 길주에서 의병을 이끌었어요.
② 광해군 때 후금과 대립하고 있던 명의 요청에 따라 강홍립이 이끄는 군대가 파견되어 사르후 전투에 참전하였어요.
③ 임진왜란 때 김시민이 진주성에서 일본군을 크게 물리쳤어요.
⑤ 세종 때 최윤덕이 올라산성에서 여진의 부족장인 이만주 부대를 정벌하였어요.

≫핵심 개념 정묘호란과 병자호란

정묘호란 (1627)	• 배경 : 인조반정으로 서인 집권(→ 친명배금 정책으로 후금 자극), 반란을 일으킨 이괄의 잔당이 후금으로 도망
	• 경과 : 광해군의 원수를 갚는다는 명분을 내세워 후금이 침략함 → 인조의 강화도 피신, 용골산성에서 정봉수와 이립이 의병을 이끌고 항전함
	• 결과 : '형제의 맹약'으로 강화 성립
병자호란 (1636)	• 배경 : 후금의 성장, 후금의 군신 관계 요구 → 조선 정부 내에서 주화파와 척화파의 대립, 조선 내 척화론 우세 → 조선이 '청'으로 국호를 바꾼 후금의 요구 재차 거부
	• 경과 : 청 태종의 침략, 임경업의 백마산성 항전 → 청군이 한성으로 진격 → 인조가 남한산성으로 피신하여 45일간 항전, 김준룡이 용인 광교산에서 항전, 김상용이 강화도에서 순절
	• 결과 · 영향 : 삼전도에서 굴욕적인 항복 의식, 강화 체결(→ 청과 군신 관계를 맺음) → 효종 때 북벌 운동 추진

3일 3교시 조선 전기(경제, 사회, 문화)

본문 61쪽

1 ③　　2 ②

---

1. 직전법

정답 ③

세조가 과전을 없애고 만들었다는 내용을 통해 밑줄 그은 '이 제도'가 조선 세조 때 마련된 직전법임을 알 수 있어요. 과전법에서는 관리에게 지급된 과전의 세습을 원칙적으로 금지하였어요. 하지만 수신전, 휼양전 등의 명목으로 과전이 세습되는 경우가 많았어요. 세습 토지가 늘어나 새로 관리가 된 이들에게 지급할 토지가 부족해지자 세조는 직전법을 시행하여 ③ 현직 관리에게만 토지의 수조권을 지급하고 수신전과 휼양전을 폐지하였어요. 새 제도에 따라 처음에는 직전을 받은 관리가 수확량을 조사하여 농민에게 직접 수조권을 행사하였어요. 하지만 점차 수조권을 남용하여 과다하게 수취하는 일이 많아졌어요. 이에 성종은 지방 관청에서 그해 직전의 수확량을 조사하여 거두고 이를 관리에게 나누어 주는 방식으로 바꾸었어요.

오답 피하기

① 고려 경종 때 관리의 등급에 따라 전지와 시지를 지급하는 전시과 제도가 마련되었어요.
② 조선 인조 때 풍흉에 관계없이 토지 1결당 쌀 4~6두의 전세를 고정하는 영정법이 시행되었어요.
④ 조선 명종 때부터 관리에게 녹봉만 지급되고 수조권은 사실상 폐지되었어요.
⑤ 고려 태조 때 역분전 제도가 실시되어 건국에 공을 세운 공신에게 인품, 공로를 기준으로 토지가 지급되었어요.

≫핵심 개념 조선 전기 토지 제도의 변화

과전법	• 고려 말 공양왕 때 시행(1391) → 조선으로 이어짐 • 신진 사대부의 경제 기반 마련, 국가 재정 확충이 목적 • 전 · 현직 관리에게 토지의 수조권 지급(경기 지방의 토지에 한정) • 사망이나 반역 시 반환, 일부 토지가 수신전 · 휼양전 등의 명목으로 세습
직전법	• 세조 때 시행 • 수신전, 휼양전 등 세습되는 토지의 증가로 신진 관리에게 지급할 토지가 부족해짐 → 현직 관리에게만 토지의 수조권 지급, 수신전과 휼양전 폐지
관수관급제	• 관리들의 수조권 남용으로 농민이 고통을 받음 → 지방 관청이 수조권 대행(지방 관청에서 조세를 거둔 후 관리에게 지급) • 국가의 토지 지배권 강화
직전법 폐지	16세기 중반에 수조권 지급 제도 소멸, 관리에게 녹봉만 지급

---

2. 서원

정답 ②

풍기 군수 주세붕이 처음 건립하였으며, 국왕으로부터 현판과 토지, 노비 등을 받기도 하였다는 내용을 통해 (가)에 들어갈 조선의 교육 기관이 서원임을 알 수 있어요. 16세기 이후 사림이 중앙 정계에 진출하면서 전국 각지에 서원이 활발하게 설립되었어요. 서원은 ② 선현의 제사와 유학 교육을 담당하였으며, 향촌의 문화 수준을 높이고 사림의 여론을 형성하는 역할을 담당하였어요. 조선 후기에 서원은 사림이 붕당을 결성하여 세력을 확대하는 근거지로 변질되었고, 면세 · 면역의 혜택을 누리며 국가 재정을 악화시키는 요인으로 작용하였어요. 선현에 대한 제사를 명목으로 백성을 가혹하게 수탈하는 등 서원의 폐해가 심해져 백성의 원성이 높자 흥선 대원군은 대대적인 서원 정리 사업에 나섰어요.

오답 피하기

① 조선 시대에 전국의 부 · 목 · 군 · 현에 향교가 하나씩 설치되었어요.
③ 고려 예종 때 관학 진흥을 위해 국자감에 전문 강좌인 7재가 설치되었어요.
④ 조선 정부는 향교에 교수나 훈도를 교관으로 파견하였어요.
⑤ 조선의 최고 교육 기관인 성균관은 소과에 합격한 생원, 진사에게 입학 자격을 부여하였어요.

≫핵심 개념 조선 시대 교육 기관

국립	중앙	• 성균관 : 최고 교육 기관, 성현에 대한 제사와 교육 담당, 원칙적으로 소과에 합격한 생원 · 진사가 입학 • 4부 학당(4학) : 중등 교육 기관, 중학 · 동학 · 남학 · 서학
	지방	향교 : 중등 교육 기관 - 부 · 목 · 군 · 현에 각각 하나씩 설립 - 중앙에서 교수나 훈도가 파견되어 교육, 성현에 대한 제사와 유학 교육 담당
사립	서원	• 16세기 이후 각 지방에 설립 • 교육과 제사 담당(성리학 연구, 선현에 대한 제사) • 풍기 군수 주세붕이 최초로 백운동 서원 설립 → 이황의 건의로 소수 서원이라는 현판을 국왕에게서 하사받음(사액 서원)
	서당	초등 교육 기관, 한문과 초보적인 유학 교육 실시

조선 후기

1 ②   **2** ⑤

1. 숙종 재위 시기의 환국   정답 ②

(가) 1680년에 남인 허적이 궐내의 기름 먹인 장막을 마음대로 가져간 사건이 발단이 되어 숙종이 남인을 멀리하고 서인을 요직에 앉혔어요. 이후 허적의 서자인 허견이 복창군, 복선군, 복평군 등과 함께 역모를 꾀하였다는 고발이 이어져 허적, 윤휴 등 남인이 실각하고 서인이 정권을 장악하게 되었어요. 이를 경신환국이라고 합니다.

(나) 1694년에 기사환국으로 폐위된 인현 왕후가 복위되고 왕후 지위에 있던 장씨가 다시 희빈으로 강등되었어요. 이 과정에서 서인이 다시 정권을 잡고 남인이 실각하였습니다. 이를 갑술환국이라고 하며, 이때 남인은 완전히 정권에서 밀려났어요.

(다) 숙종은 왕비인 인현 왕후에게 후사가 생기지 않는 상황에서 후궁 장씨가 아들을 낳자 이를 원자로 삼고자 하였어요. 경신환국 이후 집권한 서인이 이에 반대하였고 남인은 숙종의 뜻을 지지하였지요. 숙종은 자신의 뜻대로 원자의 명호를 정하고 그 생모인 장씨를 희빈에 책봉하였어요. 이때 서인의 영수였던 송시열이 임금이 잘못하였다는 상소를 올리자 숙종은 송시열을 삭탈관작하였으며, 서인을 축출하고 남인을 대거 등용하였습니다(1689). 이를 기사환국이라고 합니다.

따라서 일어난 순서대로 나열하면 ② (가) 경신환국(1680) → (다) 기사환국(1689) → (나) 갑술환국(1694)입니다.

≫핵심 개념 **환국**	
특징	숙종 때 빈번하게 발생, 국왕이 환국 주도, 특정 붕당이 정권 독점, 상대 붕당의 존재 부정, 가혹한 탄압·보복이 이어짐
경과	**경신환국 (1680)** 허적의 유악(장막) 남용 사건 발생, 서인이 남인의 역모 모의(삼복의 변) 고발 → 서인이 허적과 윤휴 등 남인을 몰아내고 집권, 이후 서인은 남인에 대한 처벌 문제를 둘러싸고 노론(강경파)과 소론(온건파)으로 분화
	기사환국 (1689) 서인의 우두머리였던 송시열이 희빈 장씨 아들의 원자 책봉을 반대하자 숙종이 송시열을 처형함, 서인 축출 → 남인 집권, 인현 왕후 폐위, 희빈 장씨의 왕비 책봉
	갑술환국 (1694) 숙종이 인현 왕후를 복위시키고 희빈 장씨를 내쫓으면서 남인이 몰락, 서인이 집권함
영향	일당 전제화 경향, 3사의 언론 기능 변질

2. 영조의 정책   정답 ⑤

탕평비를 건립하였으며, 준천사를 신설하고 신문고를 다시 설치하였다는 내용을 통해 자료의 왕이 조선 영조임을 알 수 있어요. 연잉군 시절 왕세제로 책봉되어 노론과 소론 사이의 갈등 속에 붕당 정치의 폐단을 직접 겪은 영조는 즉위 후 붕당을 없애려는 자신의 뜻에 동의하는 탕평파를 중심으로 정국을 운영하였어요. 탕평 정치에 대한 자신의 의지를 보이기 위해 탕평비를 세우기도 하였습니다. 또한, 민생 안정에도 힘써 준천사를 신설하고 홍수에 대비하기 위해 청계천을 준설하였으며, 신문고를 다시 설치하고 지나친 형벌을 금지하였어요. ⑤ 영조는 백성들의 군역 부담을 줄여 주기 위해 군포를 1년에 1필만 납부하게 하는 균역법을 시행하였어요.

① 고종 때 흥선 대원군은 "속대전"과 "대전통편" 편찬 이후 추가된 각종 법규를 보완하여 "대전회통"을 편찬하였어요.

② 정조는 왕권 강화를 위해 친위 부대인 장용영을 설치하고 수원 화성에 장용영 외영을 두었어요.

③ 순조는 국가 재정을 확충하기 위해 각 궁방과 중앙 관서의 공노비 6만여 명을 해방하였어요.

④ 효종은 어영청을 중심으로 국방력을 강화하고 청에 당한 치욕을 씻기 위한 북벌을 추진하였으나 실현하지는 못하였어요.

≫핵심 개념 **영조의 개혁 정치**	
정치	• 이인좌의 난 진압, 공론의 주재자인 산림의 존재 부정, 붕당의 근거지인 서원 대폭 정리 • 이조 전랑의 권한 축소, 탕평비 건립(붕당의 폐해 경계)
경제	균역법 실시(1년에 군포 1필 징수) → 농민의 군포 부담 감소
사회	형벌 제도 완화(사형수에 대한 삼심제를 엄격하게 시행, 지나친 형벌 금지), 신문고 제도 부활, 준천사 신설(청계천 준설)
문물 정비	"속대전", "속오례의", "동국문헌비고" 등 편찬

1 ②   **2** ③

1. 조선 후기의 경제 상황   정답 ②

담배와 목화 등을 재배하고 있으며, 이앙이 언급된 것으로 보아 일기가 작성된 시기가 조선 후기임을 알 수 있어요. 조선 후기에 담배, 목화, 고추, 인삼 등이 시장에 내다 팔기 위한 상품 작물로 널리 재배되었어요. 또한, 이앙법(모내기법)이 전국적으로 확대되어 농업 생산량이 늘어나고 벼와 보리의 이모작이 성행하였어요. ② 신라 지증왕 때 수도 금성에 시장인 동시와 이를 관리하기 위한 관청인 동시전이 설치되었어요.

① 조선 후기에 상품 화폐 경제가 발달하면서 상평통보가 화폐로 널리 사용되었어요.

③ 조선 후기에 대동법이 시행되면서 관청에서 필요로 하는 물품을 조달하는 공인이 활동하였어요. 공인의 활동은 상공업 발전을 촉진시켰어요.

④ 조선 후기에 정기 시장인 장시가 전국 각지에서 열렸으며, 보부상이 장시를 돌아다니면서 상품을 판매하였어요.

⑤ 조선 후기에 상업이 발달하면서 대외 무역이 활발해져 국경 지대에서 공무역인 개시 무역과 사무역인 후시 무역이 이루어졌어요.

≫핵심 개념 **조선 후기의 경제**	
농업	• 모내기법(이앙법)의 확대 → 벼와 보리의 이모작 확산 • 광작 확산, 상품 작물 재배(담배, 면화, 고추, 인삼 등)
상업	• 공인의 활약 → 도고로 성장 • 시전 상인의 금난전권 폐지(신해통공)로 자유로운 상업 활동 가능 → 서울을 비롯한 각지에서 사상이 활발히 활동 • 대표적 사상 : 경강상인(한강), 송상(개성, 전국에 송방 설치, 사개치부법), 만상(의주), 유상(평양), 내상(동래) 등 • 장시 발달 → 보부상이 여러 장시를 돌며 물품 판매(각 장시를 하나의 유통망으로 연계) • 포구에서의 상업 발달(객주, 여각의 활동) • 대외 무역 활발(개시 무역, 후시 무역) : 만상(대청 무역), 내상(대일 무역), 송상(청과 일본을 연결하는 중계 무역)
광업	설점수세제 시행으로 민영 광산 증가, 잠채도 성행, 덕대 등장
수공업	민영 수공업의 발달, 선대제 성행

2. 진주 농민 봉기

정답 ③

박규수가 진주 안핵사로 파견되는 것으로 보아 자료에 나타난 사건이 진주 농민 봉기임을 알 수 있어요. 1862년에 경상 우병사 백낙신의 탐학에 저항하여 진주에서 유계춘을 중심으로 농민 봉기가 일어났어요. 이 소식이 주변 지역으로 퍼져 나가 전국 각지에서 지배층의 수탈과 삼정의 문란에 항거하는 농민 봉기가 잇달아 일어났어요. 이때가 임술년(1862)이었기에 당시에 일어났던 농민 봉기를 임술 농민 봉기라고 합니다. ③ 임술 농민 봉기가 확산되는 가운데 조선 정부는 봉기의 주요 원인이었던 삼정의 문란을 바로잡기 위해 박규수의 건의에 따라 삼정이정청을 설치하였어요.

오답 피하기

① 서북 지역민에 대한 차별과 지배층의 수탈에 항거하여 홍경래, 우군칙 등의 주도로 홍경래의 난이 일어났어요.
② 동학 농민 운동 당시 전주 화약을 체결하고 해산하였던 동학 농민군은 일본군이 경복궁을 무단 점령하자 다시 봉기하였어요. 이때 남접과 북접이 논산에서 연합 부대를 형성하여 서울을 향해 북상하던 중에 공주 우금치 전투에서 일본군과 관군에 크게 패배하였어요.
④ 김옥균, 박영효 등 급진 개화파는 우정총국 개국 축하연을 이용하여 갑신정변을 일으켰어요.
⑤ 윤원형 일파가 정국을 주도한 시기인 조선 명종 때 황해도 지역을 중심으로 임꺽정의 봉기가 일어났어요.

>> 핵심 개념 세도 정치 시기 농민의 저항

구분	홍경래의 난(1811)	임술 농민 봉기(1862)
원인	평안도 지역에 대한 차별, 탐관오리의 착취	삼정의 문란, 탐관오리의 부정부패
전개	홍경래·우군칙 등이 주도, 영세 농민·중소 상인·광산 노동자 등 참여 → 한때 선천, 정주 등 청천강 이북의 여러 고을 점령	진주에서 유계춘을 중심으로 경상 우병사 백낙신의 부정부패에 항의하는 농민 봉기가 일어남(진주 농민 봉기) → 박규수가 안핵사로 파견) → 전국 각지로 확산
결과	정주성에서 관군에게 패배하여 진압됨	삼정이정청 설치 → 성과를 거두지 못함

4일 3교시 조선 후기(문화)

본문 71쪽

1 ③   2 ②

---

1. 김정희의 활동

정답 ③

세한도를 그렸으며 '완당'이라는 호를 사용하였다는 내용을 통해 (가) 인물이 김정희임을 알 수 있어요. 김정희는 세한도, 모질도 등의 그림을 남겼으며, 추사체라는 독특한 서체를 창안하였어요. 또한, ③ 금석문을 연구하고 저술한 "금석과안록"에서 북한산비가 진흥왕 순수비임을 고증하였어요. 김정희는 '완당', '추사', '예당' 등의 호를 사용하였어요.

오답 피하기

① 유득공은 "발해고"에서 통일 신라와 발해를 가리켜 남북국이라는 용어를 처음 사용하였어요.
② 정약용은 서양 기술을 소개한 중국 서적인 "기기도설"을 참고하여 거중기를 설계하였어요. 거중기는 수원 화성 축조에 이용되었어요.
④ 정제두는 양명학을 체계적으로 연구하였으며, 강화도에서 후진 양성에 힘을 기울여 강화학파를 형성하였어요.
⑤ 안견은 안평 대군이 꿈속에서 본 무릉도원에 대한 이야기를 듣고 몽유도원도를 그렸어요.

>> 핵심 개념 조선 후기 국학의 발달

역사	• 안정복의 "동사강목" : 단군 조선~고려의 역사 서술, 우리 역사의 독자적 정통론 주장 • 한치윤의 "해동역사" : 국내외 500여 종의 자료를 참고하여 고조선~고려의 역사를 실증적으로 서술 • 김정희의 "금석과안록" : 황초령비와 북한산비의 비문을 판독·해설하여 진흥왕 순수비임을 밝힘 • 이종휘의 "동사" : 고대사 연구의 시야를 만주로 확대 • 유득공의 "발해고" : 발해의 역사를 우리 역사의 일부로 편입, '남북국'이라는 용어를 처음 사용 • 이긍익의 "연려실기술" : 실증적·객관적 서술로 조선의 정치와 문화 정리
지리	• 이중환의 "택리지" : 각 지방의 자연환경, 인물, 풍속 등을 기록한 인문 지리서 • 한백겸의 "동국지리지" : 삼한의 위치와 고대 지명을 새롭게 고증 • 정약용의 "아방강역고" : 우리나라 강역에 관한 역사 지리서
지도	• 정상기의 동국지도 : 최초로 100리 척 사용 • 김정호의 대동여지도 : 10리마다 눈금 표시, 목판으로 만들어져 대량 인쇄 가능
백과사전	• 이수광의 "지봉유설" : 우리나라 백과사전의 시초, "천주실의"를 조선에 소개 • "동국문헌비고" : 영조 때 국가적 사업으로 우리나라의 역대 문물 정리 • 정약전의 "자산어보" : 흑산도 연해의 수산 생물을 조사하여 정리한 어류학서
한글 연구	• 신경준의 "훈민정음운해" : 훈민정음의 발음 원리를 과학적으로 규명 • 유희의 "언문지" : 우리말 음운 연구

---

2. 조선 후기의 문화

정답 ②

김홍도는 조선 후기에 활동한 대표적인 풍속화가로, 서민의 일상생활을 생동감 있게 담은 풍속화를 비롯하여 산수화, 기록화, 초상화 등 다양한 분야에서 뛰어난 작품을 남겼어요. ② 원의 역법인 수시력은 고려 후기에 도입되었으며, 조선 세종 때 수시력과 아라비아의 회회력을 참고하여 한양을 기준으로 한 역법서인 "칠정산"이 편찬되었어요.

오답 피하기

① 조선 후기에 우리나라의 경치를 직접 보고 그린 진경 산수화가 등장하였어요. 겸재 정선은 진경 산수화의 대표적인 화가로 금강전도, 인왕제색도 등을 남겼어요.
③ 조선 후기에 양반의 위선적 모습이나 사회 부정과 비리를 해학적으로 풍자한 탈춤이 성행하였어요.
④ 조선 후기에 춘향가, 흥보가 등 노래와 사설로 이야기를 표현하는 판소리가 유행하였어요.
⑤ 조선 후기에 "홍길동전", "박씨전" 등의 한글 소설이 서민층을 중심으로 널리 읽혔어요.

>> 핵심 개념 조선 후기 예술의 새 경향

회화	• 진경 산수화 : 정선이 개척, 우리나라 산천을 소재로 삼고 사실적으로 표현 → 정선의 인왕제색도·금강전도 등, 강세황의 영통동구도(서양 수채화 기법을 동양화에 접목, 원근법 도입) • 풍속화 – 단원 김홍도 : 서민의 일상적인 모습을 소탈하고 익살스럽게 표현 → 서당, 씨름, 밭갈이, 추수 등 – 혜원 신윤복 : 양반의 풍류, 남녀 간의 애정을 감각적·해학적으로 묘사 → 단오풍정, 월하정인 등 – 긍재 김득신 : 파적도, 노상알현도 등 • 민화 : 작자 미상 다수, 민중의 소망과 기원을 담음, 생활 공간 장식에 활용 → 까치와 호랑이, 문자도 등
서예	김정희 → 추사체 창안
공예	청화 백자 유행
건축	• 17세기 : 서원 건축 활발, 규모가 큰 다층 건축물 건립(구례 화엄사 각황전, 김제 금산사 미륵전, 보은 법주사 팔상전) • 18세기 : 수원 화성 • 19세기 : 경복궁 근정전·경회루 재건

5일 1교시 흥선 대원군 본문 79쪽

1 ④   2 ④

1. 병인양요 정답 ④

프랑스군이 강화도를 침략하였으며, 당시 외규장각 도서가 약탈되었다는 내용을 통해 밑줄 그은 '이 사건'이 병인양요임을 알 수 있어요. 1866년에 중국에 주둔하고 있던 프랑스 군대가 병인박해를 구실 삼아 강화도를 침략하여 병인양요가 일어났어요. 이때 한성근 부대가 문수산성에서, ④ 양헌수 부대가 정족산성에서 항전하여 프랑스군을 물리쳤지요. 프랑스군은 퇴각하면서 외규장각 건물을 불태우고 그 안에 보관되어 있던 "의궤"를 비롯한 많은 도서를 약탈해 갔어요.

오답 피하기
① 청군의 개입으로 종결된 사건으로 임오군란, 갑신정변 등을 들 수 있어요.
② 조선은 임오군란으로 피해를 입었다며 보상을 요구하는 일본과 제물포 조약을 체결하고 공사관 경비를 위한 일본군의 조선 주둔을 허용하였어요.
③ 1868년에 오페르트 도굴 사건이 일어났어요. 이 사건으로 당시 조선인이 가진 서양 세력에 대한 반감이 더욱 커졌어요.
⑤ 1885년에 영국은 러시아의 남하를 저지한다는 명분을 내세워 거문도를 불법으로 점령하였어요.

≫핵심 개념 서구 열강의 접근

제너럴 셔먼호 사건 (1866)	• 원인 : 무장을 갖춘 미국의 상선 제너럴 셔먼호가 대동강을 거슬러 평양까지 들어와 통상 요구 • 전개 : 조선 정부의 통상 요구 거부 → 미국 선원들이 관리 납치, 약탈 등 횡포를 부림 → 평안 감사 박규수의 지휘 아래 평양 관민이 제너럴 셔먼호를 불태워 침몰시킴
병인양요 (1866)	• 원인 : 프랑스가 병인박해를 구실로 군함을 보내 조선 침략 • 전개 : 프랑스군(로즈 제독 함대)이 선전 포고도 없이 강화도를 공격하여 점령, 약탈과 살인 자행 → 문수산성(한성근 부대), 정족산성(양헌수 부대)에서 조선군 항전 → 프랑스군 철수, 프랑스군이 퇴각하면서 외규장각 도서와 각종 문화재 약탈
오페르트 도굴 사건 (1868)	• 원인 : 독일 상인 오페르트의 통상 요구 → 조선 정부의 거절 • 경과 : 오페르트가 무장한 선원을 데리고 흥선 대원군의 아버지인 남연군의 묘 도굴 시도 → 지역 주민의 항거로 도굴 실패 • 결과 : 조선에서 서양 세력에 대한 반감이 더욱 커짐, 흥선 대원군이 서양 세력에 대해 더욱 강경한 태도를 갖게 됨
신미양요 (1871)	• 원인 : 미국이 제너럴 셔먼호 사건을 구실로 조선에 배상금 지불과 통상 조약 체결 요구 → 조선 정부의 거부 • 전개 : 미군(로저스 제독 함대)이 초지진, 덕진진 점령 → 어재연이 이끄는 조선군 수비대가 광성보에서 항전하였으나 패배(미군이 어재연 장군의 수자기 탈취) → 계속되는 조선군의 항전 → 미군 철수 • 영향 : 흥선 대원군이 서양과의 통상 수교 거부 의지를 널리 알리기 위해 전국 각지에 척화비 건립

2. 제너럴 셔먼호 사건의 영향 정답 ④

평안 감사 박규수가 관민을 이끌고 살인과 약탈을 자행하는 이양선을 공격하여 불태웠다는 내용을 통해 자료에 나타난 사건이 제너럴 셔먼호 사건임을 알 수 있어요. 1866년에 미국 상선 제너럴 셔먼호가 대동강을 따라 평양까지 들어와 조선 정부에 통상을 요구하였어요. 통상 요구가 받아들여지지 않자 제너럴 셔먼호의 선원들은 관리를 납치하고 민간인을 살해하는 등 만행을 저질렀어요. 이에 평안 감사 박규수의 지휘 아래 평양 관민이 제너럴 셔먼호를 불태워 침몰시켰어요. ④ 1871년에 로저스 제독이 이끄는 미군이 제너럴 셔먼호 사건을 빌미로 강화도에 침입하여 신미양요가 일어났어요.

오답 피하기
① 고부 농민 봉기가 일어나자 조선 정부는 사태 수습을 위해 이용태를 안핵사로 파견하였어요.
② 광해군 때 방납의 폐단을 바로잡기 위해 이원익이 대동법 시행을 건의하였어요. 이원익의 건의로 경기도 지역에서 대동법이 처음 실시되었어요.
③ 순조가 즉위하면서 권력을 잡은 노론 강경파가 반대 세력을 탄압하기 위해 신유박해를 일으켜 정약종 등 수많은 천주교 신자를 처형하였어요.
⑤ 신유박해가 일어나자 천주교 신자인 황사영이 신앙의 자유를 얻기 위해 중국 베이징에 있는 주교에게 외국 군대의 출병을 요청하는 백서를 보내려 하였으나 발각되었어요.

5일 2교시 개항 ~ 갑신정변 본문 81쪽

1 ②   2 ⑤

1. 개화 정책의 추진 정답 ②

(가) 조약은 조선이 일본과 평등한 권리를 보유하고, 개항장에서 죄를 지은 일본인을 일본 관원이 심리하여 판결한다는 내용의 조항을 통해 강화도 조약임을 알 수 있어요. 1876년에 일본이 운요호 사건을 빌미로 조선에 개항을 요구하여 강화도 조약이 체결되었어요. 강화도 조약은 조선이 외국과 맺은 최초의 근대적 조약이었으나 해안 측량권, 영사 재판권 등을 일본에게 허용한 불평등 조약이었어요. (나) 조약은 조선과 미국이 체결하였으며 조선의 관세 부과권을 명시한 것으로 보아 1882년에 체결된 조·미 수호 통상 조약임을 알 수 있어요. 이 조약에는 거중 조정, 관세 설정, 최혜국 대우 조항이 처음으로 포함되었어요. ② 개항 후 조선 정부는 1880년에 개화 정책을 총괄하는 기구로 통리기무아문을 설치하고 그 아래에 12사를 두었어요.

오답 피하기
① 1894년에 추진된 제1차 갑오개혁 때 공사 노비법이 혁파되었어요.
③ 1898년에 대한 제국 황실과 미국인의 공동 출자로 한성 전기 회사가 설립되었어요. 한성 전기 회사는 한성 시내의 전등, 전차, 전화 사업의 운영권을 갖고 관련 사업을 추진하였어요.
④ 1895년 을미개혁 때 '건양'이라는 독자적인 연호가 채택되었어요.
⑤ 1894년 말부터 1895년까지 추진된 제2차 갑오개혁 때 지방 행정 구역이 8도에서 23부로 개편되었어요.

≫핵심 개념 조선 정부의 개화 정책 추진

개화파의 형성	• 통상 개화론 대두 : 박규수, 오경석("해국도지", "영환지략" 소개), 유홍기 등이 외국과의 통상과 서양 과학 기술의 수용 주장 • 개화파 형성 : 김옥균, 박영효, 홍영식 등 양반 자제를 중심으로 형성 → 정부의 개화 정책에 적극 참여
제도 개혁	• 통리기무아문 설치(개화 정책 총괄, 1880), 그 아래에 실무를 담당하는 12사 설치 • 구식 군대인 5군영을 2영(무위영, 장어영)으로 개편, 신식 군대인 별기군 창설(일본인 교관 초빙)
사절단 파견	• 수신사 : 강화도 조약 체결 후 일본에 1차 수신사(김기수, 1876), 2차 수신사(김홍집, 1880), 3차 수신사(박영효, 1882) 파견, 제2차 수신사로 파견된 김홍집이 "조선책략"을 가지고 귀국 • 조사 시찰단 : 박정양, 어윤중, 홍영식 등이 비밀리에 일본에 파견됨(1881) → 일본 정부의 각 기관과 산업·군사 시설 시찰, 보고서 작성·제출 • 영선사 : 청의 톈진 기기국에 영선사 김윤식을 대표로 하여 유학생과 기술자 파견(1881) → 근대식 무기 제조 기술과 군사 훈련법 습득 → 정부의 재정 부족과 임오군란으로 1년 만에 귀국, 귀국 후 근대식 무기 제조 공장인 기기창 설립 주도 • 보빙사 : 조·미 수호 통상 조약 체결 후 미국에 파견(1883), 민영익·홍영식·서광범·유길준 등으로 구성

2. 임오군란

정답 ⑤

구식 군인들에 대한 차별 대우로 발생하였다는 내용을 통해 (가)가 임오군란임을 알 수 있어요. 1882년에 구식 군인들이 신식 군대인 별기군과의 차별 대우에 반발하여 군란을 일으켰어요. 고종이 흥선 대원군을 불러들여 사태 수습의 책임을 맡기자 대원군은 별기군을 없애는 등 그동안 추진된 개화 정책을 중단하였어요. 한편, 민씨 정권은 군란이 일어나자 청에 파병을 요청하였고, 조선에 들어온 청군은 군란을 진압하고 군란의 책임을 물어 흥선 대원군을 청으로 납치해 갔어요. ⑤ 임오군란이 진압된 후 조선 정부는 일본과 제물포 조약을 체결하여 군란 중에 일본인이 입은 피해 보상을 약속하고 일본 공사관에 경비병이 주둔하는 것을 허용하였어요.

오답 피하기

① 갑신정변 당시 급진 개화파는 입헌 군주제를 모방한 근대 국가를 수립하고자 하였으며, 이후 독립 협회, 헌정 연구회 등의 단체가 정치 체제를 입헌 군주제로 개편하고자 하였어요.

② 임오군란은 청 군대에 의해 진압되었어요. 조선 총독부는 국권 피탈 이후 설치된 식민 통치 기관으로, 1920년대 민립 대학 설립 운동 등이 조선 총독부의 방해와 탄압으로 실패하였어요.

③ 우정총국 개국 축하연을 이용하여 급진 개화파가 갑신정변을 일으켰어요.

④ 제2차 갑오개혁 시기에 고종은 개혁의 기본 방향을 제시한 홍범 14조를 반포하였어요.

≫핵심 개념 임오군란(1882)

배경	구식 군인에 대한 차별 대우, 일본의 경제 침탈로 서민 생활 악화(곡물 반출로 쌀값 폭등)
전개	구식 군인의 봉기, 도시 하층민의 합세 → 일본 공사관과 궁궐 습격, 민씨 정권의 최고 집권자로 인식된 명성 황후가 장호원으로 피신 → 흥선 대원군 재집권, 민씨 일파가 청에 파병 요청 → 청군의 군란 진압, 청군이 흥선 대원군을 군란의 주모자로 몰아 청으로 납치 → 민씨 세력 재집권
결과	• 청의 내정 간섭 : 군대 주둔, 고문 파견(내정 고문 – 마건상, 외교 고문 – 묄렌도르프) • 조·청 상민 수륙 무역 장정 체결 : 청의 치외 법권 인정, 허가받은 청 상인의 내륙 진출 허용 • 일본과 제물포 조약 체결 : 일본에 배상금 지불, 한성의 일본 공사관 경비를 위한 일본군 주둔 인정

5일 3교시 동학 농민 운동 ~ 갑오개혁
본문 83쪽

1 ④ 2 ③

---

1. 제1차 갑오개혁

정답 ④

군국기무처에서 개혁안을 발표하였다는 내용을 통해 밑줄 그은 '개혁안'이 제1차 갑오개혁 당시 추진된 것임을 알 수 있어요. 1894년에 조선 정부는 김홍집을 총리대신으로 하는 내각을 수립하고 군국기무처를 설치하여 개혁을 추진하였어요. 제1차 갑오개혁에서는 개국 기년 사용, 왕실과 정부 사무의 분리, 6조를 8아문으로 개편, 과거제 폐지, ㄴ. 탁지아문으로 재정 일원화, 도량형 통일, 은 본위 화폐 제도 채택, ㄹ. 조혼 금지, 과부의 재가 허용, 공사 노비법 폐지 등의 개혁이 이루어졌어요.

오답 피하기

ㄱ. 을미개혁 당시 '건양'이라는 연호를 제정하였어요. '건양'은 '양력을 세운다'라는 뜻이에요.

ㄷ. 대한 제국은 광무개혁을 추진하면서 양전 사업을 실시하고 근대적 토지 소유 증명 문서인 지계를 발급하였어요.

≫핵심 개념 갑오개혁

구분	제1차 갑오개혁	제2차 갑오개혁
추진	• 제1차 김홍집 내각 • 군국기무처 설치 → 개혁 주도	• 제2차 김홍집 내각(김홍집·박영효 연립 내각) • 군국기무처 폐지, 고종이 홍범 14조 반포
정치	청 연호 폐지, 개국 기년 사용, 궁내부 설치(왕실과 정부 사무의 분리), 6조를 8아문으로 개편, 과거제 폐지	의정부를 내각으로 개편, 8아문을 7부로 개편, 8도를 23부로 개편, 재판소 설치, 지방관의 권한 축소
경제	탁지아문으로 재정 일원화, 도량형 통일, 은 본위 화폐 제도 확립, 조세의 금납화	근대적 예산 제도 도입, 징세서(조세 징수) 설치, 육의전 폐지, 상리국 폐지
사회	신분제와 노비제 혁파, 과부의 재가 허용, 조혼 금지, 고문과 연좌제 폐지	교육 입국 조서 반포 → 한성 사범 학교·소학교·외국어 학교 관제 마련

---

2. 을미개혁

정답 ③

태양력이 도입되었다는 내용을 통해 밑줄 그은 '이 개혁'이 을미개혁임을 알 수 있어요. 삼국 간섭 후 조선 정부가 친러 정책을 펴자 위기감을 느낀 일본은 친러 정책의 배후 세력이라고 여긴 명성 황후를 시해한 을미사변을 일으켰어요. 이어 구성된 친일 성향의 김홍집 내각은 을미개혁을 추진하여 태양력을 도입하고 ③ '건양' 연호를 제정하였으며 단발령을 시행하였어요.

오답 피하기

① 고종 황제는 광무개혁을 추진하여 지계아문을 설립하고 토지 소유 증명 문서인 지계를 발급하였어요.

② 고종 황제는 광무개혁을 추진하여 황제의 전제권을 규정한 대한국 국제를 반포하였어요.

④ 동학 농민군과 전주 화약을 맺은 후에 조선 정부는 개혁을 위해 임시로 교정청을 설치하였어요. 하지만 일본이 경복궁을 침범하고 개혁을 강요하자 군국기무처를 설치하고 교정청을 폐지하였어요.

⑤ 조선 정부는 1881년에 군제를 개편하여 구식 군대인 5군영을 무위영과 장어영의 2영으로 통합하였어요.

≫핵심 개념 을미개혁

배경	삼국 간섭 이후 조선이 친러 정책 추진 → 일본이 친러 정책을 주도하던 명성 황후 시해(을미사변) → 친일적인 김홍집 내각이 구성되어 개혁 추진
내용	태양력 채택, '건양' 연호 사용, 군제 개편(중앙 – 친위대, 지방 – 진위대 설치), 단발령 실시, 종두법 시행, 우편 사무 재개
중단	아관 파천 직후 김홍집 내각 붕괴 → 개혁 중단

5일 4교시 독립 협회 ~ 대한 제국
본문 85쪽

1 ③ 2 ③

---

1. 독립 협회의 활동

정답 ③

러시아의 절영도 조차 요구에 대해 정부가 어떻게 대처할 것인지 밝히라고 하는 것으로 보아 (가) 단체가 독립 협회임을 알 수 있어요. 독립 협회는 아관 파천 이후 열강의 이권 침탈이 심해지는 가운데 이권 수호 운동을 전개하였어요. 이를 통해 러시아의 절영도 조차 요구를 저지하고 한·러 은행 폐쇄를 이끌어 내기도 하였어요. 또한, ③ 관민 공동회를 통해 정부 대신들과 함께 시국 개혁안인 헌의 6조를 결의하였으며, 중추원 개편을 통한 의회 설립을 추진하였어요.

① 1926년에 사회주의 세력이 비타협적 민족주의 세력과 연대한다는 활동 방향을 밝힌 정우회 선언을 발표하였어요. 그 영향으로 좌우 합작의 항일 운동 단체인 신간회가 결성되었어요.

② 천도교는 기관지로 만세보를 발행하여 민족의식을 고취하였어요.

④ 방정환이 중심이 된 천도교 소년회는 어린이날을 제정하고 소년 운동을 전개하였어요.

⑤ 신민회는 애국 계몽 운동의 일환으로 태극 서관을 운영하여 계몽 서적 등을 보급하였어요.

>> **핵심 개념 독립 협회**

창립	아관 파천 이후 열강의 이권 침탈 심화 → 서재필 주도로 독립신문 창간 → 독립 협회 창립(1896)
활동	• 민중 계몽 운동 : 독립문·독립관 건립, 만민 공동회 개최 • 자주 국권 운동 : 러시아의 절영도 조차 요구 저지, 한·러 은행 폐쇄 • 관민 공동회 개최 : 헌의 6조 결의(입헌 군주제 지향, 탁지부로 재정 일원화, 피고의 인권 존중 등) • 의회 설립 운동 → 대한 제국 정부와 협상하여 새로운 중추원 관제를 반포하게 함
해산	보수 세력의 모함, 고종이 황국 협회와 군대를 동원하여 탄압, 해산령 → 만민 공동회 강제 해산, 독립 협회 활동 중단

2. 아관 파천 이후의 사실 정답 ③

러시아 공사관으로 거처를 옮기고 해가 바뀌었으며, 환궁을 요구하는 내용으로 보아 자료의 상소가 아관 파천 이듬해인 1897년에 작성된 것임을 알 수 있어요. 을미사변으로 신변에 위협을 느낀 고종은 1896년에 러시아 공사관으로 거처를 옮기는 아관 파천을 단행하였어요. 아관 파천 이후 열강의 이권 침탈이 심화되는 가운데 독립 협회를 비롯한 많은 인사가 고종의 환궁을 요구하였어요. ③ 고종은 러시아 공사관에서 경운궁으로 환궁한 후 대한 제국의 수립을 선포하였어요(1897). 그리고 1899년에 황제의 전제적 권한을 규정한 대한국 국제를 반포하였어요.

① 1881년에 조선 정부는 청에 영선사와 기술자 및 유학생을 파견하여 근대식 무기 제조 기술과 군사 훈련법을 배워 오게 하였어요.

② 1894년에 조선 정부는 초정부적인 정책 의결 기구인 군국기무처를 설치하고 갑오개혁을 추진하였어요.

④ 1866년에 미국 상선 제너럴 셔먼호가 평양에서 통상을 요구하며 살인과 약탈을 자행하자 평양 관민이 제너럴 셔먼호를 불태워 침몰시켰어요.

⑤ 1882년 임오군란 진압 직후에 조·청 상민 수륙 무역 장정이 체결되어 허가받은 청 상인의 내지 통상이 허용되었어요.

5일 5교시 일제의 국권 침탈 본문 87쪽

1 ④ 2 ⑤

1. 러·일 전쟁 중의 사실 정답 ④

포츠머스 조약으로 전쟁이 종결되었다는 내용을 통해 밑줄 그은 '전쟁'이 러·일 전쟁(1904~1905)임을 알 수 있어요. 1904년 대한 제국을 둘러싼 러·일 간의 갈등이 고조되자 고종은 국외 중립을 선언하였어요. 그러나 일본이 인천과 뤼순 등지에서 러시아 군함을 기습 공격하면서 러·일 전쟁이 발발하였어요. 전쟁에서 승기를 잡은 일본은 미국의 중재로 1905년에 러시아와 포츠머스 조약을 체결하였어요. ④ 일제는 1909년에 강압적으로 기유각서를 체결하여 대한 제국의 사법권과 감옥 사무 처리권 등을 강탈하였어요.

① 러·일 전쟁 중이던 1905년에 일본은 독도를 자국의 시마네현으로 불법 편입하였어요.

② 러·일 전쟁 중이던 1905년에 일본과 미국은 대한 제국과 필리핀에 대한 서로의 지배를 인정한 가쓰라·태프트 밀약을 체결하였어요.

③ 러·일 전쟁 중이던 1904년에 체결한 제1차 한·일 협약에 따라 재정 고문으로 메가타, 외교 고문으로 스티븐스가 초빙되었어요.

⑤ 1904년 러·일 전쟁 도발 직후에 일본은 한반도 내에서 군사 전략상 필요한 지역을 임의로 사용할 수 있도록 하는 한·일 의정서 체결을 강요하였어요.

2. 대한 제국 군대 해산과 저항 정답 ⑤

군대 해산에 대한 반발이 거세지고 있으며 시위대 대대장 박승환이 자결하였다는 내용을 통해 대한 제국의 군대 해산과 그 여파를 보도하는 뉴스임을 알 수 있어요. 1905년 을사늑약 체결 이후 고종 황제가 조약이 무효임을 국제 사회에 알리기 위해 헤이그 특사를 파견하자, 일제는 이를 구실 삼아 고종을 황제 자리에서 강제로 물러나게 하고 순종을 황제로 앉힌 뒤 한·일 신협약을 체결하고 부속 각서까지 작성하였어요. 이에 따라 대한 제국의 행정 각 부에 일본인 차관이 임명되고 대한 제국의 군대가 강제 해산되었어요. 이에 반발하여 시위대 대대장 박승환이 자결하였고, 강제 해산된 시위대 대원들이 일본군과 총격전을 벌이며 저항하였어요. 또한, 고종 황제의 강제 퇴위와 군대 해산 소식에 의병 투쟁이 전국에서 일어났습니다(정미의병). 하지만 일제의 국권 침탈은 계속되었어요. 일제는 1909년에 기유각서를 강제 체결하여 대한 제국의 사법권과 감옥 사무 처리권을 강탈하였고, 1910년에는 강제로 병합 조약을 맺어 대한 제국의 국권을 완전히 빼앗았어요(국권 피탈).

따라서 대한 제국의 군대 해산이 일어난 시기는 을사늑약과 국권 피탈 사이인 ⑤ (마)입니다.

5일 6교시 경제적 구국 운동과 애국 계몽 운동 본문 89쪽

1 ② 2 ⑤

1. 보안회의 활동 정답 ②

일본이 산림, 천택, 들판, 황무지에 대한 권리를 청구하였다는 내용을 통해 일본이 황무지 개간권을 요구하는 상황임을 알 수 있어요. 일본은 러·일 전쟁을 도발한 직후 자신들이 대한 제국에서 전략적 요충지를 마음대로 사용할 수 있도록 하는 내용의 한·일 의정서 체결을 강요하였어요. 이후 전세가 유리해지면서 일본은 대한 제국 전 국토의 약 4분의 1에 해당하는 황무지 개간권을 50년 기한으로 일본인에게 위임하라고 요구하였어요. 이에 반발하여 전직 관료와 유생들이 중심이 되어 1904년에 보안회를 결성하였어요. ② 보안회는 일제의 황무지 개간권 요구에 반대하는 운동을 전개하여 일제의 요구를 저지하는 데 성공하였어요.

① 독립 협회는 조선의 독립 의지를 드러내기 위해 1897년에 청의 사신을 맞이하던 영은문이 있던 자리 부근에 독립문을 건립하였어요.

③ 1883년에 조·일 통상 장정의 체결로 조선은 일본 상품에 관세를 부과하고 방곡령을 선포할 수 있게 되었어요. 하지만 이 통상 장정에는 일본에 최혜국 대우를 인정하는 조항도 추가되었어요.

④ 제차 한·일 협약 체결 후 대한 제국의 재정 고문으로 파견된 메가타의 주도로 화폐 정리 사업이 시행되었어요. 화폐 정리 사업으로 인해 한국인이 설립한 은행과 한국 상인들이 큰 타격을 입었어요.

⑤ 외국 상인에 의한 상권 침탈이 심화되자 시전 상인들은 1898년에 황국 중앙 총상회를 조직하여 상권 수호 운동을 전개하였어요.

상회사 설립	일반 상인들이 상회사 설립(대동 상회, 장통 회사)
방곡령 선포	• 배경 : 일본으로의 곡물 반출 증가, 흉년으로 곡물 가격 폭등 • 시행 : 조·일 통상 장정을 근거로 함경도와 황해도 등지의 지방관이 방곡령 선포(1889, 1890) → 일본이 조·일 통상 장정의 1개월 전 통지 규정 위반 등을 트집 잡아 방곡령 철회 및 피해 보상 요구 → 조선 정부가 방곡령 철회, 배상금 지불
이권 수호 운동	아관 파천 이후 열강의 이권 침탈 심화 → 독립 협회가 만민 공동회를 개최하여 러시아의 절영도 조차 요구 저지, 한·러 은행 폐쇄 등에 성공
상권 수호 운동	외국 상인의 상권 침탈로 피해가 커짐 → 상인들의 동맹 철시 투쟁, 시전 상인이 황국 중앙 총상회 조직(외국 상인의 불법적인 상업 활동을 중단시킬 것을 요구, 1898)
황무지 개간권 요구 반대	• 보안회 : 일본의 황무지 개간권 요구에 반대하는 운동 전개(1904) → 일본이 황무지 개간권 요구 철회 • 농광 회사 : 일부 관리와 실업가 중심으로 설립 → 황무지를 스스로 개간할 것을 주장
국채 보상 운동	• 배경 : 일본의 강요로 막대한 차관 도입 → 대한 제국의 경제적 예속 심화 • 전개 : 서상돈, 김광제 등의 주도로 대구에서 시작 → 서울에서 국채 보상 기성회 조직(1907), 전국적인 모금 운동 전개(금주, 금연 등으로 성금 마련), 대한매일신보와 황성신문 등 언론의 지지로 확산 • 결과 : 일제 통감부의 방해와 탄압으로 중단됨

2. 국채 보상 운동   정답 ⑤

대황제 폐하께서 외채 1,300만 원을 청산할 방법이 없어 걱정하고 있으니, 국민이 의연금을 내어 채무를 상환하고 채노에서 벗어나자는 내용을 통해 자료에 나타난 민족 운동이 국채 보상 운동임을 알 수 있어요. 1907년에 국민이 성금을 모아 일본에 진 국채를 갚아 경제적 예속에서 벗어나 국권을 회복하자는 국채 보상 운동이 대구에서 김광제, 서상돈 등의 발의로 시작되었어요. 국민들은 금주, 금연 등을 통해 성금을 모았으며 비녀와 반지 등을 내놓기도 하였어요. 국채 보상 운동은 ⑤ 대한매일신보, 황성신문 등 당시 언론이 적극적으로 참여하여 전국적으로 확산되었으나 통감부의 방해와 탄압으로 중단되었습니다.

오답 피하기
① 일제는 1925년에 사회주의 운동을 탄압하기 위한 치안 유지법을 제정하여 독립운동가를 탄압하는 데 이용하였어요.
② 1920년대에 백정들이 형평 운동을 전개하여 백정에 대한 사회적 차별 철폐를 요구하였어요.
③ 독립 협회는 모금 활동을 전개하여 1897년에 독립문을 건립하였어요.
④ 1920년대 초에 전개된 물산 장려 운동 당시 자작회, 토산 애용 부인회 등의 단체가 활동하였어요.

5일 7교시 **항일 의병 운동**   본문 91쪽

1 ⑤   2 ①

1. 포츠머스 조약 이후의 사실   정답 ⑤

러시아가 일본이 조선에서 갖고 있는 이익을 인정하고, 조선에 대한 일본의 내정 간섭을 방해하지 않을 것을 약속한다는 내용을 통해 자료는 윤치호가 러·일 전쟁의 강화 조약인 포츠머스 조약의 주요 내용을 짚고 그 의미를 정리한 글임을 알 수 있어요. 러·일 전쟁에서 승기를 잡은 일본은 미국의 중재로 1905년에 러시아와 포츠머스 조약을 체결하였어요. 이로써 일본은 미국, 러시아 등으로부터 대한 제국에 대한 우위를 인정받았어요. 이어 일본은 본격적

으로 대한 제국 침략에 나서서 을사늑약을 강제로 체결하여 대한 제국의 외교권을 빼앗았어요. 을사늑약 체결 소식이 알려지자 이에 대한 반대 투쟁이 다양하게 전개되었고 전국에서 항일 의병이 일어났지요. ⑤ 민종식이 이끄는 의병 부대가 충청남도의 홍주성을 점령하여 기세를 올렸으며, 최익현이 이끄는 부대가 정읍, 순창 일대를 장악하기도 하였어요.

오답 피하기
① 러·일 전쟁 중에 일제는 제1차 한·일 협약을 강요하여 대한 제국에 외국인 고문을 두도록 하였어요. 이에 따라 메가타가 대한 제국의 재정 고문으로, 미국인 스티븐스가 외교 고문으로 파견되었어요.
② 을미사변 후 1896년에 고종은 일본의 위협에서 벗어나기 위해 러시아 공사관으로 거처를 옮기는 아관 파천을 단행하였어요.
③ 1904년에 양기탁은 영국인 베델과 함께 대한매일신보를 창간하였어요.
④ 1898년에 독립 협회는 정부 대신과 일반 백성이 함께 참여한 관민 공동회를 개최하고 헌의 6조를 결의하였어요.

2. 안중근의 활동   정답 ①

이토 히로부미를 저격하였다는 내용을 통해 (가) 인물이 안중근임을 알 수 있어요. 안중근은 만주 하얼빈역에서 한국 침략의 원흉인 이토 히로부미를 저격하고 거사 직후 체포되어 뤼순 감옥에 갇혔어요. 안중근은 불공정한 재판 속에서도 자신은 독립 전쟁 과정에서 침략자를 처단한 것이니 전쟁 포로로 대우해 줄 것을 당당하게 요구하였어요. 또한, 감옥에 갇혀 있는 동안 대등한 위치에서의 한·중·일 상호 협력을 주장한 ① "동양 평화론" 집필에 온 힘을 기울였어요. 하지만 사형 집행이 앞당겨져 저술을 완성하지 못하였어요.

오답 피하기
② 장인환과 전명운은 미국의 샌프란시스코에서 일제의 한국 침략을 지지한 친일 미국인 스티븐스를 사살하였어요.
③ 나철, 오기호는 을사늑약 체결에 앞장섰던 이완용, 권중현 등 을사오적을 처단하기 위해 자신회를 조직하였어요.
④ 이재명은 명동 성당 앞에서 친일파 이완용을 습격하여 중상을 입혔어요.
⑤ 의열단 소속의 나석주는 조선 식산 은행과 동양 척식 주식회사에 폭탄을 투척하였어요.

>> 핵심 개념 **일제의 국권 침탈에 맞서 전개된 의거 활동**

국내 의거	나철, 오기호	을사오적 처단을 위해 활동, 자신회 조직(1907)
	이재명	명동 성당 앞에서 이완용 습격(1909)
국외 의거	전명운, 장인환	미국 샌프란시스코에서 친일 외교 고문이었던 스티븐스 저격(1908)
	안중근	하얼빈에서 한국 침략에 앞장섰던 초대 통감 이토 히로부미 사살(1909), "동양 평화론" 저술

1. 1910년대 일제 식민 통치 정답 ③

회사를 설립할 때 조선 총독의 허가를 받도록 하였다는 내용을 통해 밑줄 그은 '법령'이 회사령임을 알 수 있어요. 일제는 1910년에 민족 자본의 성장을 억제하고 한국인의 기업 활동을 제한하기 위해 회사령을 제정하였어요. 이후 제1차 세계 대전을 거치며 산업화가 진전되어 일본 내 자본 축적이 확대되자 한국으로 투자를 유도하기 위해 1920년에 회사령을 폐지하였어요. ③ 일제는 1910년대에 식민지 지배에 필요한 재정을 확보하기 위해 토지 조사 사업을 실시하였어요.

오답 피하기
① 일제는 1907년에 우리나라의 신문을 탄압·통제하기 위해 신문지법을 제정하였어요.
② 일제는 1925년에 만주 지역의 독립군을 탄압하기 위해 중국 군벌과 미쓰야 협정을 체결하였어요.
④ 일제는 1924년에 경성 제국 대학을 설립하여 한국인의 고등 교육에 대한 열망을 무마하려 하였어요.
⑤ 일제는 1941년에 독립운동을 탄압하기 위해 범죄를 일으킬 우려가 있다는 자의적인 판단만으로 사상범을 미리 체포하거나 구금할 수 있다는 내용을 담은 조선 사상범 예방 구금령을 시행하였어요.

>> 핵심 개념 1910년대 일제의 식민 정책

무단 통치	• 일본의 현역 육해군 대장 중에서 총독 임명(→ 입법·사법·행정권 및 군 통수권 장악), 중추원 설치(조선 총독의 직속 자문 기관, 친일적 한국인으로 구성) • 헌병 경찰 제도 시행 : 헌병이 경찰 업무 및 행정 업무까지 관여, 즉결 처분권 행사(범죄 즉결례, 1910) • 조선 태형령 시행(1912) : 한국인에게만 태형 적용 • 일반 관리와 교사에게도 제복과 칼 착용 강요, 한국인의 언론·출판·결사·집회의 자유 억압, 황성신문과 대한매일신보 등 한국인이 발간하는 신문 폐간 • 제1차 조선 교육령(1911) - 목적 : 우민화 교육으로 한국인을 식민 지배에 순응하게 함 - 내용 : 보통 교육과 실업 교육 위주로 편성, 보통학교 수업 연한을 4년으로 규정, 일어와 일본 역사 교육 강화
경제 수탈	• 토지 조사 사업(1910~1918) - 목적 : 식민 통치에 필요한 재정 확보 및 토지 수탈 - 내용 : 기간 안에 소유자가 직접 신고한 토지만 소유권 인정(신고주의 원칙), 국·공유지와 미신고 토지 등은 조선 총독부에 귀속 → 동양 척식 주식회사, 일본 회사, 일본인 지주에게 싼값에 넘김 - 영향 : 농민의 관습적 경작권 부정, 지주의 토지 소유권만 인정, 일본에서 한국으로의 농업 이민 증가, 만주·연해주 등지로 이주하는 농민 증가 • 회사령 제정(1910) : 회사 설립 시 조선 총독의 허가를 받도록 규정 → 민족 자본의 성장 억제, 한국인의 기업 설립 제한 • 어업령·삼림령(1911), 조선 광업령(1915) 등 공포

2. 3·1 운동 정답 ③

한국인들이 독립 선언을 하였으며 고종의 장례식이 계기가 되었다는 내용을 통해 자료에 나타난 민족 운동이 3·1 운동임을 알 수 있어요. 미국 대통령 윌슨의 민족 자결주의가 국내에 전해지고 국외에서 독립 선언이 이어지는 가운데 국내에서도 독립 선언의 움직임이 일어났어요. 그러던 중에 고종이 갑자기 승하하자 종교계 지도자와 학생 대표들이 모임을 갖고 고종의 장례식을 즈음하여 대대적인 만세 시위를 계획하였어요. 1919년 3월 1일, 민족 대표는 탑골 공원에 나아가 독립 선언서를 낭독하고 시위를 전개할 계획이었으나, 시위가

과격해질 것을 우려하여 태화관이라는 음식점에 모여 독립 선언서를 낭독하고 일제에 스스로 체포되었어요. 비슷한 시각 탑골 공원에 모여 있던 학생과 시민들은 민족 대표들이 나타나지 않자 독립 선언서를 가져와 낭독하고 만세 운동을 시작하였어요. ③ 광주 학생 항일 운동이 일어나자 신간회에서 진상 조사단을 파견하여 지원하였어요.

오답 피하기
① 3·1 운동은 중국의 5·4 운동, 인도의 비폭력·불복종 운동 등 외국의 민족 운동에 영향을 주었어요.
② 3·1 운동 이후 독립운동을 이끌어 갈 통일된 지도부의 필요성이 대두되어 상하이에서 대한민국 임시 정부가 수립되었어요.
④ 3·1 운동은 국외로도 확산되어 만주, 연해주 지역에서 만세 시위가 이어졌고, 미국의 필라델피아에서는 미주 지역 동포가 한인 자유 대회를 개최하기도 하였어요.
⑤ 일제가 경찰, 군대 등을 동원하여 총칼을 휘두르며 3·1 운동을 무력으로 진압하자 평화적 만세 시위는 점차 적극적인 무력 투쟁의 양상을 띠게 되었어요.

>> 핵심 개념 3·1 운동

배경	미국 대통령 윌슨의 민족 자결주의 주창, 신한 청년당이 파리 강화 회의에 김규식을 대표로 파견, 국외 독립 선언(만주의 대한 독립 선언, 일본 유학생의 2·8 독립 선언)
준비	천도교계(손병희), 기독교계(이승훈), 불교계(한용운)의 인사들, 학생 → 독립 선언서 작성, 민족 대표 구성
독립 선언	고종의 인산일에 맞추어 계획 → 민족 대표 33인이 태화관에서 독립 선언서 낭독, 학생과 시민이 탑골 공원에서 독립 선언식 거행 → 비폭력 만세 시위 전개
확산	• 학생 주도, 상인·노동자 참가, 농촌으로 확산, 해외에서도 만세 운동 전개 • 주요 도시에서 시위 시작, 농촌으로 확산되면서 점차 무력 투쟁 운동으로 변화
일제의 탄압	헌병 경찰과 군대 동원·발포, 무자비한 탄압(제암리·고주리 학살 사건 등) → 시위의 무력 투쟁화
영향	• 일제 식민 통치 방식의 전환(무단 통치 → '문화 통치'), 만주·연해주에서 무장 독립운동 활성화 • 독립운동을 이끌어 갈 통일된 지도부의 필요성 제기 → 대한민국 임시 정부 수립 • 중국의 5·4 운동, 인도의 비폭력·불복종 운동 등 외국의 민족 운동에 영향을 줌

1. 산미 증식 계획 정답 ⑤

이 계획 실시로 수리 조합비 부담이 커지고 소작농으로 전락한 농민이 생겼으며, 쌀이 없어 만주에서 들여온 잡곡만 먹고 있다는 내용을 통해 밑줄 그은 '이 계획'이 산미 증식 계획임을 알 수 있어요. ⑤ 일제는 자국의 식량 부족 문제를 해결하기 위해 1920년부터 한국에서 산미 증식 계획을 추진하였어요. 그 결과 쌀 생산량은 조금 늘어났지만 일본으로 더 많은 양의 쌀이 반출되어 한국의 식량 사정이 악화되었어요. 또한, 농민들은 수리 조합비, 종자 개량비, 비료 대금 등 쌀 증산 비용마저 떠안게 되어 생활이 더욱 어려워졌어요. 이에 소작농으로 전락한 농민들이 생겨났으며 화전민이 되거나 만주, 연해주 등지로 이주하는 농민도 늘어났어요.

오답 피하기
① 미국에서 귀국한 서재필은 1896년 독립신문 발간을 계기로 민중 계몽을 통한 근대화와 자주독립 수호를 위한 단체로 독립 협회를 조직하였어요.
② 1907년에 국민의 성금으로 일본에 진 국채를 갚아 경제적 예속에서 벗어나 국권을 회복하자는 국채 보상 운동이 대구에서 김광제, 서상돈 등의 발의로 시작되었어요.

③ 제1차 한·일 협약으로 대한 제국의 재정 고문으로 파견된 메가타가 화폐 정리 사업을 주도하였어요.
④ 일제는 1910년부터 1918년까지 식민 통치의 경제적 토대를 마련하기 위해 토지 조사 사업을 실시하였어요.

>> 핵심 개념 **1920년대 일제의 식민 정책**

	본질 : 친일파를 키워 우리 민족을 이간·분열시키려는 정책	
	정책	실상
'문화 통치'	문관도 총독 임명 가능	실제로 임명된 문관 총독 없음
	보통 경찰 제도로 전환	경찰 비용과 경찰 수 증가
	언론·출판·집회·결사의 자유를 일부 허용	일제가 인정하는 범위 내에서만 허용
	조선일보, 동아일보 발행 허용	검열, 기사 삭제, 정간 등 언론 탄압
	제2차 조선 교육령(1922) : 보통 학교의 수업 연한 연장(6년), 경성 제국 대학 설립	한국인 취학률 저조, 고등 교육 기회 제한, 민족 대학 설립 억제
경제 수탈	• 회사령 철폐(1920) : 회사 설립을 허가제에서 신고제로 변경 → 일본 기업과 자본의 한국 진출이 쉬워짐 • 산미 증식 계획(1920~1934) : 일본 내 쌀 부족 문제 해결을 위해 한반도에서의 쌀 생산량 증대 계획 추진 → 증산 목표에 미달하였으나 반출은 계획대로 추진 → 한국 내 식량 사정 악화, 농민의 생활고 심화 • 관세 철폐(1923) : 일본 상품의 유입 증가 → 한국인 기업이 타격을 입음	

2. 형평 운동
정답 ①

신분제가 폐지되었음에도 백정들이 끊임없이 차별받았으며, 저울처럼 평등한 세상을 만들기 위해 운동을 벌이고 있다는 내용을 통해 밑줄 그은 '운동'이 형평 운동임을 알 수 있어요. 1894년 갑오개혁 때 법적으로 신분제가 폐지되었지만 백정에 대한 차별은 여전히 남아 있었어요. 이들에 대한 사회적 편견과 차별은 일제 강점기에도 계속되었습니다. 이에 ① 백정들은 1923년에 경상남도 진주에서 조선 형평사를 조직하고 백정에 대한 사회적 차별 철폐를 주장하는 형평 운동을 전개하였어요.

오답 피하기
② 대한매일신보는 국채 보상 운동을 적극적으로 후원하여 국채 보상 운동이 전국으로 확산하는 데 기여하였어요.
③ 물산 장려 운동은 조만식 등의 주도로 평양에서 시작되어 전국적으로 확산되었어요.
④ 천도교계 민족주의 세력과 사회주의 세력, 그리고 학생들이 순종의 인산일을 기회로 삼아 6·10 만세 운동을 준비하였어요.
⑤ 1929년에 원산 인근의 라이징 선 석유 회사에서 일본인 감독관이 한국인 노동자를 구타한 사건이 발단이 되어 원산 총파업이 일어났어요.

>> 핵심 개념 **1920년대 대중 운동과 민족 문화 수호 운동**

소년 운동	방정환, 김기전 등이 중심이 된 천도교 소년회 주도 → '어린이' 용어 사용, 어린이날 제정, 잡지 "어린이" 발행
여성 운동	근우회 결성(1927, 신간회 자매단체) → 기관지 "근우" 발간
형평 운동	백정들이 진주에서 조선 형평사 결성(1923) → 백정에 대한 사회적 차별 철폐 주장
문예 운동	• 국어, 문학 : 조선어 연구회(한글 보급 노력, '가갸날' 제정, 잡지 "한글" 발행), 카프(KAPF) 문학(신경향파) • 영화 : 나운규 '아리랑' 제작

6일 3교시 1930년대 이후 식민 통치와 저항 **본문 101쪽**

1 ⑤   2 ②

1. 한국 독립군
정답 ⑤

대전자령 전투에 한·중 연합군으로 참가하여 일본군 습격을 준비하였다는 내용을 통해 (가) 부대가 한국 독립군임을 알 수 있어요. ⑤ 한국 독립군은 북만주 지역의 혁신 의회가 해체된 후 결성된 한국 독립당의 군사 조직이에요. 한국 독립군은 총사령관 지청천의 지휘 아래 항일 중국군과 함께 쌍성보 전투, 사도하자 전투, 대전자령 전투 등에서 한·중 연합 작전을 전개하여 일본군에 승리를 거두었어요.

오답 피하기
① 한국 광복군의 일부 대원은 영국군의 요청으로 인도·미얀마 전선에 투입되어 활동하였어요.
② 간도 참변 이후 만주 지역의 독립군 부대들은 밀산에 집결하여 조직을 정비하고 자유시로 이동하였어요.
③ 김원봉은 중국 국민당 정부의 지원을 받아 우한에서 조선 의용대를 결성하였어요. 조선 의용대는 중국 관내에서 결성된 최초의 한인 무장 부대였어요.
④ 김좌진이 이끄는 북로 군정서는 홍범도의 대한 독립군 등과 연합하여 청산리 일대에서 일본군을 크게 무찔렀어요.

>> 핵심 개념 **1930년대 한·중 연합 작전**

한국 독립군	• 북만주에서 혁신 의회가 해체된 후 결성된 한국 독립당의 군사 조직 • 지청천 지휘, 중국 호로군과 연합 → 쌍성보 전투, 사도하자 전투, 대전자령 전투 등에서 일본군 격퇴
조선 혁명군	• 남만주에서 국민부가 조선 혁명당을 결성하여 그 아래에 둔 군사 조직 • 양세봉 지휘, 중국 의용군과 연합 → 영릉가 전투, 흥경성 전투 등에서 일본군 격퇴

2. 조선 의용대
정답 ②

김원봉 등을 중심으로 창설되었으며 중국 관내에서 만들어진 최초의 한인 무장 부대라는 내용을 통해 (가)가 조선 의용대임을 알 수 있어요. 조선 의용대는 김원봉 등이 중국 국민당 정부의 지원을 받아 창설한 조선 민족 전선 연맹 산하의 군사 조직으로, 주로 일본군에 대한 심리전이나 후방 공작 활동 등으로 중국군을 지원하였어요. 이러한 가운데 조선 의용대의 다수 병력이 적극적인 항일 운동을 전개하기 위해 화북 지대로 이동하였어요. 이후 이들은 조선 의용군으로 재편되었어요. ② 화북 지역으로 이동하지 않은 김원봉과 조선 의용대의 일부 대원은 한국 광복군에 합류하였어요.

오답 피하기
① 만주 지역의 독립군 부대들이 1921년 자유시로 이동하였으나 자유시 참변으로 큰 타격을 입었어요.
③ 한국 독립군은 총사령관 지청천의 지휘 아래 중국 호로군과 연합 작전을 전개하여 쌍성보 전투, 대전자령 전투 등에서 일본군을 격퇴하였어요.
④ 1909년 미국에서 박용만의 주도로 독립군 양성을 위한 한인 소년병 학교가 설립되었어요.
⑤ 김좌진이 지휘한 북로 군정서는 홍범도의 대한 독립군 등과 연합하여 청산리 일대에서 일본군에 대승을 거두었어요.

>> 핵심 개념 **조선 의용대**

창설	• 조선 민족 전선 연맹의 군사 조직 • 중국 국민당 정부의 지원을 받아 김원봉 등이 우한에서 창설(1938) → 중국 국민당 정부의 지원 부대로서 정보 수집, 선전, 후방 교란 등의 임무 수행
분화	• 조선 의용대원 일부가 적극적인 항일 투쟁을 위해 화북 지역으로 이동하여 호가장 전투, 반소탕전 등에 참가 → 조선 독립 동맹의 조선 의용군으로 재편(옌안, 1942) • 김원봉 등이 이끈 일부 세력은 한국 광복군에 합류(1942)
의의	중국 관내에서 결성된 최초의 한인 무장 부대

1 ④   2 ④

1. 대한민국 정부 수립 과정   정답 ④

첫 번째 그림은 1946년에 있었던 이승만의 정읍 발언을 두고 나누는 대화 모습이고, 두 번째 그림은 제2차 미·소 공동 위원회 당시 미국과 소련의 의견 대립을 담은 모습이에요. 제1차 미·소 공동 위원회가 임시 민주 정부 수립을 위한 협의 대상을 선정하는 문제를 두고 미국과 소련이 대립하여 무기한 휴회되자 이승만은 정읍에서 남한만의 단독 정부를 수립하자는 발언을 하였어요. 이에 중도 성향의 ④ 여운형과 김규식 등이 미군정의 지원을 받아 좌우 합작 위원회를 조직하였어요. 좌우 합작 위원회는 좌우 합작 7원칙을 발표하고 통일 정부 수립을 위해 노력하였어요. 그러나 좌우익 인사들은 위원회의 의견을 외면하였어요. 결국 미군정이 지지를 철회하고 여운형이 암살되면서 좌우 합작 운동은 실패하였어요. 1947년에 제2차 미·소 공동 위원회가 개최되었으나 성과 없이 그해 10월에 종료되었어요.

오답 피하기

① 1948년에 제주 4·3 사건을 진압하기 위해 이승만 정부가 여수와 순천에 주둔한 군대에 출동 명령을 내렸지만 군대 내 일부 세력이 명령을 거부하고 무장봉기를 일으켰어요(여수·순천 10·19 사건).
② 1948년 1월에 유엔 총회의 결정에 따라 총선거의 공정한 감시를 위해 유엔 한국 임시 위원단이 서울에 도착하였어요.
③ 1945년 9월에 송진우, 김성수 등 우익 인사들이 한국 민주당을 창당하였어요.
⑤ 1945년 9월에 조선 건국 준비 위원회는 미군의 한반도 진주를 앞두고 미군정과 대등한 입장에서 교섭하기 위해 조선 인민 공화국의 수립을 선포하였어요.

≫ 핵심 개념 광복 후 정부 수립을 위한 노력

광복 직후 국내 정치 세력 동향	• 조선 건국 준비 위원회 : 조선 건국 동맹을 기반으로 조직, 여운형 등이 주도, 전국에 지부 설치, 치안대를 조직하여 치안과 질서 유지 • 우익 세력 : 김구 등 대한민국 임시 정부 인사들이 개인 자격으로 귀국, 한국 독립당을 중심으로 활동 • 좌익 세력 : 박헌영 등이 조선 공산당 재건, 소련군 점령 지역에서 인민 위원회 주도
모스크바 3국 외상 회의	• 결정 사항 : 한반도에 임시 민주 정부 수립, 미·소 공동 위원회 설치, 최대 5년간의 신탁 통치 실시 등 • 국내 반응 : 우익 세력은 반탁 운동 전개, 좌익 세력은 신탁 통치 반대 입장에서 모스크바 3국 외상 회의 결정 사항에 대한 총체적 지지로 선회 • 영향 : 좌우익 세력의 대립 격화
좌우 합작 운동	• 배경 : 미·소 대립과 좌우익의 갈등으로 제1차 미·소 공동 위원회가 무기 휴회됨, 이승만의 정읍 발언(남한만의 단독 정부 수립 주장) • 주도 세력 : 여운형과 김규식 등 중도 세력이 주도, 미군정의 지원 → 좌우 합작 위원회 조직 • 결과 : 좌우 합작 7원칙 발표 → 좌우익 세력 모두가 외면, 여운형 암살 등으로 실패
유엔의 단독 선거 결정	제2차 미·소 공동 위원회 결렬 → 미국이 한반도 문제를 유엔에 상정 → 유엔 총회에서 인구 비례에 따른 남북한 총선거 실시 의결, 유엔 한국 임시 위원단 파견 → 소련이 유엔 한국 임시 위원단의 입북 거부 → 유엔 소총회에서 선거가 가능한 지역에서만 총선거 실시 결정
남북 협상	• 김구와 김규식의 방북 : 남북 협상을 통한 통일 정부 수립 노력 • 공동 선언문 채택 : 남한 단독 선거 반대, 임시 정부 수립 이후 남북 총선거를 거쳐 통일 정부 수립, 외국 군대의 즉시 철수 요구 등 • 결과 : 성과를 거두지 못함(남과 북에 두 개의 정부 수립) → 통일 정부 수립 좌절
5·10 총선거	38도선 이남 지역에서만 실시, 우리나라 최초의 보통 선거, 민주적 총선거로 제헌 국회 구성(→ 제헌 헌법 제정), 김구와 김규식 등의 남북 협상파와 좌익 세력 불참

2. 6·25 전쟁   정답 ④

1950년 6월 25일에 북한의 기습 남침으로 6·25 전쟁이 발발하였어요. 북한의 남침을 침략 행위로 규정한 유엔 안전 보장 이사회에서 유엔군을 파병하였고, 낙동강 지역까지 밀렸던 국군과 유엔군은 반격을 시도하였어요. ④ 1950년 9월 15일에 국군과 유엔군은 인천 상륙 작전을 전개하여 서울을 수복하는 데 성공하고, 여세를 몰아 38도선을 돌파하여 압록강 일대까지 진격하였어요.

오답 피하기

① 1953년 6·25 전쟁의 정전 회담이 진행되는 가운데 이승만 정부가 반공 포로를 일방적으로 석방하였어요.
② 이승만 정부의 반공 포로 석방으로 정전 회담이 결렬 위기에 놓이자 미국은 한국에 한·미 상호 방위 조약의 체결을 약속하고 1953년 7월에 정전 협정을 조인하였어요. 한·미 상호 방위 조약은 6·25 전쟁이 끝난 후 1953년 10월에 체결되었어요.
③ 중국군이 6·25 전쟁에 개입하면서 국군과 유엔군이 북한 지역에서 밀려나 1950년 12월에 흥남 철수 작전이 전개되었어요.
⑤ 6·25 전쟁 중인 1952년 7월 임시 수도인 부산에 비상계엄이 선포된 가운데 대통령 직선제를 주요 내용으로 하는 발췌 개헌안이 통과되었어요.

≫ 핵심 개념 6·25 전쟁

배경	미군과 소련군이 한반도에서 철수, 중국의 공산화, 남북한의 대립과 군사적 충돌, 미국의 애치슨 선언 발표
전개	북한군의 기습 남침(1950. 6. 25.) → 북한군이 3일 만에 서울 점령 → 유엔군의 참전, 낙동강 방어선 구축, 다부동 전투 → 국군과 유엔군의 인천 상륙 작전(1950. 9. 15.) → 서울 탈환, 38도선 돌파 → 평양 점령, 압록강 일대까지 진격 → 중국군 참전 → 국군과 유엔군 후퇴, 흥남 철수 작전(1950. 12.) → 서울 함락(1·4 후퇴, 1951), 국민 방위군 사건 발생 → 70여 일 만에 서울 재탈환 → 38도선 부근에서 전선 교착, 공방전 치열, 정전 회담 진행(포로 교환 방식 등을 둘러싸고 갈등) → 이승만 정부가 포로수용소에 있던 반공 포로 석방(1953. 6.) → 판문점에서 정전 협정 체결(1953. 7. 27.)

1 ④   2 ②

1. 3선 개헌과 유신 헌법   정답 ④

(가)는 대통령을 직선제로 선출하며 3기에 한하여 계속 재임할 수 있다고 규정한 것으로 보아 1969년에 이루어진 이른바 3선 개헌임을 알 수 있어요. 박정희 정부는 국가 안보 강화와 지속적인 경제 발전을 명분으로 내세워 대통령의 3회 연임을 허용하는 내용의 3선 개헌안을 국회에서 통과시켰어요. (나)는 통일 주체 국민 회의에서 토론 없이 무기명으로 대통령을 선출하며, 대통령에게 국회 해산권을 허용한 것으로 보아 1972년에 제정된 유신 헌법임을 알 수 있어요. 유신 헌법에 따라 대통령은 긴급 조치권과 국회 해산권 등을 행사할 수 있었어요. ④ 남북한은 1972년에 7·4 남북 공동 성명을 서울과 평양에서 동시에 발표하였어요. 7·4 남북 공동 성명은 남북한 독재 체제 강화에 이용되어 이후 남한에 유신 체제가, 북한에 김일성 유일 체제가 확립되었어요.

오답 피하기

① 김영삼 정부는 1995년에 지방 자치제를 전면 시행하여 주민이 지방 자치 단체장을 직접 선출하게 하였어요.
② 이승만 정부 시기인 1948년에 제주 4·3 사건을 진압하기 위해 이승만 정부가 여수와 순천에 주둔한 군대에 출동 명령을 내리자 군대 내 일부 세력이 명령을 거부하고 무장봉기한 여수·순천 10·19 사건이 일어났어요.
③ 박정희를 비롯한 일부 군인들이 1961년에 5·16 군사 정변을 일으켜 정권을 장악하였어요.
⑤ 박정희 정부의 굴욕적인 한·일 국교 정상화에 반대하여 1964년에 6·3 시위가 일어났어요.

2. 박정희 정부 시기의 경제 상황 정답 ②

YH 무역 여성 노동자들이 신민당 당사에서 농성 시위를 벌이다 경찰에 의해 강제 해산되었다는 내용을 통해 제시된 사건이 박정희 정부 시기에 있었던 YH 무역 사건임을 알 수 있어요. 따라서 박정희 정부 시기의 경제 상황을 찾으면 됩니다. ② 박정희 정부 시기인 1977년에 처음으로 연간 수출액 100억 달러가 달성되었어요.

오답 피하기
① 김영삼 정부 시기에 금융 거래의 투명성을 확보하고자 대통령 긴급 명령으로 금융 실명제가 실시되었어요.
③ 김대중 정부 시기에 남북한이 합의한 개성 공단 건설 사업이 노무현 정부 시기에 실현되어 이를 통해 남북 간 경제 교류가 이루어졌어요.
④ 칠레와의 자유 무역 협정(FTA)은 2003년 김대중 정부 시기에 정식 서명이 이루어졌고, 노무현 정부 시기인 2004년에 국회에서 비준되었어요.
⑤ 전두환 정부 시기에 저금리, 저유가, 저달러의 3저 호황으로 물가가 안정되고 수출이 증가하였어요.

▶▶ 핵심 개념 박정희 정부 시기의 경제

경제 개발 5개년 계획	• 제1, 2차 경제 개발 5개년 계획(1962~1971) : 경공업 중심의 경제 발전 추진 • 제3, 4차 경제 개발 5개년 계획(1972~1981) : 중화학 공업 중심의 경제 발전 추진, 수출액 100억 달러 달성(1977)
1960년대	• 수출 주도 성장 : 외국의 자본·기술과 국내의 값싼 노동력 결합 • 노동 집약적 경공업 육성 : 의류, 신발, 합판 등
1970년대	• 중화학 공업 육성 → 1970년대 말 중화학 공업 비중이 경공업을 앞지름 • 경부 고속 국도 개통(1970), 경상도 해안 지역에 대규모 공업 단지 조성 (포항 제철 준공 등) • 8·3 긴급 금융 조치(1972) : 사채 동결 등의 특혜를 기업에 제공 • 제1차 석유 파동(1973) : 4차 중동 전쟁으로 유가 폭등 → 서아시아(중동) 산유국들의 건설 투자 확대로 우리 기업이 건설 사업에 진출 → 오일 달러를 벌어들여 경제 위기 극복 • 제2차 석유 파동(1978) : 심각한 경제적 타격을 입음

7일 3교시 전두환 정부 ~ 김대중 정부   본문 111쪽

1 ⑤   2 ①

---

1. 5·18 민주화 운동   정답 ⑤

광주에 공수 부대를 투입하여 시민과 학생을 무차별 살육하였다는 내용을 통해 자료에 나타난 민주화 운동이 5·18 민주화 운동임을 알 수 있어요. 1980년에 광주에서 일어난 5·18 민주화 운동은 전두환 등 신군부의 불법적 정권 탈취와 비상계엄 확대에 대한 저항이었어요. 당시 시위에 나선 광주의 학생과 시민들은 계엄 철폐와 신군부 퇴진을 요구하였어요. 신군부가 공수 부대, 계엄군을 앞세워 시위대를 무력 진압하자 광주의 학생과 시민들은 자발적으로 시민군을 조직하여 대항하기도 하였어요. 하지만 탱크와 헬기까지 동원한 계엄군의 무자비한 진압에 수많은 광주의 시민들이 희생되었습니다. ⑤ 국가 폭력에 대한 저항이었던 5·18 민주화 운동의 관련 기록물은 그 의미와 가치를 인정받아 2011년에 유네스코 세계 기록 유산으로 등재되었어요.

오답 피하기
① 4·19 혁명으로 이승만이 대통령직에서 물러나고 허정 과도 정부가 출범하였어요.
② 박정희 정부가 추진한 굴욕적인 한·일 국교 정상화에 반대하여 6·3 시위가 일어났어요.
③ 6월 민주 항쟁 당시 시민들은 '호헌 철폐', '독재 타도' 등의 구호를 외치며 시위에 참여하였어요.
④ 4·19 혁명은 3·15 부정 선거에 대한 항의 시위에서 시작되었어요.

▶▶ 핵심 개념 5·18 민주화 운동

배경	12·12 사태(신군부 세력의 정권 장악, 1979), '서울의 봄'(유신 철폐, 신군부 퇴진, 계엄 철폐 요구)
과정	민주화 시위가 전국으로 확산 → 신군부가 비상계엄을 전국으로 확대 → 광주에서 비상계엄 철폐, 신군부 퇴진을 요구하는 대규모 시위 발생 → 신군부가 공수 부대를 동원하여 광주의 민주화 시위 과잉 진압(1980. 5. 18.) → 광주 시민의 시위 확대 → 계엄군의 발포 → 시민군 조직·저항 → 시민군의 평화 협상 요구 → 계엄군의 무력 진압
의의	1980년대 이후 민주화 운동의 토대가 됨, 관련 기록물이 유네스코 세계 기록 유산으로 등재됨

---

2. 김대중 정부의 통일 노력 정답 ①

김정일 국방 위원장과 분단 55년 만에 처음으로 정상 회담을 가졌다는 내용을 통해 김대중 정부 시기에 있었던 대통령 연설임을 알 수 있어요. 김대중 정부는 '햇볕 정책'이라고도 불린 대북 화해 협력 정책을 추진하여 남북 간 화해 분위기를 조성하였어요. 그리고 분단 이후 최초로 남북 정상 회담을 개최하고 6·15 남북 공동 선언을 채택하였어요. ① 김대중 정부는 6·15 남북 공동 선언에 따라 남북 교류 협력을 위한 개성 공업 지구 조성에 합의하였어요.

오답 피하기
② 박정희 정부는 1973년에 조국의 평화 통일 및 개방·선린 외교를 표방한 6·23 특별 성명을 발표하였어요.
③ 노태우 정부는 북한과 유엔에 동시 가입하고, 남북 사이의 화해와 불가침 및 교류·협력에 관한 합의서(남북 기본 합의서)를 채택하였어요.
④ 노무현 정부는 제2차 남북 정상 회담을 개최하고 남북 관계 발전과 평화 번영을 위한 10·4 남북 정상 선언에 서명하였어요.
⑤ 박정희 정부는 7·4 남북 공동 성명을 발표하고 합의 사항을 이행하기 위한 기구로 남북 조절 위원회를 구성하였어요.

▶▶ 핵심 개념 각 정부의 통일을 위한 노력

박정희 정부	• 남북 적십자 회담(1971) : 이산가족 상봉을 위한 회담 진행 • 7·4 남북 공동 성명 발표(1972) – 통일의 3대 원칙 합의(자주, 평화, 민족 대단결), 합의 이행을 위한 남북 조절 위원회 설치 – 남북한 독재 체제 강화에 이용됨 → 남한에 유신 체제, 북한에 김일성 유일 체제 확립
전두환 정부	• 민족 화합 민주 통일 방안 제시(1982) • 이산가족 고향 방문단의 서울과 평양 방문 → 남북한 이산가족 최초 상봉
노태우 정부	• 7·7 선언(민족자존과 통일 번영을 위한 특별 선언) 발표(1988) : 북한을 비롯한 중국, 소련 등 사회주의 국가에 대한 개방 정책 표명 • 북방 외교 추진 : 사회주의 국가와 적극 교류 → 소련·중국과 수교 • 남북한 유엔 동시 가입(1991) • 남북 기본 합의서 채택(1991) : 남북한 정부 간에 이루어진 최초의 공식 합의서 → 남북한 상호 체제 인정, 상호 불가침 합의 • 한반도 비핵화 공동 선언 발표
김영삼 정부	민족 공동체 통일 방안 제시
김대중 정부	• 대북 화해 협력 정책('햇볕 정책') 추진 → 기업인 정주영의 소 떼 방북, 금강산 해로 관광 시작 • 최초의 남북 정상 회담 개최, 6·15 남북 공동 선언 발표(2000) → 경의선·동해선 연결과 개성 공단 조성에 합의, 이산가족 방문과 서신 교환, 금강산 육로 관광 추진
노무현 정부	제2차 남북 정상 회담 개최(2007), 10·4 남북 정상 선언 발표, 개성 공단 건설 실현, 금강산 육로 관광 시작
문재인 정부	판문점에서 남북 정상 회담 개최(2018) → '한반도의 평화와 번영, 통일을 위한 판문점 선언' 채택

1 ③　　2 ④　　3 ④　　4 ②

1. 삼짇날 　　　　　　　　　　　　　　　　　정답 ③

강남 갔던 제비가 돌아오는 봄의 시작을 알리는 날이며, 음력 3월 3일이라는 내용을 통해 자료의 세시 풍속이 삼짇날임을 알 수 있어요. ③ 삼짇날은 음력 3월 3일이며, 이날에는 활쏘기 대회, 화전놀이, 각시놀음 등을 하였고, 진달래화전, 쑥떡 등을 만들어 먹었어요.

오답 피하기
① 칠석날은 음력 7월 7일이며, 견우와 직녀가 오작교에서 만나는 날이라는 전설이 있어요.
② 한식은 동지에서 105일째 되는 날이며, 이날에는 불을 멀리하고 찬 음식을 먹었어요. 또한, 손이 없는 날이라고 하여 이장을 하거나 산소에 잔디를 새로 입히는 개사초를 하기도 하였어요.
④ 동지는 양력 12월 22일경으로, 일 년 중 밤이 가장 긴 날이에요. 이날에는 팥죽과 동치미를 먹었어요.
⑤ 단오는 음력 5월 5일이며, 이날에는 창포물에 머리를 감고 그네뛰기, 씨름, 석전 등의 놀이를 하였어요.

2. 단오 　　　　　　　　　　　　　　　　　　정답 ④

음력 5월 5일로 수릿날이라고도 하며, 관련 풍습으로 창포물에 머리 감기 등이 있다는 내용을 통해 (가)에 들어갈 세시 풍속이 ④ 단오임을 알 수 있어요. 단오는 수릿날 또는 천중절이라고도 불립니다. 단옷날에는 창포물에 머리 감기를 하고, 수리취떡, 쑥떡, 앵두화채 등을 먹었으며, 그네뛰기와 씨름, 석전 등의 놀이를 즐겼습니다.

오답 피하기
① 한식은 동지에서 105일째 되는 날로, 이날에는 성묘를 하였으며 불을 사용하지 않고 찬 음식을 먹었어요.
② 백중은 음력 7월 15일로 김매기가 끝난 후 여름철 휴한기에 휴식을 취하는 날이었으며, 머슴날이라고도 했어요.
③ 추석은 음력 8월 15일로 한가위 또는 중추절이라고도 해요. 추석에는 풍성한 수확에 감사하며 조상에게 차례를 지내고 성묘를 하였어요. 또한, 강강술래, 줄다리기, 씨름 등을 하였으며 송편, 토란국 등을 먹었어요.
⑤ 정월 대보름은 음력 1월 15일로 부럼 깨기, 달맞이, 쥐불놀이 등을 하고, 오곡밥, 귀밝이술, 부럼 등을 먹었어요.

3. 유두 　　　　　　　　　　　　　　　　　　정답 ④

음력 6월 보름날(15일)이며, 동쪽으로 흐르는 물에 머리를 감는 풍습이 있고 탁족을 하고 수단을 만들어 먹는 것으로 보아 (가)에 들어갈 세시 풍속이 ④ 유두임을 알 수 있어요. 유둣날에는 햇과일과 햇곡식을 몇 가지 음식과 함께 조상에게 올리는 유두천신을 지내기도 하였어요.

오답 피하기
① 동지는 양력 12월 22일경으로 일 년 중 밤이 가장 긴 날이며, 팥죽과 동치미 등을 먹었어요.
② 한식은 동지에서 105일째 되는 날이며, 이날에는 불을 사용하지 않고 찬 음식을 먹었어요.
③ 칠석은 음력 7월 7일로 견우와 직녀가 만나는 날이라 전해지며, 햇볕에 옷과 서적을 말리는 풍속이 있었어요.
⑤ 삼짇날은 음력 3월 3일로, '강남 갔던 제비가 오는 날'이라고도 합니다. 진달래화채, 진달래화전 등을 먹었어요.

4. 칠석 　　　　　　　　　　　　　　　　　　정답 ②

'견우와 직녀가 오작교에서 만난다는 전설', '음력 7월 7일' 등의 내용을 통해 밑줄 그은 '이날'이 칠석임을 알 수 있어요. 칠석에는 옥황상제의 노여움을

사 떨어져 살게 된 견우와 직녀 부부가 까마귀와 까치들이 놓은 오작교에서 한 해에 한 번씩 만난다는 이야기가 전해집니다. ② 칠석은 음력 7월 7일이며, 이날에는 각 가정에서 여성들이 바느질 솜씨가 좋아지기를 비는 풍속이 있었어요. 또 옷과 책을 햇볕에 말리는 풍속도 있었어요.

오답 피하기
① 단오는 음력 5월 5일이며, 이날에는 창포물에 머리를 감고 그네뛰기, 씨름, 석전 등의 놀이를 하였어요.
③ 백중은 음력 7월 15일로, 김매기가 끝난 후 여름철 휴한기에 휴식을 취하는 날이었으며, 머슴날이라고도 했어요.
④ 동지는 양력 12월 22일경으로, 1년 중 밤이 가장 긴 날이에요. 이날에는 팥죽과 동치미를 먹었어요.
⑤ 한식은 동지에서 105일째 되는 날로, 이날에는 성묘를 하였으며 불을 사용하지 않고 찬 음식을 먹었어요.

1 ⑤　　2 ③　　3 ⑤　　4 ⑤

1. 창덕궁 　　　　　　　　　　　　　　　　　정답 ⑤

유네스코 세계 유산으로 등재된 조선의 궁궐이며, 돈화문과 인정전이 있는 것으로 보아 (가) 궁궐이 창덕궁임을 알 수 있어요. 주변 경관과 어우러지게 건축된 창덕궁은 1997년에 유네스코 세계 유산으로 등재되었어요. 돈화문은 창덕궁의 정문이며, 인정전은 창덕궁의 정전이에요. ⑤ 조선 태종은 개경에서 한양으로 다시 도읍을 옮기면서 기존에 있던 경복궁은 그대로 두고 창덕궁을 새로 건립하였어요.

오답 피하기
① 일제는 창경궁에 동물원과 식물원을 설치하는 등 창경궁을 훼손하고, 이름마저 창경원으로 격하시켰어요.
② 도성의 서쪽에 있어 서궐이라고 불린 궁궐은 경희궁이에요. 창덕궁은 창경궁과 함께 동궐이라고 불렸어요.
③ 광해군은 선조의 계비인 인목 대비를 경운궁에 유폐하였어요. 경운궁은 지금의 덕수궁이에요.
④ 정도전은 경복궁의 명칭과 주요 전각의 이름을 정하였어요.

2. 직지심체요절 　　　　　　　　　　　　　　정답 ③

청주 흥덕사에서 금속 활자로 간행되었고, 박병선 박사가 프랑스 국립 도서관에서 발견하였다는 내용을 통해 (가)는 "직지심체요절"임을 알 수 있어요. "직지심체요절"은 현존하는 세계에서 가장 오래된 금속 활자본으로 알려져 있으며, 현재 프랑스 국립 도서관에 보관되어 있어요. ③ "직지심체요절"은 2001년에 유네스코 세계 기록 유산으로 등재되었어요.

오답 피하기
① 조선 시대에 이황은 군주의 도를 도식으로 설명한 "성학십도"를 저술하였어요.
② 신라 촌락 문서(민정 문서)는 각 촌락의 인구수, 토지 종류와 면적, 소와 말의 수, 수목의 종류와 수 등을 조사하여 3년에 한 번씩 촌주가 기록한 문서입니다. 신라 촌락 문서는 세금 수취의 자료로 활용되었어요.
④ 거란이 침략하였을 때 고려는 부처의 힘을 빌려 외적의 침입을 물리치기 위해 초조대장경을 제작하였어요.
⑤ 조선 세종 때 중국과 우리나라의 서적에서 모범이 될 만한 충신, 효자, 열녀의 이야기를 뽑아 실은 "삼강행실도"가 간행되었어요.

3. 백제 역사 유적 　　　　　　　　　　　　　정답 ⑤

⑤ 익산 미륵사지 석탑의 해체 과정에서 금제 사리봉영기가 발견되었어요. 이를 통해 미륵사의 창건 목적과 창건 연대, 창건 주체에 대해 알게 되었어요.

① 백제 금동 대향로는 부여 능산리 고분군에서 발견되었어요. 송산리 고분군은 공주에 위치한 백제의 고분군으로 무령왕릉이 위치한 곳이에요.

② 온조왕이 나라를 세우고 왕성으로 삼은 곳은 한강 유역의 위례성이에요. 공산성은 백제가 웅진(지금의 공주)으로 천도한 후 도읍을 방어하기 위해 쌓은 산성이에요.

③ 천정대는 부여군 규암면 호암리에 있는 암반으로, 이곳에서 정치를 의논하고 재상을 선출하였다고 합니다. 관북리 유적은 백제의 마지막 도성인 사비(지금의 부여)의 왕궁지로 추정되는 곳이며, 부소산성은 백제가 사비로 천도한 후에 수도 방어를 위해 쌓은 산성이에요.

④ 무령왕과 왕비의 무덤은 공주 송산리 고분군에서 발굴되었어요. 능산리 고분군은 백제의 돌방무덤이 발굴된 곳으로, 모두 7기의 무덤이 있으며 왕릉으로 전해지고 있어요.

4. 의궤　　　　　　　　　　　　　　　　　　　　정답 ⑤

조선 시대 왕실이나 국가의 큰 행사가 있을 때 일체의 관련 사실을 글과 그림으로 기록한 (가) 문화유산은 "의궤"입니다. 2007년에 유네스코 세계 기록 유산으로 등재된 조선 왕조의 "의궤"는 왕실이나 국가의 큰 행사에 관해 후세가 참고할 수 있도록 만든 기록이에요. ㄷ. "의궤"는 왕의 열람을 위해 고급 재료를 이용해서 화려하게 만든 어람용이 따로 제작되었어요. ㄹ. 병인양요 때 프랑스군이 퇴각하면서 외규장각에 보관되어 있던 "의궤"와 여러 도서를 약탈해 갔어요.

ㄱ. "조선왕조실록"은 춘추관에 설치된 실록청에서 사초와 시정기 등을 바탕으로 편찬되었어요.

ㄴ. 편년체는 연대순으로 역사를 기술하는 방식으로, "조선왕조실록"이 편년체로 구성된 대표적인 역사서입니다.

주제 특강 ③ 지역사　　　　　　　　　　　　본문 123쪽

1 ④　　2 ③　　3 ②　　4 ④

1. 개성의 역사　　　　　　　　　　　　　　　정답 ④

송악, 개주라고 불린 도시는 개성이에요. 개성(개경)은 고려가 몽골의 침입을 받아 강화도로 도읍을 옮겼던 시기를 제외하고는 고려가 멸망할 때까지 고려 왕조의 수도로서 정치, 경제, 문화의 중심지 역할을 하였어요. 고려를 건국한 태조가 철원에서 송악으로 도읍을 옮겨 개주라고 칭하였으며, 후에 개경으로 명칭이 바뀌었어요. ④ 일제 강점기에 고무 공장 노동자 강주룡은 회사의 임금 삭감 결정에 반발하여 평양 을밀대 지붕 위에서 고공 농성을 하였어요.

① 고려 태조 왕건은 자신의 세력 근거지인 개성(개경)을 도읍으로 삼았어요.

② 개성 경천사에 원의 영향을 받아 축조된 경천사지 10층 석탑이 있었어요. 경천사지 10층 석탑은 대한 제국 시기에 일본으로 불법 반출되었다가 반환되어 경복궁에 자리 잡았다가 현재는 국립 중앙 박물관 내부에 전시되어 있어요.

③ 조선 후기에 송상은 개성을 근거지로 삼아 활동하였으며, 전국에 송방이라는 지점을 설치하기도 하였어요.

⑤ 개성은 광복 이후 북위 38도선을 기준으로 남북 지역으로 나뉠 때 남한에 속하여 개성시로 편성되었으나, 6·25 전쟁이 일어나고 정전 협정이 체결되면서 북한 지역이 되었어요.

2. 전주의 역사　　　　　　　　　　　　　　　정답 ③

태조 이성계의 어진을 봉안하고 제사하는 경기전, 후백제의 왕성으로 알려진 동고산성이 있다는 내용을 통해 자료의 지역이 전주임을 알 수 있어요. 견훤은 완산주(지금의 전주)에 도읍을 정하고 후백제를 건국하였어요. 전주에는

조선 시대 전라도 관찰사가 거처한 전라 감영이 있었어요. ③ 동학 농민군이 관군에 승리하며 전주성까지 점령하자 조선 정부는 농민군과 전주 화약을 체결하였어요.

① 조선 후기에 유형원은 부안에서 통치 제도에 대한 개혁안을 중심으로 쓴 "반계수록"을 저술하였어요.

② 후백제의 견훤은 왕위 계승에 불만을 품은 큰아들 신검에 의해 김제 금산사에 유폐되었어요.

④ 조선 중종 때 조광조는 기묘사화로 능주(지금의 화순)에 유배되고 그곳에서 사사되었어요.

⑤ 임병찬은 을사늑약이 체결되자 최익현과 함께 태인(지금의 정읍)의 무성 서원에서 의병을 일으켰어요.

3. 공주의 역사　　　　　　　　　　　　　　　정답 ②

고구려 장수왕은 수도를 국내성에서 평양으로 옮기고 남진 정책을 본격적으로 추진하였어요. 475년에 장수왕은 백제를 공격하여 한성을 함락하고 개로왕을 전사시켰어요. 개로왕에 이어 즉위한 문주왕은 위기를 수습하기 위해 웅진(지금의 공주)으로 도읍을 옮겼어요. ② 무령왕은 웅진이 도읍이던 시기에 왕위에 올랐으며 중국 남조의 양과 활발히 교류하였어요. 무령왕과 왕비의 무덤은 충청남도 공주에 있으며, 중국 남조의 영향을 받아 벽돌무덤으로 축조되었어요.

① 무왕은 지금의 전라북도 익산 지역인 금마저에 미륵사를 창건하였어요.

③ 성왕은 신라 진흥왕과 손을 잡고 고구려를 공격해 한강 하류 지역을 되찾았으나, 곧이어 진흥왕의 공격을 받아 한강 유역을 다시 빼앗겼어요. 분노한 성왕은 신라 공격에 나섰다가 지금의 충청북도 옥천 지역인 관산성 전투에서 전사하였어요.

④ 윤충은 의자왕의 명을 받아 지금의 경상남도 합천 지역에 있던 신라의 대야성을 공격하여 함락시켰어요.

⑤ 나·당 연합군이 백제를 공격하자 계백이 이끄는 5천 명의 결사대가 지금의 충청남도 논산 지역인 황산벌에서 김유신이 이끄는 신라군에 맞서 싸웠으나 패배하였어요 (황산벌 전투).

4. 제주도의 역사　　　　　　　　　　　　　　정답 ④

항파두리 항몽 유적지가 있고, 일제가 주민을 강제 동원하여 건설한 군사 시설인 알뜨르 비행장과 송악산 해안 동굴 진지가 있는 (가) 지역은 제주도입니다. ④ 1948년에 제주도에서 5·10 총선거를 앞두고 도내 좌익 세력과 일부 주민이 단독 정부 수립에 반대하여 무장봉기를 일으켰어요. 미군정은 군대와 경찰, 우익 단체를 동원하여 이들을 탄압하였고, 이후 이승만 정부가 봉기 세력을 무차별적으로 진압하였어요. 이 과정에서 많은 제주도민이 희생되었는데, 이를 제주 4·3 사건이라고 합니다.

① 정약전은 흑산도에서 유배 생활을 하면서 인근의 해양 동식물을 조사하여 명칭·형태·습성 등을 정리한 "자산어보"를 저술하였어요.

② 병인양요 때 프랑스군이 강화도에서 퇴각하면서 외규장각의 도서를 약탈해 갔어요.

③ 전라남도 목포 인근의 암태도 농민들이 고율의 소작료를 요구하는 지주 문재철에 맞서 소작 쟁의를 벌였어요.

⑤ 러시아가 저탄소(석탄 저장고) 설치를 위해 절영도(지금의 부산 영도) 조차를 요구하였으나 독립 협회가 반대 운동을 전개하여 저지하였어요.

주제 특강 ④ 문화재　　　　　　　　　　　　본문 131쪽

1 ③　　2 ④　　3 ①　　4 ⑤

1. 백제의 문화유산

충남 공주와 부여, 전북 익산에 백제와 관련된 문화유산이 많이 남아 있어요. 공주와 부여는 백제의 수도였고, 익산은 무왕이 천도를 준비하였던 곳이에요. ③ 백제 성왕은 554년에 지금의 충청북도 옥천에 있었던 관산성에서 신라군과 싸우다 전사하였어요. 부소산성은 백제의 수도였던 사비(지금의 부여) 방어를 위해 축조된 산성이에요.

오답 피하기
① 공산성은 백제의 두 번째 수도인 웅진(지금의 공주)을 방어하기 위해 축조된 산성이에요. 백제 시대에는 웅진성으로 불렸다가 고려 시대부터 공산성이라고 불렸어요.
② 무령왕릉은 중국 남조의 영향을 받아 벽돌무덤으로 조성되었어요.
④ 능산리 고분군(부여 왕릉원)은 부여에 있는 백제의 무덤군으로 모두 7기의 무덤이 있어요. 이 가운데 제1호 고분에서 사신도 벽화가 발견되었어요.
⑤ 왕궁리 유적은 익산에 있는 백제의 궁궐터로, 백제 무왕 때 조성된 것으로 추정됩니다. 이곳에서 왕의 거처와 중앙 행정 기구가 있는 곳을 뜻하는 '수부(首府)'라는 글자가 새겨진 기와가 출토되었어요.

2. 경복궁

임진왜란으로 소실된 후 흥선 대원군이 중건할 때까지 폐허로 남아 있었으며, 일제가 총독부 건물을 세워 근정전을 가로막다는 내용을 통해 (가) 궁궐이 경복궁임을 알 수 있어요. 경복궁은 임진왜란 때 불타 버린 뒤 오랫동안 방치되어 있다가 고종 때 흥선 대원군의 주도로 중건되었어요. 일제 강점기에 일제가 경복궁 근정전 앞에 조선 총독부 건물을 세우면서 궁궐이 훼손되기도 하였어요. ④ 일제는 1915년에 경복궁의 일부 건물을 헐어 내고 전국의 물품을 수집·전시한 박람회인 조선 물산 공진회를 개최하였어요.

오답 피하기
① 일제는 창경궁을 훼손하고 동물원과 식물원 등을 설치하였어요. 또한, 궁궐의 이름도 창경궁에서 창경원으로 격하시켰어요.
② 1946년 3월, 덕수궁 석조전에서 제1차 미·소 공동 위원회가 개최되었어요.
③ 경희궁은 도성 내 서쪽에 있어 서궐이라 불렸어요.
⑤ 태종은 개경에서 한양으로 다시 도읍을 옮기면서 기존에 있던 경복궁은 그대로 두고 창덕궁을 새로 건립하였어요.

3. 천문 관련 문화유산

① 조선 후기 실학자인 정약용이 "기기도설"을 참고하여 제작한 거중기는 무거운 물건을 들어 올리는 데 사용되었어요.

오답 피하기
② 금동 천문도는 양산 통도사에 보관되어 있는 조선 시대 천문도로, 별자리를 관측할 수 있게 원판에 별자리가 새겨져 있어요.
③ 천체의 운행과 위치를 측정하는 기구인 혼천의는 삼국 시대 후기부터 만들어진 것으로 보입니다. 자료의 것은 조선 시대에 만들어졌어요.
④ 조선 세종 때 편찬된 "칠정산 내편"은 최초로 한양을 기준으로 천체 운동을 계산한 역법서입니다.
⑤ 천상열차분야지도는 조선 태조 때 하늘의 별자리를 돌에 새겨 만든 천문도입니다. 고구려의 천문도를 바탕으로 만들어졌어요.

4. 한성순보

1883년 박문국에서 창간된 근대 신문은 한성순보입니다. 개항 이후 조선 정부는 개화 정책을 추진하면서 신문, 잡지 등의 편찬과 인쇄 업무를 담당하는 출판 기관으로 박문국을 설치하였어요. 박문국에서는 우리나라 최초의 근대 신문인 한성순보를 발행하였어요. ⑤ 한성순보는 순 한문 신문으로 열흘마다 발행하는 것이 원칙이었어요. 한성순보의 '순'은 열흘을 의미합니다.

오답 피하기
① 여권통문은 서울 북촌의 양반 여성들이 발표한 우리나라 최초의 여성 권리 선언문이에요. 황성신문은 여권통문을 처음으로 보도하였어요.
② 국채 보상 운동은 대한매일신보, 황성신문 등 언론의 지지를 받으며 전국적으로 확산되었어요.
③ 대한매일신보는 영국인 베델이 발행인으로 참여하였기에 일본의 간섭에서 비교적 자유로워 의병의 활약상이나 항일 논조의 기사를 많이 실었어요.
④ 독립신문과 대한매일신보는 외국인이 읽을 수 있도록 영문으로도 발행되었어요.

---

1. 최익현

흥선 대원군의 하야를 요구하는 상소를 올렸으며, 지부복궐척화의소를 올려 왜양일체론을 주장하였다는 내용을 통해 (가) 인물이 최익현임을 알 수 있어요. 최익현은 서원 철폐 등 흥선 대원군의 정책을 비판하며 하야를 요구하는 상소를 올렸고, 이를 계기로 고종이 친정을 선포하였어요. 또 일본과 강화도 조약 체결 논의가 진행되자 일본과 서양 세력이 다르지 않다는 왜양일체론을 내세우며 개항에 반대하였어요. ③ 최익현은 을사늑약이 체결되자 을사오적의 처단을 주장하였고, 태인에서 임병찬과 함께 의병을 일으켜 항거하였어요.

오답 피하기
① 박상진은 대구에서 대한 광복회를 조직하여 친일파를 처단하였어요.
② 박은식은 고종 즉위 이후 개항기 역사와 국권 피탈 과정을 정리한 "한국통사"를 집필하였어요.
④ 정미의병 당시 허위는 의병 연합 부대인 13도 창의군의 군사장을 맡아 서울 진공 작전을 전개하였어요.
⑤ 동학 농민군은 보국안민을 기치로 우금치에서 일본군과 관군에 맞서 싸웠으나 패배하였어요.

2. 박정양

초대 주미 공사로 임명된 (가) 인물은 박정양이에요. 조·미 수호 통상 조약 체결 이후 미국이 조선에 공사를 파견하자 이에 대한 답례로 조선 정부는 1883년에 민영익, 홍영식, 유길준 등으로 구성된 보빙사를 미국에 파견하였어요. 1887년에는 청의 내정 간섭을 견제하고 자주 외교를 펴기 위해 박정양을 초대 주미 공사로 파견하였습니다. ⑤ 독립 협회가 의회 설립 운동을 추진하면서 보수적인 대신들을 퇴진시키고 개혁적 성향을 가진 박정양 중심의 내각을 수립하는 데 성공하였어요. 박정양 내각은 독립 협회의 제안을 받아들여 중추원 관제 개편을 추진하였어요.

오답 피하기
① 안창호는 미국 샌프란시스코에서 재미 한인을 중심으로 흥사단을 창립하였어요.
② 제2차 수신사로 일본에 파견되었던 김홍집은 황준헌이 쓴 "조선책략"을 국내에 들여왔어요.
③ 신민회의 이승훈은 정주에 오산 학교를 설립하여 민족 교육을 실시하였어요.
④ 국문 연구소는 대한 제국 정부가 한글 연구를 위해 학부 아래 설치한 기관이에요. 주시경과 지석영 등은 국문 연구소에서 국문 정리와 맞춤법 연구를 하였어요.

3. 나철

오기호 등과 함께 대종교를 창시하였다는 내용을 통해 밑줄 그은 '그'가 나철임을 알 수 있어요. 나철의 본명은 나인영이며, 전라남도 보성 출신이에요. 나철은 을사늑약이 체결되자 ① 오기호 등과 함께 자신회를 조직하고 을사오적의 처단을 시도하였어요. 1909년에는 오기호 등과 함께 전통적인 단군 신앙을 부활시켜 단군교(대종교)를 창시하였어요. 대종교는 국권 피탈 후 중심 기구를 간도 지역으로 옮기고 항일 무장 단체인 중광단을 조직하여 무장 독립 전쟁에 크게 기여하였어요.

② 이재명은 명동 성당 앞에서 이완용을 습격하여 중상을 입혔어요.

③ 안중근은 하얼빈에서 을사늑약 체결을 주도한 이토 히로부미를 사살하였어요.

④ 조명하는 타이완에서 일왕의 장인이자 일본 육군 대장인 구니노미야를 습격하여 치명상을 입혔어요.

⑤ 의열단원 나석주는 서울에서 조선 식산 은행과 동양 척식 주식회사에 폭탄을 투척하였어요.

4. 헐버트

정답 ②

육영 공원 교사로 조선에 와서 학생들을 가르쳤으며, 고종의 특사로 만국 평화 회의가 열린 헤이그를 방문하였다는 내용을 통해 자료의 인물이 헐버트임을 알 수 있어요. 미국인 헐버트는 을사늑약 체결 직후 고종의 친서를 미국 정부에 전달하기도 하였으며, 고종의 밀명을 받아 헤이그에서 열린 만국 평화 회의에 특사로 파견된 이상설, 이준, 이위종의 활동을 도왔습니다. 이 일이 빌미가 되어 헐버트는 일제로부터 강제 퇴거 명령을 받아 미국으로 돌아갔지만, 조선의 독립을 위한 기고와 강연 활동을 멈추지 않았어요. ② 헐버트는 한글로 된 세계 지리 교재인 "사민필지"를 집필하였어요.

① 제1차 한·일 협약에 따라 대한 제국의 재정 고문으로 파견된 메가타가 화폐 정리 사업을 주도하였어요.

③ 개신교 선교사인 스크랜턴이 근대적 여성 교육 기관인 이화 학당을 설립하였어요.

④ 장인환과 전명운은 미국의 샌프란시스코에서 일제의 한국 침략이 정당하다고 선전한 친일 미국인 스티븐스를 사살하였어요.

⑤ 황성신문은 '단연보국채'라는 논설을 실어 국채 보상 운동에 적극적으로 참여하였어요.

5. 주시경

정답 ①

국어 연구에 앞장섰으며, 호가 한힌샘이고 별명이 '주보따리'라는 내용을 통해 (가) 인물이 주시경임을 알 수 있어요. ① 주시경은 지석영 등과 함께 대한 제국 정부가 학부 아래 설립한 국문 연구소에서 연구 위원으로 활동하며 국문법을 정리하고 한글을 체계적으로 연구하였어요. 이후 "국어문법", "말의 소리" 등을 저술하였어요.

② 이극로, 이윤재, 최현배 등은 1942년에 일어난 조선어 학회 사건으로 구속되어 옥고를 치렀어요.

③ 박은식은 국권 피탈 과정을 정리한 "한국통사"와 우리 민족의 항일 운동사를 정리한 "한국독립운동지혈사"를 집필하였어요.

④ 헐버트는 세계 지리 교과서인 "사민필지"를 한글로 저술하였고, 을사늑약 직후에는 고종의 친서를 미국 정부에 전달하기도 하였어요.

⑤ 정인보, 안재홍 등은 정약용의 저술을 모아 "여유당전서"를 간행하고 조선학 운동을 전개하였어요.

6. 여운형

정답 ⑤

'몽양'이라는 호를 썼으며, 신한 청년당을 조직하고 조선 건국 준비 위원회를 결성하였다는 내용을 통해 사진 속 인물이 여운형임을 알 수 있어요. ⑤ 광복 이후 여운형은 김규식 등과 함께 통일 정부 수립을 위해 좌우 합작 위원회를 조직하고 좌우 합작 7원칙을 발표하였어요.

① 1945년 9월에 송진우, 김성수 등 우익 인사들이 중심이 되어 한국 민주당을 창당하였어요.

② 1948년 5월에 실시된 5·10 총선거에서 제헌 국회 의원이 선출되었어요. 여운형은 1947년 7월에 서울 혜화동에서 피살되었어요.

③ 이승만은 제차 미·소 공동 위원회가 무기한 휴회되자 정읍에서 남한만의 단독 정부 수립을 주장하였어요.

④ 신채호는 의열단장 김원봉의 요청을 받아 민중의 직접 혁명을 주장한 '조선 혁명 선언'을 작성하였어요. '조선 혁명 선언'은 의열단의 활동 지침이 되었어요.

7. 최현배

정답 ①

최현배는 '외솔'이라는 호를 썼으며, 주시경으로부터 한글과 문법 등을 배웠어요. 일제 강점기에 "우리말본", "한글갈" 등을 저술하였으며, 일제의 민족 말살 정책에 맞서 우리말과 글을 지키기 위해 노력하였어요. 조선어 학회 창립에 주도적 역할을 하였으며, 한글 맞춤법 통일안 제정에도 참여하였어요. 광복 이후에는 조선어 학회를 개칭한 한글 학회의 이사장을 지냈어요. ① 최현배는 1942년에 일어난 조선어 학회 사건으로 이극로, 이윤재 등과 구속되어 옥고를 치렀어요.

② 대한민국 임시 정부는 프랑스 파리에서 활동하던 김규식을 전권 대사로 임명하여 파리 강화 회의에 독립 청원서를 제출하였어요.

③ 임병찬은 고종의 밀지를 받고 의병과 유생들을 모아 국내에서 비밀리에 독립 의군부를 조직하였어요.

④ 박은식은 "한국통사"를 저술하여 국혼의 중요성을 강조하고 일제의 침략 과정을 다루었어요.

⑤ 일제가 조작한 105인 사건으로 신민회의 주요 회원인 양기탁, 이승훈 등이 형을 선고받았어요.

8. 이육사

정답 ②

'청포도'라는 시를 남겼으며 본명은 이원록으로 조선 은행 대구 지점 폭탄 의거에 연루되어 투옥되었다는 내용을 통해 (가) 인물이 이육사임을 알 수 있어요. 이육사는 의열단에 가입하고 조선 혁명 간부 학교에 입교하는 등 적극적으로 독립운동에 참여하였어요. ② 이육사는 민족의식을 일깨우는 '광야', '절정' 등의 저항시를 발표하였어요.

① 심훈은 브나로드 운동을 소재로 일제 강점기 농촌을 배경으로 한 소설 "상록수"를 동아일보에 연재하였어요.

③ 조명하는 타이완에서 일왕의 장인이자 일본 육군 대장인 구니노미야를 습격하여 치명상을 입혔어요.

④ 조소앙은 삼균주의를 바탕으로 한 대한민국 건국 강령의 초안을 작성하였어요. 대한민국 임시 정부는 국무 회의에서 일부 내용을 수정하고 이를 발표하였어요.

⑤ 민족주의 사학을 계승한 정인보 등은 "여유당전서" 간행 사업을 추진하면서 조선학 운동을 전개하였어요.

주제 특강 6 시대 통합 문제

본문 140~141쪽

1 ② 2 ④ 3 ⑤ 4 ④

1. 지방 통치 체제의 변천

정답 ②

(가) 삼국 통일 후 신라는 넓어진 영토를 효과적으로 다스리기 위해 전국을 9주로 나누어 옛 고구려와 백제, 신라 땅에 각각 3주씩 배치하였어요. (나) 고려는 전국을 경기 외 5도와 양계로 나누어 통치하였어요. 일반 행정 구역인 5도에는 안찰사를 파견하였고, 국경 지역에는 북계와 동계, 즉 양계를 두어 병마사를 파견하고 적의 침입에 대비하게 하였어요. (다) 조선은 태종 때 지방 행정 구역의 명칭을 개정하면서 고려 시대부터 유지되어 온 서북면(북계)과 동북면(동계)의 명칭을 평안도와 영길도(후에 함경도)로 고쳤어요. 이후 몇 차례 개편이 이루어진 후 경기·충청·전라·경상·강원·황해·평안·함경도의 8도 체제가 확정되었어요. (라) 1894년 말부터 1895년까지 추진된 제2차 갑오개혁 때 지방 행정 구역이 8도에서 23부로 개편되었어요.

ㄱ. 삼국 통일 후 신라 신문왕은 확대된 영토와 인구를 효율적으로 지배하기 위해 전국을 9주로 나누고 동남쪽에 위치한 수도의 편재성을 보완하기 위해 주요 지역에 5소경을 설치하였어요. ㄷ. 조선은 전국을 8도로 나누고, 각 도에 지방관으로 관찰사를 파견하였어요. 관찰사는 관내 군현의 수령을 감독하고 근무 성적을 평가하였어요.

ㄴ. 욕살, 처려근지라는 지방 장관이 있었던 나라는 고구려입니다.
ㄹ. 대한 제국의 광무개혁 때에는 제2차 갑오개혁 때의 23부가 폐지되고 13도제로 개편되었어요.

2. 역사 속 일본과의 관계 　　정답 ④

(가) 조선 세종 때 왜구의 잦은 침입으로 백성들의 피해가 크자 이종무가 군사를 이끌고 가 왜구의 근거지인 대마도(쓰시마섬)를 정벌하였어요.

(나) 원 간섭기에 원은 일본 정벌을 위해 고려에 정동행성을 설치하고 고려군을 일본 원정에 동원하였어요. 1274년에 고려의 김방경과 원의 홀돈, 홍다구 등이 군사를 이끌고 일본 정벌에 나섰으나 태풍으로 인해 피해를 입고 퇴각하였어요. 이후 한 차례 더 일본 정벌을 추진하였으나 실패하였어요.

(다) 고려 말에 왜구의 침입이 잦아 해안 지방에 피해가 컸어요. 이에 최무선의 건의로 화통도감이 설치되어 화약과 화포가 제작되었어요. 1380년에 왜구가 전라도 해안 지역에 침입하자 나세, 심덕부, 최무선 등이 진포에서 크게 격퇴하였는데, 이때 최무선이 제조한 화포가 큰 역할을 하였어요.

(라) 조선 선조 때인 1592년에 일본군이 조선을 침략하여 임진왜란이 시작되었어요. 당시 김시민은 병력과 무기의 열세에도 진주성에서 일본군을 크게 물리쳤어요.

따라서 일어난 순서대로 나열하면 ④ (나) 여·원 연합군의 일본 원정(원 간섭기) → (다) 진포 대첩(고려 말) → (가) 이종무의 대마도 정벌(조선 세종) → (라) 임진왜란 중 진주 대첩(조선 선조)입니다.

3. 한국 교육의 역사 　　정답 ⑤

⑤ 제2차 갑오개혁 때 교육의 기본 방향을 밝힌 교육 입국 조서가 반포된 이후 한성 사범 학교 관제, 소학교 관제, 외국어 학교 관제 등이 제정되어 각종 관립 학교가 세워졌어요. 배재 학당과 이화 학당은 1880년대에 개신교 선교사들이 설립한 학교입니다.

① 고구려의 소수림왕은 수도에 국립 교육 기관으로 태학을 설립하여 유학을 교육하였어요.
② 고려 시대에 고관 출신의 문인들이 사적으로 교육 기관을 세워 후학을 양성하였는데, 이러한 사학에서 과거 합격자가 많이 배출되어 크게 융성하였어요. 최충이 설립한 9재 학당을 비롯한 사학 12도가 유명하였어요.
③ 조선 시대의 국립 교육 기관인 성균관과 향교에는 명륜당과 대성전이 있었으며, 이곳에서 교육과 함께 성현에 대한 제사가 이루어졌어요.
④ 개항 이후 조선 정부는 통역관 양성을 목적으로 외국어 교육 기관인 동문학을 설립하였어요. 또 근대식 관립 학교인 육영 공원을 설립하여 근대 학문을 교육하였어요.

4. 우리 역사 속의 여성 위인들 　　정답 ④

일제 강점기의 독립운동가 남자현은 서로 군정서 등에서 활동하였고, 조선 총독 암살 등 의열 투쟁을 전개하는 한편 간도에서 여자 권학회를 조직하여 계몽 활동에도 힘썼어요. ④ 한국 광복군으로 활동하였으며 기관지 "광복" 발행에 참여한 인물은 지복영, 오광심 등이에요.

① 신라의 선덕 여왕은 천문 관측소인 첨성대를 세웠으며, 승려 자장의 건의에 따라 부처의 힘으로 나라를 안정시키고 주변국을 복속시키고자 하는 염원을 담아 황룡사 9층 목탑을 건립하였어요.

② 조선 후기의 실학자 이빙허각은 가정생활의 지혜를 담은 "규합총서" 등을 저술하였어요.
③ 조선 후기의 상인 김만덕은 제주에 기근이 들었을 때 자신의 재산으로 육지에서 곡식을 사 와 굶주린 백성을 구제하였어요.
⑤ 일제 강점기에 평양의 고무 공장 노동자 강주룡은 임금 삭감에 저항하여 을밀대 지붕에서 고공 농성을 벌였어요.

제1회 최종 점검 기출 모의고사

1 ①	2 ②	3 ⑤	4 ③	5 ⑤	6 ④	7 ②	8 ②
9 ④	10 ①	11 ②	12 ①	13 ③	14 ③	15 ④	16 ③
17 ③	18 ⑤	19 ④	20 ③	21 ③	22 ⑤	23 ②	24 ①
25 ③	26 ②	27 ①	28 ④	29 ⑤	30 ②	31 ④	32 ⑤
33 ⑤	34 ①	35 ②	36 ③	37 ①	38 ④	39 ②	40 ①
41 ①	42 ②	43 ③	44 ③	45 ④	46 ③	47 ②	48 ⑤
49 ⑤	50 ②						

1. 신석기 시대의 생활 모습 　정답 ①

'빗살무늬 토기'와 농경과 정착 생활이 시작되었다는 내용을 통해 (가) 시대가 신석기 시대임을 알 수 있어요. 신석기 시대 사람들은 강가나 바닷가에 움집을 짓고 마을을 이루어 정착 생활을 하였으며, 농경을 통해 식량을 생산하기 시작하였어요. 돌괭이, 돌삽, 갈돌과 갈판, 화살촉 등의 간석기를 사용하였으며, 토기를 만들어 식량을 저장하거나 음식을 조리하는 데 이용하였어요. 빗살무늬 토기는 우리나라 신석기 시대의 대표적인 토기입니다. ① 신석기 시대에 가락바퀴를 이용하여 실을 뽑고 뼈바늘로 옷이나 그물 등을 만들었어요.

오답 피하기
② 구석기 시대 사람들은 주로 동굴이나 강가의 막집에서 거주하였어요.
③ 명도전과 반량전은 중국의 전국 시대에 사용된 화폐로, 우리나라 철기 시대 유적에서도 발견되고 있어요. 이를 통해 당시에 중국과 교류하였음을 알 수 있어요.
④ 세형 동검은 초기 철기 시대에 제작된 동검으로, 한반도에서 독자적인 청동기 문화가 발전하였음을 보여 주는 유물이에요.
⑤ 철기 시대부터 쟁기, 쇠스랑 등의 철제 농기구가 사용되었어요.

2. 위만의 활동 　정답 ②

중국의 연에서 무리를 이끌고 와 고조선의 준왕에게 항복한 (가) 인물은 위만이에요. 준왕의 신임을 얻은 위만은 서쪽 변방의 수비를 담당하면서 세력을 키운 후 준왕을 몰아내고 왕위에 올랐어요. 고조선의 왕이 된 위만은 본격적으로 철기 문화를 수용하고 철제 무기를 이용하여 ② 주변의 진번과 임둔을 복속시켜 세력을 확장하였어요. 위만의 집권 이후 고조선은 중국의 한과 한반도 남부의 진국 사이에서 중계 무역을 하여 경제적으로 큰 이익을 얻었어요.

오답 피하기
① 위만의 손자인 우거왕은 한 무제가 파견한 대규모의 군대에 맞서 싸웠으나 결국 패배하였어요.
③ 고구려 고국천왕은 을파소의 건의에 따라 빈민을 구제하기 위해 진대법을 실시하였어요.
④ 고구려는 지방의 여러 성에 욕살, 처려근지 등의 관리를 두어 다스렸어요.
⑤ 기원전 3세기에 고조선은 연의 장수 진개의 공격을 받아 서쪽의 많은 영토를 빼앗겼어요.

3. 대가야 　정답 ⑤

이진아시왕이 고령 일대에 세운 나라이며 지산동 고분군이 체험 지역인 것으로 보아 (가) 나라가 대가야임을 알 수 있어요. 대가야는 고령 지역을 중심으로 성장하였으며, 지산동 고분군에서 철제 투구와 갑옷, 금동관 등의 유물이 발굴되었어요. ⑤ 금관가야를 중심으로 성장하였던 전기 가야 연맹은 5세기 초에 고구려군의 공격을 받아 쇠퇴하였고, 이후 고령의 대가야를 중심으로 후기 가야 연맹이 형성되었어요.

오답 피하기
① 고조선은 사회 질서를 유지하기 위해 범금 8조를 두었어요. 현재 3개 조항이 전해지는데, 이를 통해 고조선의 사회 모습을 짐작할 수 있어요.

② 신라의 임신서기석은 당시 신라 청소년들이 유교 경전을 공부하였다는 사실을 보여 주는 자료입니다.
③ 고구려 멸망 후 당은 옛 고구려 땅을 지배하기 위한 기구로 평양에 안동도호부를 설치하였어요.
④ 백제의 무령왕은 지방 통제를 강화하기 위해 22담로에 왕족을 파견하였어요.

4. 신라 진흥왕 재위 시기의 사실 　정답 ③

거칠부가 "국사"를 편찬하고, 황룡사를 완공하였다는 내용을 통해 검색창에 들어갈 왕이 신라 진흥왕임을 알 수 있어요. 진흥왕은 거칠부에게 역사서인 "국사"를 편찬하게 하였고, 불교 진흥에 힘써 흥륜사, 황룡사 등을 완공하였어요. 또 정복 활동에 나서 백제의 성왕과 연합하여 고구려를 공격하고 한강 상류 지역을 차지한 뒤에 백제를 공격하여 한강 유역 전체를 장악하였어요. 이어 고령의 대가야를 정복하여 낙동강 유역을 차지하고, 북쪽으로 함흥평야까지 진출하는 등 영토를 확장하였어요. 그리고 이를 기념하여 ③ 창녕, 북한산, 황초령, 마운령에 순수비를 세웠습니다.

오답 피하기
① 삼국 통일 이후 경덕왕 때 불국사 3층 석탑이 건립되었어요.
② 선덕 여왕 때 천문 관측을 위해 첨성대가 축조되었어요.
④ 법흥왕은 금관가야를 복속시켜 영토를 확대하였어요.
⑤ 지증왕은 수도 금성에 동시를 설치하고 감독관청으로 동시전을 두었어요.

5. 무령왕릉 　정답 ⑤

백제의 고분 중 피장자와 축조 연대가 확인되는 유일한 무덤이라는 내용을 통해 (가) 문화유산이 무령왕릉임을 알 수 있어요. 무령왕릉은 백제 무령왕 부부의 무덤으로, ⑤ 중국 남조의 영향을 받아 벽돌로 축조되었어요. 발굴 조사 중 무덤 안에서 죽은 사람의 인적 사항 등이 기록된 묘지석이 발견됨으로써 무덤의 주인과 축조 연대를 알게 되었어요. 무령왕릉은 도굴되지 않은 상태였기에 왕과 왕비가 착용한 것으로 보이는 금제 장신구, 용과 봉황이 장식된 큰 칼, 진묘수 등 많은 유물이 무덤에서 발견되었어요. 특히 무덤에서 발견된 중국산 도자기와 화폐, 일본산 금송으로 만든 관 등을 통해 당시 백제가 중국, 일본과 활발하게 교류하였음을 짐작할 수 있어요.

오답 피하기
① 무령왕릉은 충청남도 공주의 송산리 고분군 내에 위치하고 있어요. 서울 석촌동 고분군에는 고구려 장군총과 유사한 모습의 계단식 돌무지무덤이 있습니다.
② 나무로 곽을 짜고 그 위에 돌을 쌓는 방식으로 만들어진 무덤은 돌무지덧널무덤이에요. 삼국 통일 이전에 신라에서 주로 만들어졌어요. 경주의 천마총, 황남대총 등이 이에 해당합니다.
③ 금동 대향로는 부여 능산리 고분군 근처의 절터에서 출토되었어요.
④ 무덤의 둘레돌에 12지 신상이 조각된 무덤으로 김유신 묘가 대표적이에요.

6. 통일 신라의 경제 　정답 ④

서원경 부근 4개 촌락의 경제 상황이 기록되었으며, 일본 도다이사 쇼소인에서 발견된 문서는 통일 후 신라에서 작성된 촌락 문서(민정 문서)입니다. 신라 촌락 문서는 각 촌락에서 나타난 인구수, 토지 종류와 면적, 소와 말의 수, 수목의 종류와 수 등의 변동 사항을 조사하여 3년마다 기록한 것이에요. 신라 촌락 문서를 통해 당시의 경제 상황과 세무 행정에 대해 짐작할 수 있어요. ④ 통일 후 신라에서는 수도 금성(경주)과 가까운 울산항과 한강 유역의 당항성이 무역항으로 번성하였어요.

오답 피하기
① 은병은 고려 숙종 때 처음 제작된 병 모양의 화폐이며, 활구라고도 불렸어요.
② 고구려에는 집집마다 부경이라는 작은 창고가 있었어요.
③ 조선 후기에 목화, 담배 등이 시장에 내다 팔기 위한 상품 작물로 재배되었어요.
⑤ 조선 세조 때 새로운 관리에게 지급할 과전이 부족해지자 직전법을 시행하여 현직 관리에게만 수조권을 지급하였어요.

7. 견훤의 활동　　정답 ②

옛 백제 땅에 속하였던 무진주를 습격하여 스스로 왕이 되었으며, 완산주에 이르러 백성들의 환영을 받았다는 내용을 통해 (가) 인물이 견훤임을 알 수 있어요. 신라 말에 중앙 정치의 혼란으로 지방에서는 반독립적 세력인 호족이 등장하였어요. 그중 하나였던 견훤은 무진주를 공격하여 스스로 왕이 된 후 완산주를 도읍으로 정하고 후백제 왕이라고 자칭하였어요. 이후 후백제는 충청·전라도의 우세한 경제력을 바탕으로 군사적 우위를 확보하였으며, ㄱ. 중국의 후당, 오월에 사신을 파견하여 외교 관계를 맺었어요. 한편, 후백제의 세력이 강성해지자 신라는 고려의 왕건과 연합하여 후백제에 대항하려고 하였어요. 이에 견훤은 ㄷ. 신라의 금성을 습격하여 경애왕을 죽게 하였어요.

오답 피하기
ㄴ. 후고구려를 세운 궁예는 나라 이름을 '마진'으로 바꾸고 광평성을 비롯한 여러 관부를 설치하여 통치 체제를 정비하였어요.
ㄹ. 고려를 세운 왕건은 "정계"와 "계백료서"를 지어 관리의 규범을 제시하였어요.

8. 발해의 통치 체제　　정답 ②

중대성과 정당성이라는 관청 이름을 통해 (가) 국가가 발해임을 알 수 있어요. 발해는 당의 3성 6부제를 수용하여 중앙 정치 조직을 정비하였지만, 그 명칭과 운영 방식에서는 독자성을 보였어요. 중대성은 왕이 내리는 명령의 기초를 만들고 명령을 전달하는 일을 담당하였고, 정당성은 왕의 명령을 집행하는 기구였으며 그 장관인 대내상이 국정을 총괄하였어요. 정당성은 그 아래 좌·우사정을 두어 6부를 둘로 나누어 관할하였습니다. 충·인·의·지·예·신의 6부 명칭에는 유교 이념이 반영되었어요. 그 외에 발해는 중정대를 두어 관리를 감찰하였고, ② 교육 기관으로 주자감을 설치하여 인재를 양성하였어요.

오답 피하기
① 고려는 정종 때 거란의 침입에 대비하여 광군을 창설하였어요.
③ 신라는 엄격한 신분제인 골품제를 마련하여 골품에 따라 정치·사회적 활동 범위는 물론 일상생활까지 제한하였어요.
④ 통일 후 신라는 전국을 9주로 나누고, 군사·행정상 요충지에 5소경을 설치하였어요. 발해는 5경 15부 62주의 지방 행정 제도를 마련하였어요.
⑤ 왕족인 부여씨와 8성의 귀족이 지배층을 이룬 나라는 백제입니다.

9. 원효의 활동　　정답 ④

설총을 낳은 이후 속인의 옷으로 바꾸어 입고 스스로 소성거사라 하였으며, 무애라는 도구를 만들고 노래를 지어 세상에 퍼뜨렸다는 내용을 통해 (가) 인물이 신라의 승려 원효임을 알 수 있어요. 원효는 일심 사상과 화쟁 사상을 주장하며 종파 간의 사상적 대립을 극복하기 위해 노력하였어요. 또한, 나무아미타불만 외우면 누구나 극락에 갈 수 있다고 주장하고, 무애가를 지어 부르며 불교 대중화에 기여하였어요. ④ "대승기신론소", "십문화쟁론", "금강삼매경론" 등을 저술하여 불교 교리 연구에도 힘썼어요.

오답 피하기
① 신라의 의상은 당에서 유학하고 돌아와 화엄종을 개창하였으며, 부석사를 비롯한 많은 사찰을 건립하였어요.
② 고려의 요세는 법화 신앙을 바탕으로 하는 신앙 결사인 백련 결사를 주도하였어요.
③ 신라의 혜초는 인도와 중앙아시아 지역을 순례하고 "왕오천축국전"을 남겼어요.
⑤ 고려의 의천은 우리나라와 송, 요, 일본 등 동아시아 각지의 불교 서적을 수집하여 그 목록을 정리한 "신편제종교장총록"을 편찬하였어요.

10. 고려 태조의 정책　　정답 ①

신라 왕이 신하로 있겠다고 요청하였으며, 신라국을 없애 경주라 하고 그 지역을 김부의 식읍으로 하사하였다는 내용을 통해 밑줄 그은 '왕'이 고려의 태조 왕건임을 알 수 있어요. 고려 태조는 935년에 경순왕 김부가 항복해 오자 신라국을 없애 경주라 하고 그 지역을 김부의 식읍으로 하사하였으며, 김부를

경주의 사심관으로 임명하였어요. ① 고려 태조는 민생 안정을 위해 빈민 구제 기관인 흑창을 설치하였어요.

오답 피하기
② 성종은 최승로의 시무 28조를 수용하여 12목을 설치하고 지방관을 파견하였어요.
③ 예종은 관학 진흥을 위해 국자감에 7재라는 전문 강좌를 운영하였어요.
④ 광종은 스스로 황제를 칭하고 '광덕', '준풍' 등의 독자적 연호를 사용하였어요.
⑤ 경종은 전시과 제도를 처음으로 마련하여 관리에게 토지를 지급하였어요.

11. 고려 초 정치 상황의 변화　　정답 ②

(가) 광주 지방의 호족 출신으로 고려 왕실의 외척이 된 왕규는 태조가 죽고 혜종이 즉위하자 자신의 외손자를 왕위에 앉히기 위해 여러 차례 혜종 암살을 시도하였어요.
(나) 고려 성종은 최승로의 건의에 따라 12목을 설치하고 지방관을 파견하였어요. 또 개경에 국자감을 설립하였고, 경전에 능통한 경학박사와 의학박사를 12목에 각각 1명씩 파견하여 교육을 담당하게 하였어요.
(다) 광종은 후주에서 귀화한 쌍기의 건의를 받아들여 그를 지공거로 임명하고 처음으로 과거제를 실시하였어요. 이를 통해 유교적 소양을 갖춘 신진 세력을 등용하여 왕권을 강화하고자 하였어요.
따라서 일어난 순서대로 나열하면 ② (가) 혜종 재위 시기 → (다) 광종 재위 시기 → (나) 성종 재위 시기입니다.

12. 고려 전기의 사실　　정답 ①

(가)는 이자겸과 척준경이 왕을 위협하여 거처를 옮기게 하고 많은 군사를 죽였다는 내용을 통해 이자겸의 난이 일어난 상황임을 알 수 있어요. 1126년에 고려 인종의 외조부이자 장인으로 권력을 독점한 이자겸이 스스로 왕이 되고자 반란을 일으켰으나 실패하였어요. (나)는 이의방과 이고가 정중부에게 무신 차별에 대해 분노하며 이야기하는 것으로 보아 무신 정변 직전의 상황임을 알 수 있어요. 1170년에 정중부 등 무신들이 의종의 보현원 연회를 계기로 무신 정변을 일으켜 권력을 장악하였어요. ① 인종 때 이자겸의 난 이후 묘청, 정지상 등 서경 세력이 서경 천도를 시도하였다가 실패하자 1135년에 서경에서 반란을 일으켰어요. 고려 정부는 김부식을 보내 반란을 진압하였어요.

오답 피하기
② 목종 때 강조가 정변을 일으켜 김치양을 제거하고 현종을 새로운 왕으로 세웠어요(1009). (가) 이전의 사실이에요.
③ 무신 집권기에 망이·망소이가 공주 명학소에서 가혹한 수탈과 소 주민에 대한 차별에 저항하여 봉기를 일으켰어요(1176). (나) 이후의 사실이에요.
④ 성종 때 거란이 침입하자 서희가 거란의 장수 소손녕과 외교 담판을 벌여 강동 6주를 확보하였어요(993). (가) 이전의 사실이에요.
⑤ 무신 집권기에 이의민을 제거하고 최고 권력자가 된 최충헌은 왕에게 봉사 10조를 올려 시정 개혁을 건의하였어요(1196). (나) 이후의 사실이에요.

13. 몽골의 침입에 대한 고려의 대응　　정답 ③

고려군과 함께 강동성에서 거란을 토벌하였으며, 사신 저고여의 피살 사건을 힐책하는 조서 내용으로 보아 (가) 국가가 몽골임을 알 수 있어요. 13세기에 세력이 강성해진 몽골은 고려에 보낸 사신 저고여가 귀국길에 피살된 사건이 일어나자 이를 빌미로 고려를 침략하였어요. ③ 고려 말에 최무선은 화포를 이용하여 진포에 침입한 왜구를 격퇴하였어요.

오답 피하기
① 최씨 무신 정권은 몽골의 침입 때 강화도로 도읍을 옮겨 장기 항전을 준비하였어요.
② 김윤후는 몽골의 침입 때 처인성 전투에서 적장 살리타를 사살하였어요.
④ 몽골의 침입 때 충주 지역의 다인철소 주민들이 몽골군을 격퇴하였어요.
⑤ 고려는 부처의 힘을 빌려 몽골의 침입을 물리치기 위해 대장도감을 설치하여 팔만대장경판을 제작하였어요.

14. 원 간섭기 이후의 사실 　정답 ③

왕이 변발하지 않은 신하를 책망하였다는 내용을 통해 원 간섭기에 있었던 상황임을 알 수 있어요. 고려 정부는 강화도로 천도하여 몽골의 공격에 맞섰지만, 결국 강화를 맺고 개경으로 환도하였어요(1270). 이후 원(몽골)의 내정 간섭이 본격적으로 시작되었어요. 고려 왕은 원의 공주와 혼인해야 했어요. 원은 이를 내세워 고려 왕실에서 사용하는 호칭은 물론 관제까지 격을 낮추게 하였어요. 또 일부 영토를 빼앗아 쌍성총관부, 동녕부, 탐라총관부를 설치하고 그 주변 지역을 직접 통치하기도 하였지요. 한편, 양국 사이에 교류가 활발해지면서 지배층을 중심으로 변발, 호복 등 몽골 풍속이 널리 퍼졌어요. 14세기 중반에 왕위에 오른 공민왕은 원의 세력이 약해지자 반원 정책을 펼쳐 친원 세력을 숙청하고 몽골 풍습을 금지하였으며, 고려의 내정에 간섭하던 정동행성 이문소를 폐지하였어요. 또한, ③ 유인우, 이인임 등을 보내 쌍성총관부를 수복하였어요.

오답 피하기
① 무신 집권기에 노비 만적이 개경에서 노비들을 모아 신분 해방을 도모하는 반란을 모의하였어요.
② 고려 인종 때 왕의 장인이면서 외할아버지였던 이자겸이 왕권을 위협할 정도로 막강한 권력을 행사하였어요.
④ 고려 문종 때 관직에서 물러난 최충은 9재 학당을 세워 유학을 교육하였어요. 9재 학당은 최충의 시호를 따 '문헌공도'라고 불리기도 하였어요.
⑤ 무신 집권기에 최고 집권자가 된 최충헌은 교정도감을 설치하여 국정을 총괄하는 권력 기구로 삼았어요.

15. 고려의 경제 상황 　정답 ④

'주전도감'과 은병을 화폐로 삼았다는 내용을 통해 자료에 나타난 시기가 고려 시대임을 알 수 있어요. 고려 성종 때 우리나라 최초의 화폐인 건원중보가 발행되었고, 숙종 때에는 의천의 건의로 주전도감이 설치되어 은병(활구), 해동통보 등이 발행되었어요. 한편, 고려는 건국 초기부터 개경에 시전을 두었고, ④ 시전을 감독할 관청으로 경시서를 설치하였어요. 그리고 대도시에 서적, 약, 술 등을 파는 관영 상점을 설치하는 등 상업을 육성하였어요. 이러한 가운데 여러 화폐를 주조하여 사용하도록 하였지만 널리 유통되지는 않았어요. 일상적인 거래에서는 여전히 베와 곡식이 주된 거래 수단으로 사용되었어요.

오답 피하기
① 조선 후기에 책문 후시를 통한 청과의 교역이 활발하였어요.
② 조선 후기에 개성을 근거지로 송상(개성상인)이 활발하게 활동하였어요. 송상은 전국 각지에 송방이라는 지점을 설치하였어요.
③ 조선 후기에 감자, 고구마 등이 전래되어 구황 작물로 재배되었어요.
⑤ 조선 후기에 민영 광산이 발달하면서 상인이나 지주로부터 자본을 투자 받아 광산을 전문적으로 경영하는 덕대가 등장하였어요.

16. 안동의 역사와 문화 　정답 ③

'고창 전투', '봉정사 극락전', '도산 서원' 등을 통해 (가) 지역이 안동임을 알 수 있어요. 고창 전투는 왕건의 고려군이 고창(지금의 안동)에서 견훤의 후백제군을 격퇴한 전투입니다. 안동에 있는 봉정사 극락전은 고려 후기에 주심포 양식으로 지어진 목조 건물이에요. 도산 서원은 조선 전기의 성리학자 퇴계 이황이 고향인 안동에서 제자들을 가르쳤던 서당 뒤편에 세워졌어요. ③ 고려 공민왕 때 홍건적이 고려에 침입하여 개경을 향해 오자 공민왕은 안동으로 피란하였어요.

오답 피하기
① 신라 말 헌덕왕 때 지금의 충청남도 공주인 웅천주에서 도독 김헌창이 아버지 김주원이 왕위에 오르지 못한 것에 불만을 품고 난을 일으켰어요.
② 일제 강점기에 강주룡은 평양 을밀대 지붕에서 회사의 임금 삭감 결정에 반발하여 고공 시위를 벌였어요.

④ 임진왜란 초기에 신립은 충주 탄금대에서 배수의 진을 치고 빠른 속도로 북상하는 왜군에 항전하였으나 패하였어요.
⑤ 무신 집권 초기에 김사미가 지금의 경상북도 청도 지역의 운문에서 지배층의 가혹한 수탈에 저항하여 봉기를 일으켰어요.

17. 지눌의 활동 　정답 ③

'불일보조국사'라는 시호를 받았으며, 돈오점수를 주장하였다는 내용을 통해 밑줄 그은 '그'가 고려의 승려 지눌임을 알 수 있어요. 지눌은 참선과 노동 등 승려 본연의 수행에 힘써야 한다고 주장하고, ③ 정혜결사(이후 수선사 결사)를 통해 불교 개혁에 앞장섰어요. 또 돈오점수를 주장하고 참선과 교리 공부를 함께하는 정혜쌍수를 내세웠어요. 그리하여 선종과 교종의 사상적 갈등을 극복하고 선종을 중심으로 교종을 포용하고자 하였어요.

오답 피하기
① 신라 신문왕 때 설총은 충신을 가까이할 것을 꽃에 비유하여 조언한 '화왕계'를 지어 왕에게 바쳤어요.
② 의천은 국청사를 중심으로 해동 천태종을 개창하여 교종 중심의 불교 통합 운동을 전개하였어요.
④ 혜심은 심성의 도야를 강조한 유불 일치설을 주장하였어요. 이는 장차 성리학을 받아들일 수 있는 사상적 토대가 되었어요.
⑤ 일연은 불교 관련 설화를 중심으로 고대의 민간 설화, 야사 등을 정리한 "삼국유사"를 저술하였어요.

18. 조선 태종의 정책 　정답 ⑤

하륜이 6조 직계제 시행을 건의하였으며 이에 대해 신하들에게 논의할 것을 명령하는 것으로 보아 대화에 등장하는 왕이 조선 태종임을 알 수 있어요. 하륜은 태종이 즉위하기 전에 일어난 두 차례 왕자의 난에서 태종을 도와 신임을 얻었으며, 태종 즉위 이후 왕권 강화를 위한 제도 개편에 주도적인 역할을 하였어요. 태종은 ⑤ 문하부를 폐지하고 간쟁을 관장하던 문하부 낭사를 사간원으로 독립시켰어요. 또 의정부의 기능을 축소하고 6조 직계제를 시행하여 국왕 중심의 정치 운영을 추구하였어요.

오답 피하기
① 세종은 새로운 금속 활자로 갑인자를 제작하였어요. 태종은 주자소를 설치하고 계미자를 주조하였어요.
② 선조는 임진왜란 중에 포수, 사수, 살수의 삼수병으로 구성된 훈련도감을 창설하였어요.
③ 정조는 인재를 양성하기 위해 재능 있는 젊은 문신들을 선발하여 재교육하는 초계문신제를 시행하였어요.
④ 성종은 세조 때 편찬 작업이 시작된 "경국대전"을 완성·반포하여 통치 체제를 정비하였어요.

19. 임진왜란 　정답 ④

조·명 연합군이 일본군으로부터 평양성을 탈환하였다는 내용을 통해 (가) 전쟁이 임진왜란임을 알 수 있어요. 전쟁 초기에 일본군이 빠른 속도로 북진하여 조선은 수세에 몰렸지만, 수군과 의병의 활약으로 전세를 뒤집는 발판을 마련하였어요. 이순신이 이끄는 수군이 한산도 대첩을 비롯하여 여러 차례 승리를 거두어 제해권을 장악한 가운데 ④ 경상도 진주성에서는 김시민이 이끄는 관군이 의병의 지원을 받아 적군을 크게 물리쳤어요. 이후 조·명 연합군이 평양성을 탈환하였어요.

오답 피하기
① 병자호란 때 김상용은 왕실 가족을 수행하여 강화도로 피란하였다가 강화성이 함락되자 순절하였어요.
② 정묘호란 때 정봉수가 용골산성에서 항전을 벌여 포로가 된 많은 백성을 구출하였어요.
③ 고려 말에 최영은 홍산에서 왜구를 크게 물리쳤어요.
⑤ 조선 세종 때 이종무가 왜구의 근거지인 쓰시마섬을 정벌하였어요.

20. 조선 성종 재위 시기의 문화　　정답 ③

"동국여지승람"이 완성되었다는 내용을 통해 밑줄 그은 '이 왕'이 조선 성종임을 알 수 있어요. 성종 때 여러 분야에서 도서 편찬이 활발히 이루어졌어요. 조선 시대의 기본 법전인 "경국대전"이 완성된 것을 비롯하여 "국조오례의", "동국여지승람" 등이 편찬되었어요. 또 이 시기에 왕명에 따라 ③ 성현 등이 음악 이론을 집대성한 "악학궤범"을 간행하였어요.

오답 피하기
① 광해군 때 허준이 전통 한의학을 체계적으로 정리한 "동의보감"을 완성하였어요.
② 영조 때 문물제도를 분류, 정리하여 백과사전식으로 구성한 "동국문헌비고"가 편찬되었어요.
④ 태종 때 현존하는 동양에서 가장 오래된 세계 지도인 혼일강리역대국도지도가 만들어졌어요.
⑤ 세종 때 최초로 한양을 기준으로 천체 운동을 계산한 역법서인 "칠정산 내편"이 제작되었어요.

21. 조선 전기의 사실　　정답 ③

(가)는 왕이 어머니 윤씨가 폐위되고 죽은 사건 때문에 횡포를 부리는 것으로 보아 연산군 때 일어난 갑자사화와 관련 있음을 알 수 있어요. (나)는 윤임이 대윤, 소윤이라는 말 때문에 화가 미칠까 우려하였다는 내용을 통해 명종 즉위 초에 일어난 을사사화와 관련 있음을 알 수 있어요. 갑자사화 이후에도 계속된 연산군의 폭정으로 민심이 동요하는 가운데 반정이 일어나 연산군이 폐위되고 중종이 즉위하였어요. 중종은 자신을 왕위에 올린 훈구 세력이 정치적 실권을 장악하자 이들을 견제하기 위해 조광조 등 사림을 등용하였어요. 조광조는 소격서를 폐지하고 ③ 신진 인사를 등용하기 위해 현량과를 시행하는 등 개혁을 추진하였으며, 부당하게 공신이 된 일부 훈구 세력의 공훈을 삭제하려고 하였어요. 이에 위협을 느낀 훈구 세력이 반발하여 기묘사화가 일어났어요. 이로 인해 조광조 일파가 정계에서 제거되었고, 많은 사람이 피해를 입었어요.

오답 피하기
① 숙종 때 경신환국으로 허적, 윤휴 등 남인이 대거 축출되었어요. (나) 이후의 사실이에요.
② 선조 때 정여립 모반 사건으로 기축옥사가 일어나 동인이 큰 피해를 입었어요. (나) 이후의 사실이에요.
④ 연산군 때 김종직이 쓴 '조의제문'이 발단이 되어 무오사화가 일어났어요. (가) 이전의 사실로, 연산군 때 무오사화, 갑자사화가 일어났어요.
⑤ 영조 때 붕당의 폐해를 경계하기 위해 성균관에 탕평비가 건립되었어요. (나) 이후의 사실이에요.

22. 균역법　　정답 ⑤

국왕이 군포를 1필로 줄이는 법을 시행하라는 명을 내리는 것으로 보아 조선 영조의 균역법 시행에 관한 장면임을 알 수 있어요. 따라서 밑줄 그은 '대책'은 군포 수입의 감소로 부족해지는 재정을 보충할 수 있는 방안을 의미합니다. 균역법 시행에 따라 줄어든 군포 수입을 보충하기 위해 지주에게 결작을 징수하고, 일부 부유층에게는 선무군관이라는 칭호를 주고 매년 군포 1필을 납부하게 하였어요. 또한, ⑤ 어장세, 염세 등 왕실의 수입이었던 세금을 국가 재정으로 귀속시켰어요.

오답 피하기
① 세조 때 새로운 관리에게 지급할 토지가 부족해지자 직전법을 실시하여 현직 관리에게만 수조권을 지급하고 수신전과 휼양전의 명목으로 세습되는 토지를 폐지하였어요.
② 방납의 폐단이 심각해지자 광해군 때 집집마다 부과하던 공납을 소유한 토지 결수를 기준으로 부과하여 토지 1결당 쌀 12두를 거두는 대동법을 실시하였어요.
③ 대한 제국 시기에 국가 재정을 확보하고 근대적 토지 소유권을 확립하기 위해 양전 사업을 실시하여 지계를 발급하였어요.
④ 세종 때 효율적인 전세 수취를 위해 토지의 비옥도에 따라 6등급으로 나누고(전분6등법), 농작물의 풍흉에 따라 9등급으로 나누어(연분9등법) 전세를 부과하였어요.

23. 인왕제색도　　정답 ②

진경 산수화의 대표적인 화가이며, 금강전도 등의 뛰어난 작품을 남겼다는 대화 내용을 통해 (가)에 들어갈 인물이 겸재 정선임을 알 수 있어요. 조선 후기에 우리 문화에 대한 관심이 높아지면서 중국의 산수화를 모방하는 화풍에서 벗어나 우리나라의 산천을 소재로, 사실적으로 표현한 진경 산수화가 등장하였어요. 겸재 정선은 진경 산수화의 대표적인 화가이며, 그의 작품 가운데 한여름 소나기에 젖은 인왕산의 풍경을 그린 ② 인왕제색도가 유명합니다.

오답 피하기
① 김홍도가 그린 총석정도, ③ 강세황이 그린 영통동구도, ④ 김정희가 그린 세한도, ⑤ 안견이 그린 몽유도원도입니다.

24. 조선 정조 재위 시기의 사실　　정답 ①

초계문신제는 조선 정조가 실시한 문신 재교육 제도입니다. 정조는 자신의 개혁 정책을 뒷받침할 인재를 양성하기 위해 초계문신제를 마련하여 젊은 관리를 뽑아 규장각에 소속시켜 재교육하였어요. ① 광해군 때 이원익의 건의로 경기도에서 처음으로 대동법이 실시되었어요. 대동법은 효종 때 김육의 건의로 충청도 지역까지 확대 실시되었고, 숙종 때 이르러 전국으로 확대되었어요.

오답 피하기
② 정조 때 국왕의 친위 부대인 장용영이 설치되었어요.
③ 정조 때 박제가, 유득공 등 서얼 출신의 학자들이 규장각 검서관에 기용되었어요.
④ 정조 때 통치 체제를 정비하기 위해 "경국대전"과 "속대전" 등을 통합·보완하여 "대전통편"이 편찬되었어요.
⑤ 정조 때 육의전을 제외한 시전 상인의 금난전권을 폐지한 신해통공이 단행되어 상업 활동이 활발해졌어요.

25. 조선 후기의 경제 상황　　정답 ③

조선 후기에 상품 화폐 경제가 발달하면서 인삼, 담배, 면화 등이 시장에 내다 팔기 위한 상품 작물로 널리 재배되었어요. 따라서 조선 후기의 모습이 아닌 것을 찾으면 됩니다. ③ 고려 숙종 때 화폐 주조 관청인 주전도감이 설치되어 은병, 해동통보 등의 화폐가 만들어졌어요.

오답 피하기
① 조선 후기에 한글 소설이 유행하였으며, 사람이 많이 모이는 곳에서 돈을 받고 책을 읽어 주는 전기수가 활동하였어요.
② 조선 후기에 역관, 의관 등의 중인도 양반의 전유물로 여겼던 시사를 조직하여 문학 활동을 하였어요.
④ 조선 후기에 탐관오리의 횡포가 심해지고 이양선이 자주 출몰하여 사회 혼란이 커지면서 "정감록"과 같은 예언 사상이 유행하였어요.
⑤ 조선 후기에 만상, 송상, 경강상인, 내상 등 지역에 기반을 둔 사상이 활발하게 활동하였는데, 이 중 경강상인은 한강을 주무대로 상업에 종사하였어요.

26. 조선 후기 사회 개혁론　　정답 ③

조선 후기에 여러 학자들이 사회·경제적 변동으로 나타난 사회 문제를 해결하고 민생 안정과 부국강병을 이루기 위해 다양한 사회 개혁론을 제시하였어요. 유형원, 이익, 홍대용, 박지원, 박제가, 정약용 등이 대표적인 인물입니다. ③ 연행사를 따라 청에 다녀온 박지원은 청에서 보고 들은 내용을 기록한 "열하일기"에서 수레와 선박의 필요성을 강조하였어요.

오답 피하기
① "의산문답"에서 중국 중심의 세계관을 비판한 인물은 홍대용이에요. 이익은 농업 중심의 개혁론을 주장한 실학자로 한전론을 제시하였어요.
② "목민심서"를 저술한 인물은 정약용이에요. 홍대용은 무한 우주론과 지전설을 주장하였으며 "담헌서", "의산문답" 등의 저서를 남겼어요.
④ "성호사설"에서 사회 폐단을 여섯 가지 좀으로 규정한 인물은 이익이에요. 박제가는 대표적인 북학파 실학자로 "북학의"를 저술하였어요.
⑤ "북학의"에서 절약보다 적절한 소비를 권장한 인물은 박제가입니다. 정약용은 "목민심서", "흠흠신서", "경세유표" 등을 저술하였어요.

27. 조선과 청의 관계 정답 ①

나선 정벌의 참여를 요청하였다는 내용을 통해 (가) 국가가 청임을 알 수 있어요. 청에 인질로 끌려갔다가 돌아와 인조의 뒤를 이어 왕위에 오른 효종(봉림 대군)은 송시열, 이완 등과 함께 청에 당한 치욕을 갚아 주고자 ① 어영청을 중심으로 북벌을 추진하였어요. 하지만 청의 국력이 커져 실행에 옮기지는 못하였지요. 이러한 가운데 청이 국경 문제 때문에 러시아 공격에 나서면서 조선에 군사 지원을 요청해 오자 효종은 조총 부대를 두 차례 파견하여 나선(러시아) 정벌을 지원하였어요.

오답 피하기
② 조선은 한성에 일본의 사신이 머무는 숙소인 동평관을 설치하여 무역을 허용하였어요.
③ 조·미 수호 통상 조약 체결 이후 미국 공사가 부임하자 조선 정부는 답례 차원으로 보빙사를 미국에 보냈어요.
④ 원 간섭기에 고려는 원에 보낼 공녀를 징발하기 위해 결혼도감을 설치하였어요.
⑤ 임진왜란 중에 끌려간 조선인 포로의 송환을 위해 회답 겸 쇄환사가 일본에 파견되었어요.

28. 홍경래의 난 정답 ④

우두머리의 성은 홍씨이며, 우군칙 등이 그의 부하라는 내용을 통해 대화에 나타난 사건이 홍경래의 난임을 알 수 있어요. ④ 홍경래의 난은 서북인에 대한 차별과 지배층의 수탈에 반발하여 홍경래, 우군칙 등의 주도로 일어났으며, 평안도 지역의 영세 농민, 중소 상인, 광산 노동자 등이 참여하였어요.

오답 피하기
① 백낙신의 탐학과 향리들의 횡포에 맞서 진주 농민 봉기가 일어나자 조선 정부는 사건의 수습을 위해 박규수를 안핵사로 파견하였어요.
② 고부 군수 조병갑의 탐학이 원인이 되어 전봉준 등이 주도한 고부 농민 봉기가 일어났어요.
③ 임오군란 당시 구식 군인들은 선혜청과 일본 공사관을 공격하였어요.
⑤ 전주 화약 후 조선 정부의 철수 요구를 거부한 일본군이 경복궁을 무력으로 점령하고 내정에 간섭하자 동학 농민 운동이 다시 시작되었어요. 이때에 전봉준의 남접과 손병희의 북접이 연합하여 운동이 조직적으로 전개되었지만, 동학 농민군은 우금치 전투에서 일본군과 관군에 크게 패배하였어요.

29. 역사서 편찬 인물 정답 ⑤

(가) 왕명을 받아 해동 삼국의 역사를 책으로 펴냈다는 내용을 통해 ㉠에 해당하는 역사서가 고려 인종 때 김부식이 편찬한 "삼국사기"임을 알 수 있어요. 인종의 명을 받은 김부식은 유교적 합리주의 사관에 입각하여 "삼국사기"를 서술하였어요. (나) 고려가 발해사를 편찬하지 않은 것은 잘못이라고 말하고 있으며, 내규장각 관리로 있으면서 발해에 관한 일을 차례로 편찬하였다는 내용을 통해 ㉡에 해당하는 역사서가 조선 후기에 유득공이 저술한 "발해고"임을 알 수 있어요. (다) 역사를 '아(我)'와 '비아(非我)'의 투쟁을 기록한 것이라고 한 내용을 통해 일제 강점기에 신채호가 저술한 "조선상고사"와 관련된 자료임을 알 수 있어요. ⑤ 신채호는 대한매일신보의 주필로 활동하였으며, 의열단장 김원봉의 요청을 받아 폭력을 통한 민중의 직접 혁명을 주장한 '조선 혁명 선언'을 작성하였어요.

오답 피하기
① 고려 말에 이제현 등이 만권당에서 원의 학자들과 교유하며 성리학을 연구하였어요.
② 최충은 고려 태조에서 목종에 이르는 7대에 걸친 역사 기록인 "칠대실록" 편찬에 참여하였으며, 관직에서 물러난 뒤에는 9재 학당(문헌공도)을 세워 유학 교육을 실시하고 후진을 양성하였어요.
③ 김정희는 금석학을 연구하고 저술한 "금석과안록"에서 북한산비가 진흥왕 순수비임을 고증하였어요.
④ 박은식은 일제의 침략 과정을 담은 "한국통사"를 저술하였어요. 또한, 이승만이 탄핵된 뒤 1925년에 임시 의정원에서 대한민국 임시 정부의 제2대 대통령으로 선출되었어요.

30. "삼국사기"와 "발해고" 정답 ②

② "삼국사기"는 본기, 연표, 잡지, 열전 등으로 나누어 역사를 기록하는 기전체 형식으로 서술되었어요.

오답 피하기
① 고려 후기에 일연이 불교사를 중심으로 고대의 민간 설화 등을 수록한 "삼국유사"를 저술하였어요.
③ 조선 시대에 왕이 사망한 뒤 사초와 시정기 등을 바탕으로 "조선왕조실록"을 편찬하였어요.
④ 고려 후기에 이규보는 고구려 건국 시조의 일대기를 서사시 형태로 서술한 '동명왕편'을 지었어요.
⑤ "삼국사기"는 유교적인 입장에서 역사를 서술하였기 때문에 신화나 전설을 제외하여 단군 조선이 빠져 있어요. "발해고"는 발해의 역사를 다루었기 때문에 단군 조선은 포함되지 않았어요.

31. 병인양요의 배경 정답 ④

양헌수가 정족산에서 서양인들을 물리쳤다는 내용을 통해 자료의 사건이 1866년에 일어난 병인양요임을 알 수 있어요. 병인양요는 ④ 프랑스인 천주교 선교사와 신자들이 처형당한 병인박해를 빌미로 프랑스 군대가 강화도를 침략한 사건이에요. 이때 한성근이 이끄는 부대가 문수산성에서, 양헌수가 이끄는 부대가 정족산성에서 항전하여 이들을 물리쳤어요. 프랑스군은 퇴각하면서 외규장각 건물을 불태우고 그 안에 보관되어 있던 "의궤" 등을 약탈해 갔어요.

오답 피하기
① 신미양요(1871) 후 흥선 대원군은 종로와 전국 각지에 척화비를 세워 서양 세력과의 통상 수교 거부 의지를 널리 알렸어요.
② 병인양요 이후 독일 상인 오페르트는 조선 정부에 통상을 요구하였다가 거절당하자 흥선 대원군의 아버지인 남연군의 묘를 도굴하여 그 유해를 통상 요구에 이용하려다가 실패하였어요.
③ 임오군란(1882) 후 청은 조선의 정세를 안정시킨다는 명분을 앞세워 위안스카이가 이끄는 군대를 조선에 파견하였어요.
⑤ 1880년에 제2차 수신사로 일본에 파견되었던 김홍집이 귀국할 때 가지고 온 "조선책략"이 국내에 유포되었어요. 이에 반발하여 이만손을 비롯한 영남 유생들이 만인소를 올렸어요.

32. 강화도 조약 정답 ⑤

영종진 불법 침입과 관련이 있으며, 일본국과의 조약이라는 내용을 통해 밑줄 그은 '조약'이 강화도 조약임을 알 수 있어요. 흥선 대원군이 물러나고 고종이 직접 정치에 나서면서 통상 수교 거부 정책이 완화되었어요. 이러한 가운데 일본은 자국을 개항한 미국의 포함 외교 방식을 모방하여 운요호 사건을 일으키고 조선에 문호 개방을 강요하였어요. 그 결과 조선 정부는 일본과 강화도 조약을 체결하였지요. 강화도 조약의 정식 명칭은 조·일 수호 조규로 병자 수호 조약이라고도 불립니다. 강화도 조약은 우리 측 대표 신헌과 일본 측 대표 구로다 사이에 체결되었어요. 우리나라 최초의 근대적 조약이었으나 조선의 해안 측량권과 영사 재판권 등을 일본에 허용한 불평등 조약이었습니다. ⑤ 강화도 조약의 제4관에 부산 외 2곳의 항구를 개항한다는 규정을 두었어요. 이에 따라 원산과 인천에 개항장이 설치되었어요.

오답 피하기
① 조·프 수호 통상 조약에 따라 천주교 포교가 허용되었어요.
② 조·미 수호 통상 조약에 처음으로 거중 조정 조항이 포함되었어요. 거중 조정은 양국 중 한 나라가 제3국과 분쟁이 생겼을 때 분쟁을 원활하게 해결할 수 있도록 돕는 행위를 말해요.
③ 제차 한·일 협약에 일본이 추천하는 재정 고문과 외교 고문을 두도록 하는 조항이 담겼어요.
④ 을사늑약이 체결되자 민영환은 그 불법성에 항의하고 무효를 주장하며 자결 순국하였어요.

33. 갑신정변   정답 ⑤

수 명의 조선 고관들이 살해되었으며, 일본군 호위대와 서울 주재 청군 사이에 무력 충돌이 일어났다는 내용을 통해 자료에 나타난 사건이 갑신정변임을 알 수 있어요. 김옥균, 서광범, 박영효 등 급진 개화파는 일본 공사의 지원 약속을 받고 우정총국 개국 축하연을 기회로 삼아 정변을 일으켜 개화당 정부를 수립하였어요. 이들은 개혁 정강을 발표하고 개혁을 추진하고자 하였어요. 하지만 청군과의 무력 충돌에서 밀린 일본군이 약속을 어기고 철수하면서 정변은 곧 진압되어 3일 만에 끝이 났어요. 갑신정변 후 일본은 정변의 책임을 조선에 떠넘기며 피해를 입은 일본인에 대한 배상금과 불에 탄 공사관의 공사비 보상을 요구하였어요. 결국 ⑤ 조선은 일본과 한성 조약을 체결하여 일본의 요구를 수용하였어요.

오답 피하기
① 을사늑약 체결에 반대하여 최익현, 민종식 등이 을사의병을 주도하였어요.
② 대한 제국은 구본신참의 원칙에 입각하여 광무개혁을 추진하였어요.
③ 강화도 조약 체결 직후에 김기수가 수신사로 일본에 파견되어 개화한 일본의 문물을 살펴보고 왔어요.
④ 병인양요 때 퇴각하는 프랑스군에 의해 외규장각 건물이 불타고 외규장각에 보관되어 있던 "의궤"를 약탈당하였어요.

34. 동학 농민 운동   정답 ①

안핵사 이용태가 고부 농민 봉기에 참여한 농민들을 탄압하자 전봉준은 전라도에서 동학 교도들을 이끌던 손화중과 함께 농민군을 조직하여 무장에서 봉기한 후 백산으로 이동하여 보국안민, 제폭구민의 기치를 내걸고 다시 봉기하였어요. 농민군은 신무기 장태를 이용하여 황토현 전투에 이어 황룡촌 전투에서도 관군을 물리쳤어요. 이후 전주성까지 점령한 농민군은 ① 정부와 전주 화약을 체결하고 전라도 지역에 집강소를 설치하여 폐정 개혁을 추진하였어요. 전주 화약 후 해산하였던 농민군은 일본군이 경복궁을 불법적으로 점령하자 다시 봉기하였어요. 전봉준이 이끄는 남접과 손병희가 이끄는 북접이 논산에서 연합 부대를 결성하여 일본군과 관군에 맞서 싸웠지만, 전봉준이 이끄는 주력 부대가 우금치에서 크게 패하였어요.

오답 피하기
② 삼례 집회는 동학 농민 운동의 도화선이 된 고부 농민 봉기 이전에 개최되었어요.
③ 황토현 전투는 황룡촌 전투 이전에 있었어요.
④ 이용태는 고부 농민 봉기의 수습을 위해 안핵사로 파견되었어요.
⑤ 백산 봉기 이전에 전봉준 등 고부의 농민들이 군수 조병갑의 탐학과 수탈에 맞서 봉기하였어요.

35. 을미개혁   정답 ②

일본군의 엄호 속에 사복 차림의 일본인들이 건청궁으로 침입하였고, 왕후가 시해되었다는 내용으로 보아 자료의 사건이 1895년에 일어난 을미사변임을 알 수 있어요. 삼국 간섭 이후 조선 정부가 러시아를 통해 일본을 견제하려고 하자, 일본은 자신들의 영향력이 축소될 것을 우려하여 조선의 왕후를 시해한 을미사변을 일으켰어요. 이후 조선 정부에서는 친일적인 김홍집 내각이 구성되어 을미개혁을 추진하였어요. 을미개혁 때 ② 태양력이 시행되었으며 '건양' 연호가 제정되었어요. 그리고 큰 저항을 불러일으킨 단발령도 이때에 실시되었습니다.

오답 피하기
① 제1차 갑오개혁 때 과거제가 폐지되었어요.
③ 1886년에 조선 정부는 근대식 관립 학교인 육영 공원을 설립하였어요. 그리고 헐버트, 길모어 등을 교사로 초빙하였어요.
④ 제1차 갑오개혁 때 공사 노비법이 혁파되었어요.
⑤ 개항 이후 조선 정부는 개화 정책을 적극적으로 추진하기 위해 통리기무아문을 설치하였어요.

36. 헤이그 특사 파견의 배경   정답 ③

헤이그에서 발행된 평화 회의보에서 한국 황제가 이상설 외 2명을 평화 회의에 특사로 파견함을 보도하였다는 내용을 통해 밑줄 그은 '특사'가 1907년에 고종 황제가 파견한 헤이그 특사임을 알 수 있어요. 일본은 군대를 동원하여 고종 황제의 동의나 서명 없이 외부대신 박제순 등 친일 대신의 찬성만으로 ③ 을사늑약을 강제로 체결하였어요. 이에 고종은 국제 사회에 을사늑약의 부당함을 알리고 조약이 무효임을 주장하고자 네덜란드 헤이그에서 열리는 만국 평화 회의에 이상설, 이준, 이위종을 특사로 파견하였어요. 헤이그 특사는 을사늑약이 국제법상 무효임을 국제 사회에 호소하였으나, 일본과 영국 등의 방해로 회의에는 참석하지 못하였어요.

오답 피하기
① 1882년에 별기군과의 차별에 반발한 구식 군인이 임오군란을 일으켰으나 청군에 의해 진압되었어요. 그 결과 조선은 일본과 제물포 조약을 체결하고, 청과 조·청 상민 수륙 무역 장정을 체결하였어요.
② 1894년에 동학 농민군은 외세의 개입을 막기 위해 서둘러 정부와 전주 화약을 체결하고 자진 해신한 뒤 전라도 각지에 집강소를 설치하여 폐정 개혁을 실천해 나갔어요.
④ 일제는 1910년대에 한국인에게만 태형을 적용하는 조선 태형령을 제정하였어요.
⑤ 헤이그 특사 파견이 빌미가 되어 고종 황제가 강제로 물러나고 순종이 즉위하자마자 일본이 한·일 신협약 체결을 강요하였어요. 1907년에 체결된 한·일 신협약(정미 7조약)의 부속 각서에 따라 대한 제국의 군대가 해산되자 이에 반발하여 정미의병이 일어났고 일부 군인도 의병에 합류하였어요.

37. 신민회의 활동   정답 ①

대성 학교를 설립하였으며 안창호, 양기탁 등이 조직하였다는 내용을 통해 (가) 단체가 신민회임을 알 수 있어요. 신민회는 1907년에 안창호, 양기탁 등이 조직한 비밀 결사이며, 국권 회복과 공화 정체의 국가 수립을 목표로 활동하였어요. 신민회는 오산 학교와 대성 학교를 설립하여 민족 교육을 실시하였고, 자기 회사와 ㄱ. 태극 서관을 운영하여 민족 산업 육성에도 힘썼어요. 또한, 일제의 국권 침탈이 본격화되자 장기적인 독립운동의 기반을 마련하기 위해 남만주 삼원보 지역에 한인촌을 건설하고 신흥 강습소를 세우는 등 국외 독립운동 기지 건설에 적극적으로 나섰어요. 하지만 신민회는 일제가 날조한 ㄴ. 105인 사건으로 조직이 드러나 와해되었어요.

오답 피하기
ㄷ. 대한민국 임시 정부는 이륭양행에 교통국을 설치하여 국내와 연락을 취하였어요.
ㄹ. 헌정 연구회 등이 입헌 군주제 수립을 목표로 하였어요.

38. 1910년대 일제 식민 통치   정답 ④

조선 태형령에 따라 태형에 처한다는 내용을 통해 자료의 판결이 내려진 시기가 1910년대임을 알 수 있어요. 일제는 1910년대에 강압적 통치를 목적으로 군사 경찰인 헌병이 일반 경찰 업무와 행정 업무까지 관여하는 ④ 헌병 경찰 제도를 실시하였어요. 또한, 조선 태형령을 제정하여 한국인에게만 태형을 집행하였으며 범죄 즉결례를 만들어 헌병 경찰이 정식 재판 없이 벌금이나 구류, 태형 등의 처벌을 할 수 있게 하였어요. 교사나 일반 관리에게 제복을 입히고 칼을 차게 하여 일상생활에서도 강압적인 분위기를 조성하였어요. 1919년 3·1 운동 이후 일제는 이른바 문화 통치를 표방하면서 조선 태형령과 헌병 경찰 제도를 폐지하였어요.

오답 피하기
① 대한 제국 시기인 1899년에 황제의 군 통수권 장악을 위해 원수부가 설치되었어요.
② 1927년에 민족 유일당 운동의 일환으로 비타협적 민족주의 세력과 사회주의 세력이 연합하여 신간회를 창립하였어요.
③ 치안 유지법은 1925년에 제정되었어요. 일제는 사회주의 운동을 단속하기 위해 치안 유지법을 제정하였고, 독립운동을 탄압하는 데에도 이용하였어요.
⑤ 일제가 한국의 토지와 자원을 수탈할 목적으로 1908년에 동양 척식 주식회사를 설립하였어요.

39. 연해주 지역의 민족 운동

정답 ②

스탈린이 한인을 중앙아시아로 강제 이주시키면서 신한촌이 해체되었다는 내용을 통해 밑줄 그은 '이 지역'이 연해주임을 알 수 있어요. 연해주는 국내와 가까워 19세기 말부터 우리 민족이 많이 이주한 지역이었어요. 이곳에 한인 집단촌인 신한촌이 건설되었고, ② 자치 단체인 권업회가 조직되어 동포 사회를 이끌고 권업신문을 발행하여 민족의식을 고취하는 데 힘썼어요. 1914년에는 권업회를 토대로 이상설, 이동휘 등이 주도한 대한 광복군 정부가 수립되어 무장 독립 투쟁을 준비하였어요.

오답 피하기
① 멕시코 지역의 한인들은 1910년에 독립군 양성을 위해 숭무 학교를 설립하여 무장 투쟁을 준비하였어요.
③ 이상설 등이 중심이 되어 북간도 지역에 서전서숙을 설립하여 민족 교육을 실시하였어요.
④ 1912년에 전라도 지역에서 임병찬이 고종의 밀명을 받고 의병과 유생들을 모아 독립 의군부를 조직하였어요.
⑤ 1919년에 일본 도쿄의 한국인 유학생들이 중심이 되어 2·8 독립 선언서를 작성하였어요.

40. 국민 대표 회의

정답 ①

외교 중심의 대한민국 임시 정부 활동의 한계가 드러나고, 이승만이 미국의 윌슨 대통령에게 국제 연맹에 의한 위임 통치 청원서를 제출한 사실이 알려져 민족 지도자들 사이에서 독립운동 방법을 두고 갈등이 커졌어요. 이에 새로운 독립운동의 방향을 모색하기 위해 독립운동가들이 상하이 대한민국 임시 정부에 모여 1923년 국민 대표 회의를 개최하였습니다. 그러나 국민 대표 회의는 대한민국 임시 정부를 해체하고 새로운 정부를 수립하자는 창조파와 임시 정부의 조직을 개선하자는 개조파의 대립으로 결렬되었어요. 이때 많은 독립운동가가 대한민국 임시 정부에서 이탈하였지요. 이후 위임 통치 청원의 책임을 물어 이승만이 대통령에서 탄핵되고, 박은식이 2대 대통령으로 선출되어 취임하였습니다. 박은식은 대통령제를 폐지하고 국무령 중심의 내각 책임제로 개편하는 개헌안을 제출하였고, 이것이 통과되어 대한민국 임시 정부의 체제가 개편되었어요.

따라서 국민 대표 회의가 개최된 시기는 대한민국 임시 정부 수립과 박은식 대통령 취임 사이인 ① (가)입니다.

41. 의열단

정답 ①

폭탄으로 고위 관리를 죽이고 중요 건물을 파괴하여 독립을 쟁취하려고 하였으며, 김원봉과 함께 조직하였다는 내용을 통해 (가) 단체가 의열단임을 알 수 있어요. 김원봉 등이 만주 지린성에서 결성한 의열단은 일제 요인 암살, 식민 통치 기관 파괴 등의 의열 투쟁을 전개하였어요. 박재혁, 김익상, 김상옥, 나석주 등이 단원으로 활동하였으며, ① 신채호가 작성한 '조선 혁명 선언'을 활동 지침으로 삼았어요.

오답 피하기
② 보안회는 일본의 황무지 개간권 요구에 반대하는 운동을 전개하여 이를 저지하였어요.
③ 독립 의군부는 복벽주의 이념에 따라 고종의 복위를 목표로 의병 전쟁을 준비하였어요.
④ 대한민국 임시 정부는 조소앙이 새로운 국가 건설의 이념으로 제시한 삼균주의를 기초로 하는 건국 강령을 발표하였어요.
⑤ 한인 애국단의 단원인 이봉창이 일본 도쿄에서 일왕의 행렬에 폭탄을 투척하는 의거를 일으켰어요.

42. 물산 장려 운동

정답 ②

평양에서 조만식 등의 주도로 시작되었으며 '조선 사람 조선 것' 등의 구호를 내세웠다는 내용을 통해 밑줄 그은 '이 운동'이 1920년대에 전개된 물산 장

려 운동임을 알 수 있어요. 1920년 회사 설립이 신고제로 바뀌고, 일본 상품에 대한 관세가 철폐된다는 소식이 전해지자 일본 기업에 비해 그 수나 자본금이 훨씬 적고 기술력도 뒤처지는 한국인 자본가와 기업의 위기의식이 높아졌어요. 이러한 가운데 민족 산업과 자본을 보호·육성하여 민족 경제의 자립을 이루자는 물산 장려 운동이 전개되었지요. 평양에서 시작된 물산 장려 운동은 자작회, 토산 애용 부인회 등의 단체들이 활발히 참여하고 ② 관세령이 폐지되면서 전국으로 확대되었어요.

오답 피하기
① 통감부는 1910년 8월까지 존속되었어요. 국채 보상 운동 등이 통감부의 탄압과 방해로 중단되었어요.
③ 1898년에 외국 상인의 상권 침탈에 대응하여 서울의 시전 상인들이 황국 중앙 총상회를 조직하였어요.
④ 1890년대 후반에 일본 금융 기관의 침투에 대응하여 한성 은행, 대한 천일 은행 등이 설립되었어요.
⑤ 1929년에 원산 총파업이 일어나자 일본, 프랑스 등 해외의 노동 단체가 격려 전문을 보내 지지하였어요.

43. 양세봉과 지청천

정답 ③

(가) 인물은 조선 혁명군 총사령관으로 항일 투쟁을 전개하였다는 내용을 통해 양세봉임을 알 수 있어요. 양세봉은 1930년대 초반에 남만주 지역에서 조선 혁명군을 이끌고 항일 중국군과 연합하여 영릉가 전투, 흥경성 전투 등에서 일본군에 승리하였어요. (나) 인물은 한국 독립군 총사령관으로 항일 투쟁을 전개하였으며, 한국 광복군 총사령관에 취임하였다는 내용을 통해 지청천임을 알 수 있어요. 지청천은 1930년대 초반에 한국 독립군을 이끌고 한·중 연합 작전을 전개하였어요. 지청천이 이끄는 한국 독립군은 중국 호로군과 연합하여 쌍성보 전투, ③ 대전자령 전투 등에서 일본군에 대승을 거두었어요. 또한, 지청천은 대한민국 임시 정부가 충칭에 정착한 후 창설한 정규 군대인 한국 광복군의 총사령관을 역임하였어요.

오답 피하기
① 김원봉은 중국 국민당 정부의 지원을 받아 중국 난징에 조선 혁명 간부 학교를 설립하고 독립군 간부 양성에 힘썼어요.
② 박상진은 공화정 수립을 목표로 대구에서 비밀 결사인 대한 광복회를 조직하여 친일파를 처단하였어요.
④ 국권을 빼앗긴 뒤에 북간도에서 서일 등 대종교도가 항일 운동 단체인 중광단을 결성하여 무장 투쟁을 전개하였고, 이후 중광단을 중심으로 북로 군정서를 조직하였어요.
⑤ 김원봉 등 의열단원이 황푸 군관 학교에 입학하여 군사 훈련을 받았어요.

44. 1940년대 일제 식민 통치

정답 ③

일제가 연합국을 상대로 전쟁을 벌였다는 내용을 통해 밑줄 그은 '시기'는 일제가 태평양 전쟁을 일으킨 1941년 이후에 해당함을 알 수 있어요. 중·일 전쟁(1937) 이후 일제는 국가 총동원법을 제정하여 본격적으로 인력과 물자 수탈에 나섰어요. 1941년 태평양 전쟁을 일으킨 이후에는 학도 지원병제, 징병제까지 실시하여 청년들을 침략 전쟁에 투입하였지요. ③ 전쟁 막바지에는 여자 정신 근로령을 공포하여 수십만 명의 한국인 여성을 군수 공장 등에서 강제로 일하게 하였어요.

오답 피하기
① 제1차 한·일 협약 후 대한 제국의 재정 고문으로 부임한 메가타의 주도로 1905년에 화폐 정리 사업이 실시되었어요.
② 일제는 1925년에 만주 지역 독립군의 활동을 탄압하기 위해 만주 군벌과 미쓰야 협정을 체결하였어요.
④ 1923년에 목포 근해 암태도에서는 고율의 소작료를 징수하는 지주 문재철의 횡포에 맞서 소작 쟁의가 전개되었어요.
⑤ 일제는 1910년에 회사 설립 시 총독의 허가를 받도록 하는 회사령을 공포하여 민족 자본의 성장을 억압하였어요.

45. 대한민국 정부 수립 과정

미·소 공동 위원회의 무기 휴회 결정부터 제2차 미·소 공동 위원회가 열리기 전까지 해당 시기에 있었던 사실을 찾으면 됩니다. 모스크바 3국 외상 회의의 합의 사항에 따라 열린 미·소 공동 위원회는 미국과 소련의 의견 대립이 이어지고 합의점을 찾지 못하여 무기 휴회에 들어갔어요(1946. 5.). 이러한 상황에서 이승만이 남한만의 단독 정부 수립을 주장하자 중도 성향의 여운형과 김규식 등이 미군정의 지원을 받아 좌우 합작 위원회를 조직하였어요. ④ 좌우 합작 위원회는 통일 정부 수립을 지향하여 좌우 양측의 의견을 아우른 7원칙을 발표(1946. 10.)하는 등 노력을 기울였지만, 좌우익의 의견 대립이 계속되었어요. 그리고 1947년 5월에 제2차 미·소 공동 위원회가 개최되었어요.

오답 피하기
① 1948년에 제주 4·3 사건 진압을 위해 정부가 여수와 순천에 주둔한 군대에 출동 명령을 내렸지만 군대 내 일부 세력이 명령을 거부하고 무장봉기하였어요. 이를 여수·순천 10·19 사건이라고 합니다.
② 1945년 12월에 제2차 세계 대전의 전후 처리를 위해 모스크바 3국 외상 회의가 개최되었어요.
③ 1948년에 제헌 국회가 제정한 반민족 행위 처벌법에 따라 반민족 행위 특별 조사 위원회가 출범하였어요.
⑤ 제2차 미·소 공동 위원회가 사실상 결렬 상태에 이르자 미국이 한반도 문제를 유엔으로 넘겼고, 1947년 11월에 유엔 총회에서 인구 비례에 의한 남북 총선거가 의결되었어요.

46. 6·25 전쟁

1950년 6월 25일에 북한의 기습 남침으로 6·25 전쟁이 발발하였어요. 북한의 남침을 침략 행위로 규정한 유엔 안전 보장 이사회에서 유엔군을 파병하였고, 낙동강 지역까지 밀렸던 국군과 유엔군은 반격을 시도하였어요. 1950년 9월 15일에 국군과 유엔군은 인천 상륙 작전을 전개하여 서울을 탈환하고, 여세를 몰아 38도선을 돌파하여 압록강 일대까지 진격하였어요. 하지만 중국이 국군과 유엔군의 북진을 경계하여 대규모 군대를 보내 공세를 폈어요. 이로 인해 국군과 유엔군이 북한 지역에서 밀려났고, 이 과정에서 ㄴ. 흥남 철수 작전이 전개되었으며, 1951년 1월에는 서울을 다시 빼앗겼어요(1·4 후퇴). 국군과 유엔군은 전열을 가다듬어 서울을 재탈환하였지만, 이후 38도선 일대에서 서로 밀고 밀리는 공방전이 지속되었어요. 이러한 가운데 ㄷ. 소련의 제안으로 1951년 7월에 첫 번째 정전 회담이 시작되었고, 1953년 7월 27일에 정전 협정이 체결되었어요.

오답 피하기
ㄱ. 1950년 1월에 미국이 태평양 지역 방위선에서 한국과 타이완을 제외하는 내용을 담은 애치슨 선언을 발표하였어요.
ㄹ. 1950년 8월에 국군은 낙동강 방어선인 다부동 일대의 전투에서 북한군의 공세를 방어하였어요.

47. 3선 개헌 이후의 사실

대화에 나타난 사건은 박정희 정부 시기에 정부와 여당인 민주 공화당이 추진한 3선 개헌과 이에 저항한 야당과 재야 세력, 학생들의 반대 투쟁입니다. 박정희 정부는 1969년에 국가 안보 강화와 지속적인 경제 발전을 명분으로 대통령의 3회 연임을 허용하는 3선 개헌을 추진하였어요. 국민의 반발이 거세게 일어났지만 국회에서 편법으로 개헌안이 통과되었고 이후 국민 투표를 통해 확정되었어요. 개정된 헌법에 따라 1971년에 치러진 제7대 대통령 선거에서 박정희는 야당의 김대중 후보를 힘겹게 누르고 3선 연임에 성공하였어요. 이후 박정희 정부는 1972년에 안보와 통일 등을 내세워 ⑤ 국회 해산, 헌법의 일부 효력 정지를 담은 10월 유신을 선포하였어요. 그리고 대통령을 통일 주체 국민 회의에서 간선제로 선출하고 대통령의 중임 제한 규정을 없앤 유신 헌법을 제정·공포하여 사실상 영구 집권에 나섰어요.

48. 박정희 정부 시기의 경제 상황

경부 고속 도로를 준공하고 100억 달러 수출을 달성하였다는 내용을 통해 (가) 정부가 박정희 정부임을 알 수 있어요. 박정희 정부는 1962년부터 1971년까지 경공업 중심의 제1, 2차 경제 개발 5개년 계획을 추진하였어요. 제1차 경제 개발 계획 시기에는 신발·의류·가발 등 노동 집약적 경공업 제품의 수출에 집중하였고, 제2차 경제 개발 계획 시기에는 정유·시멘트 등 기간산업 육성과 경부 고속 도로 건설 등 사회 간접 자본의 확충에 중점을 두었어요. 1970년대에는 제3, 4차 경제 개발 5개년 계획을 추진하여 중화학 공업 육성에 집중하였어요. 이 시기에 포항 종합 제철 준공, 100억 달러 수출 달성 등이 이루어졌습니다. ⑤ 박정희 정부 시기인 1970년부터 환경 개선 등 농촌의 근대화를 표방한 새마을 운동이 전개되었어요.

오답 피하기
① 노무현 정부 시기에 체결된 한·미 자유 무역 협정(FTA)은 이명박 정부 시기인 2011년에 국회에서 비준되었어요.
② 전두환 정부 시기에 저유가, 저금리, 저달러의 3저 호황으로 물가가 안정되고 수출이 증가하였어요.
③ 이승만 정부 시기에 원조 물자를 가공하여 밀가루, 설탕, 면직물을 생산하는 삼백 산업이 발달하였어요.
④ 김영삼 정부는 1993년에 대통령 긴급 명령으로 금융 실명제를 전격 실시하였어요.

49. 6월 민주 항쟁

국민의 손으로 대통령을 직접 뽑게 되었으며, 노태우, 김영삼, 김대중 등이 대통령 후보로 출마한 상황을 통해 밑줄 그은 '선거'가 6월 민주 항쟁 이후 치러진 첫 번째 대통령 선거임을 알 수 있어요. ⑤ 전두환 정부의 4·13 호헌 조치에 분노한 국민들이 '호헌 철폐, 독재 타도' 등을 내세워 6월 민주 항쟁을 전개하였어요. 6월 민주 항쟁에 굴복한 전두환 정부는 여당의 차기 대통령 후보로 내세운 노태우를 통해 직선제 개헌을 수용한다는 6·29 민주화 선언을 발표하였어요. 이후 개헌을 거쳐 국민의 손으로 대통령을 직접 선출하는 선거가 치러져 노태우가 대통령에 당선되었어요.

오답 피하기
① 노태우 정부가 여소야대 정국을 극복하기 위해 3당 합당을 단행하여 민주 자유당이 창당되었어요.
② 1997년 김영삼 정부는 외환 위기가 발생하자 국제 통화 기금(IMF)에 구제 금융을 요청하였어요.
③ 제2대 국회 의원 선거에서 반정부적 성향의 의원이 대거 국회에 진출하자 이승만 정부는 이승만의 대통령 재선을 가능하게 만들기 위해 비상계엄을 선포한 가운데 대통령 직선제를 골자로 한 발췌 개헌안을 통과시켰어요.
④ 3·15 부정 선거에 대한 항거에서 시작된 4·19 혁명으로 이승만 정권이 붕괴되었어요.

50. 노태우 정부 시기의 통일 노력

노태우 정부는 냉전이 해체되는 국제 정세의 변화 속에서 북방 외교를 추진하여 소련, 중국 및 동유럽 사회주의 국가와 외교 관계를 맺고 교류를 확대하였어요. 또한, 남북 대화에 적극적으로 나서 북한과 유엔에 동시 가입하는 성과를 이루어 냈어요. ② 노태우 정부 시기에 남북한은 남북 기본 합의서를 채택하고 한반도 비핵화 공동 선언에 서명하였어요.

① 김대중 정부 시기에 분단 이후 처음으로 남북 정상 회담이 개최되었어요.
③ 김대중 정부 시기에 6·15 남북 공동 선언에 따라 남북한은 교류 협력을 위한 개성 공단 조성 사업을 추진하기로 하였어요.
④ 박정희 정부 시기에 남북한은 7·4 남북 공동 성명에 따라 남북 조절 위원회를 설치 하여 통일 방안을 논의하였어요.
⑤ 전두환 정부 시기에 남북 간 이산가족 상봉이 처음으로 이루어졌어요.

제2회 최종 점검 기출 모의고사

1 ①	2 ③	3 ①	4 ②	5 ④	6 ⑤	7 ②	8 ④
9 ③	10 ④	11 ④	12 ③	13 ③	14 ③	15 ⑤	16 ④
17 ②	18 ⑤	19 ①	20 ①	21 ④	22 ③	23 ③	24 ②
25 ①	26 ⑤	27 ⑤	28 ①	29 ①	30 ②	31 ②	32 ③
33 ②	34 ④	35 ②	36 ③	37 ②	38 ④	39 ③	40 ④
41 ③	42 ③	43 ②	44 ①	45 ⑤	46 ④	47 ③	48 ①
49 ②	50 ③						

1. 청동기 시대의 생활 모습   정답 ①

사유 재산과 계급이 발생하였다는 내용과 '민무늬 토기' '비파형 동검', '고 인돌' 등을 통해 (가) 시대가 청동기 시대임을 알 수 있어요. 청동기 시대에 농 경이 발달하면서 잉여 생산물이 생기고 사유 재산의 개념이 나타났어요. 이에 따라 빈부 격차와 계급 분화가 뚜렷해져 부족 안에서 권력과 경제력을 가진 지배자가 등장하였어요. 민무늬 토기, 비파형 동검, 고인돌은 청동기 시대에 만들어진 대표적인 유물과 유적입니다. ① 반달 돌칼은 청동기 시대의 대표적 인 농기구로, 벼 등의 곡식을 수확하는 데 사용되었어요.

② 구석기 시대 사람들은 이동 생활을 하며 주로 동굴이나 막집에서 거주하였어요.
③ 고려 시대에 들어와 소를 이용한 깊이갈이가 일반화되었어요.
④ 철기 시대부터 호미, 쇠스랑 등의 철제 농기구가 제작되었어요.
⑤ 신석기 시대부터 가락바퀴와 뼈바늘을 이용하여 실을 뽑고 옷 등을 만들기 시작하 였어요.

2. 부여의 사회 모습   정답 ③

쑹화강 유역에 위치하였으며, 영고라는 제천 행사와 형사취수제라는 풍속이 있었다는 내용을 통해 밑줄 그은 '이 나라'가 부여임을 알 수 있어요. 부여는 만주 쑹화강 유역에서 성장하였으며, 매년 12월에 영고라는 제천 행사를 열었 어요. 부여에는 형이 죽으면 형수를 아내로 삼는 형사취수제 외에 지배 계급 에 속하는 사람이 죽으면 그가 거느리던 다른 사람을 스스로 죽게 하거나 죽 여서 함께 묻는 순장의 풍속이 있었어요. ③ 부여에서는 왕이 중앙을 다스리 고 마가, 우가, 저가, 구가의 여러 가(加)들이 별도로 사출도라고 불린 지역을 다스렸어요.

① 삼한에는 소도라고 불린 신성 구역이 있었고, 이곳에는 정치적 지배자의 힘이 미치 지 못하였어요.
② 동예에는 읍락 간의 경계를 중시하여 이를 침범하면 소나 말, 노비 등으로 변상하게 하는 책화의 풍습이 있었어요.
④ 백제에서는 귀족들이 정사암에 모여 재상을 선출하거나 국가의 중대사를 논의하였 어요.
⑤ 고조선에는 사회 질서를 유지하기 위해 범금 8조가 있었으며, 지금은 그중에서 3개 조항이 전해지고 있어요.

3. 백제 성왕의 정책   정답 ①

웅진에서 사비로 도읍을 옮겼으며, 관산성 부근에서 신라의 복병에게 목숨을 잃었다는 내용을 통해 자료에 해당하는 왕이 백제 성왕임을 알 수 있어요. ① 성왕은 웅진에서 사비로 천도하고 부여 계승 의식을 내세우며 국호를 '남부 여'로 개칭하였어요. 그리고 신라 진흥왕과 연합하여 고구려를 공격해 한강 유역을 되찾았어요. 양국은 한강 유역을 나누어 차지하였으나, 곧이어 신라군 이 백제를 기습 공격하여 한강 유역 전체를 차지하였어요. 이에 분노한 성왕 이 신라 공격에 나섰다가 관산성 전투에서 전사하였어요.

4. 금동 미륵보살 반가 사유상

삼산관을 쓰고 깊은 생각에 빠져 있는 모습을 하고 있으며, 일본 교토 고류사에 재료만 다르고 모습이 매우 닮은 불상이 있다는 내용을 통해 밑줄 그은 '이 불상'이 삼국 시대에 만들어진 ② 금동 미륵보살 반가 사유상임을 알 수 있어요.

오답 피하기
① 통일 신라 시기에 만들어진 것으로 보이는 경주 구황동 금제 여래 입상이에요.
③ 고구려 불상 양식의 영향을 받은 발해의 이불병좌상이에요.
④ 고구려 불상인 금동 연가 7년명 여래 입상이에요.
⑤ 고려 초기에 만들어진 하남 하사창동 철조 석가여래 좌상이에요.

5. 고구려의 대당 항쟁

밑줄 그은 '전투'는 645년에 당의 황제가 직접 대군을 이끌고 백암성에 침입하여 고구려군과 벌인 백암성 전투를 말합니다. 당군은 백암성을 무너뜨리고 이어 안시성 공격에 나섰습니다. 642년에 고구려에서는 연개소문이 영류왕을 제거하고 보장왕을 세우는 정변을 일으킨 뒤 스스로 막리지에 올라 권력을 장악하였어요. 연개소문이 당에 강경책을 펴자 대외 팽창 정책을 추진하며 침략할 기회를 엿보고 있던 당 태종은 연개소문의 정변을 구실로 삼아 고구려를 침공하였어요. 당 태종은 직접 대군을 이끌고 고구려의 요동성, 백암성을 차례로 무너뜨렸지만, 안시성 전투에서 고구려 관민의 거센 저항에 부딪혀 함락에 실패하고 물러났어요. 한편, 고구려가 당의 침략에 맞서는 동안 신라는 백제의 공격으로 위기에 처하자 당과 동맹을 맺어 나·당 연합군을 결성하였어요(648). 나·당 연합군은 660년에 백제를 멸망시킨 뒤 668년에 고구려를 공격하여 멸망시켰어요.
따라서 백암성 전투가 벌어진 시기는 고구려의 보장왕 즉위와 고구려 멸망 사이인 ④ (라)입니다.

6. 백제 부흥 운동

(가)는 계백이 결사대 5천 명을 거느리고 황산에서 신라 군사와 맞서 싸웠으나 결국 패하고 사망하였다는 내용을 통해 660년에 일어난 황산벌 전투에 대한 것임을 알 수 있어요. (나)는 검모잠이 안승을 왕으로 삼았다는 내용을 통해 668년 고구려 멸망 이후 전개된 고구려 부흥 운동에 대한 것임을 알 수 있어요. 660년에 황산벌 전투 패배에 이어 사비성이 함락되고 의자왕이 항복하여 백제가 멸망하였어요. ⑤ 백제 멸망 후 복신과 도침이 일본에서 귀국한 의자왕의 아들 부여풍을 왕으로 추대하여 백제 부흥 운동을 전개하였으나 백제 부흥 운동은 실패하였어요. 이후 나·당 연합군이 평양성을 함락하여 고구려마저 무너뜨렸어요(668). 고구려 멸망 이후 검모잠이 안승을 고구려 왕으로 받들어 한성(지금의 황해도 재령)을 중심으로 고구려 부흥 운동을 전개하였으나 내분이 일어나 안승이 검모잠을 죽이고 신라에 항복하였어요. 신라 문무왕은 안승의 무리를 금마저(지금의 익산)에 머물게 하고 674년에 안승을 보덕국 왕으로 책봉하였어요.

오답 피하기
① 고구려 멸망 이후 한반도 전체를 지배하려는 야욕을 노골적으로 드러낸 당은 평양에 안동도호부를 설치하였으나, 신라와의 전투에서 연이어 패배하여 676년에 안동도호부를 요동으로 옮겼어요.
② 고구려로부터 되찾은 한강 하류 지역을 신라 진흥왕에게 빼앗긴 백제 성왕이 554년에 신라 공격에 나섰다가 관산성 전투에서 전사하였어요.

③ 신라는 675년에 매소성 전투, 676년에 기벌포 전투에서 당군을 격파하고 삼국 통일을 완성하였어요.
④ 신라의 김춘추는 백제의 공격에 맞서기 위해 고구려에 군사 지원을 요청하였다가 실패한 뒤 648년에 당으로 건너가 당과의 군사 동맹을 성사시켰어요.

7. 통일 신라의 경제

통일을 이루고 9주 5소경을 설치한 이후라는 내용을 통해 밑줄 그은 '시기'가 통일 신라에 해당함을 알 수 있어요. ② 신라 촌락 문서는 일본 도다이사 쇼소인에서 발견되었는데, 서원경 인근 4개 촌락의 인구수, 토지 종류와 면적, 소와 말의 수 등의 변동 사항을 조사하여 3년마다 기록한 것이에요. 이를 통해 조세 수취를 위한 참고 자료로 촌락 문서를 작성하였음을 알 수 있습니다.

오답 피하기
① 고려 시대에 예성강 하구의 벽란도가 국제 무역항으로 번성하여 송, 일본 등 주변국은 물론 아라비아 상인까지도 왕래하였어요.
③ 금관가야는 철이 많이 생산되어 낙랑군, 왜 등에 철을 수출하였어요.
④ 우경은 철기 시대부터 시작된 것으로 보여요. "삼국사기"에는 신라 지증왕이 우경을 장려하였다는 기록이 있어요.
⑤ 백제는 수도에 도시부라는 관청을 설치하여 시장에 관한 업무를 주관하게 하였어요.

8. 신라 신문왕의 정책

처음으로 9주가 되었으며, 서원소경과 남원소경을 설치하였다는 내용을 통해 자료의 정책을 실시한 왕이 신라 신문왕임을 알 수 있어요. 삼국 통일을 완성한 문무왕의 뒤를 이어 그 아들 신문왕이 즉위하였어요. 신문왕은 즉위 직후에 있었던 김흠돌의 난을 진압하고 왕권에 도전하는 진골 귀족들을 숙청하였어요. 그리고 강화된 왕권을 바탕으로 9주 5소경의 지방 행정 제도와 9서당 10정의 군사 조직을 마련하는 등 통치 체제를 정비하였어요. 또한, ④ 관료전을 지급하고 녹읍을 폐지하여 귀족의 경제 기반을 약화하였어요.

오답 피하기
① 법흥왕 때 금관가야가 신라에 복속하여 멸망하였어요.
② 지증왕 때 이사부가 지금의 울릉도 일대인 우산국을 신라에 복속시켰어요.
③ 진흥왕 때 조세의 출납을 관장하는 품주가 설치되었어요.
⑤ 원성왕 때 국학의 학생들을 대상으로 유교 경전의 이해 수준을 3등급(상·중·하)으로 평가하여 관리로 등용하는 독서삼품과가 실시되었어요.

9. 신라 말의 상황

최치원이 해인사 묘길상탑기를 지었으며 진성 여왕이 다스리던 시기라는 내용을 통해 밑줄 그은 '시기'가 신라 말임을 알 수 있어요. 신라 말에 최치원은 당으로 건너가 빈공과에 합격한 후 당에서 관직 생활을 하였어요. 신라로 귀국한 후 진성 여왕에게 사회 개혁을 위한 시무 10여 조를 건의하였으나 진골 귀족들의 반발로 받아들여지지 않자 은둔 생활을 하였어요. ③ 9세기 말 진성 여왕 때 사벌주에서 일어난 원종과 애노의 봉기를 계기로 농민 봉기가 잇달아 일어났어요.

오답 피하기
① 원광은 6세기 말 진평왕 때 화랑도가 지켜야 할 행동 규범으로 사군이충·사친이효·교우이신·임전무퇴·살생유택의 세속 5계를 제시하였어요.
② 6세기 법흥왕 때 이차돈의 순교를 계기로 불교가 공인되었어요.
④ 6세기 진흥왕 때 거칠부가 왕명을 받아 역사서인 "국사"를 편찬하였어요.
⑤ 7세기 전반 선덕 여왕 때 자장의 건의로 황룡사 9층 목탑이 건립되었어요.

10. 후삼국 통일 과정

신검이 견훤을 금산사에 유폐하였다는 내용을 통해 후백제에서 신검이 왕위를 차지하는 상황임을 알 수 있어요. 후백제를 세운 견훤의 세력이 점점 강성해지자 신라는 고려와 연합하여 대항하고자 하였어요. 이에 927년 견훤의 후백제군은 신라의 금성을 습격하여 경애왕을 죽게 하고 신라를 도우러 온 고려군을 공산 전투에서 격퇴하였습니다. 이후 일어난 고창 전투에서 후백제는 호족들의 지원을 받은 고려군에 패하면서 큰 타격을 입었어요(930). 고창 전투 패배 이후 세력이 위축된 상황에서 후백제에서는 왕위 계승을 둘러싸고 다툼이 일어나 신검이 아버지 견훤을 금산사에 유폐하고 왕위에 올랐어요(935). 견훤은 금산사를 탈출하여 고려의 왕건에게 귀부하였고, 이후 ④ 왕건과 견훤이 함께 일리천 전투에서 신검이 이끄는 후백제군을 격퇴하였어요(936).

오답 피하기
① 후고구려를 세운 궁예는 국호를 '마진'으로 바꾼 후 최고 중앙 관서인 광평성을 설치하였어요(904).
② 8세기 전반 발해 무왕 때 장문휴가 당의 등주를 선제공격하여 당군을 격파하였어요(732).
③ 후백제와 고려의 공산 전투 당시 신숭겸은 후백제군에게 포위되어 위기에 빠진 왕건을 구하기 위해 싸우다가 전사하였어요(927).
⑤ 9세기 전반 신라 헌덕왕 때 웅천주 도독 김헌창이 자신의 아버지 김주원이 왕이 되지 못한 것에 불만을 품고 반란을 일으켰어요(822).

11. 고려 성종 재위 시기의 사실 정답 ④

지방에 각각 경학박사 1명과 의학박사 1명을 보내 학문을 권장하고 12목을 설치하였다는 내용을 통해 시나리오에 등장하는 왕이 고려 성종임을 알 수 있어요. 성종은 2성 6부의 중앙 관제를 마련하고 지방에 12목을 설치하여 지방관을 파견하였으며, 지방 세력을 통제하기 위해 향리제를 정비하였어요. 또 국자감을 설치하고 지방에 경학박사와 의학박사를 파견하여 교육을 장려하였습니다. ④ 성종은 최승로가 올린 시무 28조를 받아들여 유교 정치 이념을 바탕으로 통치 체제를 정비하였어요.

오답 피하기
① 고려 광종은 후주에서 귀화한 쌍기의 건의를 받아들여 과거제를 실시하였어요.
② 고려 예종은 관학 진흥을 위해 일종의 장학 재단인 양현고를 설치하였어요.
③ 고려 공민왕은 국자감을 성균관으로 개칭하고 유학 교육만 전담하는 최고 학부로 만들었어요.
⑤ 고려 태조는 "정계"와 "계백료서"를 지어 관리가 지켜야 할 규범을 제시하였어요.

12. 묘청의 난 정답 ③

정지상이 묘청 등과 함께 수도를 서경으로 옮길 것을 주장하여 개경 세력과 정치적으로 대립하던 중 일어났다는 내용을 통해 밑줄 그은 '이 사건'이 1135년에 일어난 묘청의 난임을 알 수 있어요. 고려 건국 이후 국가 체제를 정비하는 과정에서 문벌이 형성되었어요. 이들은 여러 대에 걸쳐 고위 관리를 배출하였으며 왕실과 혼인 관계를 맺거나 서로 간의 혼인을 통해 권력을 장악하였어요. 특히 인종 때 두 딸을 왕에게 시집보낸 경원 이씨 가문의 이자겸은 왕권을 위협할 정도로 막강한 권력을 행사하였고, 급기야 스스로 왕이 되고자 반란을 일으켰어요(이자겸의 난). 반란은 곧 진압되었지만, 왕권은 실추되고 지배층 사이의 분열과 갈등은 심해졌어요. 이에 인종은 묘청과 정지상 등 서경 세력을 이용하여 개혁 정치를 추진하였습니다. 이 과정에서 묘청을 비롯한 서경 세력이 서경 길지설을 내세워 서경 천도를 추진하였으나 개경 세력에 막혀 좌절되자 반란을 일으켰어요(묘청의 난). 반란은 김부식이 이끄는 관군에 의해 진압되었고, 이후 문벌 지배 체제의 모순은 더욱 심화되었어요. 이러한 가운데 문신과 비교하여 차별을 받던 무신들의 불만이 폭발하여 정변으로 이어져 무신 정권이 들어섰어요. 무신 집권기에 몽골이 침략하자 당시 최고 집권자였던 최우는 일단 강화를 맺어 몽골군을 철수하게 한 뒤 강화도로 천도하여 장기 항전에 대비하였어요. 여러 차례 이어진 몽골의 침략에 백성을 중심으로 대몽 항쟁을 전개하였지만, 고려 정부는 몽골과 강화를 맺고 1270년에 개경으로 환도하였어요.
따라서 묘청의 난이 일어난 시기는 이자겸의 난과 개경 환도 사이인 ③ (다)입니다.

13. 거란의 침입 정답 ③

(가)는 거란의 소손녕이 공격해 오자 서희를 보내 화의를 요청하여 침공을 중지시켰다는 내용을 통해 고려 성종 재위 시기인 993년에 일어난 거란의 1차 침입 상황임을 알 수 있어요. (나)는 강감찬이 개경에 나성을 쌓을 것을 요청하였다는 내용을 통해 고려 현종 재위 시기의 상황임을 알 수 있어요. ③ 목종 때 강조가 정변을 일으켜 김치양을 제거하고 목종을 폐위시킨 뒤 현종을 왕으로 세웠어요.

오답 피하기
① 고종 때 몽골 사신 저고여가 고려에 왔다가 귀국길에 피살되었어요(1225). 몽골은 이 사건을 구실 삼아 고려를 침략하였어요.
② 우왕 때 최무선의 건의에 따라 화약 무기와 화포 등을 만드는 화통도감이 설치되었어요(1377).
④ 우왕 때 나세, 심덕부, 최무선 등이 진포에서 왜구를 물리쳤어요(1380). 이때 최무선이 제조한 화포가 처음으로 실전에 사용되었어요.
⑤ 무신 집권기인 명종 때 공주 명학소의 주민인 망이와 망소이가 소 거주민에 대한 차별과 가혹한 수탈에 저항하여 난을 일으켰어요(1176).

14. 개경 환도 이후의 사실 정답 ③

'원종이 강화에서 송경(개경)으로 환도할 적', '권신의 가병, 신의군 등의 부대가 승화후를 옹립하고 반역을 도모'라는 내용을 통해 자료에 나타난 상황이 고려 정부의 개경 환도 및 삼별초의 봉기와 관련 있음을 알 수 있어요. 장기적인 몽골과의 항쟁을 위해 강화도로 옮겨 갔던 고려 정부가 오랜 전쟁에 지쳐 화의를 맺고 개경으로 돌아갈 것을 결정하였어요. 그러나 삼별초는 개경 환도에 반대하여 봉기하였어요. 배중손이 이끈 삼별초는 승화후 왕온을 왕으로 추대하고 진도로 옮겨 가 1년여 동안 항쟁을 이어 갔어요. 하지만 여·원 연합군의 계속된 공격에 큰 타격을 입은 삼별초는 김통정의 지휘 아래 진도에서 빠져나와 제주도(탐라)로 내려가 항쟁을 이어 가다가 ③ 김방경, 흔도 등이 이끄는 여·원 연합군에게 진압되었어요(1273).

오답 피하기
① 몽골의 2차 침입 당시 김윤후가 처인성에서 적장 살리타를 사살하고 몽골군을 격퇴하였어요(1232).
② 인종 때 묘청 등이 칭제건원과 금국 정벌을 주장하고 서경 천도를 시도하였다가 실패하자 서경에서 난을 일으켰어요(1135).
④ 명종 때 이의민을 제거하고 권력을 장악한 최충헌이 봉사 10조를 올려 시정 개혁을 건의하였어요(1196).
⑤ 명종 때 경대승이 정중부 등을 제거하고 권력을 장악하였어요(1179).

15. 의천의 활동 정답 ⑤

문종의 아들이며 국청사를 중심으로 천태종을 개창한 인물은 고려의 승려 의천이에요. 의천은 송에 건너가 화엄종과 천태학 등을 공부하고 돌아왔어요. 귀국 후 흥왕사의 주지가 되어 송·요·일본 등 동아시아 각지의 불교 서적을 수집하여 그 목록을 정리한 "신편제종교장총록"을 펴내고, 대장경의 주석서를 모아 "교장"을 편찬하였어요. 또한, 국청사를 중심으로 해동 천태종을 개창하여 교종의 입장에서 선종을 통합하고자 하였어요. 이를 실현하는 수행 방법으로 ⑤ 이론 연마와 수행을 함께 강조하는 교관겸수를 제시하였어요.

오답 피하기
① 균여는 보현십원가를 지어 대중에게 불교 교리를 전파하는 데 힘썼어요.
② 지눌은 승려 본연의 자세로 돌아가 독경과 참선, 노동에 고루 힘써야 한다고 주장하며 수선사 결사를 조직하여 불교 개혁 운동을 벌였어요. 그는 수행 방법으로 돈오점수와 정혜쌍수를 내세웠고, 이를 통해 선종과 교종의 사상적 갈등을 해소하고자 하였어요.
③ 혜심은 유불 일치설을 주장하며 심성의 도야를 강조하였는데, 이는 장차 성리학을 받아들일 수 있는 사상적 토대가 되었어요.
④ 일연은 불교사를 중심으로 고대의 민간 설화, 야사 등을 수록한 "삼국유사"를 저술하였어요.

16. 고려의 역사서

정답 ④

고려 전기에는 유학의 발달과 함께 유교적 역사 인식을 바탕으로 "삼국사기" 등의 역사서가 편찬되었고, 고려 후기에는 민족의 우수성과 자주 의식을 드러낸 "삼국유사", "제왕운기" 등이 편찬되었어요. 또한, 원으로부터 성리학이 도입되면서 성리학적 유교 사관이 반영된 역사서도 편찬되었어요. ④ 이승휴의 "제왕운기"는 단군의 고조선부터 고려 충렬왕까지의 역사를 서사시로 서술한 역사서입니다.

오답 피하기
① 고려 충렬왕 때 일연이 불교사를 중심으로 고대의 민간 설화를 수록한 "삼국유사"를 편찬하였어요. 이제현이 쓴 "사략"은 성리학적 유교 사관이 반영된 역사서로 알려져 있으나 현재 전하지 않습니다.
② 조선 시대에 실록청에서 사초, 시정기 등을 바탕으로 "조선왕조실록"을 편찬하였어요. "삼국사기"는 김부식이 편찬한 역사서입니다.
③ 고려 인종 때 김부식이 유교 사관에 입각하여 기전체 형식의 역사서인 "삼국사기"를 편찬하였어요. "삼국유사"는 일연이 저술한 역사서입니다.
⑤ 고려 후기에 문신인 민지가 강목체로 고려 왕조의 역사를 정리한 "본조편년강목"을 편찬하였지만, 현재 전하지 않습니다. "해동고승전"은 무신 집권기에 승려 각훈이 삼국 시대 이래 명망 높은 승려들의 전기를 모아 편찬한 역사서이며, 그 일부 내용만 전해집니다.

17. 고려의 경제 상황

정답 ②

중국의 명주에서 바다를 건너 '벽란정'에 도착한 사신의 여정을 기록한 "송사"임을 통해 (가) 국가가 고려임을 알 수 있어요. 고려 시대에 수도 개경과 거리가 가까웠던 예성강 하구의 벽란도가 국제 무역항으로 번성하였어요. 벽란도에는 송의 상인을 비롯하여 멀리 아라비아 상인까지도 왕래하였어요. ② 고려 시대에는 활구라고 불리는 은병이 주조되었어요. 은병은 은 1근으로 만든 고액 화폐였어요.

오답 피하기
① 고구려에는 집집마다 부경이라는 창고가 있었어요.
③ 신라 지증왕 때 수도 금성(경주)에 시장인 동시와 이를 감독하기 위한 관청인 동시전이 설치되었어요.
④ 조선 세종 때 무역의 규모, 입항 조건 등을 규정한 계해약조가 체결되어 일본과 교역하였어요.
⑤ 조선 후기에 물주로부터 자금을 조달받아 광산을 전문적으로 경영하는 덕대가 등장하였어요.

18. 고려의 문화유산

정답 ⑤

⑤ 보은 법주사 팔상전은 조선 후기에 건립되었으며, 현존하는 우리나라 유일의 5층 목탑이에요.

오답 피하기
① 청동 은입사 포류수금문 정병은 고려 시대의 문화유산으로, 은입사는 금속 그릇에 은실을 이용하여 문양을 넣는 세공 기법이에요.
② 영주 부석사 소조 여래 좌상은 고려 시대의 불상으로 신라 양식을 계승하였어요.
③ 청자 상감 운학문 매병은 고려 시대에 상감 기법으로 제작된 청자입니다.
④ 평창 월정사 8각 9층 석탑은 고려 전기에 건립된 대표적인 다각 다층 석탑이에요.

19. 조선의 건국 과정

정답 ①

(가) 우왕이 요동을 공격하는 일을 최영과 의논하였다는 내용을 통해 고려 말에 우왕과 최영이 추진한 요동 정벌 상황임을 알 수 있어요. 원을 몰아내고 대륙을 장악한 명이 철령위를 설치하여 철령 이북의 영토를 직접 통치하겠다고 통고하자 우왕과 최영은 이성계에게 출병을 명령하여 요동 정벌을 단행하였어요.
(나) 4불가론을 내세우며 요동 정벌에 반대하였던 이성계는 압록강 하류의 위화도에서 군대를 멈추고 우왕에게 회군 명령을 요청하였지만 받아들여지지

않자 위화도에서 군대를 돌려 개경으로 돌아와 우왕과 최영을 몰아내고 권력을 장악하였어요.
(다) 이성계는 위화도 회군으로 정권을 장악한 후 급진 개혁파 신진 사대부와 함께 토지 개혁을 단행하여 권문세족의 토지를 몰수하고 신진 관료에게 재분배하는 과전법을 마련하였어요.
따라서 일어난 순서대로 나열하면 ① (가) 요동 정벌 추진(1388) → (나) 위화도 회군(1388) → (다) 과전법 제정(1391)입니다.

20. 승정원

정답 ①

은대라고도 불렸으며, 승지가 사무를 담당하였다는 내용을 통해 밑줄 그은 '이 기구'가 승정원임을 알 수 있어요. ① 조선 시대 왕의 비서 기관이었던 승정원은 왕명의 출납을 담당하였어요. 승정원에는 6명의 승지가 있어 각각 6조의 일을 나누어 맡았지만 왕명으로 각 승지의 업무는 수시로 변경되었어요.

오답 피하기
② 홍문관은 사간원, 사헌부와 함께 3사로 불리며 언론 기능을 담당하였어요.
③ 조선 시대에 관상감에서 천문 연구와 기상 관측 등을 담당하였어요.
④ 조선 시대에 시정의 기록을 담당한 춘추관은 실록의 보관과 관리 업무도 담당하였어요.
⑤ 의금부는 국왕 직속 사법 기구로 강상죄, 반역죄 등 중죄를 처결하였으며, 조옥, 금부, 금오라고 불리기도 하였어요.

21. 사화의 발생

정답 ④

(가)는 연산군의 생모인 폐비 윤씨 사건에 연루된 사람들을 조사하여 아뢰게 하였다는 내용을 통해 갑자사화 상황임을 알 수 있어요. 연산군은 생모인 폐비 윤씨 사건의 전말을 알게 되어 사건과 관련된 성종의 후궁들과 이복형제에게 보복하였어요. 그러고는 생모의 넋을 위로하기 위해 폐비 윤씨를 왕비로 추승하고 시호를 정하게 하였지요. 그 뒤 연산군은 사건을 더욱 확대하여 윤씨 폐위와 사사 사건에 관련된 자들을 모조리 찾아내어 처벌하였어요. 이때 김굉필 등 사림 세력은 물론 훈구 세력도 피해를 입었어요. 이를 갑자사화라고 합니다. (나)는 조광조 등을 원방에 안치하라는 내용을 통해 기묘사화 상황임을 알 수 있어요. 중종은 연산군을 몰아내고 자신을 왕위에 올린 훈구 세력이 권력을 독점하자 이들을 견제하기 위해 조광조 등 사림을 등용하였어요. 조광조가 현량과 실시, 위훈 삭제 등의 개혁을 추진하자 위협을 느낀 훈구 세력이 반발하여 기묘사화가 일어났어요. ④ 갑자사화 이후에도 연산군의 폭압 정치가 이어지자 성희안 등이 반정을 일으켜 연산군을 몰아내고 진성 대군을 왕(중종)으로 옹립하였어요.

오답 피하기
① 세조 때 성삼문 등이 단종의 복위를 꾀하였으나 실패하였어요. (가) 이전의 사실이에요.
② 명종 때 외척인 윤임 일파와 윤원형 일파의 대립으로 을사사화가 일어나 윤임이 제거되었어요. (나) 이후의 사실이에요.
③ 인조 때 이괄이 난을 일으켜 한양을 점령하였어요. (나) 이후의 사실이에요.
⑤ 연산군 때 '조의제문'이 발단이 되어 무오사화가 일어나 김일손 등이 화를 입었어요. (가) 이전의 사실이에요.

22. 조선 세종의 업적

정답 ③

갑인자를 주조하였다는 내용을 통해 밑줄 그은 '왕'이 조선 세종임을 알 수 있어요. 세종 때 주자소에서 이전의 금속 활자를 개량하여 경자자, 갑인자를 주조하였어요. ③ 세종 때 정초, 변효문 등이 삼남 지방의 농법을 소개한 "농사직설"을 편찬하였어요.

오답 피하기
① 성종은 세조 때부터 만들기 시작한 "경국대전"을 완성하여 반포하였어요.
② 영조 때 역대 문물을 분류, 정리하여 백과사전식으로 구성한 "동국문헌비고"가 간행되었어요.

④ 인조 때 풍흉에 관계없이 전세를 토지 1결당 4~6두로 고정하는 영정법이 제정되었어요.

⑤ 철종 때 진주에서 일어난 농민 봉기의 수습을 위해 파견된 안핵사 박규수의 건의로 삼정이정청이 설치되었어요.

23. 행주 대첩 이후의 사실   정답 ③

권율이 이끄는 군사가 행주산 위에 진을 치고 적을 물리쳤다는 내용을 통해 자료의 전투가 임진왜란 중에 있었던 행주 대첩(1593. 2.)임을 알 수 있어요. 따라서 행주 대첩 이후의 사실을 찾으면 됩니다. ③ 행주 대첩 이후 일본의 제의로 휴전 회담이 진행되었으나 결렬되고 일본이 다시 조선을 침략하여 정유재란이 시작되었어요(1597).

오답 피하기

① 고려 우왕 때 최영이 홍산(지금의 부여)에서 왜구를 크게 물리쳤어요(1376).

② 임진왜란 초기에 이순신이 이끄는 수군이 한산도에서 학익진 전법으로 일본군에 크게 승리하였어요(1592. 7.).

④ 조선 세종 때 이종무가 군사를 이끌고 가 왜구의 근거지인 쓰시마섬(대마도)을 정벌하였어요(1419).

⑤ 임진왜란 초기에 신립은 충주 탄금대에서 배수의 진을 치고 빠른 속도로 북상하는 일본군에 항전하였으나 패하였어요(1592. 4.).

24. 조선 숙종 재위 시기의 환국   정답 ②

(가)는 임금이 허견의 모반 사실을 알고도 감춘 허적에게 사약을 내렸다는 내용을 통해 경신환국 상황임을 알 수 있어요. 경신환국으로 남인이 정치에서 쫓겨나고 서인이 정권을 장악하였어요. (나)는 중전(인현 왕후)이 복위하였으니 장씨에게 옛 작호인 희빈을 내리라는 내용을 통해 갑술환국 상황임을 알 수 있어요. 갑술환국으로 서인이 다시 정권을 잡고 남인이 실각하였어요. 따라서 경신환국과 갑술환국 사이 시기에 있었던 사실을 찾으면 됩니다. ② 숙종 때 인현 왕후에게 후사가 생기지 않아 왕이 후궁 장씨의 소생을 원자로 삼으려고 하자 송시열을 비롯한 서인이 반대하였어요. 하지만 숙종은 왕자의 호칭을 원자로 정하고 그 생모인 장씨의 지위를 희빈으로 높였어요. 또 거세게 반대한 송시열의 관작을 삭탈하고 유배를 보내는 등 서인을 탄압하고 남인을 대거 등용하였어요(기사환국, 1689). 그러고는 인현 왕후를 폐위하고 희빈 장씨를 왕비로 책봉하였습니다.

오답 피하기

① 명종 때 외척 윤원형 등이 양재역에 걸린 벽서를 이용하여 반대파를 숙청한 양재역 벽서 사건이 일어났어요.

③ 현종 때 효종과 효종 비의 상례에서 자의 대비의 복상 문제로 두 차례 예송이 전개되었어요.

④ 선조 때 정여립 모반 사건으로 기축옥사가 일어나 동인이 큰 피해를 입고 서인이 정권을 잡았어요.

⑤ 영조 때 붕당 정치의 폐해를 막기 위해 성균관에 탕평비가 세워졌어요.

25. 조선 정조의 정책   정답 ①

초계문신제를 실시하였다는 내용을 통해 (가) 왕이 조선 정조임을 알 수 있어요. 정조는 영조의 뒤를 이어 탕평책을 폈으며, 자신의 개혁 정책을 뒷받침할 기반을 마련하고자 규장각을 자문 기구로 삼고 초계문신제를 실시하여 인재를 양성하였어요. 또한, ① 친위 부대인 장용영을 설치하여 왕권을 뒷받침하는 군사적 기반으로 삼았어요.

오답 피하기

② 광해군은 경기도에 한해서 처음으로 대동법을 실시하였어요.

③ 세종 때 한양을 기준으로 한 최초의 역법서인 "칠정산"이 만들어졌어요.

④ 어린 나이에 즉위한 고종을 대신하여 집권에 나선 흥선 대원군은 새로운 법전인 "대전회통"을 편찬하여 통치 체제를 재정비하였어요.

⑤ 세조는 새로운 관리에게 지급할 과전이 부족해지자 직전법을 제정하여 현직 관리에게만 수조권을 지급하였어요.

26. 진주 농민 봉기   정답 ⑤

박규수가 안핵사로 파견되었으며 삼정이정청이 설치되었다는 내용을 통해 진주 농민 봉기가 벌어진 이후의 상황임을 알 수 있어요. 순조~철종에 이르는 세도 정치 시기에 삼정의 문란과 지배층의 수탈로 민생이 피폐해졌어요. 이러한 상황에서 ⑤ 경상 우병사 백낙신의 탐학에 항거하여 유계춘을 중심으로 진주에서 농민 봉기가 일어났어요(진주 농민 봉기). 조선 정부는 진주 농민 봉기를 수습하기 위해 박규수를 안핵사로 파견하여 봉기의 진상을 살피고 보고하게 하였어요. 그리고 박규수의 건의에 따라 삼정의 문란을 바로잡기 위해 삼정이정청을 설치하였어요.

오답 피하기

① 제2차 수신사로 파견되었던 김홍집이 들여온 "조선책략"이 유포되자 이에 반발하여 1881년에 이만손을 중심으로 영남 유생들이 만인소를 올렸어요.

② 1875년에 일본의 군함 운요호가 허락 없이 강화도로 접근하여 경고 포격을 가한 조선군과 일본군 사이에 충돌이 일어나자 운요호는 영종도를 공격하였어요(운요호 사건). 이 사건이 계기가 되어 조선은 일본과 강화도 조약을 체결하였어요.

③ 1892년에 동학교도가 교조 최제우의 누명을 풀어 줄 것을 요구하는 삼례 집회를 개최하였어요.

④ 1801년에 신유박해로 천주교 신자들이 탄압을 받자 황사영이 신앙의 자유를 얻고자 외국 군대의 출병 등을 요청하는 백서를 작성하여 중국에 있는 프랑스 선교사에게 전달하려고 하였어요. 그러나 황사영의 백서가 발각되어 천주교에 대한 탄압이 강화되었어요.

27. 정약용의 활동   정답 ⑤

다산초당에 머무르며 "목민심서"와 "경세유표"를 집필하였다는 내용을 통해 (가) 인물이 정약용임을 알 수 있어요. 정약용은 농업 중심의 개혁론을 주장한 조선 후기의 실학자로, 정조 사후 오랫동안 유배 생활을 하면서 지방 행정의 개혁안을 담은 "목민심서", 국가 제도의 개혁 방안을 제시한 "경세유표", 형법서인 "흠흠신서" 등 많은 저술을 남겼어요. 또한, 홍역의 증상과 치료법을 수록한 의서인 "마과회통"을 집필하기도 하였어요. ⑤ 정약용은 "기기도설"을 참고하여 거중기를 제작하고 이를 수원 화성 축조에 이용하였어요.

오답 피하기

① 신숙주는 일본에 다녀와서 일본의 정치, 외교, 사회 등을 종합적으로 정리한 "해동제국기"를 편찬하였어요.

② 풍기 군수 주세붕은 최초의 서원인 백운동 서원을 세웠어요. 백운동 서원은 이후 이황의 건의에 따라 국왕으로부터 '소수 서원'이라는 현판을 받아 사액 서원이 되었어요.

③ 김정희는 "금석과안록"에서 북한산비가 진흥왕 순수비임을 고증하였어요.

④ 정제두는 양명학을 체계적으로 연구하였으며, 강화도에서 후진 양성에 힘을 기울여 강화학파를 형성하였어요.

28. 조선 후기의 문화   정답 ①

한글 소설과 판소리가 유행하였다는 내용을 통해 밑줄 그은 '이 시기'가 조선 후기임을 알 수 있어요. 조선 후기에 서민 문화가 발달하면서 "홍길동전", "춘향전", "심청전" 등 한글 소설이 널리 읽히고, 서민이 즐길 수 있는 공연인 판소리와 탈놀이(탈춤) 등이 성행하였어요. ① 조선 태종 때 활자 주조 관청인 주자소가 설치되고 금속 활자인 계미자가 주조되었어요.

오답 피하기

② 조선 후기에 상품의 생산과 유통이 활발해지면서 장시가 많이 증가하였고, 송파장처럼 상설 시장으로 발전하기도 하였어요. 송파 산대놀이는 서울과 경기 지방에서 전승되는 탈놀이입니다.

③ 조선 후기에 상업이 발달하면서 대규모 자본으로 물품을 구매하는 독점적 도매상인 인 도고가 등장하였어요.

④ 조선 후기에 중인들도 양반처럼 시사를 조직하여 문학 활동을 즐겼어요.

⑤ 조선 후기에 인삼, 담배, 고추, 면화 등이 시장에 내다 팔기 위한 상품 작물로 재배되었어요.

29. 신미양요 이후의 사실 　　　정답 ①

어재연 장군의 부대가 광성보에서 로저스 제독이 이끄는 미군에 맞서 결사 항
전하였으나 끝내 함락을 막지 못하였다는 내용을 통해 (가) 사건이 신미양요
임을 알 수 있어요. 1871년에 미군이 제너럴 셔먼호 사건을 빌미로 강화도를
침략하여 신미양요가 일어났어요. 신미양요 당시 어재연 장군이 이끄는 부대
가 광성보에서 미군에 맞서 싸웠으나 전력의 열세로 패배하였어요. 미국은 군
사적 압박을 계속 가하면 조선 개항에 성공할 것이라고 여겼지만 조선군의 끈
질긴 저항에 부딪혀 결국 물러났어요. 신미양요 이후 흥선 대원군은 서양 세
력과의 통상 수교 거부 의지를 널리 알리기 위해 ① 종로와 전국 각지에 척화
비를 세웠어요.

오답 피하기

② 1866년에 미국 상선 제너럴 셔먼호의 선원들이 통상을 요구하며 횡포를 부리자 평
　양 관민이 제너럴 셔먼호를 불태웠어요.
③ 1866년 병인양요 때 한성근 부대가 문수산성에서 프랑스군에 항전하였어요.
④ 조선 순조 때인 1801년에 신유박해가 일어나 많은 천주교도가 처형되었어요.
⑤ 1868년에 독일 상인 오페르트가 조선 정부와의 통상 협상에 이용하기 위해 남연군
　묘 도굴을 시도하였어요.

30. 조·미 수호 통상 조약과 조·일 통상 장정 　　　정답 ②

(가)는 1882년에 체결된 조·미 수호 통상 조약으로 조선이 서양 국가와 맺은
최초의 조약입니다. 이 조약에는 ㄱ. 최혜국 대우와 관세 규정 조항이 포함되
었고, 거중 조정 조항도 있었어요. 거중 조정은 양국 중 한 나라가 다른 나라의
핍박을 받을 경우 서로 돕고 분쟁을 원만하게 해결할 수 있게 지원하는 것을
말합니다. (나)는 1883년에 체결된 조·일 통상 장정입니다. 강화도 조약의 부
속 조약으로 맺은 조·일 무역 규칙을 개정하여 만든 이 조약에는 일본 상품에
대한 관세 규정이 포함되었고, ㄷ. 조선에서 천재지변과 변란으로 인한 식량
부족의 우려가 있을 때 방곡령을 선포할 수 있다는 규정도 추가되었어요.

오답 피하기

ㄴ. 갑신정변 후 조선 정부는 일본에 배상금 지불과 일본 공사관 건축 비용 및 부지 제
　공 등을 약속하는 한성 조약을 체결하였어요.
ㄹ. 제1차 한·일 협약에 일본이 추천하는 외교 고문과 재정 고문을 두도록 하는 조항이
　담겼어요. 이에 따라 외교 고문으로 미국인 스티븐스, 재정 고문으로 일본인 메가
　타가 부임하였어요.

31. 갑신정변 　　　정답 ②

김옥균 등이 일으켰으며, 일부 급진 개화파를 중심으로 개혁을 추진하고 인민
평등권 확립 등을 개혁안으로 내세웠다는 내용을 통해 밑줄 그은 '이 사건'이
갑신정변임을 알 수 있어요. 김옥균, 박영효 등 급진 개화파는 우정총국 개국
축하연을 이용하여 정변을 일으키고 개화당 정부를 수립한 후 개혁 정강을 발
표하였어요. 개화당 정부는 청과의 사대 관계 청산, 호조로 재정 일원화, 지조
법 개혁, 문벌 폐지, 인민 평등권 확립, 능력에 따른 인재 등용 등의 내용을 담
은 개혁안을 발표하고 개혁을 추진하였으나 청군의 개입으로 3일 만에 실패
하였어요. 이후 정변을 주도한 김옥균, 박영효 등은 일본으로 망명하였어요.
② 갑신정변 이후 일본은 갑신정변의 책임을 조선에 떠넘기며, 배상금 지불과
공사관 신축 비용 부담 등을 요구한 한성 조약의 체결을 강요하였어요.

오답 피하기

① 동학 농민 운동 당시 동학 농민군은 보국안민, 제폭구민의 기치를 내걸고 백산에서
　봉기하였어요.
③ 동학 농민군과 전주 화약을 맺은 후에 조선 정부는 개혁 추진을 위해 임시로 교정청
　을 설치하였어요.
④ 구식 군인에 대한 차별 대우가 발단이 되어 임오군란이 일어났어요.
⑤ 조·미 수호 통상 조약 체결 후 미국 공사가 한성에 부임하자, 조선 정부는 답례 차
　원에서 전권대신 민영익, 부대신 홍영식 등으로 구성된 보빙사를 미국에 파견하였
　어요.

32. 갑오개혁 　　　정답 ③

군국기무처에서 개혁을 추진하였다는 내용을 통해 밑줄 그은 '개혁'이 제1차
갑오개혁임을 알 수 있어요. 군국기무처는 개국 기년 사용, 궁내부 설치, 6조
를 8아문으로 개편, 탁지아문으로 재정 일원화, 도량형 통일, ③ 은 본위제 도
입, 조세의 금납화 등의 개혁을 추진하였고, 과거제 폐지, 연좌제 금지, 공사
노비법 혁파, 과부의 재가 허용, 조혼 금지 등을 결정하였어요.

오답 피하기

① 광무개혁 추진 과정에서 황제의 군 통수권 장악을 위해 원수부를 두었어요.
② 제2차 갑오개혁 때 재판소를 설치하여 사법권을 독립시켰어요.
④ 을미개혁 때 태양력을 공식적으로 채택하였어요.
⑤ 조선 정부는 1881년에 개화 정책의 일환으로 구식 군대인 5군영을 무위영과 장어영
　의 2영으로 통합하였어요.

33. 여러 지역의 역사 　　　정답 ②

② 1926년에 의열단 소속의 나석주는 서울에 있는 조선 식산 은행과 동양 척
식 주식회사에 폭탄을 투척하였어요.

오답 피하기

① 조선 후기에 의주를 근거지로 삼아 활동한 만상은 대청 무역을 통해 많은 이익을 얻
　었어요.
③ 고려 무신 집권기에 만적을 비롯한 개경(지금의 개성)의 노비들이 신분 해방을 도모
　하여 봉기를 준비하였으나 사전에 발각되었어요.
④ 동학 농민군은 황토현 전투와 황룡촌 전투에서 승리하고 전주성을 점령한 후 청과
　일본 군대의 개입을 막기 위해 전주에서 서둘러 정부와 화약을 체결하고 자진 해산
　하였어요.
⑤ 임진왜란이 일어나 일본군이 부산에 침입하자 동래성에서 부사 송상현이, 부산진에
　서 첨사 정발이 맞서 싸우다 순절하였어요.

34. 대한매일신보 　　　정답 ④

양기탁과 베델이 함께 창간하였으며 항일 언론 활동을 전개하였다는 내용을
통해 (가) 신문이 대한매일신보임을 알 수 있어요. 1904년에 창간된 대한매일
신보는 영국인 베델이 발행인으로 참여하였기 때문에 일본의 사전 검열을 거
의 받지 않았어요. 이런 이유로 박은식과 신채호 등의 항일 논설을 게재하고
의병 투쟁에 호의적인 기사를 실을 수 있었어요. 또한, 황성신문이 정간된 후
장지연의 '시일야방성대곡'을 게재하는 등 을사늑약의 부당성을 주장하였으
며, ④ 국채 보상 운동을 적극적으로 후원하여 국채 보상 운동이 전국적으로
확산되는 데 기여하였어요.

오답 피하기

① 최초로 상업 광고가 게재된 신문은 한성주보입니다. 한성주보는 1886년에 한성순보
　의 복간 형식으로 박문국에서 발행되었어요.
② 만세보는 천도교의 기관지로 발행되었으며 민중 계몽에 힘썼어요.
③ 우리나라 최초의 민간 신문은 서재필이 창간한 독립신문이며, 한글판과 영문판으로
　발행되었어요.
⑤ 조선중앙일보와 동아일보는 1936년 베를린 올림픽의 마라톤 우승자 손기정의 사진
　을 게재하면서 그의 운동복에 그려진 일장기를 삭제하였어요.

35. 독립 협회 　　　정답 ②

관민 공동회를 주관하였다는 내용을 통해 (가) 단체가 독립 협회임을 알 수 있
어요. 서재필 등이 중심이 되어 조직한 독립 협회는 만민 공동회를 개최하여
민중 계몽과 정치의식 성장에 힘쓰는 한편, 러시아의 절영도 조차 요구를 막
아 내고 한·러 은행 폐쇄를 이끌어 내는 등 열강의 이권 침탈을 규탄하였어
요. 또 ② 중추원 개편을 통한 의회 설립 운동을 전개하여 관민 공동회에서 헌
의 6조를 채택하고 고종의 재가를 받았어요.

오답 피하기

① 보안회는 일제의 황무지 개간권 요구에 반대하는 운동을 전개하여 저지에 성공하였
　어요.

③ 동아일보는 1930년대에 '배우자 가르치자 다 함께 브나로드'라는 구호를 내세우며 농촌 계몽 운동인 브나로드 운동을 전개하였어요.
④ 대한민국 임시 정부는 외교 활동을 펼치기 위해 미국 워싱턴에 구미 위원부를 설치하였어요.
⑤ 1898년에 서울 북촌의 양반 여성들이 여성 교육의 중요성을 강조하는 등 여성의 평등한 권리를 주장하는 여권통문을 발표하였어요.

36. 을사늑약

정답 ③

중명전에서 이토 히로부미가 대한 제국의 외교권을 박탈하는 (가)의 체결을 강요하였다는 내용을 통해 (가)는 을사늑약(제2차 한·일 협약)임을 알 수 있어요. 이토 히로부미는 궁궐 주위와 시내에 일본군을 배치하고 고종과 정부 대신들을 위협하여 조약 체결을 강요하였어요. 고종이 회의에 참석하지 않고 일부 대신이 강력히 반대하였으나, 일본은 이완용 등 을사오적을 앞세워 조약 성립을 일방적으로 공포하였어요. 공식 명칭도 없이 강제로 체결된 을사늑약으로 대한 제국은 일본에 외교권을 빼앗겼고, ③ 한성에 통감부가 설치되었어요. 통감부는 대한 제국의 외교 업무는 물론 내정 전반을 간섭하였어요.

오답 피하기
① 을미사변으로 신변에 위협을 느낀 고종은 1896년에 러시아 공사관으로 피신하는 아관 파천을 단행하였어요.
② 동학 농민 운동 당시 조선 정부의 요청으로 청이 조선에 군대를 파견하자 일본도 자국민 보호를 구실로 조선에 군대를 파견하였어요. 이후 조선 장악의 야심을 드러낸 일본은 조선 정부의 철병 요구를 거부하고 경복궁을 무력으로 점령하였어요. 그리고 청·일 전쟁을 일으켰어요.
④ 1907년에 강제 체결된 한·일 신협약의 부속 각서에 따라 대한 제국의 군대가 해산되었어요.
⑤ 조·프 수호 통상 조약에 천주교 포교를 허용하는 조항이 포함되었어요.

37. 1910년대 일제 식민 통치

정답 ②

교원이 제복을 입고 칼을 차고 수업을 하는 모습 등 3·1 운동 이전 식민지의 사회 현실이 담긴 소설이라는 내용을 통해 밑줄 그은 '이 시기'가 1910년대 무단 통치 시기임을 알 수 있어요. 국권을 강탈한 일제는 1910년대에 강압적인 무단 통치를 폈어요. 헌병 경찰 제도를 실시하였으며, 조선 태형령을 제정하여 한국인에게만 태형을 집행하였어요. 또한, 범죄 즉결례를 만들어 헌병 경찰이 정식 재판 없이 벌금이나 구류, 태형 등의 처벌을 할 수 있게 하였어요. 교원이나 일반 관리도 제복을 입고 칼을 차게 하여 일상에서도 위압적인 분위기를 조성하였지요. 한편, 일제는 식민지 지배에 필요한 재정을 확보하기 위해 1918년까지 토지 조사 사업을 실시하고, 민족 자본의 성장을 억제하려는 목적으로 ② 1910년에 회사령을 제정하였어요.

오답 피하기
① 일제는 1938년에 애국반을 조직하여 한국인에 대한 감시와 통제를 강화하였어요.
③ 일제는 천황제와 사유 재산 제도를 부인하는 반정부, 반체제 운동을 통제하기 위해 1925년에 치안 유지법을 제정하였어요.
④ 일제는 1939년에 미곡 배급 통제법 등을 제정하여 식량 배급 및 미곡 공출 제도를 실시하였어요.
⑤ 일제는 1938년에 국가 총동원법을 공포하여 전쟁에 필요한 인력과 물자를 본격적으로 수탈하였어요.

38. 천도교

정답 ④

잡지 "개벽"과 "별건곤"을 발간하였다는 내용을 통해 (가) 종교 단체가 천도교임을 알 수 있어요. 동학을 계승한 천도교는 기관지 만세보를 비롯하여 "개벽", "신여성" 등 다양한 잡지를 간행하였으며, 청년·여성·소년 운동 등 사회 운동을 활발히 전개하였어요. 특히 방정환, 김기전 등이 중심이 된 천도교 소년회는 ④ 어린이날을 제정하고 잡지 "어린이"를 간행하는 등 소년 운동을 주도하였어요.

오답 피하기
① 박중빈이 창시한 원불교는 개간과 저축을 장려하는 등 새 생활 운동을 펼쳤어요.
② 대종교는 만주에서 중광단을 조직하여 무장 투쟁을 전개하였어요. 중광단은 이후 북로 군정서로 발전하였어요.
③ 개신교 선교사 아펜젤러는 서울에 배재 학당을 세워 신학문을 보급하였어요.
⑤ 천주교는 애국 계몽 운동의 일환으로 경향신문을 발행하여 민중 계몽을 위해 노력하였어요.

39. 3·1 운동

정답 ③

독립 선언서가 발견되었으며, 일제가 제암리 학살 사건을 자행하였다는 내용을 통해 (가) 운동이 3·1 운동임을 알 수 있어요. 1919년 3월 1일 태화관에 모인 민족 대표 33인 명의의 독립 선언서가 발표되고, 비슷한 시각 탑골 공원에 모여 있던 학생과 시민들이 독립 선언서를 낭독하고 대한 독립 만세를 외치면서 3·1 운동이 시작되었어요. 이후 만세 운동은 전국은 물론 해외로 확산되었어요. 일제는 무력으로 시위대를 탄압하였고, 경기도 화성 제암리에서는 주민을 학살하는 등의 만행을 저질렀어요. ③ 3·1 운동을 계기로 일제는 한국인에 대한 무단 통치의 한계를 느끼고 이른바 문화 통치를 실시하였어요.

오답 피하기
① 1929년에 광주 학생 항일 운동이 일어나자 신간회에서 진상 조사단을 파견하여 지원하였어요.
② 1926년에 순종의 인산일을 기회로 6·10 만세 운동이 전개되었어요.
④ 1929년에 한국인 학생과 일본인 학생 간의 충돌에서 비롯된 광주 학생 항일 운동이 일어나 전국으로 확산되었어요.
⑤ 6·10 만세 운동의 계획이 사전에 발각되어 시위를 준비하던 사회주의자들이 대거 검거되었어요.

40. 1920년대 항일 무장 투쟁

정답 ④

(가) 학생의 발표는 1920년대 중반 3부 성립에 관한 것입니다. (나) 학생의 발표는 봉오동 전투에 관한 것입니다. 1920년 6월에 홍범도가 이끄는 대한 독립군 등 독립군 연합 부대가 봉오동에서 일본군에 맞서 싸워 승리하였어요. (다) 학생의 발표는 청산리 대첩에 관한 것입니다. 1920년 10월에 북로 군정서와 대한 독립군 등 독립군 연합 부대가 청산리 일대에서 일본군과 싸워 큰 승리를 거두었어요. 이를 정리해 보면, (나) 봉오동 전투에서 패배한 일본은 만주 출병의 구실을 만들기 위해 훈춘 사건을 조작하고 이를 빙자해 간도를 침략하여 독립군을 소탕한다는 명목 아래 초토화 작전을 감행하였어요. 그러나 (다) 북로 군정서 등 독립군 연합 부대가 청산리 일대에서 일본군을 크게 격파하였어요. 일본군은 이에 대한 보복으로 간도의 한인 마을을 습격하여 무차별적 학살을 자행하였어요(간도 참변). 이후 만주 지역의 독립군은 밀산에 모여 대한 독립군단을 조직하고, 약소민족의 민족 운동을 지원하겠다는 러시아 혁명군(적군)의 약속을 믿고 자유시로 이동하였다가 참변(자유시 참변, 1921)을 당하였어요. 다시 만주 지역으로 돌아온 독립군은 흩어진 전열을 정비하여 독립 전쟁을 효율적으로 수행하기 위해 힘썼어요. 그 결과 (가) 1920년대 중반 참의부, 정의부, 신민부의 3부가 성립되었어요.
따라서 일어난 순서대로 나열하면 ④ (나) 봉오동 전투(1920. 6.) → (다) 청산리 대첩(1920. 10.) → (가) 3부 성립(1920년대 중반)입니다.

41. 민족 문화 수호 운동

정답 ③

일제는 한국인의 역사와 전통을 말살하여 식민 지배를 안정적으로 유지하려고 하였어요. 식민 사관을 날조하여 침략을 합리화하고, 꾸준히 일본어 교육의 비중을 늘리고 우리말 사용을 금지하기까지 하였어요. 이러한 일제의 정책에 맞서 우리말과 글, 역사와 문화를 지키려는 움직임이 전개되었습니다. ③ 정인보는 민족의 얼을 강조하고 조선학 운동을 추진하였으며 "여유당전서" 간행 사업에 참여하였어요.

① 3·1 운동 이후 장지영 등이 조선어 연구회를 만들어 한글 연구와 보급을 위해 노력하였으며, 잡지 "한글"을 간행하였어요.
② 1931년에 조선어 연구회는 최현배, 이윤재 등이 중심이 된 조선어 학회로 발전하였어요. 조선어 학회는 한글 맞춤법 통일안을 제정하였어요.
④ 신채호는 국난을 극복한 영웅의 전기인 "이순신전"과 "을지문덕전" 등을 집필하여 애국심을 고취하였어요.
⑤ 백남운은 유물 사관을 바탕으로 세계사의 보편성 위에서 우리 역사를 체계화한 "조선사회경제사"를 저술하여 식민 사학의 정체성론을 반박하였어요.

42. 민족 말살 통치 시기　　정답 ③

일제는 1937년에 중·일 전쟁을 도발한 후 침략 전쟁을 확대해 나갔고, 전쟁에 필요한 인적·물적 자원을 수탈하기 위해 1938년에 국가 총동원법을 제정하였어요. 침략 전쟁을 확대하면서 일제는 한국인을 전쟁에 쉽게 동원하기 위해 한국인의 민족의식을 없애는 민족 말살 정책을 본격적으로 실시하였어요. ③ 일제는 1942년에 조선어 학회 사건을 조작하여 이극로, 최현배 등 한글 학자들을 대거 검거하여 투옥하였어요.

① 원산 총파업은 1929년에 일어났어요.
② 일제는 1912년에 한국인에게만 태형을 적용한 조선 태형령을 제정하였어요. 이 법령은 일제가 이른바 문화 통치를 표방하면서 폐지되었어요.
④ 3·1 운동을 계기로 이른바 문화 통치를 표방한 일제가 제2차 조선 교육령을 공포하여 대학 설립이 가능해지자, 이상재 등이 1923년에 조선 민립 대학 기성회를 조직하여 민립 대학 설립 운동을 전개하였어요.
⑤ 일제는 1924년에 경성 제국 대학을 설립하여 한국인의 고등 교육에 대한 열망을 무마하려 하였어요.

43. 한국 광복군　　정답 ②

인도 전선에서 영국군의 작전에 협조하였다는 내용을 통해 (가) 부대가 한국 광복군임을 알 수 있어요. 한국 광복군은 1940년에 충칭에서 창설된 대한민국 임시 정부의 정식 군대였으며, 지청천이 총사령관이었어요. 대한민국 임시 정부가 일본에 선전 포고한 이후 영국군의 요청에 따라 병력 일부를 인도·미얀마 전선에 파견하였어요. 일본의 패색이 짙어지자 한국 광복군은 ② 미군과 연계하여 국내 진공 작전을 계획하였습니다. 이에 따라 한국 광복군의 일부 대원들이 국내 정진군을 조직하여 특수 훈련을 받는 등 작전을 준비하였지요. 하지만 미군의 원폭 공격을 받은 일본이 갑작스럽게 항복하여 계획은 실현되지 못하였어요.

① 청산리 일대에서 북로 군정서, 대한 독립군 등 독립군 연합 부대가 일본군에 맞서 싸워 대승을 거두었어요.
③ 한국 독립군은 쌍성보 전투에서 한·중 연합 작전을 전개하여 일본군을 격퇴하였어요.
④ 조선 혁명군은 중국 의용군과 연합하여 흥경성에서 일본군을 상대로 싸워 승리하였어요.
⑤ 만주 지역에서 중국 공산당의 주도로 조직된 동북 인민 혁명군은 민족이나 이념에 관계없이 항일 통일 전선을 만들기 위해 동북 항일 연군으로 개편되어 유격전을 펼쳤어요.

44. 여운형의 활동　　정답 ①

'몽양'이라는 호를 썼으며, 신한 청년당을 조직하고 해방 후 좌우 합작 운동을 추진하였다는 내용을 통해 (가) 인물이 여운형임을 알 수 있어요. ① 여운형은 1944년에 조선 건국 동맹을 결성하여 광복에 대비하였으며, 광복 직후 조선 건국 동맹을 기반으로 조선 건국 준비 위원회를 조직하였어요.

② 박은식은 독립 투쟁 과정을 정리한 "한국독립운동지혈사"를 저술하였어요.
③ 최재형은 연해주에서 조직된 권업회의 초대 회장으로 선출되었으며, 권업회의 기관지 역할을 한 권업신문 발간에도 참여하였어요.

④ 박상진 등은 대구에서 비밀 결사 형태로 대한 광복회를 조직하여 군자금 모금과 친일파 처단 등의 활동을 벌였어요.
⑤ 안희제는 독립운동 자금을 마련하기 위해 부산에 백산 상회를 설립하고 대한민국 임시 정부에 독립운동 자금을 지원하였어요.

45. 이승만 정부 시기의 사실　　정답 ⑤

제헌 헌법으로 출범하였다는 내용을 통해 제1공화국, 즉 이승만 정부에 관한 특강임을 알 수 있어요. 제헌 헌법에 따라 국회는 대통령으로 이승만을 선출하였고, 이어 1948년 8월 15일에 대한민국 정부 수립이 선포되면서 이승만 정부가 출범하였어요. 1949년에 제헌 국회는 농지 개혁법을 제정하였으며, 이승만 정부는 이를 바탕으로 유상 매수, 유상 분배 원칙의 농지 개혁을 추진하였어요. 한편, 광복 이후 격화된 좌우 대립은 남북한에 이념이 서로 다른 정부가 수립되는 결과를 가져왔고, 정부 수립 이후에도 갈등 상황이 이어져 38도선 부근에서 무력 충돌이 자주 일어났어요. 결국 1950년 6월 25일에 북한의 남침으로 6·25 전쟁이 발발하였어요. 전쟁 개시 3년여 만인 1953년 7월 27일에 판문점에서 정전 협정이 조인되면서 전쟁은 마무리되었어요. ⑤ 이승만 정부 시기인 1948년 9월 제헌 국회에서 반민족 행위 처벌법을 제정하였어요.

① 전두환 등 신군부 세력은 사회 정화를 명목으로 군부대 내에 삼청 교육대를 설치하였어요.
② 박정희 정부 시기에 농촌 근대화를 표방한 새마을 운동이 추진되었어요.
③ 박정희 정부는 한·일 국교 정상화를 추진하여 한·일 기본 조약을 비준하였어요.
④ 김영삼 정부는 지방 자치제를 전면 시행하여 주민이 지방 자치 단체장을 직접 선출하게 하였어요.

46. 5·18 민주화 운동　　정답 ④

계엄군에 맞서 시민군으로 활동하였다는 내용을 통해 (가) 민주화 운동이 5·18 민주화 운동임을 알 수 있어요. ④ 1979년에 12·12 사태로 정권을 장악한 신군부가 비상계엄을 확대하자 이에 반발하여 1980년 5월에 광주의 학생과 시민들이 시위를 전개하였어요. 신군부는 계엄군을 투입하여 무자비하게 시위를 진압하였고, 이에 맞서 광주의 학생과 시민들은 자발적으로 시민군을 조직하였어요. 하지만 계엄군의 무자비한 진압에 수많은 광주의 시민들이 희생되었어요.

① 대통령 직선제 개헌을 요구한 6월 민주 항쟁 중 시위에 참여한 대학생 이한열이 경찰이 쏜 최루탄에 맞아 희생되었어요.
② 4·19 혁명 과정에서 이승만 대통령이 있는 경무대로 향하던 시위대가 경찰의 총격을 받았어요.
③ 6월 민주 항쟁 과정에서 학생과 시민들은 박종철 고문치사 사건의 진상 규명을 요구하였어요.
⑤ 박정희 정부 시기에 유신 반대 운동 과정에서 재야인사들이 중심이 되어 긴급 조치 철폐 등을 요구하는 3·1 민주 구국 선언을 발표하였어요.

47. 역사 속 노비 처우의 변화　　정답 ③

(가) 만적 등이 공사 노비를 불러 모아 노비 문서를 불태울 것 등을 모의하였다는 내용을 통해 고려 무신 집권기에 일어난 만적의 난에 관한 자료임을 알 수 있어요. 무신 집권기에 개경에서 노비 만적이 신분 해방을 도모하는 반란을 모의하였으나 사전에 계획이 발각되었어요.
(나) 왕이 노비를 안검하여 그 시비를 분별하도록 명하였다는 내용을 통해 고려 광종 때의 노비안검법 실시에 관한 자료임을 알 수 있어요. 광종은 공신과 호족의 세력 기반을 약화하고 국가 재정을 확충하기 위해 노비안검법을 실시하여 본래 양인이었으나 불법적으로 노비가 된 사람의 신분을 회복시켜 주었어요.

(다) 과부의 재가를 허용하고, 공사 노비법을 혁파한다는 내용을 통해 조선 고종 때 추진된 제1차 갑오개혁에 관한 자료임을 알 수 있어요. 제1차 갑오개혁으로 신분제와 노비제가 혁파되었어요.

(라) 내노비와 시노비 6만여 명을 모두 양민으로 삼도록 하라는 내용을 통해 조선 순조 때의 공노비 해방에 관한 자료임을 알 수 있어요. 순조는 군역 대상자를 확보하고 국가 재정을 확충하기 위해 각 궁방과 중앙 관서의 공노비를 해방하였어요.

따라서 일어난 순서대로 나열하면 ③ (나) 노비안검법 실시(고려 광종, 956) → (가) 만적의 난(고려 무신 집권기, 1198) → (라) 공노비 해방(조선 순조, 1801) → (다) 제1차 갑오개혁(조선 고종, 1894)입니다.

48. 역사 속 노비 관련 사건 　[정답 ①]

ㄱ. 만적의 난은 고려 무신 집권기 최충헌이 집권한 시기에 일어났어요. 무신 집권기의 정치 혼란 가운데 지배층의 수탈이 심해져 망이·망소이의 난, 김사미와 효심의 난, 만적의 난 등 하층민의 봉기가 각지에서 일어났어요.

ㄴ. 노비는 호족의 경제적·군사적 기반이었기 때문에 노비안검법의 시행은 호족의 세력 약화를 가져왔어요.

[오답 피하기]
ㄷ. 조선 영조는 군포 징수와 관련하여 여러 가지 폐단이 발생하고 백성의 부담이 커지자 군역 부담을 줄여 주기 위해 균역법을 시행하였어요.
ㄹ. 1862년에 진주에서 농민 봉기가 일어나자 조선 정부는 사태 수습을 위해 박규수를 안핵사로 파견하였어요. 이후 박규수의 건의로 삼정의 문란을 바로잡기 위한 개혁 기구로 삼정이정청이 설치되었어요.

49. 박정희 정부 시기의 사실 　[정답 ②]

(가)는 국가 재건 최고 회의가 출범하였다는 내용을 통해 1961년 5·16 군사 정변 직후임을 알 수 있어요. (나)는 통일 주체 국민 회의가 발족하였다는 내용을 통해 1972년 유신 헌법 제정 직후임을 알 수 있어요. 5·16 군사 정변으로 권력을 장악한 박정희 등 일부 군인 세력은 국가 재건 최고 회의를 설치하고 군정을 실시하였어요. 이후 1963년에 치러진 제5대 대통령 선거에서 박정희가 대통령으로 당선되었어요. 박정희 정부는 정권의 정당성을 확보하고자 경제 개발에 힘을 기울였어요. 이에 필요한 자금을 마련하기 위해 일본과 국교 정상화를 추진하여 한·일 협정(한·일 기본 조약)을 체결하였으며, ㄷ. 한국의 베트남 파병에 대한 대가로 미국이 한국에 경제적, 군사적 원조를 한다는 약속을 담은 브라운 각서를 체결하였어요. 그리고 ㄱ. 장기 집권을 위해 1969년에는 대통령 3회 연임을 허용하는 개헌을 단행하였으며, 1972년에는 유신 헌법을 제정하고 통일 주체 국민 회의를 설치하여 이를 토대로 영구 독재 체제인 유신 체제를 구축하였어요.

[오답 피하기]
ㄴ. 박정희 정부 시기인 1970년대 후반에 제2차 석유 파동이 일어나 그 여파로 경제 불황이 심화되었어요.
ㄹ. 1993년 김영삼 정부 시기에 금융 거래의 투명성을 확보하고자 대통령 긴급 명령으로 금융 실명제가 실시되었어요.

50. 김대중 정부 시기의 통일 노력 　[정답 ③]

정주영의 소 떼 방북을 계기로 금강산 관광 사업이 시작되었다는 내용을 통해 김대중 정부 시기의 뉴스 보도임을 알 수 있어요. 김대중 정부가 '햇볕 정책'이라고 불린 대북 화해 협력 정책을 추진하면서 남북 간에 화해의 분위기가 형성되었어요. 이러한 가운데 기업인 정주영이 소 떼를 이끌고 북한을 방문하면서 남북 간에 교류와 협력을 위한 논의가 본격적으로 진행되어 해로를 통한 금강산 관광 사업이 시작되었어요. 그리고 2000년에는 분단 이후 최초로 남북 정상 회담이 개최되고 ③ 6·15 남북 공동 선언이 채택되었어요.

[오답 피하기]
① 박정희 정부 시기에 7·4 남북 공동 성명의 합의 사항을 이행하기 위해 남북 조절 위원회가 구성되었어요.
② 노태우 정부 시기인 1991년에 남북한이 유엔에 동시 가입하였어요.
④ 노태우 정부 시기에 한반도 비핵화 공동 선언이 발표되었어요.
⑤ 전두환 정부 시기인 1985년에 남북 이산가족의 교환 방문이 최초로 이루어졌어요.

한 번의 젊음 어떻게 살 것인가!

역사 속 사람들의 삶을 통해 한 번의 젊음 어떻게 살 것인가를 고민하는 것
그것이 바로 역사를 배우는 이유입니다.

한국사능력검정시험, 접수부터 합격까지

"큰★별쌤의 라이브방송과 함께"

▶ 최태성1TV에서

한능검		
D-28 (금, 22시)		### 한능검 시작합시다! "한능검 접수와 함께 스타트~" 큰★별쌤의 합격 열차에 탑승하세요.
D-21 (금, 22시)		### 한능검 아직도 구석기니? "열공 부스터를 달아 봅시다." 큰★별쌤과 함께 쭉쭉 진도를 빼 봅시다.
D-14 (금, 22시)		### 한능검 이제 2주 남았다! "2주. 이제 총력전이다." 큰★별쌤의 특급 진단과 함께 중간 점검하는 시간을 가져보세요.
D-7 (금, 22시)		### 한능검 7일의 기적! "포기하지마! 아직 7일이나 남았어." 큰★별쌤이 기적과 같은 일주일을 보내는 방법을 알려드립니다.
D-1 (금, 20시)		### 한능검 전야제 "내일 시험지 보고 깜놀할 준비해." 큰★별쌤의 예언과도 같은 족집게 강의, 실시간 시청자가 3만이 넘었던 전설의 라방! 꼭 챙기세요.
D-DAY		### 시험 당일 가답안 공개 "두구두구~ 과연 나는 합격?" 시험이 끝난 직후, 큰★별쌤과 함께 바로 가답안을 채점해 보세요.
D+14 (금, 22시)		### 한능검 합격자 발표 및 분석 "시험 결과가 나오는 날, 모두 모여라." 다 같이 모여 큰★별쌤과 함께 의미 있는 마무리를 해요.

4대 온라인 서점 1위

정통파

큰별쌤의 아트 판서와 함께
1달 동안 흐름을 정리하는

한국사능력검정시험

심화 l 기본

문제풀이파

기출문제로 **실전 감각을 키우는**

회차별 구성
기출 500제
심화 l 기본

시대별, 주제별 구성
시대별 기출문제집
심화 l 기본

속성파

큰별쌤이 요약한 필수 개념으로
7일 만에 끝내는

7일의 기적

심화 l 기본

별★별 한국사 한국사능력검정시험 시리즈
이미 많은 분들이 합격으로 검증해 주셨습니다!

남*은(jjj***iii)

왜 큰별쌤인지 알았어요.

매국노 수준의 한국사 포기자, 한능검 심화 가채점 결과 95점 1급 나왔습니다! 태정태세문단세 까지밖에 모르던 한포자였습니다. 중학생 시절 처음 한국사 흐름을 못 따라가고, 외우질 못해서 포기 했어요. 그리고 고등학생 때는 한국사가 싫어서 이과를 선택하게 된 이유도 있었어요. 한국사의 중요성은 알지만 너무나 어렵고 재미없고 지루한 과목이라고 생각했었는데, 큰별쌤을 만나게 되면서 많은 것을 배웠습니다!

선물 같은 한국사 강의를 선물해 주셔서 감사합니다.

최*혜(cr**27)

책 마지막에 이런 부분이 있었습니다. "내 강의는 돈이 없어서 어쩔 수 없이 듣는 강의가 아니라 돈이 있어도 들을 수 밖에 없는 무료 강의로 만들겠다." 그 부분을 읽었을 때 가슴이 벅차오르더라고요. 시험장에서 너도나도 선생님의 교재를 보고 있는 것을 보았었는데, 뭐랄까 최태성 선생님의 역사의 순간에 들어와 있는 것 같은 느낌을 받았습니다. 정말로 이루어진 것 같으니까요! 지금 이 순간까지 태성쌤이 하셨던 고민과 절망을 제가 감히 헤아릴 수는 없지만 선생님의 꿈을 통해서 저 또한 꿈을 꾸고 희망을 얻어갑니다. 이렇게 큰 선물을 주셔서 정말 감사합니다.

김*영(beau***y10)

역사를 알고 나의 삶의 초석이 될 수 있고
최태성 선생님께 무한 감사드립니다.

저는 50대 중후반의 가정주부이며 직장인입니다. 늦은 나이지만 어느 순간 역사를 알아야 하겠다는 생각으로 지인의 추천으로 최태성 선생님을 만나게 되었고 역사에 깊이 빠지게 되었습니다. 공부를 하며 이 나이가 되도록 제대로 알지 못하고 살았다는 것이 부끄럽기도 하고 한편으로는 지금이라도 알게 되어 대행이라는 생각을 하며 강의와 공부를 하게 되었습니다. 일제 강점기를 공부 하면서는 눈물이 많이 나더군요. 지금도 그분들을 생각하면 눈물이 앞을 가립니다. 고맙고 감사합니다. 지금의 우리가 행복하게 살 수 있는 건 모두 그분들의 덕분입니다. 모든 분들을 다 기억할 수는 없겠지만 기억하려 노력할 것 입니다. 좋은 기회를 주신 최태성 선생님과 이투스에 감사합니다.

최태성 선생님 덕분에 고득점으로 한능검 1급 합격했습니다!!

손*훈(sjh**19)

정리해 주신 판서를 따로 패드에 정리한 후 하브루타식으로 스토리텔링하며 며칠간 바짝 외우고 시험쳤는데 고득점으로 1급 합격해서 너무 놀랐습니다. 밤도 안 새고 무리하게 공부하지도 않았는데 이렇게 고득점 받은 건 처음이었던... 시험치면서 왜 답이 딱 보이지...? 싶었어요ㅋㅋ 인강듣고 정리하고 외우고 시험치는 동안의 걸린 기간은 10일정도?? 하나하나 정리하는데 시간이 많이 걸려서 그렇지 막상 외우는 시간은 4일정도 걸렸던 것 같습니다. 지인들이 한능검 인강 추천해달라고 하면 저는 고민 1도 하지 않고 역사는 최태성~~~ 하고 최태성 선생님 적극 추천하고 있어요ㅎㅎ 늘 재밌게 강의해 주셔서 넘 감사합니다~

정*원(hak***jang)

한능검 공부를 통해 얻게 된 것

한능검 공부를 할 때 제 목표는 두 가지였습니다. 바로 원하는 급수에 합격하는 것과 합격 후 수강후기를 남기는 것 이었어요. 공부하면서 힘들 때마다 합격자분들의 수강후기를 읽으며, 나도 나중에 저렇게 후기를 남기겠다는 생각으로 열심히 공부했습니다. …… 그 동안 어렵고 멀게만 느껴졌던 역사가, 이제는 제 삶의 일부분으로 들어온 것 같아 기쁩니다. 이 글을 읽으시는 다른 분들도, 최태성 선생님의 역사 강의를 통해 삶의 영역이 확장되는 경험을 해보시면 좋겠습니다. 감사합니다!